EDITION DE J. BRY AINÉ
— 1 FRANC LE VOLUME —

OEUVRES COMPLÈTES
DE
J.-J. ROUSSEAU

RÉIMPRIMÉES D'APRÈS LES MEILLEURS TEXTES

SOUS LA DIRECTION DE

LOUIS BARRÉ

Illustrées par Tony Johannot, Baron et Célestin Nanteuil

TOME NEUVIÈME

DIALOGUES — ÉCRITS SUR LA MUSIQUE

PARIS
J. BRY AINÉ, LIBRAIRE-ÉDITEUR
17, RUE GUÉNÉGAUD, 17
1857

ŒUVRES COMPLÈTES
DE
J.-J. ROUSSEAU

(C.)

ŒUVRES COMPLÈTES

DE

J.-J. ROUSSEAU

RÉIMPRIMÉES D'APRÈS LES MEILLEURS TEXTES

SOUS LA DIRECTION DE

LOUIS BARRÉ

illustrées par T. Johannot, Baron C. Nanteuil et C. Mettais

TOME NEUVIÈME

PARIS

J. BRY AINÉ, LIBRAIRE-ÉDITEUR

17, RUE GUÉNÉGAUD, 17

1858

ROUSSEAU
JUGE
DE JEAN-JACQUES

DIALOGUES

Barbarus hic ego sum quia non intelligor illis.
Ovid., Trist. v. Eleg. 10, v. 37.

DU SUJET ET DE LA FORME DE CET ÉCRIT.

J'ai souvent dit que, si l'on m'eût donné d'un autre homme les idées qu'on a données de moi à mes contemporains, je ne me serais pas conduit avec lui comme ils font avec moi. Cette assertion a laissé tout le monde fort indifférent sur ce point, et je n'ai vu chez personne la moindre curiosité de savoir en quoi ma conduite eût différé de celle des autres, et quelles eussent été mes raisons. J'ai conclu de là que le public, parfaitement sûr de l'impossibilité d'en user plus justement ni plus honnêtement qu'il ne fait à mon égard, l'était par conséquent que, dans ma supposition, j'aurais eu tort de ne pas l'imiter. J'ai cru même apercevoir dans sa confiance une hauteur dédaigneuse qui ne pouvait venir que d'une grande opinion de la vertu de ses guides et de la sienne dans cette affaire. Tout cela, couvert pour moi d'un mystère impénétrable, ne pouvant s'accorder avec mes raisons, m'a engagé à les dire, pour les soumettre aux réponses de quiconque aurait la charité de me détromper, car mon erreur, si elle existe, n'est pas ici sans conséquence : elle me force à mal penser de tous ceux qui m'entourent; et, comme rien n'est plus éloigné de ma volonté que d'être injuste et ingrat envers eux, ceux qui me désabuseraient, en me ramenant à de meilleurs jugements, substitueraient dans mon cœur la gratitude à l'indignation, et me rendraient sensible et reconnaissant en me montrant mon devoir à l'être. Ce n'est pas là cependant le seul motif qui m'ait mis la plume à la main : un autre encore, plus fort et non moins légitime, se fera sentir dans cet écrit. Mais je proteste qu'il n'entre plus dans ces motifs l'espoir ni presque le désir d'obtenir enfin de ceux qui m'ont jugé la justice qu'ils me refusent, et qu'ils sont bien déterminés à me refuser toujours.

En voulant exécuter cette entreprise, je me suis vu dans un bien singulier embarras : ce n'était pas de trouver des raisons en faveur de mon sentiment, c'était d'en imaginer de contraires; c'était d'établir sur quelque apparence d'équité des procédés où je n'en apercevais aucune. Voyant cependant tout Paris, toute la France, toute l'Europe se conduire à mon égard avec la plus grande confiance sur des maximes si nouvelles, si peu convenables pour moi, je ne pouvais supposer que cet accord unanime n'eût aucun fondement raisonnable, ou du moins apparent, et que toute une génération s'accordât à vouloir éteindre à plaisir toutes les lumières naturelles, violer toutes les lois de la justice, toutes les règles du bon sens, sans objet, sans profit, sans prétexte, uniquement pour satisfaire une fantaisie dont je ne pouvais pas même apercevoir le but et l'occasion. Le silence profond, universel, non moins inconcevable que le mystère qu'il couvre, mystère que depuis quinze ans on me cache avec un soin que je m'abstiens de qualifier, et avec un succès qui tient du prodige; ce silence effrayant et terrible ne m'a pas laissé saisir la moindre idée qui pût m'éclairer sur ces étranges dispositions. Livré pour toute lumière à mes conjectures, je n'en ai su former aucune qui pût expliquer ce qui m'arrive, de manière à pouvoir croire avoir démêlé la vérité. Quand de forts indices m'ont fait penser quelquefois avoir découvert avec le fond de l'intrigue son objet et ses auteurs, les absurdités sans nombre que j'ai vu naître de ces suppositions m'ont bientôt contraint de les abandonner, et toutes celles que mon imagination s'est tourmentée à leur substituer n'ont pas mieux soutenu le moindre examen.

Cependant, pour ne pas combattre une chimère, pour ne pas outrager toute une génération, il fallait bien supposer des raisons dans le parti approuvé et suivi par tout le monde. Je n'ai rien épargné pour en chercher, pour en imaginer de propres à séduire la multitude; et, si je n'ai rien trouvé qui dût avoir produit cet effet, le ciel m'est témoin que ce n'est faute ni de volonté ni d'efforts, et que j'ai rassemblé soigneusement toutes les idées que mon entendement m'a pu fournir pour cela. Tous mes soins n'aboutissant à rien qui pût me satisfaire, j'ai pris le seul parti qui me restait à prendre pour m'expliquer : c'était, ne pouvant raisonner sur des motifs particuliers qui m'étaient inconnus et incompréhensibles, de raisonner sur une hypothèse générale qui pût tous les rassembler : c'était, entre toutes les suppositions possibles, de choisir la pire pour moi, la meilleure pour mes adversaires; et, dans cette position, ajustée, autant qu'il m'était possible, aux manœuvres dont je me suis vu l'objet, aux allures que j'ai entrevues, aux propos mystérieux que j'ai pu saisir çà et là, d'examiner quelle conduite de leur part eût été la plus raisonnable et la plus juste. Épuiser tout ce qui se pouvait dire en leur faveur était le seul moyen que j'eusse de trouver ce qu'ils disent en effet, et c'est ce que j'ai tâché de faire, en mettant de leur côté tout ce que j'y ai pu mettre de motifs plausibles et d'arguments spécieux, et cumulant contre moi toutes les charges imaginables. Malgré tout cela, j'ai souvent rougi, je l'avoue, des raisons que j'étais forcé de leur prêter. Si j'en avais trouvé de meilleures, je les aurais employées de tout mon cœur et de toute ma force, et cela avec d'autant moins de peine, qu'il me paraît certain qu'aucune n'aurait pu tenir contre mes réponses ; parce que celles-ci dérivent immédiatement des premiers principes de la justice, des premiers éléments du bon sens, et qu'elles sont applicables à tous les cas possibles d'une situation pareille à celle où je suis.

La forme du dialogue m'ayant paru la plus propre à discuter le pour et le contre, je l'ai choisie pour cette raison. J'ai pris la liberté de reprendre dans ces entretiens mon nom de famille que le public a jugé à propos de m'ôter, et je me suis désigné en tiers, à son exemple, par celui de baptême, auquel il lui a plu de me réduire. En prenant un Français pour mon autre interlocuteur, je n'ai rien fait que d'honnête et d'obligeant pour le nom qu'il porte, puisque je me suis abstenu de le rendre complice d'une conduite que je désapprouve, et je n'aurais rien fait d'injuste en lui donnant ici le personnage que toute sa nation s'empresse de faire à mon égard. J'ai même eu l'attention de le ramener à des sentiments plus raisonnables que je n'en ai trouvé dans aucun de ses compatriotes; et celui que j'ai mis en scène est tel, qu'il serait aussi heureux pour moi qu'honorable à son pays qu'il s'y en trouvât beaucoup qui l'imitassent. Que si quelquefois je l'engage en des raisonnements absurdes, je proteste derechef, en sincérité de cœur, que c'est toujours malgré moi, et je crois pouvoir défier toute la France d'en trouver de plus solides pour autoriser les singulières pratiques dont je suis l'objet, et dont elle paraît se glorifier si fort.

Ce que j'avais à dire était si clair, et j'en étais si pénétré, que je ne puis assez m'étonner des longueurs, des redites, du verbiage, et du désordre de cet écrit. Ce qui l'eût rendu vif et véhément sous la plume d'un autre est précisément ce qui l'a rendu tiède et languissant sous la mienne. C'était de moi qu'il s'agissait; et je n'ai plus trouvé pour mon propre intérêt ce zèle et cette vigueur de courage qui ne peut exalter une âme généreuse que pour la cause d'autrui. Le rôle humiliant de ma propre défense est trop au-dessous de moi, trop peu digne des sentiments qui m'animent, pour que j'aime à m'en charger : ce n'est pas non plus, on le sentira bientôt, celui que j'ai voulu remplir ici; mais je ne pouvais examiner la conduite du public à mon égard sans me contempler moi-même dans la position du monde la plus déplorable et la plus cruelle. Il fallait m'occuper d'idées tristes et déchirantes, de souvenirs amers et révoltants, de sentiments les moins faits pour mon cœur; et c'est en cet état de douleur et de détresse qu'il a fallu me remettre chaque fois que quelque nouvel outrage, forçant ma répugnance, m'a fait faire un nouvel effort pour reprendre cet écrit, si souvent abandonné. Ne pouvant souffrir la continuité d'une occupation si douloureuse, je ne m'y suis livré que durant des moments très courts, écrivant chaque idée quand elle me venait, et m'en tenant là; écrivant dix fois la même quand elle m'est venue dix fois, sans me rappeler jamais ce que j'avais précédemment écrit, et ne m'en apercevant qu'à la lecture du tout, trop tard pour pouvoir rien corriger, comme je le dirai tout à l'heure. La colère anime quelquefois le talent, mais le dégoût et le serrement de cœur l'étouffent; et l'on sentira mieux, après m'avoir lu, que c'étaient là les dispositions constantes où j'ai dû me trouver durant ce pénible travail.

Une autre difficulté me l'a rendu fatigant : c'était, forcé de parler de moi sans cesse, d'en parler avec justice et vérité, sans louange et sans dépression. Cela n'est pas difficile à un homme à qui le public rend l'honneur qui lui est dû : il est par là dispensé d'en prendre le soin lui-même. Il peut également et se taire sans s'avilir, et s'attribuer avec franchise les qualités que tout le monde reconnaît en lui. Mais celui qui se sent digne d'honneur et d'estime, et que le public défigure et diffame à plaisir, de quel ton se rendra-t-il seul la justice qui lui est due? Doit-il se parler de lui-même avec des éloges mérités, mais généralement démentis? Doit-il se vanter des qualités qu'il sent en lui, mais que tout le monde refuse d'y voir? Il y aurait moins d'orgueil que de bassesse à prostituer ainsi la vérité. Se louer alors, même avec la plus rigoureuse justice, serait plutôt se dégrader que s'honorer; et ce serait bien mal connaître les hommes que de croire les ramener d'une erreur dans laquelle ils se complaisent, par de telles protestations. Un silence fier et dédaigneux est en pareil cas plus à sa place, et eût été bien plus de mon goût, mais il n'aurait pas rempli mon objet; et, pour le remplir, il fallait nécessairement que je disse de quel œil, si j'étais un autre, je verrais un homme tel que je suis. J'ai tâché de m'acquitter équitablement et impartialement d'un si difficile devoir, sans insulter à l'incroyable aveuglement du public, sans me vanter fièrement des vertus qu'il me refuse, sans m'accuser non plus des vices que je n'ai pas, et dont il lui plaît de me charger, mais en expliquant simplement ce que j'aurais déduit d'une constitution semblable à la mienne, étudiée avec soin dans un autre homme. Que si l'on trouve dans mes descriptions de la retenue et de la modération, qu'on n'aille pas m'en faire un mérite. Je déclare qu'il ne m'a manqué qu'un peu plus de modestie pour parler de moi beaucoup plus honorablement.

Voyant l'excessive longueur de ces Dialogues, j'ai tenté plusieurs fois de les élaguer, d'en ôter les fréquentes répétitions, d'y mettre un peu d'ordre et de suite; jamais je n'ai pu soutenir ce nouveau tourment : le vif sentiment de mes malheurs, ranimé par cette lecture, étouffe toute l'attention qu'elle exige. Il m'est impossible de rien retenir, de rapprocher deux phrases, et de comparer deux idées. Tandis que je force mes yeux à suivre les lignes, mon cœur serré gémit et soupire. Après de fréquents et vains efforts, je renonce à ce travail, dont je me sens incapable; et, faute de pouvoir faire mieux, je me borne à transcrire ces informes essais, que je suis hors d'état de corriger. Si, tels qu'ils sont, l'entreprise en était encore à faire, je ne la ferais pas, quand tous les biens de l'univers y seraient attachés; je suis même forcé d'abandonner des multitudes d'idées meilleures et mieux rendues que ce qui tient ici leur place, et que j'avais jetées sur des papiers détachés, dans l'espoir de les encadrer aisément; mais l'abattement m'a gagné au point de me rendre impossible ce léger travail. Après tout, j'ai dit à peu près ce que j'avais à dire : il est noyé dans un chaos de désordre et de redites, mais il y est; les bons esprits sauront l'y trouver. Quant à ceux qui ne veulent qu'une lecture agréable et rapide, ceux qui n'ont cherché, qui n'ont trouvé que cela dans mes *Confessions*, ceux qui ne peuvent souffrir un peu de fatigue, ni soutenir une attention suivie pour l'intérêt de la justice et de la vérité, ils feront bien de s'épargner l'ennui de cette lecture, ce n'est pas à eux que j'ai voulu parler; et, loin de chercher à leur plaire, j'éviterai du moins cette dernière indignité, que le tableau des misères de ma vie soit pour personne un objet d'amusement.

Que deviendra cet écrit? Quel usage en pourrai-je faire? Je l'ignore, et cette incertitude a beaucoup augmenté le découragement qui ne m'a point quitté en y travaillant. Ceux qui disposent de moi en ont eu connaissance aussitôt qu'il a été commencé, et je ne vois dans ma situation aucun moyen possible d'empêcher qu'il ne tombe entre leurs mains tôt ou tard (1). Ainsi, selon le cours naturel des choses, toute la peine que j'ai prise est à pure perte. Je ne sais quel parti le ciel me suggérera, mais j'espérerai jusqu'à la fin qu'il n'abandonnera point la cause juste. Dans quelques mains qu'il fasse tomber ces feuilles, si parmi ceux qui les liront peut-être il est encore un cœur d'homme, cela me suffit, et je ne mépriserai jamais assez l'espèce humaine pour ne trouver dans cette idée aucun sujet de confiance et d'espoir.

(1) On trouvera à la fin de ces Dialogues, dans l'histoire malheureuse de cet Ecrit, comment cette prédiction s'est vérifiée.

ROUSSEAU JUGE DE JEAN-JACQUES.

PREMIER DIALOGUE.

Du système de conduite envers Jean-Jacques, adopté par l'Administration, avec l'approbation du public.

Rousseau. Quelles incroyables choses je viens d'apprendre! je n'en reviens pas : non, je n'en reviendrai jamais. Juste ciel! quel abominable homme! qu'il m'a fait de mal! que je le vais détester!

Un Français. Et notez bien que c'est ce même homme dont les pompeuses productions vous ont si charmé, si ravi, par les beaux préceptes de vertu qu'il étale avec tant de faste.

Rouss. Dites, de force. Soyons justes, même avec les méchants. Le faste n'excite tout au plus qu'une admiration froide et stérile, et sûrement ne me charmera jamais. Des écrits qui élèvent l'âme et enflamment le cœur méritent un autre mot.

Le Fr. Faste ou force, qu'importe le mot si l'idée est toujours la même, si ce sublime jargon tiré par l'hypocrisie d'une tête exaltée n'en est pas moins dicté par une âme de boue?

Rouss. Ce choix du mot me paraît moins indifférent qu'à vous. Il change pour moi beaucoup les idées; et s'il n'y avait que du faste et du jargon dans les écrits de l'auteur que vous m'avez peint, il m'inspirerait moins d'horreur. Tel homme pervers s'endurcit à la sécheresse des sermons et des prônes, qui rentrerait peut-être en lui-même et deviendrait honnête homme si l'on savait chercher et ranimer dans son cœur ces sentiments de droiture et d'humanité que la nature y mit en réserve, et que les passions étouffent. Mais celui qui peut contempler de sangfroid la vertu dans toute sa beauté, celui qui sait la peindre avec ses charmes les plus touchants, sans en être ému, sans se sentir épris d'aucun amour pour elle, un tel être, s'il peut exister, est un méchant sans ressource : c'est un cadavre moral.

Le Fr. Comment! s'il peut exister? Sur l'effet qu'ont produit en vous les écrits de ce misérable, qu'entendez-vous par ce doute, après les entretiens que nous venons d'avoir? Expliquez-vous.

Rouss. Je m'expliquerai : mais ce sera prendre le soin le plus inutile ou le plus superflu; car tout ce que je vous dirai ne saurait être entendu que par ceux à qui l'on n'a pas besoin de le dire.

Figurez-vous donc un monde idéal semblable au nôtre, et néanmoins tout différent. La nature y est la même que sur notre terre, mais l'économie en est plus sensible, l'ordre en est plus marqué, le spectacle plus admirable, les formes sont plus élégantes, les couleurs plus vives, les odeur plus suaves, tous les objets plus intéressants. Toute la nature y est si belle, que sa contemplation, enflammant les âmes d'amour pour un si touchant tableau, leur inspire, avec le désir de concourir à ce beau système, la crainte d'en troubler l'harmonie, et de là naît une exquise sensibilité qui donne à ceux qui en sont doués des jouissances immédiates, inconnues aux cœurs que les mêmes contemplations n'ont point avivés.

Les passions y sont, comme ici, le mobile de toute action ; mais plus vives, plus ardentes, ou seulement plus simples et plus pures, elles prennent par cela seul un caractère tout différent. Tous les premiers mouvements de la nature sont bons et droits. Ils tendent, le plus directement qu'il est possible, à notre conservation et à notre bonheur ; mais bientôt, manquant de force pour suivre à travers tant de résistance leur première direction, ils se laissent défléchir par mille obstacles qui, les détournant du vrai but, leur font prendre des routes obliques où l'homme oublie sa première destination. L'erreur du jugement, la force des préjugés, aident beaucoup à nous faire prendre ainsi le change ; mais cet effet vient principalement de la faiblesse de l'âme, qui, suivant mollement l'impulsion de la nature, se détourne au choc d'un obstacle, comme une boule prend l'angle de réflexion au lieu que celle qui suit plus vigoureusement sa course ne se détourne point, mais, comme un boulet de canon, force l'obstacle, ou s'amortit et tombe à sa rencontre.

Les habitants du monde idéal dont je parle ont le bonheur d'être maintenus par la nature, à laquelle ils sont plus attachés, dans cet heureux point de vue où elle nous a placés tous, et par cela seul leur âme garde toujours son caractère original. Les passions primitives, qui toutes tendent directement à notre bonheur, ne nous occupent que des objets qui s'y rapportent, et, n'ayant que l'amour de soi pour principe, sont toutes aimantes et douces par leur essence ; mais quand, détournées de leur objet par des obstacles, elles s'occupent plus de l'obstacle pour l'écarter que de l'objet pour l'atteindre, alors elles changent de nature et deviennent irascibles et haineuses ; et voilà comment l'amour de soi, qui est un sentiment bon et absolu, devient amour-propre, c'est-à-dire un sentiment relatif par lequel on se compare, qui demande des préférences, dont la jouissance est purement négative, et qui ne cherche plus à se satisfaire par notre propre bien, mais seulement par le mal d'autrui.

Dans la société humaine, sitôt que la foule des passions et des préjugés qu'elle engendre a fait prendre le change à l'homme, et que les obstacles qu'elle entasse l'ont détourné du vrai but de notre vie, tout ce que peut faire le sage, battu du choc continuel des passions d'autrui et des siennes, et, parmi tant de directions qui l'égarent, ne pouvant plus démêler celle qui le conduirait bien, c'est de se tirer de la foule autant qu'il lui est possible, et de se tenir sans impatience à la place où le hasard l'a posé, bien sûr qu'en n'agissant point il évite au moins de courir à sa perte et d'aller chercher de nouvelles erreurs. Comme il ne voit dans l'agitation des hommes que la folie qu'il veut éviter, il plaint leur aveuglement encore plus qu'il ne hait leur malice ; il ne se tourmente point à leur rendre le mal pour le mal, outrage pour outrage; et, si quelquefois il cherche à repousser les atteintes de ses ennemis, c'est sans chercher à les leur rendre, sans se passionner contre eux, sans sortir ni de sa place ni du calme où il veut rester.

Nos habitants, suivant des vues moins profondes, arrivent presque au même but par la route contraire, et c'est leur ardeur même qui les tient dans l'inaction. L'état céleste auquel ils aspirent et qui fait leur premier besoin par la force avec laquelle il s'offre à leurs cœurs, leur fait rassembler et tendre sans cesse toutes les puissances de leur âme pour y parvenir. Les obstacles qui les retiennent ne sauraient les occuper au point de le leur faire oublier un moment; et de là ce mortel dégoût pour tout le reste, et cette inaction totale quand ils désespèrent d'atteindre au seul objet de tous leurs vœux.

Cette différence ne vient pas seulement du genre des passions, mais aussi de leur force; car les passions fortes ne se laissent pas dévoyer comme les autres. Deux amants, l'un très épris, l'autre assez tiède, souffriraient néanmoins un rival avec la même impatience, l'un à cause de son amour, l'autre à cause de son amour-propre. Mais il peut très bien arriver que la haine du second, devenue sa passion principale, survive à son amour et même s'accroisse après qu'il est éteint; au lieu que le premier, qui ne hait qu'à cause qu'il aime, cesse de haïr son rival sitôt qu'il ne le craint plus. Or, si les âmes faibles et tièdes sont plus sujettes aux passions haineuses qui ne sont que des passions secondaires et défléchies, et si les âmes grandes et fortes, se tenant dans leur première direction, conservent mieux les passions douces et primitives qui naissent directement de l'amour de soi, vous voyez comment, d'une plus grande énergie dans les facultés et d'un premier rapport mieux senti, dérivent dans les habitants de cet autre monde des passions bien différentes de celles qui déchirent ici-bas les malheureux humains. Peut-être n'est-on pas dans ces contrées plus vertueux qu'on ne l'est autour de nous, mais on y sait mieux aimer la vertu. Les vrais penchants de la nature étant tous bons, en s'y livrant ils sont bons eux-mêmes; mais la vertu parmi nous oblige souvent à combattre et vaincre la nature, et rarement sont-ils capables de pareils efforts. La longue inhabitude de résister peut même amollir leurs âmes au point de faire le mal par faiblesse, par crainte, par nécessité. Ils ne sont exempts ni de fautes ni de vices; le crime même ne leur est pas étranger, puisqu'il est des situations déplorables où la plus haute vertu suffit à peine pour s'en défendre, et qui forcent au mal l'homme faible, malgré son cœur : mais l'expresse volonté de nuire, la haine envenimée, l'envie, la noirceur, la trahison, la fourberie, y sont inconnues; trop souvent on y voit des coupables, jamais on n'y vit un méchant. Enfin s'ils ne sont pas plus vertueux qu'on ne l'est ici, du moins, par cela seul qu'ils savent mieux s'aimer eux-mêmes, ils sont moins malveillants pour autrui.

Ils sont aussi moins actifs, ou, pour mieux dire, moins remuants. Leurs efforts pour atteindre à l'objet qu'ils contemplent consistent en des élans vigoureux; mais, sitôt qu'ils en sentent l'impuissance, ils s'arrêtent, sans chercher à leur portée des équivalents à cet objet unique, lequel seul peut les tenter.

Comme ils ne cherchent pas leur bonheur dans l'apparence, mais dans le sentiment intime, en quelque rang que les ait placés la fortune, ils s'agitent peu pour en sortir; ils ne cherchent guère à s'élever, et descendraient sans répugnance à des relations plus de leur goût, sachant bien que l'état le plus heureux n'est pas le plus honoré de la foule, mais celui qui rend le cœur plus content. Les préjugés ont sur eux très peu de prise, l'opinion ne les mène point; et, quand ils en sentent l'effet, ce n'est pas eux qu'elle subjugue, mais ceux qui influent sur leur sort.

Quoique sensuels et voluptueux, ils font peu de cas de l'opulence, et ne font rien pour y parvenir : connaissant trop bien l'art de jouir pour ignorer que ce n'est pas à prix d'argent que le vrai plaisir s'achète; et, quant au bien que peut faire un riche, sachant aussi que ce n'est pas lui qui le fait, mais sa richesse, qu'elle le ferait sans lui mieux encore, répartie entre plus de mains, ou plutôt anéantie par ce partage, et que tout ce bien qu'il croit faire par elle équivaut rarement au mal réel qu'il faut faire pour l'acquérir. D'ailleurs aimant encore plus leur liberté que leurs aises, ils craindraient de les acheter par la fortune, ne fût-ce qu'à cause de la dépendance et des embarras attachés au soin de la conserver. Le cortége inséparable de l'opulence leur serait cent fois plus à charge que les biens qu'elle procure ne leur seraient doux. Le tourment de la possession empoisonnerait pour eux tout le plaisir de la jouissance.

Ainsi bornés de toutes parts par la nature et par la raison, ils s'arrêtent, et passent la vie à en jouir en faisant chaque jour ce qui leur paraît bon pour eux et bien pour autrui, sans égard à l'estimation des hommes et aux caprices de l'opinion.

Le Fr. Je cherche inutilement dans ma tête ce qu'il peut y avoir de commun entre les êtres fantastiques que vous décrivez et le monstre dont nous parlions tout à l'heure.

Rouss. Rien, sans doute, et je le crois ainsi : mais permettez que j'achève.

Des êtres si singulièrement constitués doivent nécessairement s'exprimer autrement que les hommes ordinaires. Il est impossible qu'avec des âmes si différemment modifiées ils ne portent pas dans l'expression de leurs sentiments et de leurs idées l'empreinte de ces modifications. Si cette empreinte échappe à ceux qui n'ont aucune notion de cette manière d'être, elle ne peut échapper à ceux qui la connaissent et qui en sont affectés eux-mêmes. C'est un signe caractéristique auquel les initiés se reconnaissent entre eux; et ce qui donne un grand prix à ce signe, si peu connu et encore moins employé, est qu'il ne peut se contrefaire, que jamais il n'agit qu'au niveau de sa source, et que, quand il ne part pas du cœur de ceux qui l'imitent, il n'arrive pas non plus aux cœurs faits pour les distinguer; mais sitôt qu'il y parvient, on ne saurait s'y méprendre; il est vrai dès qu'il est senti. C'est dans toute la conduite de la vie, plutôt que dans quelques actions éparses, qu'il se manifeste le plus sûrement. Mais dans des situations vives où l'âme s'exalte involontairement, l'initié distingue bientôt son frère de celui qui, sans l'être, veut seulement en prendre l'accent, et cette distinction se fait sentir également dans les écrits. Les habitants du monde enchanté font généralement peu de livres, et ne s'arrangent point pour en faire; ce n'est jamais un métier pour eux. Quand ils en font, il faut qu'ils y soient forcés par un stimulant plus fort que l'intérêt et même que la gloire. Ce stimulant, difficile à contenir, impossible à contrefaire, se fait sentir dans tout ce qu'il produit. Quelque heureuse découverte à publier, quelque belle et grande vérité à répandre, quelque erreur générale et pernicieuse à combattre, enfin quelque point d'utilité publique à établir; voilà les seuls motifs qui puissent leur mettre la plume à la main : encore faut-il que les idées en soient assez neuves, assez belles, assez frappantes, pour mettre leur zèle en effervescence et le forcer à s'exhaler. Il n'y a point pour cela chez eux de temps ni d'âge propre. Comme écrire n'est point pour eux un métier, ils commenceront ou cesseront de de bonne heure ou tard selon que le stimulant les poussera. Quand chacun aura dit ce qu'il aura à dire, il restera tranquille comme auparavant, sans s'aller fourrant dans le tripot littéraire, sans sentir cette ridicule démangeaison de rabâcher et barbouiller éternellement du papier, qu'on dit être attachée au métier d'auteur; et tel, né peut-être avec du génie, ne s'en doutera pas lui-même et mourra sans être connu de personne, si nul objet ne vient animer son zèle au point de le contraindre à se montrer.

Le Fr. Mon cher monsieur Rousseau, vous m'avez bien l'air d'être un des habitants de ce monde-là.

Rouss. J'en reconnais un du moins, sans le moindre doute, dans l'auteur d'*Emile* et d'*Héloïse*.

Le Fr. J'ai vu venir cette conclusion; mais pour vous passer toutes ces fictions peu claires, il faudrait premièrement pouvoir vous accorder avec vous-même : mais après avoir paru convaincu des abominations de cet homme, vous voilà maintenant le plaçant dans les astres parce qu'il a fait des romans. Pour moi, je n'entends rien à ces énigmes. De grâce, dites-moi donc une fois votre vrai sentiment sur son compte.

Rouss. Je vous l'ai dit sans mystère, et je vous le répéterai sans détour. La force de vos preuves ne me laisse pas douter un moment des crimes qu'elles attestent, et là-dessus je pense exactement comme vous; mais vous unissez des choses que je sépare. L'auteur des livres et celui des crimes vous paraît la même personne; je me crois fondé à en faire deux. Voilà, monsieur, le mot de l'énigme.

Le Fr. Comment cela? je vous prie. Voici qui me paraît tout nouveau.

Rouss. A tort, selon moi; car ne m'avez-vous pas dit qu'il n'est pas l'auteur du *Devin du village*?

Le Fr. Il est vrai, et c'est un fait dont personne ne doute plus; mais, quant à ses autres ouvrages, je n'ai point encore ouï les lui disputer.

Rouss. Le second dépouillement me paraît pourtant une conséquence assez prochaine de l'autre. Mais, pour mieux juger de leur liaison, il faudrait connaître la preuve qu'on a qu'il n'est pas l'auteur du *Devin*.

Le Fr. La preuve! il y en a cent, toutes péremptoires.

Rouss. C'est beaucoup. Je me contente d'une; mais je la veux, et pour cause, indépendante de témoignage d'autrui.

Le Fr. Ah! très volontiers. Sans vous parler donc des pillages bien attestés dont on a prouvé d'abord que cette pièce était composée, sans même insister sur le doute s'il sait faire des vers, et par conséquent s'il a pu faire ceux du *Devin du village*, je me tiens à une chose plus positive et plus sûre, c'est qu'il ne sait pas la musique; d'où l'on peut, à mon avis, conclure avec certitude qu'il n'a pas fait celle de cet opéra.

Rouss. Il ne sait pas la musique? Voilà encore une de ces découvertes auxquelles je ne me serais pas attendu.

Le Fr. N'en croyez là-dessus ni moi ni personne, mais vérifiez par vous-même.

Rouss. Si j'avais à surmonter l'horreur d'approcher du personnage que vous venez de peindre, ce ne serait assurément pas pour vérifier s'il sait la musique; la question n'est pas assez intéressante lorsqu'il s'agit d'un pareil scélérat.

Le Fr. Il faut qu'elle ait paru moins indifférente à nos messieurs qu'à vous; car les peines incroyables qu'ils ont prises et prennent encore tous les jours pour établir de mieux en mieux dans le public cette preuve, passent encore ce qu'ils ont fait pour mettre en évidence celle de ses crimes.

Rouss. Cela me paraît assez bizarre; car quand on a si bien prouvé le plus, d'ordinaire on ne s'agite pas si fort pour prouver le moins.

Le Fr. Oh! vis-à-vis d'un tel homme, on ne doit négliger ni le plus ni le moins. A l'horreur du vice se joint l'amour de la vérité, pour détruire dans toutes ses branches une réputation usurpée; et ceux qui se sont empressés de montrer en lui un monstre exécrable ne doivent pas moins s'empresser aujourd'hui de le montrer un petit pillard sans talent.

Rouss. Il faut avouer que la destinée de cet homme a des singularités bien frappantes : sa vie est coupée en deux parties qui semblent appartenir à deux individus différents, dont l'époque qui les sépare, c'est-à-dire le temps où il a publié des livres, marque la mort de l'un et la naissance de l'autre.

Le premier, homme paisible et doux, fut bien voulu de tous ceux qui le connurent, et ses amis lui restèrent toujours. Peu propre aux grandes sociétés par son humeur timide et son naturel tranquille, il aima la retraite, non pour y vivre seul, mais pour y joindre les douceurs de l'étude aux charmes de l'intimité. Il consacra sa jeunesse à la culture des belles connaissances et des talents agréables, et, quand il se vit forcé de faire usage de cet acquis pour subsister, ce fut avec si peu d'ostentation et de prétention, que les personnes auprès desquelles il vivait le plus n'imaginaient pas même qu'il eût assez d'esprit pour faire des livres. Son cœur, fait pour s'attacher, se donnait sans réserve; complaisant pour ses amis jusqu'à la faiblesse, il se laissait subjuguer par eux au point de ne pouvoir plus secouer le joug impunément. Le second, homme dur, farouche et noir, se fait abhorrer de tout le monde qu'il fuit; et, dans son affreuse misanthropie, ne se plaît qu'à marquer sa haine pour le genre humain. Le premier, seul, sans étude et sans maître, vainquit toutes les difficultés à force de zèle, et consacra ses loisirs, non à l'oisiveté, encore moins à des travaux nuisibles, mais à remplir sa tête d'idées charmantes, son cœur de sentiments délicieux, et à former des projets, chimériques peut-être à force d'être utiles, mais dont l'exécution, si elle eût été possible, eût fait le bonheur du genre humain. Le second, tout occupé de ses odieuses trames, n'a su rien donner de son temps ni de son esprit à d'agréables occupations, encore moins à des vues utiles. Plongé dans les plus brutales débauches, il a passé sa vie dans les tavernes et les mauvais lieux, chargé de tous les vices qu'on y porte ou qu'on y contracte, n'ayant nourri que les goûts crapuleux et bas qui en sont inséparables; il fait ridiculement contraster ses inclinations rampantes avec les altières productions qu'il a l'audace de s'attribuer. En vain a-t-il paru feuilleter des livres et s'occuper de recherches philosophiques, il n'a rien saisi, rien conçu, que ses horribles systèmes; et, après de prétendus essais, qui n'avaient pour but que d'en imposer au genre humain, il a fini comme il avait commencé, par ne rien savoir que mal faire.

Enfin, sans vouloir suivre cette opposition dans toutes ses branches, et pour m'arrêter à celle qui m'y a conduit, le premier, d'une timidité qui allait jusqu'à la bêtise, osait à peine montrer à ses amis les productions de ses loisirs; le second, d'une impudence encore plus bête, s'appropriait fièrement et publiquement les productions d'autrui sur les choses qu'il entendait le moins. Le premier aima passionnément la musique, en fit son occupation favorite, et avec assez de succès pour y faire des découvertes, trouver les défauts, indiquer les corrections; il passa une grande partie de sa vie parmi les artistes et les amateurs, tantôt composant de la musique dans tous les genres, en diverses occasions, tantôt écrivant sur cet art, proposant des vues nouvelles, donnant des leçons de composition, constatant par des épreuves l'avantage des méthodes qu'il proposait, et toujours se montrant instruit dans toutes les parties de l'art plus que la plupart de ses contemporains, dont plusieurs étaient à la vérité plus versés que lui dans quelque partie, mais dont aucun n'en avait si bien saisi l'ensemble et suivi la liaison. Le second, inepte au point de s'être occupé de musique pendant quarante ans sans pouvoir l'apprendre, s'est réduit à l'occupation d'en copier faute d'en savoir faire; encore lui-même ne se trouve-t-il pas assez savant pour le métier qu'il a choisi; ce qui ne l'empêche pas de se donner avec la plus stupide effronterie pour l'auteur de choses qu'il ne peut exécuter. Vous m'avouerez que voilà des contradictions difficiles à concilier.

Le Fr. Moins que vous ne croyez; et si vos autres énigmes ne m'étaient pas plus obscures que celle-là, vous me tiendriez moins en haleine.

Rouss. Vous m'éclaircirez donc celle-ci quand il vous plaira; car, pour moi, je déclare que je n'y comprends rien.

Le Fr. De tout mon cœur, et très facilement; mais commencez vous-même par m'éclaircir votre question.

Rouss. Il n'y a plus de question sur le fait que vous venez d'exposer. A cet égard nous sommes parfaitement d'accord, et j'adopte pleinement votre conséquence; mais je la porte plus loin. Vous dites qu'un homme qui ne sait faire ni musique ni vers n'a pas fait le *Devin du village*, et cela est incontestable : moi j'ajoute que celui qui se donne faussement pour l'auteur de cet opéra n'est pas même l'auteur des autres écrits qui portent son nom, et cela n'est guère moins évident; car s'il n'a pas fait les paroles du *Devin* puisqu'il ne sait pas faire des vers, il n'a pas fait non plus *l'Allée de Sylvie*, qui difficilement en effet peut être l'ouvrage d'un scélérat; et, s'il n'en a pas fait la musique puisqu'il ne sait pas la musique, il n'a pas fait non plus la *Lettre sur la musique française*, encore moins le *Dictionnaire de musique*, qui ne peut être que l'ouvrage d'un homme versé dans cet art et sachant la composition.

LE FR. Je ne suis pas là-dessus de votre sentiment non plus que le public, et nous avons pour surcroît celui d'un grand musicien étranger venu depuis peu dans ce pays.

Rouss. Et, je vous prie, le connaissez-vous bien ce grand musicien étranger? Savez-vous par qui et pourquoi il a été appelé en France, quels motifs l'ont porté tout d'un coup à ne faire que de la musique française, et à venir s'établir à Paris?

LE FR. Je soupçonne quelque chose de tout cela; mais il n'en est pas moins vrai que Jean-Jacques étant plus que personne son admirateur, donne lui-même du poids à son suffrage.

Rouss. Admirateur de son talent, d'accord; je le suis aussi; mais quant à son suffrage, il faudrait premièrement être au fait de bien des choses avant de savoir quelle autorité l'on doit lui donner.

LE FR. Je veux bien, puisqu'il vous est suspect, ne m'en pas étayer ici, ni même de celui d'aucun musicien; mais je n'en dirai pas moins de moi-même que pour composer de la musique il faut la savoir sans doute; mais qu'on peut bavarder tant qu'on veut sur cet art sans y rien entendre, et que tel qui se mêle d'écrire fort doctement sur la musique serait bien embarrassé de faire une bonne basse sous un menuet, et même de le noter.

Rouss. Je me doute bien aussi de cela. Mais votre intention est-elle d'appliquer cette idée au *Dictionnaire* et à son auteur?

LE FR. Je conviens que j'y pensais.

Rouss. Vous y pensiez! Cela étant, permettez-moi, de grâce, encore une question. Avez-vous lu ce livre?

LE FR. Je serais bien fâché d'en avoir lu jamais une seule ligne, non plus que d'aucun de ceux qui portent cet odieux nom.

Rouss. En ce cas, je suis moins surpris que nous pensions, vous et moi, si différemment sur les points qui s'y rapportent. Ici, par exemple, vous ne confondriez pas ce livre avec ceux dont vous parlez, et qui, ne roulant que sur des principes généraux, ne contiennent que des idées vagues ou des notions élémentaires tirées peut-être d'autres écrits, et qu'ont tous ceux qui savent un peu de musique; au lieu que le *Dictionnaire* entre dans le détail des règles pour en montrer la raison, l'application, l'exception, et tout ce qui doit guider le compositeur dans leur emploi. L'auteur s'attache même à éclaircir de certaines parties qui jusqu'alors étaient restées confuses dans la tête des musiciens, et presque inintelligibles dans leurs écrits. L'article *Enharmonique*, par exemple, explique ce genre avec une si grande clarté, qu'on est étonné de l'obscurité avec laquelle en avaient parlé tous ceux qui jusqu'alors avaient écrit sur cette matière. On ne me persuadera jamais que cet article, ceux d'*Expression, Fugue, Harmonie, Licence, Mode, Modulation, Préparation, Récitatif, Trio* (1) et grand nombre d'autres répandus dans ce *Dictionnaire*, et qui sûrement ne sont pillés de personne, soient l'ouvrage d'un

---

(1) Tous les articles de musique que j'avais promis pour l'*Encyclopédie* furent faits dès l'année 1749, et remis par M. Diderot, l'année suivante, à M. d'Alembert, comme entrant dans la partie *Mathématiques*, dont il était chargé. Quelque temps après parurent ses *Éléments de Musique*, qu'il n'eut pas beaucoup de peine à faire. En 1768 parut mon *Dictionnaire*, et quelque temps après une nouvelle édition de ses *Éléments* avec des augmentations. Dans l'intervalle avait aussi paru un *Dictionnaire des Beaux-Arts*, où je reconnus

ignorant en musique qui parle de ce qu'il n'entend point, ni qu'un livre dans lequel on peut apprendre la composition soit l'ouvrage de quelqu'un qui ne la savait pas.

Il est vrai que plusieurs autres articles également importants sont restés seulement indiqués pour ne pas laisser le vocabulaire imparfait, comme il en avertit dans sa préface; mais serait-il raisonnable de le juger sur les articles qu'il n'a pas eu le temps de faire plutôt que sur ceux où il a mis la dernière main, et qui demandaient assurément autant de savoir que les autres? L'auteur convient, il avertit même, de ce qui manque à son livre, et il dit la raison de ce défaut. Mais tel qu'il est, il serait cent fois plus croyable encore qu'un homme qui ne sait pas la musique eût fait le *Devin* que le *Dictionnaire* : car combien ne voit-on pas, surtout en Suisse et en Allemagne, de gens qui, ne sachant pas une note de musique, et guidés uniquement par leur oreille et leur goût, ne laissent pas de composer des choses très agréables et même très régulières, quoiqu'ils n'aient nulle connaissance des règles, et qu'ils ne puissent déposer leurs compositions que dans leur mémoire! Mais il est absurde de penser qu'un homme puisse enseigner et même éclaircir dans un livre une science qu'il n'entend point, et bien plus encore, dans un art dont la seule langue exige une étude de plusieurs années avant qu'on puisse l'entendre et la parler. Je conclus donc qu'un homme qui n'a pu faire le *Devin du village*, parce qu'il ne savait pas la musique, n'a pu faire à plus forte raison le *Dictionnaire*, qui demandait beaucoup plus de savoir.

LE FR. Ne connaissant ni l'un ni l'autre ouvrage, je ne puis par moi-même juger de votre raisonnement. Je sais seulement qu'il y a une différence extrême à cet égard dans l'estimation du public, que le *Dictionnaire* passe pour un ramassis de phrases sonores et inintelligibles, qu'on en cite un article *Génie* que tout le monde prône et qui ne dit rien sur la musique. Quant à votre article *Enharmonique*, et aux autres qui, selon vous, traitent pertinemment de l'art, je n'en ai jamais ouï parler à personne, si ce n'est à quelques musiciens ou amateurs étrangers qui paraissaient en faire cas avant qu'on les eût mieux instruits; mais les nôtres disent et ont toujours dit ne rien entendre au jargon de ce livre.

Pour le *Devin*, vous avez vu les transports d'admiration excités par la dernière reprise; l'enthousiasme du public poussé jusqu'au délire fait foi de la sublimité de cet ouvrage. C'était le divin Jean-Jacques, c'était le moderne *Orphée*; cet opéra était le chef-d'œuvre de l'art et de l'esprit humain; et jamais cet enthousiasme ne fut si vif que lorsqu'on sut que le divin Jean-Jacques ne savait pas la musique. Or, quoi que vous en puissiez dire, de ce qu'un homme qui ne sait pas la musique n'a pu faire un prodige de l'art universellement admiré, il ne s'ensuit pas, selon moi, qu'il n'a pu faire un livre peu lu, peu entendu et encore moins estimé.

Rouss. Dans les choses dont je peux juger par moi-même, je ne prendrai

---

plusieurs des articles que j'avais faits pour l'*Encyclopédie*. M. d'Alembert avait des bontés si tendres pour mon *Dictionnaire* encore manuscrit, qu'il offrit obligeamment au sieur Guy d'en revoir les épreuves; faveur que, sur l'avis que celui-ci m'en donna, je le priai de ne pas accepter.

jamais pour règle de mes jugements ceux du public, et surtout quand il s'engoue comme il a fait tout d'un coup pour le *Devin du village*, après l'avoir entendu pendant vingt ans avec un plaisir plus modéré. Cet engoûment subit, quelle qu'en ait été la cause au moment où le soi-disant auteur était l'objet de la dérision publique, n'a rien eu d'assez naturel pour faire autorité chez les gens sensés. Je vous ai dit ce que je pensais du *Dictionnaire*, et cela, non pas sur l'opinion publique, ni sur ce célèbre artice *Génie*, qui, n'ayant nulle application particulière à l'art, n'est là que pour la plaisanterie, mais après avoir lu attentivement l'ouvrage entier, dont la plupart des articles feront faire de meilleure musique quand les artistes en sauront profiter.

Quant au *Devin*, quoique je sois bien sûr que personne ne sent mieux que moi les véritables beautés de cet ouvrage, je suis fort éloigné de voir ces beautés où le public engoué les place. Ce ne sont point de celles que l'étude et le savoir produisent, mais de celles qu'inspirent le goût et la sensibilité; et l'on prouverait beaucoup mieux qu'un savant compositeur n'a point fait cette pièce, si la partie du beau chant et de l'invention lui manque, qu'on ne prouverait qu'un ignorant ne l'a pu faire, parce qu'il n'a pas cet acquis qui supplée au génie et ne fait rien qu'à force de travail. Il n'y a rien dans le *Devin du village* qui passe, quant à la partie scientifique, les principes élémentaires de la composition; et non-seulement il n'y a point d'écolier de trois mois qui, dans ce sens, ne fût en état d'en faire autant, mais on peut bien douter qu'un savant compositeur pût se résoudre à être aussi simple. Il est vrai que l'auteur de cet ouvrage y a suivi un principe caché qui se fait sentir sans qu'on le remarque, et qui donne à ses chants un effet qu'on ne sent dans aucune autre musique française. Mais ce principe, ignoré de tous nos compositeurs, dédaigné de ceux qui en ont entendu parler, posé seulement par l'auteur de la *Lettre sur la musique française*, qui en a fait ensuite un article du *Dictionnaire*, et suivi seulement par l'auteur du *Devin*, est une grande preuve de plus que ces deux auteurs sont le même. Mais tout cela montre l'invention d'un amateur qui a réfléchi sur l'art, plutôt que la routine d'un professeur qui le possède supérieurement. Ce qui peut faire honneur au musicien dans cette pièce est le récitatif : il est bien modulé, bien ponctué, bien accentué, autant que du récitatif français peut l'être. Le tour en est neuf, du moins il l'était alors à tel point qu'on ne voulut point hasarder ce récitatif à la cour, quoique adapté à la langue plus qu'aucun autre. J'ai peine à concevoir comment du récitatif peut être pillé, à moins qu'on ne pille aussi les paroles ; et, quand il n'y aurait que cela de la main de l'auteur de la pièce, j'aimerais mieux, quant à moi, avoir fait le récitatif sans les airs, que les airs sans le récitatif; mais je sens trop bien la même main dans le tout pour pouvoir le partager à différents auteurs. Ce qui rend même cet opéra prisable pour les gens de goût, c'est le parfait accord des paroles et de la musique, c'est l'étroite liaison des parties qui le composent, c'est l'ensemble exact du tout qui en fait l'ouvrage le plus un que je connaisse en ce genre. Le musicien a partout pensé, senti, parlé comme le poète; l'expression de l'un répond toujours si fidèlement à celle de l'autre qu'on voit qu'ils sont toujours animés du même esprit; et l'on me dit que cet accord si juste et si rare résulte d'un tas de pillages fortuitement rassemblés! Monsieur, il y aurait cent fois plus d'art à composer un pareil tout de morceaux épars et décousus qu'à le créer soi-même d'un bout à l'autre.

Le Fr. Votre objection ne m'est pas nouvelle; elle paraît même si solide à beaucoup de gens, que, revenus des vols partiels, quoique tous si bien prouvés, ils sont maintenant persuadés que la pièce entière, paroles et musique, est d'une autre main, et que le charlatan a eu l'audace de s'en emparer et l'impudence de se l'attribuer. Cela paraît même si bien établi, que l'on n'en doute plus guère; car enfin il faut bien nécessairement recourir à quelque explication semblable; il faut bien que cet ouvrage, qu'il est incontestablement hors d'état d'avoir fait, ait été fait par quelqu'un. On prétend même en avoir découvert le véritable auteur.

Rouss. J'entends : après avoir d'abord découvert et très bien prouvé les vols partiels dont le *Devin du village* était composé, on prouve aujourd'hui non moins victorieusement qu'il n'y a point eu de vols partiels; que cette pièce, toute de la même main, a été volée en entier par celui qui se l'attribue. Soit donc, car l'une et l'autre de ces vérités contradictoires est égale pour mon objet. Mais enfin quel est-il donc, ce véritable auteur? Est-il Français, Suisse, Italien, Chinois?

Le Fr. C'est ce que j'ignore; car on ne peut guère attribuer cet ouvrage à Pergolèse, comme un *Salve Regina*...

Rouss. Oui, j'en connais un de cet auteur, et qui même a été gravé...

Le Fr. Ce n'est pas celui-là. Le *Salve* dont vous parlez, Pergolèse l'a fait de son vivant, et celui dont je parle en est un autre qu'il a fait vingt ans après sa mort, et que Jean-Jacques s'appropriait en disant l'avoir fait pour mademoiselle Fel, comme beaucoup d'autres motets que le même Jean-Jacques dit ou dira de même avoir faits depuis lors, et qui, par autant de miracles de M. d'Alembert, sont et seront toujours tous de Pergolèse, dont il évoque l'ombre quand il lui plaît.

Rouss. Voilà qui est vraiment admirable! Oh! je me doutais depuis longtemps que ce M. d'Alembert devrait être un saint à miracles, et je parierais bien qu'il ne s'en tient pas à ceux-là. Mais comme vous dites, il lui sera néanmoins difficile, tout saint qu'il est, d'avoir aussi fait faire le *Devin du village* à Pergolèse; et il ne faudrait pas multiplier les auteurs sans nécessité.

Le Fr. Pourquoi non? Qu'un pillard prenne à droite et à gauche, rien au monde n'est plus naturel.

Rouss. D'accord; mais dans toutes ces musiques ainsi pillées on sent les coutures et les pièces de rapport, et il me semble que celle qui porte le nom de Jean-Jacques n'a pas cet air-là. On n'y trouve même aucune physionomie naturelle : ce n'est pas plus de la musique italienne que de la musique française. Elle a le ton de la chose, et rien de plus.

Le Fr. Tout le monde convient de cela. Comment l'auteur du *Devin* a-t-il pris dans cette pièce un accent alors si neuf qu'il n'ait employé que là? et si c'est son unique ouvrage, comment en a-t-il tranquillement cédé la gloire à un autre, sans tenter de le revendiquer, ou du moins de la partager par un second opéra semblable? On m'a promis de m'expliquer clairement tout cela; car j'avoue de bonne foi y avoir trouvé jusqu'ici quelque obscurité.

Rouss. Bon! vous voilà bien embarrassé! le pillard aurait fait accointance avec l'auteur ; il se sera fait confier sa pièce, la lui aura volée, et puis il l'aura empoisonné. Cela est tout simple.

Le Fr. Vraiment, vous avez là de jolies idées !

Rouss. Ah ! ne me faites pas honneur de votre bien. Ces idées vous appartiennent ; elles sont l'effet naturel de tout ce que vous m'avez appris. Au reste, et quoi qu'il en soit du véritable auteur de la pièce, il me suffit que celui qui s'est dit l'être soit, par son ignorance et son incapacité, hors d'état de l'avoir faite, pour que j'en conclue, à plus forte raison, qu'il n'a fait ni le *Dictionnaire* qu'il s'attribue aussi, ni la *Lettre sur la musique française*, ni aucun des autres livres qui portent son nom et dans lesquels il est impossible de ne pas sentir qu'ils partent tous de la même main. D'ailleurs concevez-vous qu'un homme doué d'assez de talents pour faire de pareils ouvrages aille, au fort même de son effervescence, piller et s'attribuer ceux d'autrui dans un genre qui non-seulement n'est pas le sien, mais auquel il n'entend absolument rien ; qu'un homme qui, selon vous, eut assez de courage, d'orgueil, de fierté, de force, pour résister à la démangeaison d'écrire, si naturelle aux jeunes gens qui se sentent quelque talent, pour laisser mûrir vingt ans sa tête dans le silence, afin de donner plus de profondeur et de poids à ses productions longtemps méditées ; que ce même homme, l'âme toute remplie de ses grandes et sublimes vues, aille en interrompre le développement, pour chercher par des manœuvres aussi lâches que puériles une réputation usurpée et très inférieure à celle qu'il peut obtenir légitimement ? Ce sont des gens pourvus de bien petits talents par eux-mêmes qui se parent ainsi de ceux d'autrui ; et quiconque, avec une tête active et pensante, a senti le délire et l'attrait du travail d'esprit, ne va pas servilement sur la trace d'un autre pour se parer ainsi des productions étrangères par préférence à celles qu'il peut tirer de son propre fonds. Allez, monsieur, celui qui a pu être assez vil et assez sot pour s'attribuer le *Devin du village* sans l'avoir fait, et même sans savoir la musique, n'a jamais fait une ligne du *Discours sur l'Inégalité*, ni de l'*Emile*, ni du *Contrat social*. Tant d'audace et de vigueur d'un côté, tant d'ineptie et de lâcheté de l'autre, ne s'associeront jamais dans la même âme.

Voilà une preuve qui parle à tout homme sensé. Que d'autres qui ne sont pas moins fortes ne parlent qu'à moi, j'en suis fâché pour mon espèce ; elles devraient parler à toute âme sensible et douée de l'instinct moral. Vous me dites que tous ces écrits qui m'échauffent, me touchent, m'attendrissent, me donnent la volonté sincère d'être meilleur, sont uniquement des productions d'une tête exaltée conduite par un cœur hypocrite et fourbe. La figure de mes êtres surlunaires vous aura déjà fait entendre que je n'étais pas là-dessus de votre avis. Ce qui me confirme encore dans le mien est le nombre et l'étendue de ces mêmes écrits, où je sens toujours et partout la même véhémence d'un cœur échauffé des mêmes sentiments. Quoi ! ce fléau du genre humain, cet ennemi de toute droiture, de toute justice, de toute bonté, s'est captivé dix à douze ans dans le cours de quinze volumes à parler toujours le plus doux, le plus pur, le plus énergique langage de la vertu, à plaindre les misères humaines, à en montrer la source dans les erreurs, dans les préjugés des hommes, à leur tracer la route du vrai bonheur, à leur apprendre à rentrer dans leurs propres cœurs pour y retrouver le germe des vertus sociales qu'ils étouffent sous un faux simulacre dans le progrès mal entendu des sociétés, à consulter toujours leur conscience pour redresser les erreurs de leur raison, et à écouter dans le silence des passions cette voix intérieure que tous nos philosophes ont tant à cœur d'étouffer, et qu'ils traitent de chimère parce qu'elle ne leur dit plus rien : il s'est fait siffler d'eux et de tout son siècle pour avoir toujours soutenu que l'homme était bon quoique les hommes fussent méchants, que ses vertus lui venaient de lui-même, que ses vices lui venaient d'ailleurs : il a consacré son plus grand et meilleur ouvrage à montrer comment s'introduisent dans notre âme les passions nuisibles, à montrer que la bonne éducation doit être purement négative, qu'elle doit consister, non à guérir les vices du cœur humain, puisqu'il n'y en a point naturellement, mais à les empêcher de naître, et à tenir exactement fermées les portes par lesquelles ils s'introduisent : enfin, il a établi tout cela avec une clarté si lumineuse, avec un charme si touchant, avec une vérité si persuasive, qu'une âme non dépravée ne peut résister à l'attrait de ses images et à la force de ses raisons; et vous voulez que cette longue suite d'écrits où respirent toujours les mêmes maximes, où le même langage se soutient toujours avec la même chaleur, soit l'ouvrage d'un fourbe qui parle toujours, non-seulement contre sa pensée, mais aussi contre son intérêt, puisque, mettant tout son bonheur à remplir le monde de malheurs et de crimes, il devait conséquemment chercher à multiplier les scélérats pour se donner des aides et des complices dans l'exécution de ses horribles projets; au lieu qu'il n'a travaillé réellement qu'à se susciter des obstacles et des adversaires dans tous les prosélytes que ses livres feraient à la vertu.

Autres raisons non moins fortes dans mon esprit. Cet auteur putatif, reconnu, par toutes les preuves que vous m'avez fournies, le plus crapuleux, le plus vil débauché qui puisse exister, a passé sa vie avec les traînées des rues dans les plus infâmes réduits, il est hébété de débauche, il est pourri de vérole; et vous voulez qu'il ait écrit ces inimitables lettres pleines de cet amour si brûlant et si pur qui ne germa jamais que dans des cœurs aussi chastes que tendres? Ignorez-vous que rien n'est moins tendre qu'un débauché, que l'amour n'est pas plus connu des libertins que des femmes de mauvaise vie, que la crapule endurcit le cœur, rend ceux qui s'y livrent impudents, grossiers, brutaux, cruels; que leur sang appauvri, dépouillé de cet esprit de vie qui du cœur porte au cerveau ces charmantes images d'où naît l'ivresse de l'amour, ne leur donne par l'habitude que les âcres picotements du besoin, sans y joindre ces douces impressions qui rendent la sensualité aussi tendre que vive? Qu'on me montre une lettre d'amour d'une main inconnue, je suis assuré de connaître à sa lecture si celui qui l'écrit a des mœurs. Ce n'est qu'aux yeux de ceux qui en ont que les femmes peuvent briller de ces charmes touchants et chastes qui seuls font le délire des cœurs vraiment amoureux. Les débauchés ne voient en elles que des instruments de plaisir qui leur sont aussi méprisables que nécessaires, comme ces vases dont on se sert tous les jours pour les plus indispensables besoins. J'aurais défié tous les coureurs de filles de Paris d'écrire jamais une seule des lettres de l'*Héloïse*; et le livre entier, ce livre dont la lecture me jette dans les plus angéliques extases, serait l'ouvrage d'un vil débauché! Comptez, monsieur, qu'il n'en est rien; ce n'est pas avec de l'esprit et du jargon que ces choses-là se trouvent. Vous voulez qu'un hypocrite adroit, qui ne marche à ses fins qu'à force de ruses et d'astuce, aille étourdiment se livrer à l'impétuosité de l'indignation contre tous les états, contre tous les partis sans exception, et dire également les plus dures vérités aux uns et aux autres? Papistes, huguenots, grands, petits, hommes, femmes, robins, soldats, moines, prêtres, dévots, médecins, philosophes, *Tros Rutulusve fuat*, tout est peint, tout est démasqué sans jamais un mot d'aigreur ni de personnalité contre qui que ce soit, mais sans ménagement pour aucun parti. Vous voulez qu'il ait toujours suivi sa fougue au point d'avoir tout soulevé contre lui, tout réuni pour l'accabler dans sa disgrâce; et tout cela sans se ménager ni défenseur ni appui, sans s'embarrasser même du succès de ses livres, sans s'informer au moins de l'effet qu'ils produisaient et de l'orage qu'ils attiraient sur sa tête, et sans en concevoir le moindre souci quand le bruit commença d'en arriver jusqu'à lui? Cette intrépidité, cette imprudence, cette incurie, est-elle de l'homme faux et fin que vous m'avez peint? Enfin vous voulez qu'un misérable à qui l'on a ôté le nom de *scélérat*, qu'on ne trouvait pas encore assez abject, pour lui donner celui de *coquin*, comme exprimant mieux la bassesse et l'indignité de son âme; vous voulez que ce reptile ait pris et soutenu pendant quinze volumes le langage intrépide et fier d'un écrivain qui, consacrant sa plume à la vérité, ne quête point les suffrages du public, et que le témoignage de son cœur met au-dessus des jugements des hommes? Vous voulez que parmi tant de si beaux livres modernes, les seuls qui pénètrent jusqu'à mon cœur, qui l'enflamment d'amour pour la vertu, qui l'attendrissent sur les misères humaines soient précisément les jeux d'un détestable fourbe qui se moque de ses lecteurs et ne croit pas un mot de ce qu'il leur dit avec tant de chaleur et de force; tandis que tous les autres, écrits, à ce que vous m'assurez, par de vrais sages dans de si pures intentions, me glacent le cœur, le resserrent, et ne m'inspirent, avec des sentiments d'aigreur, de peine, et de haine, que le plus intolérant esprit de parti? Tenez, monsieur, s'il n'est pas impossible que tout cela soit, il l'est du moins que jamais je le croie, fût-il mille fois démontré. Encore un coup, je ne résiste point à vos preuves; elles m'ont pleinement convaincu : mais ce que je ne crois ni ne croirai de ma vie, c'est que l'*Emile*, et surtout l'article du goût dans le quatrième livre, soit l'ouvrage d'un cœur dépravé; que l'*Héloïse*, et surtout la lettre sur la mort de Julie, ait été écrite par un scélérat; que celle à M. d'Alembert sur les spectacles soit la production d'une âme double; que le sommaire du *Projet de paix perpétuelle* soit celle d'un ennemi du genre humain; que le recueil entier des écrits du même auteur soit sorti d'une âme hypocrite et d'une mauvaise tête, non du pur zèle d'un cœur brûlant d'amour pour la vertu. Non, monsieur, non, monsieur; le mien ne se prêtera jamais à cette absurde et fausse persuasion. Mais je dis et je soutiendrai toujours qu'il faut qu'il y ait deux Jean-Jacques, et que l'auteur des livres et celui des crimes ne sont pas le même homme. Voilà un sentiment si bien enraciné dans le fond de mon cœur que rien ne me l'ôtera jamais.

Le Fr. C'est pourtant une erreur, sans le moindre doute, et une autre preuve qu'il a fait des livres, est qu'il en fait encore tous les jours.

Rouss. Voilà ce que j'ignorais, et l'on m'avait dit au contraire qu'il s'occupait uniquement, depuis quelques années, à copier de la musique.

Le Fr. Bon, copier? il en fait semblant pour faire le pauvre, quoiqu'il soit riche, et couvrir sa rage de faire des livres et de barbouiller du papier. Mais personne ici n'en est la dupe, et il faut que vous veniez de bien loin pour l'avoir été.

Rouss. Sur quoi, je vous prie, roulent ces nouveaux livres dont il se cache si bien, si à propos et avec tant de succès?

Le Fr. Ce sont des fadaises de toute espèce; des leçons d'athéisme, des éloges de la philosophie moderne, des oraisons funèbres, des traductions, des satires...

Rouss. Contre ses ennemis, sans doute?

Le Fr. Non, contre les ennemis de ses ennemis.

Rouss. Voilà de quoi je ne me serais pas douté.

Le Fr. Oh! vous ne connaissez pas la ruse du drôle! Il fait tout cela pour se mieux déguiser. Il fait de violentes sorties contre la présente administration (en 1782) dont il n'a point à se plaindre, en faveur du Parlement qui l'a si indignement traité, et de l'auteur de toutes ses misères, qu'il devrait avoir en horreur. Mais à chaque instant sa vanité se décèle par les plus ineptes louanges de lui-même. Par exemple, il a fait dernièrement un livre fort plat intitulé *l'An deux mille deux cent quarante*, dans lequel il consacre avec soin tous ses écrits à la postérité, sans même excepter *Narcisse*, et sans qu'il en manque une seule ligne.

Rouss. C'est, en effet, une bien étonnante balourdise. Dans les livres qui portent son nom je ne vois pas un orgueil aussi bête.

Le Fr. En se nommant il se contraignait; à présent qu'il se croit bien caché, il ne se gêne plus.

Rouss. Il a raison, cela lui réussit si bien! Mais, monsieur, quel est donc le vrai but de ses livres que cet homme si fin publie avec tant de mystère en faveur des gens qu'il devrait haïr, et de la doctrine à laquelle il a paru si contraire?

Le Fr. En doutez-vous? C'est de se jouer du public et de faire parade de son éloquence, en prouvant successivement le pour et le contre, en promenant ses lecteurs du blanc au noir pour se moquer de leur crédulité.

Rouss. Par ma foi! voilà, pour la détresse où il se trouve, un homme de bien bonne humeur, et qui, pour être aussi haineux que vous le faites, n'est guère occupé de ses ennemis! Pour moi, sans être vain ni vindicatif, je vous déclare que si j'étais à sa place et que je voulusse encore faire des livres, ce ne serait pas pour faire triompher mes persécuteurs et leur doctrine aux dépens de ma réputation et de mes propres écrits. S'il est réellement l'auteur de ceux qu'il n'avoue pas, c'est une forte et nouvelle preuve qu'il ne l'est pas de ceux qu'il avoue. Car assurément il faudrait le supposer bien stupide et bien ennemi de lui-même pour chanter la palinodie si mal à propos.

Le Fr. Il faut avouer que vous êtes un homme bien obstiné, bien tenace dans vos opinions; au peu d'autorité qu'ont sur vous celles du public, on voit bien que vous n'êtes pas Français. Parmi tous nos sages si vertueux, si justes, si supérieurs à toute partialité, parmi toutes nos dames si sensibles, si favorables à un auteur qui peint si bien l'amour, il ne s'est trouvé personne qui ait fait la moindre résistance aux arguments triomphants de nos messieurs, personne qui ne se soit rendu avec empressement, avec joie, aux preuves que ce même auteur qu'on disait tant aimer, que ce même Jean-Jacques si fêté, mais si rogue et si haïssable, était la honte et l'opprobre du genre humain; et maintenant qu'on s'est si bien passionné pour cette idée qu'on n'en voudrait pas changer quand la chose serait possible, vous seul, plus difficile que tout le monde, venez ici nous proposer une distinction neuve et imprévue, qui ne le serait pas si elle avait la moindre solidité. Je conviens pourtant qu'à travers tout ce pathos, qui selon moi ne dit pas grand'chose, vous ouvrez de nouvelles vues qui pourraient avoir leur usage, communiquées à nos messieurs. Il est certain que si l'on pouvait prouver que Jean-Jacques n'a fait aucun des livres qu'il s'attribue, comme on prouve qu'il n'a pas fait le *Devin*, on ôterait une difficulté qui ne laisse pas d'arrêter ou du moins d'embarrasser encore bien des gens, malgré les preuves convaincantes des forfaits de ce misérable. Mais je serais aussi fort surpris, pour peu qu'on pût appuyer cette idée, qu'on se fût avisé si tard de la proposer. Je vois qu'en s'attachant à le couvrir de tout l'opprobre qu'il mérite, nos messieurs ne laissent pas de s'inquiéter quelquefois de ces livres qu'ils détestent, qu'ils tournent même en ridicule de toute leur force, mais qui leur attirent souvent des objections incommodes, qu'on lèverait tout d'un coup en affirmant qu'il n'a pas écrit un seul mot de tout cela, et qu'il en est incapable comme d'avoir fait le *Devin*. Mais je vois qu'on a pris ici une route contraire qui ne peut guère ramener à celle-là; et l'on croit si bien que ces écrits sont de lui que nos messieurs s'occupent depuis longtemps à les éplucher pour en extraire le poison.

Rouss. Le poison!

Le Fr. Sans doute. Ces beaux livres vous ont séduit comme bien d'autres, et je suis peu surpris qu'à travers toute cette ostentation de belle morale vous n'ayez pas senti les doctrines pernicieuses qu'il y répand; mais je le serais fort qu'elles n'y fussent pas. Comment un tel serpent n'infecterait-il pas de son venin tout ce qu'il touche?

Rouss. Eh bien! monsieur, ce venin! en a-t-on déjà beaucoup extrait de de ces livres?

Le Fr. Beaucoup, à ce qu'on m'a dit, et même il s'y met tout à découvert dans nombre de passages horribles que l'extrême prévention qu'on avait pour ces livres empêcha d'abord de remarquer, mais qui frappent maintenant de surprise et d'effroi tous ceux qui, mieux instruits, les lisent comme il convient.

Rouss. Des passages horribles! J'ai lu ces livres avec grand soin, mais je n'y en ai point trouvé de tels, je vous jure. Vous m'obligeriez de m'en indiquer quelqu'un.

Le Fr. Ne les ayant pas lus, c'est ce que je ne saurais faire : mais j'en demanderai la liste à nos messieurs qui les ont recueillis, et je vous la communiquerai. Je me rappelle seulement qu'on cite une note de l'*Emile* où il enseigne ouvertement l'assassinat.

Rouss. Comment, monsieur, il enseigne ouvertement l'assassinat, et cela n'a pas été remarqué dès la première lecture! Il fallait qu'il eût en effet des lecteurs bien prévenus ou bien distraits. Et où donc avaient les yeux les auteurs de ces sages et graves réquisitoires sur lesquels on l'a si régulièrement décrété? Quelle trouvaille pour eux! quel regret de l'avoir manquée!

Le Fr. Ah! c'est que ces livres étaient trop pleins de choses à reprendre pour qu'on pût tout relever.

Rouss. Il est vrai que le bon, le judicieux Joli de Fleuri, tout plein de l'horreur que lui inspirait *le Système criminel de la Religion naturelle*, ne pouvait guère s'arrêter à des bagatelles comme des leçons d'assassinat; ou peut-être, comme vous dites, son extrême prévention pour le livre l'empêchait-elle de les remarquer. Dites, dites, monsieur, que vos chercheurs de poison sont bien plutôt ceux qui l'y mettent, et qu'il n'y en a point pour ceux qui n'en cherchent pas. J'ai lu vingt fois la note dont vous parlez, sans y voir autre chose qu'une vive indignation contre un préjugé gothique non moins extravagant que funeste, et je ne me serais jamais douté du sens que vos messieurs lui donnent, si je n'avais vu par hasard une lettre insidieuse qu'on a fait écrire à l'auteur à ce sujet, et la réponse qu'il a eu la faiblesse d'y faire, et où il explique le sens de cette note qui n'avait pas besoin d'autre explication que d'être lue à sa place par d'honnêtes gens. Un auteur qui écrit d'après son cœur est sujet, en se passionnant, à des fougues qui l'entraînent au-delà du but, et à des écarts où ne tombent jamais ces écrivains subtils et méthodistes qui, sans s'animer sur rien au monde, ne disent jamais que ce qu'il leur est avantageux de dire et qu'ils savent tourner sans se commettre, pour produire l'effet qui convient à leur intérêt. Ce sont les imprudences d'un homme confiant en lui-même, et dont l'âme généreuse ne suppose pas même que l'on puisse douter de lui. Soyez sûr que jamais hypocrite ni fourbe n'ira s'exposer à découvert. Nos philosophes ont bien ce qu'ils appellent leur doctrine intérieure, mais ils ne l'enseignent au public qu'en se cachant, et à leurs amis qu'en secret. En prenant toujours tout à la lettre on trouverait peut-être, en effet, moins à reprendre dans les livres les plus dangereux que dans ceux dont nous parlons ici, et en général que dans tous ceux où l'auteur, sûr de lui-même et parlant d'abondance de cœur, s'abandonne à toute sa véhémence sans songer aux prises qu'il peut laisser au méchant qui le guette de sang-froid, et qui ne cherche dans tout ce qu'il offre de bon et d'utile qu'un côté mal gardé par lequel il puisse enfoncer le poignard. Mais lisez tous ces passages dans le sens qu'ils présentent naturellement à l'esprit de l'auteur en les écrivant, lisez-les à leur place avec ce qui précède et ce qui suit, consultez la disposition du cœur où ces lectures vous mettent; c'est cette disposition qui vous éclairera sur leur véritable sens. Pour toute réponse à ces sinistres interprétateurs et pour leur juste peine, je ne voudrais que leur faire lire à haute voix l'ouvrage entier qu'ils déchirent ainsi par lambeaux pour les teindre de leur venin; je doute qu'en finissant cette lecture il s'en trouvât un seul assez impudent pour oser renouveler son accusation.

Le Fr. Je sais qu'on blâme en général cette manière d'isoler et défigurer les passages d'un auteur pour les interpréter au gré de la passion d'un censeur injuste; mais, par vos propres principes, nos messieurs vous mettront ici loin de votre compte, car c'est encore moins dans des traits épars que dans toute la substance des livres dont il s'agit qu'ils trouvent le poison que l'auteur a pris soin d'y répandre : mais il y est fondu avec tant d'art, que ce n'est que par les plus subtiles analyses qu'on vient à bout de le découvrir.

Rouss. En ce cas, il était fort inutile de l'y mettre; car, encore un coup, s'il faut chercher ce venin pour le sentir, il n'y est que pour ceux qui l'y cherchent, ou plutôt qui l'y mettent. Pour moi, par exemple, qui ne me suis point avisé d'y en chercher, je puis bien jurer n'y en avoir point trouvé.

Le Fr. Eh! qu'importe, s'il fait son effet sans être aperçu? effet qui ne résulte pas d'un tel ou d'un tel passage en particulier, mais de la lecture entière du livre. Qu'avez-vous à dire à cela?

Rouss. Rien, sinon qu'ayant lu plusieurs fois en entier les écrits que Jean-Jacques s'attribue, l'effet total qu'il en a résulté dans mon âme a toujours été de me rendre plus humain, plus juste, meilleur que je n'étais auparavant; jamais je ne me suis occupé de ces livres sans profit pour la vertu.

Le Fr. Oh! je vous certifie que ce n'est pas là l'effet que leur lecture a produit sur nos messieurs.

Rouss. Ah! je le crois; mais ce n'est pas la faute des livres; car pour moi plus j'y ai livré mon cœur, moins j'y ai senti ce qu'ils y trouvent de pernicieux; et je suis sûr que cet effet qu'ils ont produit sur moi sera le même sur tout honnête homme qui les lira avec la même impartialité.

Le Fr. Dites avec la même prévention; car ceux qui ont senti l'effet contraire, et qui s'occupent pour le bien public de ces utiles recherches, sont tous des hommes de la plus sublime vertu, et des grands philosophes qui ne se trompent jamais.

Rouss. Je n'ai rien encore à dire à cela. Mais faites une chose; imbu des principes de ces grands philosophes qui ne se trompent jamais, mais sincère dans l'amour de la vérité, mettez-vous en état de prononcer comme eux avec connaissance de cause, et de décider sur cet article entre eux, d'un côté, escortés de tous leurs disciples, qui ne jurent que par les maîtres, et, de l'autre, tout le public avant qu'ils l'eussent si bien endoctriné. Pour cela lisez vous-même les livres dont il s'agit, et sur les dispositions où vous laissera la lecture, jugez de celle où était l'auteur en les écrivant, et de l'effet naturel qu'ils doivent produire quand rien n'agira pour les détourner. C'est, je crois, le moyen le plus sûr de porter sur ce point un jugement équitable.

Le Fr. Quoi! vous voulez m'imposer le supplice de lire une immense compilation de préceptes de vertu rédigés par un coquin?

Rouss. Non, monsieur, je veux que vous lisiez le vrai système du cœur humain rédigé par un honnête homme et publié sous un autre nom. Je veux que vous ne vous préveniez point contre des livres bons et utiles, uniquement parce qu'un homme indigne de les lire a l'audace de s'en dire l'auteur.

Le Fr. Sous ce point de vue on pourrait se résoudre à lire ces livres, si ceux qui les ont mieux examinés ne s'accordaient tous, excepté vous seul, à les trouver nuisibles et dangereux; ce qui prouve assez que ces livres ont été composés, non, comme vous dites, par un honnête homme dans des intentions louables, mais par un fourbe adroit, plein de mauvais sentiments masqués d'un extérieur hypocrite, à la faveur duquel ils surprennent, séduisent et trompent les gens.

Rouss. Tant que vous continuerez de la sorte à mettre en fait sur l'autorité d'autrui l'opinion contraire à la mienne, nous ne saurions être d'accord. Quand vous voudrez juger par vous-même, nous pourrons alors comparer nos raisons, et choisir l'opinion la mieux fondée; mais dans une question de fait comme celle-ci, je ne vois point pourquoi je serais obligé de croire sans aucune raison probante que d'autres ont ici mieux vu que moi.

Le Fr. Comptez-vous pour rien le calcul des voix, quand vous êtes seul à voir autrement que tout le monde?

Rouss. Pour faire ce calcul avec justesse, il faudrait auparavant savoir combien de gens dans cette affaire ne voient, comme vous, que par les yeux d'autrui. Si du nombre de ces bruyantes voix on ôtait les échos qui ne font que répéter celle des autres, et que l'on comptât celles qui restent dans le silence, faute d'oser se faire entendre, il y aurait peut-être moins de disproportion que vous ne pensez. En réduisant toute cette multitude au petit nombre de gens qui mènent les autres, il me resterait encore une forte raison de ne pas préférer leur avis au mien : car je suis ici parfaitement sûr de ma bonne foi, et je n'en puis dire autant, avec la même assurance, d'aucun de ceux qui, sur cet article, disent penser autrement que moi. En un mot, je juge ici par moi-même. Nous ne pouvons donc raisonner au pair, vous et moi, que vous ne vous mettiez en état de juger par vous-même aussi.

Le Fr. J'aime mieux, pour vous complaire, faire plus que vous ne demandez, en adoptant votre opinion préférablement à l'opinion publique; car je vous avoue que le seul doute si ces livres ont été faits par ce misérable m'empêcherait d'en supporter la lecture aisément.

Rouss. Faites mieux encore. Ne songez point à l'auteur en les lisant; et sans vous prévenir ni pour ni contre, livrez votre âme aux impressions qu'elle en recevra. Vous vous assurerez ainsi par vous-même de l'intention dans laquelle ont été écrits ces livres, et s'ils peuvent être l'ouvrage d'un scélérat qui couvait de mauvais desseins.

Le Fr. Si je fais pour vous cet effort, n'espérez pas du moins que ce soit gratuitement. Pour m'engager à lire ces livres malgré ma répugnance, il faut, malgré la vôtre, vous engager vous-même à voir l'auteur, ou, selon vous, celui qui se donne pour tel, à l'examiner avec soin, et à démêler, à travers son hypocrisie, le fourbe adroit qu'elle a masqué si longtemps.

Rouss. Que m'osez-vous proposer! Moi, que j'aille chercher un pareil homme! que je le voie! que je le hante! Moi qui m'indigne de respirer l'air qu'il respire, moi qui voudrais mettre le diamètre de la terre entre lui et moi, et m'en trouverais trop près encore! Rousseau vous a-t-il donc paru si facile en liaisons au point d'aller chercher la fréquentation des méchants? Si jamais j'avais le malheur de trouver celui-ci sur mes pas, je ne m'en consolerais qu'en le chargeant des noms qu'il mérite, en confondant sa morgue hypocrite par les plus cruels reproches, en l'accablant de l'affreuse liste de ses forfaits.

Le Fr. Que dites-vous là? Que vous m'effrayez! Avez-vous oublié l'engagement sacré que vous avez pris de garder avec lui le plus profond silence, et de ne lui jamais laisser connaître que vous ayez même aucun soupçon de tout ce que je vous ai dévoilé?

Rouss. Comment? Vous m'étonnez. Cet engagement regardait uniquement, du moins je l'ai cru, le temps qu'il a fallu mettre à m'expliquer les secrets affreux que vous m'avez révélés. De peur d'en brouiller le fil, il fallait ne pas l'interrompre jusqu'au bout, et vous ne vouliez pas que je m'exposasse à des discussions avec un fourbe, avant d'avoir toutes les instructions nécessaires pour le confondre pleinement. Voilà ce que j'ai compris de vos motifs dans le silence que vous m'avez imposé, et je n'ai pu supposer que l'obligation de ce silence allât plus loin que ne le permettent la justice et la loi.

Le Fr. Ne vous y trompez donc plus. Votre engagement, auquel vous ne pouvez manquer sans violer votre foi, n'a, quant à sa durée, d'autres bornes que celles de la vie. Vous pouvez, vous devez même répandre, publier partout l'affreux détail de ses vices et de ses crimes, travailler avec zèle à étendre et accroître de plus en plus sa diffamation, le rendre, autant qu'il est possible, odieux, méprisable, exécrable à tout le monde. Mais il faut toujours mettre à cette bonne œuvre un air de mystère et de commisération qui en augmente l'effet ; et, loin de lui donner jamais aucune explication qui le mette à portée de répondre et de se défendre, vous devez concourir avec tout le monde à lui faire ignorer toujours ce qu'on sait, et comment on le sait.

Rouss. Voilà des devoirs que j'étais bien éloigné de comprendre quand vous me les avez imposés ; et maintenant qu'il vous plaît de me les expliquer, vous ne pouvez douter qu'ils ne me surprennent et que je ne sois curieux d'apprendre sur quels principes vous les fondez. Expliquez-vous donc, je vous prie, et comptez sur toute mon attention.

Le Fr. O mon bon ami ! qu'avec plaisir votre cœur, navré du déshonneur que fait à l'humanité cet homme qui n'aurait jamais dû naître, va s'ouvrir à des sentiments qui en font la gloire dans les nobles âmes de ceux qui ont démasqué ce malheureux ! Ils étaient ses amis, ils faisaient profession de l'être. Séduits par un extérieur honnête et simple, par une humeur crue alors facile et douce, par la mesure de talents qu'il fallait pour sentir les leurs sans prétendre à la concurrence, ils le recherchèrent, se l'attachèrent et l'eurent bientôt subjugué, car il est certain que cela n'était pas difficile. Mais quand ils virent que cet homme si simple et si doux, prenant tout d'un coup l'essor, s'élevait d'un vol rapide à une réputation à laquelle ils ne pouvaient atteindre, eux qui avaient tant de hautes prétentions si bien fondées, ils se doutèrent bientôt qu'il y avait là-dessous quelque chose qui n'allait pas bien, que cet esprit bouillant n'avait pas si longtemps contenu son ardeur sans mystère, et, dès lors, persuadés que cette apparente simplicité n'était qu'un voile qui cachait quelques projets dangereux, ils formèrent la ferme résolution de trouver ce qu'ils cherchaient, et prirent à loisir les mesures les plus sûres pour ne pas perdre leurs peines.

Ils se concertèrent donc pour éclairer toutes ses allures de manière que rien ne leur pût échapper. Il les avait mis lui-même sur la voie par la déclaration d'une faute grave qu'il avait commise et dont il leur confia le secret sans nécessité, sans utilité, non, comme disait l'hypocrite, pour ne rien cacher à l'amitié et ne pas paraître à leurs yeux meilleur qu'il n'était, mais plutôt, comme ils disent très sensément eux-mêmes, pour leur donner le change, occuper ainsi leur attention, et les détourner de vouloir pénétrer plus avant dans le mystère obscur de son caractère. Cette étourderie de sa part fut sans doute un coup du ciel qui voulut forcer le fourbe à se démasquer lui-même, ou du moins à leur fournir la prise dont ils avaient besoin pour cela. Profitant habilement de cette ouverture pour tendre leurs piéges autour de lui, ils passèrent aisément de sa confidence à celle des complices de sa faute, desquels ils se firent bientôt autant d'instruments pour l'exécution de leur projet. Avec beaucoup d'adresse, un peu d'argent, et de grandes promesses, ils gagnèrent tout ce qui l'entourait, et parvinrent ainsi par degrés à être instruits de ce qui le regardait aussi bien et mieux que lui-même. Le fruit de tous ces soins fut la découverte et la preuve de ce qu'ils avaient pressenti sitôt que ses livres firent du bruit; savoir, que ce grand prêcheur de vertu n'était qu'un monstre chargé de crimes cachés, qui, depuis quarante ans, masquait l'âme d'un scélérat sous le dehors d'un honnête homme.

Rouss. Continuez, de grâce. Voilà vraiment des choses surprenantes que vous me racontez là.

Le Fr. Vous avez vu en quoi consistaient ces découvertes. Vous pouvez juger de l'embarras de ceux qui les avaient faites. Elles n'étaient pas de nature à pouvoir être tues, et l'on n'avait pas pris tant de peines pour rien; cependant, quand il n'y aurait eu à les publier d'autre inconvénient que d'attirer au coupable les peines qu'il avait méritées, c'en était assez pour empêcher ces hommes généreux de l'y vouloir exposer. Ils devaient, ils voulaient le démasquer, mais ils ne voulaient pas le perdre, et l'un semblait pourtant suivre nécessairement de l'autre. Comment le confondre sans le punir? Comment l'épargner sans se rendre responsable de la continuation de ses crimes? car pour du repentir, ils savaient bien qu'ils n'en devaient point attendre de lui. Ils savaient ce qu'ils devaient à la justice, à la vérité, à la sûreté publique, mais ils ne savaient pas moins ce qu'ils se devaient à eux-mêmes. Après avoir eu le malheur de vivre avec ce scélérat dans l'intimité, ils ne pouvaient le livrer à la vindicte publique sans s'exposer à quelque blâme, et leurs honnêtes âmes, pleines encore de commisération pour lui, voulaient surtout éviter le scandale, et faire qu'aux yeux de toute la terre il leur dût son bien-être et sa conservation. Il concertèrent donc soigneusement leurs démarches, et résolurent de graduer si bien le développement de leurs découvertes, que la connaissance ne s'en répandît dans le public qu'à mesure qu'on y reviendrait des préjugés qu'on avait en sa faveur, car son hypocrisie avait alors le plus grand succès. La route nouvelle qu'il s'était frayée, et qu'il paraissait suivre avec assez de courage pour mettre sa conduite d'accord avec ses principes, son audacieuse morale qu'il semblait prêcher par son exemple encore plus que par ses livres, et surtout son désintéressement apparent dont tout le monde alors était la dupe; toutes ces singularités, qui supposaient du moins une âme ferme, excitaient l'admiration de ceux mêmes qui les désapprouvaient. On applaudissait à ses maximes sans les admettre, et à son exemple sans vouloir le suivre.

Comme ces dispositions du public auraient pu l'empêcher de se rendre aisément à ce qu'on lui voulait apprendre, il fallut commencer par les changer. Ses fautes, mises dans le jour le plus odieux, commencèrent l'ouvrage; son imprudence à les déclarer aurait pu paraître franchise; il la fallut déguiser. Cela paraissait difficile; car on n'a dit qu'il en avait fait dans l'*Émile* un aveu presque formel avec des regrets qui devaient naturellement lui épargner les reproches des honnêtes gens. Heureusement le public, qu'on animait alors contre lui et qui ne voit rien que ce qu'on veut qu'il voie, n'aperçut point tout cela, et bientôt, avec les renseignements suffisants pour l'accuser et le convaincre sans qu'il parût que ce fût lui qui les eût fournis, on eut la prise nécessaire pour consommer l'œuvre de sa diffamation. Tout se trouvait merveilleusement disposé pour cela. Dans ses brutales déclamations, il avait, comme vous le remarquez vous-même, attaqué tous les états; tous ne demandaient pas mieux que de concourir à cette œuvre qu'aucun n'osait entamer de peur de paraître écouter uniquement la vengeance. Mais à la faveur de ce premier fait, bien établi et suffisamment aggravé, tout le reste devint facile. On put, sans soupçon d'animosité, se rendre l'écho de ses amis, qui même ne le chargeaient qu'en le plaignant et seulement pour l'acquit de leur conscience; et voilà comment, dirigé par des gens instruits du caractère affreux de ce monstre, le public, revenu peu à peu des jugements favorables qu'il en avait portés si longtemps, ne vit plus que du faste où il avait vu du courage, de la bassesse où il avait vu de la simplicité, de la forfanterie où il avait vu du désintéressement, et du ridicule où il avait vu de la singularité.

Voilà l'état où il fallut amener les choses pour rendre croyables, même avec toutes leurs preuves, les noirs mystères qu'on avait à révéler, et pour le laisser vivre dans une liberté du moins apparente, et dans une absolue impunité : car, une fois bien connu, l'on n'avait plus à craindre qu'il pût ni tromper ni séduire personne; et, ne pouvant plus se donner des complices, il était hors d'état, surveillé comme il l'était par ses amis et par leurs amis, de suivre ses projets exécrables et de faire aucun mal dans la société. Dans cette situation, avant de révéler les découvertes qu'on avait faites, on capitula qu'elles ne porteraient aucun préjudice à sa personne, et que, pour le laisser même jouir d'une parfaite sécurité, on ne lui laisserait jamais connaître qu'on l'eût démasqué. Cet engagement, contracté avec toute la force possible, a été rempli jusqu'ici avec une fidélité qui tient du prodige. Voulez-vous être le premier à l'enfreindre, tandis que le public entier, sans distinction de rang, d'âge, de sexe, de caractère, et sans aucune exception, pénétré d'admiration pour la générosité de ceux qui ont conduit cette affaire, s'est empressé d'entrer dans leurs nobles vues, et de les favoriser par pitié pour ce malheureux? car vous devez sentir que là-dessus sa sûreté tient à son ignorance, et que, s'il pouvait jamais croire que ses crimes sont connus, il se prévaudrait infailliblement de l'indulgence dont on les couvre pour en tramer de nouveaux avec la même impunité; que cette impunité serait alors d'un trop dangereux exemple, et que ces crimes sont de ceux qu'il faut ou punir sévèrement ou laisser dans l'obscurité.

Rouss. Tout ce que vous venez de me dire m'est si nouveau qu'il faut que j'y rêve longtemps pour arranger là-dessus mes idées. Il y a même quelques points sur lesquels j'aurais besoin de plus grande explication. Vous dites, par exemple, qu'il n'est pas à craindre que cet homme, une fois bien connu, séduise personne, qu'il se donne des complices, qu'il fasse aucun complot dangereux. Cela s'accorde mal avec ce que vous m'avez raconté vous-même de la continuation de ses crimes, et je craindrais fort, au contraire, qu'affiché de la sorte il ne servît d'enseigne aux méchants pour former leurs associations criminelles et pour employer ses funestes talents à les affermir. Le plus grand mal et la plus grande honte de l'état social est que le crime y fasse des liens plus indissolubles que n'en fait la vertu. Les méchants se lient entre eux plus fortement que les bons, et leurs liaisons sont bien plus durables, parce qu'ils ne peuvent les rompre impunément ; que de la durée de ces liaisons dépend le secret de leurs trames, l'impunité de leurs crimes, et qu'ils ont le plus grand intérêt à se ménager toujours réciproquement. Au lieu que les bons, unis seulement par des affections libres qui peuvent changer sans conséquence, rompent et se séparent sans crainte et sans risque dès qu'ils cessent de se convenir. Cet homme, tel que vous me l'avez décrit, intrigant, actif, dangereux, doit être le foyer des complots de tous les scélérats. Sa liberté, son impunité, dont vous faites un si grand mérite aux gens de bien qui le ménagent, est un très grand malheur public : ils sont responsables de tous les maux qui peuvent en arriver, et qui même en arrivent journellement selon vos propres récits. Est-il donc louable à des hommes justes de favoriser ainsi les méchants aux dépens des bons ?

Le Fr. Votre objection pourrait avoir de la force s'il s'agissait ici d'un méchant d'une catégorie ordinaire. Mais songez toujours qu'il s'agit d'un monstre, l'horreur du genre humain, auquel personne au monde ne peut se fier en aucune sorte, et qui n'est pas même capable du pacte que les scélérats font entre eux. C'est sous cet aspect qu'également connu de tous il ne peut être à craindre à qui que ce soit par ses trames. Détesté des bons pour ses œuvres, il l'est encore plus des méchants pour ses livres : par un juste châtiment de sa damnable hypocrisie, les fripons qu'il démasque pour se masquer ont tous pour lui la plus invincible antipathie. S'ils cherchent à l'approcher, c'est seulement pour le surprendre et le trahir ; mais comptez qu'aucun d'eux ne tentera jamais de l'associer à quelque mauvaise entreprise.

Rouss. C'est en effet un méchant d'une espèce bien particulière que celui qui se rend encore plus odieux aux méchants qu'aux bons, et à qui personne au monde n'oserait proposer une injustice.

Le Fr. Oui, sans doute, d'une espèce particulière, et si particulière que la nature n'en a jamais produit et, j'espère, n'en reproduira plus un semblable. Ne croyez pourtant pas qu'on se repose avec une aveugle confiance sur cette horreur universelle. Elle est un des principaux moyens employés par les sages qui l'ont excitée, pour l'empêcher d'abuser par des pratiques pernicieuses de la liberté qu'on voulait lui laisser, mais elle n'est pas le seul. Ils ont pris des précautions non moins efficaces en le surveillant à tel point qu'il ne puisse dire un mot qui ne soit écrit, ni faire un pas qui ne soit marqué, ni former un projet qu'on ne pénètre à l'instant qu'il est conçu. Ils ont fait en sorte que, libre en apparence au milieu des hommes, il n'eût avec eux aucune société réelle, qu'il vécût seul dans la foule, qu'il ne sût rien de ce qui se fait, rien de ce qui se dit autour de lui, rien surtout de ce qui le regarde et l'intéresse le plus ; qu'il se sentît partout chargé de chaînes dont il ne pût ni montrer ni voir le moindre vestige. Ils ont élevé autour de lui des murs de ténèbres impénétrables à ses regards ; ils l'ont enterré vif parmi les vivants. Voilà peut-être la plus singulière, la plus étonnante entreprise qui jamais ait été faite. Son plein succès atteste la force du génie qui l'a conçue et de ceux qui en ont dirigé l'exécution ; et ce qui n'est pas moins étonnant encore, est le zèle avec lequel le public entier s'y prête, sans apercevoir lui-même la grandeur, la beauté du plan dont il est l'aveugle et fidèle exécuteur.

Vous sentez bien néanmoins qu'un projet de cette espèce, quelque bien concerté qu'il pût être, n'aurait pu s'exécuter sans le concours du gouvernement : mais on eut d'autant moins de peine à l'y faire entrer, qu'il s'agissait d'un homme odieux à ceux qui en tenaient les rênes, d'un auteur dont les séditieux écrits respiraient l'austérité républicaine, et qui, dit-on, haïssait le visirat, méprisait les visirs, voulait qu'un roi gouvernât par lui-même, que les princes fussent justes, que les peuples fussent libres, et que tout obéît à la loi. L'administration se prêta donc aux manœuvres nécessaires pour l'enlacer et le surveiller ; entrant dans toutes les vues de l'auteur du projet, elle pourvut à la sûreté du coupable autant qu'à son avilissement, et, sous un air bruyant de protection, rendant sa diffamation plus solennelle, parvint par degrés à lui ôter, avec toute espèce de crédit, de considération, d'estime, tout moyen d'abuser de ses pernicieux talents pour le malheur du genre humain.

Afin de le démasquer plus complétement on n'a épargné ni soins, ni temps, ni dépense, pour éclairer tous les moments de sa vie depuis sa naissance jusqu'à ce jour. Tous ceux dont les cajoleries l'ont attiré dans leurs pièges ; tous ceux qui, l'ayant connu dans sa jeunesse, ont fourni quelque nouveau fait contre lui, quelque nouveau trait à sa charge ; tous ceux, en un mot, qui ont contribué à le peindre comme on voulait, ont été récompensés de manière ou d'autre, et plusieurs ont été avancés eux ou leurs proches, pour être entrés de bonne grâce dans toutes les vues de nos messieurs. On a envoyé des gens de confiance, chargés de bonnes instructions et de beaucoup d'argent, à Venise, à Turin, en Savoie, en Suisse, à Genève, partout où il a demeuré. On a largement récompensé tous ceux qui, travaillant avec succès, ont laissé de lui dans ces pays les idées qu'on en voulait donner et en ont rapporté les anecdotes qu'on voulait avoir. Beaucoup même de personnes de tous les états, pour faire de nouvelles découvertes et contribuer à l'œuvre commune, ont entrepris à leurs propres frais et de leur propre mouvement de grands voyages pour bien constater la scélératesse de Jean-Jacques avec un zèle...

Rouss. Qu'ils n'auraient sûrement pas eu dans le cas contraire pour le constater honnête homme : tant l'aversion pour les méchants a plus de force dans les belles âmes que l'attachement pour les bons !

Voilà, comme vous le dites, un projet non moins admirable qu'admirablement exécuté. Il serait bien curieux, bien intéressant, de suivre dans leur détail toutes les manœuvres qu'il a fallu mettre en usage pour en amener le succès à ce point. Comme c'est ici un cas unique depuis que le monde existe et d'où naît une loi toute nouvelle dans le code du genre humain, il importerait qu'on connût à fond toutes les circonstances qui s'y rapportent. L'interdiction du feu et de l'eau chez les Romains tombait sur les choses nécessaires à la vie, celle-ci tombe sur tout ce qui peut la rendre supportable et douce, l'honneur, la justice, la vérité, la société, l'attachement, l'estime.

L'interdiction romaine menait à la mort ; celle-ci sans la donner la rend désirable, et ne laisse la vie que pour en faire un supplice affreux. Mais cette interdiction romaine était décernée dans une forme légale par laquelle le criminel était juridiquement condamné. Je ne vois rien de pareil dans celle-ci. J'attends de savoir pourquoi cette omission, ou comment on y a suppléé.

Le Fr. J'avoue que, dans les formes ordinaires, l'accusation formelle et l'audition du coupable sont nécessaires pour le punir : mais au fond qu'importent ces formes quand le délit est bien prouvé? La négation de l'accusé (car il nie toujours pour échapper au supplice) ne fait rien contre les preuves et n'empêche point sa condamnation. Ainsi cette formalité souvent inutile, l'est surtout dans le cas présent où tous les flambeaux de l'évidence éclairent des forfaits inouïs.

Remarquez d'ailleurs que, quand ces formalités seraient toujours nécessaires pour punir, elles ne le sont pas du moins pour faire grâce, la seule chose dont il s'agit ici. Si, n'écoutant que la justice, on eût voulu traiter le misérable comme il le méritait, il ne fallait que le saisir, le punir, et tout était fait. On se fût épargné des embarras, des soins, des frais immenses, et ce tissu de pièges et d'artifices dont on le tient enveloppé. Mais la générosité de ceux qui l'ont démasqué, leur tendre commisération pour lui, ne leur permettant aucun procédé violent, il a bien fallu s'assurer de lui sans attenter à sa liberté, et le rendre l'horreur de l'univers afin qu'il n'en fût pas le fléau.

Quel tort lui fait-on, et de quoi pourrait-il se plaindre? Pour le laisser vivre parmi les hommes il a bien fallu le peindre à eux tel qu'il était. Nos messieurs savent mieux que vous que les méchants cherchent et trouvent toujours leurs semblables pour comploter avec eux leurs mauvais desseins; mais on les empêche de se lier avec celui-ci, en le leur rendant odieux à tel point qu'ils n'y puissent prendre aucune confiance. Ne vous y fiez pas, leur dit-on ; il vous trahira pour le seul plaisir de nuire; n'espérez pas le tenir par un intérêt commun. C'est très gratuitement qu'il se plaît au crime; ce n'est point son intérêt qu'il y cherche; il ne connaît d'autre bien pour lui que le mal d'autrui : il préférera toujours le mal plus grand ou plus prompt de ses camarades, au mal moindre ou plus éloigné qu'il pourrait faire avec eux. Pour prouver tout cela, il ne faut qu'exposer sa vie. En faisant son histoire on éloigne de lui les plus scélérats par la terreur. L'effet de cette méthode est si grand et si sûr que, depuis qu'on le surveille et qu'on éclaire tous ses secrets, pas un mortel n'a encore eu l'audace de tenter sur lui l'appât d'une mauvaise action, et ce n'est jamais qu'au leurre de quelque bonne œuvre qu'on parvient à le surprendre.

Rouss. Voyez comme quelquefois les extrêmes se touchent! Qui croirait qu'un excès de scélératesse pût ainsi rapprocher la vertu? Il n'y avait que vos messieurs au monde qui pussent trouver un si bel art.

Le Fr. Ce qui rend l'exécution de ce plan plus admirable, c'est le mystère dont il a fallu le couvrir. Il fallait peindre le personnage à tout le monde, sans que jamais ce portrait passât sous ses yeux. Il fallait instruire l'univers de ses crimes, mais de telle façon que ce fût un mystère ignoré de lui seul. Il fallait que chacun le montrât au doigt, sans qu'il crût être vu de personne.

En un mot, c'était un secret dont le public entier devait être dépositaire, sans qu'il parvînt jamais à celui qui en était le sujet. Cela eût été difficile, peut-être impossible à exécuter avec tout autre : mais les projets fondés sur des principes généraux échouent souvent. En les appropriant tellement à l'individu qu'ils ne conviennent qu'à lui, on en rend l'exécution bien plus sûre. C'est ce qu'on a fait, aussi habilement qu'heureusement, avec notre homme. On savait qu'étranger et seul il était sans appui, sans parents, sans assistance; qu'il ne tenait à aucun parti, et que son humeur sauvage tendait elle-même à l'isoler : on n'a fait, pour l'isoler tout-à-fait, que suivre sa pente naturelle, y faire tout concourir, et dès lors tout a été facile. En le séquestrant tout-à-fait du commerce des hommes, qu'il fuit, quel mal lui fait-on ? En poussant la bonté jusqu'à lui laisser une liberté du moins apparente, ne fallait-il pas l'empêcher d'en pouvoir abuser? Ne fallait-il pas, en le laissant au milieu des citoyens, s'attacher à le leur bien faire connaître ? Peut-on voir un serpent se glisser dans la place publique, sans crier à chacun de se garder du serpent? N'était-ce pas surtout une obligation particulière pour les sages qui ont eu l'adresse d'écarter le masque dont il se couvrait depuis quarante ans, et de le voir les premiers, à travers ses déguisements, tel qu'ils le montrent depuis lors à tout le monde? Ce grand devoir de le faire abhorrer pour l'empêcher de nuire, combiné avec le tendre intérêt qu'il inspire à ces hommes sublimes, est le vrai motif des soins infinis qu'ils prennent, des dépenses immenses qu'ils font pour l'entourer de tant de pièges, pour le livrer à tant de mains, pour l'enlacer de tant de façons, qu'au milieu de cette liberté feinte, il ne puisse ni dire un mot, ni faire un pas, ni mouvoir un doigt, qu'ils ne le sachent et ne le veuillent. Au fond, tout ce qu'on en fait n'est que pour son bien, pour éviter le mal qu'on serait contraint de lui faire, et dont on ne peut le garantir autrement. Il fallait commencer par l'éloigner de ses anciennes connaissances pour avoir le temps de les bien endoctriner. On l'a fait décréter à Paris : quel mal lui a-t-on fait? Il fallait, pour la même raison, l'empêcher de s'établir à Genève. On l'y a fait décréter aussi : quel mal lui a-t-on fait? On l'a fait lapider à Motiers; mais les cailloux qui cassaient ses fenêtres et ses portes ne l'ont point atteint : quel mal donc lui ont-ils fait? On l'a fait chasser, à l'entrée de l'hiver, de l'île solitaire où il s'était réfugié, et de toute la Suisse; mais c'était pour le forcer charitablement d'aller en Angleterre (1) chercher l'asile qu'on lui préparait à son insu depuis longtemps et bien meilleur que celui qu'il s'était obstiné de choisir, quoiqu'il ne pût de là faire aucun mal à personne. Mais quel mal lui a-t-on fait à lui-même? et de quoi se plaint-il aujourd'hui? Ne le laisse-t-on pas tranquille dans son opprobre? Il peut se vautrer à son aise dans la fange où l'on le tient embourbé. On l'accable d'indignités, il est vrai; mais qu'importe? quelles blessures lui font-elles ? n'est-il pas fait pour les souffrir? Et quand chaque passant lui cracherait au visage, quel mal, après tout, cela lui ferait-il? Mais ce monstre d'ingratitude ne sent rien, ne sait gré de rien; et tous les ménagements qu'on

---

(1) Choisir un Anglais pour mon dépositaire et mon confident serait, ce me semble, réparer d'une manière bien authentique le mal que j'ai pu penser et dire de sa nation. On l'a trop abusée sur mon compte pour que j'aie pu ne pas m'abuser quelquefois sur le sien.

a pour lui, loin de le toucher, ne font qu'irriter sa férocité. En prenant le plus grand soin de lui ôter tous ses amis, on ne leur a rien tant recommandé que d'en garder toujours l'apparence et le titre, et de prendre pour le tromper le même ton qu'ils avaient auparavant pour l'accueillir. C'est sa coupable défiance qui seule le rend misérable. Sans elle il serait un peu plus dupe, mais il vivrait tout aussi content qu'autrefois. Devenu l'objet de l'horreur publique, il s'est vu par là celui des attentions de tout le monde. C'était à qui le fêterait, à qui l'aurait à dîner, à qui lui offrirait des retraites, à qui renchérirait d'empressement pour obtenir la préférence. On eût dit, à l'ardeur qu'on avait pour l'attirer, que rien n'était plus honorable, plus glorieux, que de l'avoir pour hôte, et cela dans tous les états, sans en excepter les grands et les princes, et mon ours n'était pas content.

Rouss. Il avait tort; mais il devait être bien surpris! Ces grands-là ne pensaient pas, sans doute, comme ce seigneur espagnol dont vous savez la réponse de Charles-Quint qui lui demandait un de ses châteaux pour y loger le connétable de Bourbon (1).

Le Fr. Le cas est bien différent : vous oubliez qu'ici c'est une bonne œuvre.

Rouss. Pourquoi ne voulez-vous pas que l'hospitalité envers le connétable fût une aussi bonne œuvre que l'asile offert à un scélérat?

Le Fr. Eh! vous ne voulez pas m'entendre. Le connétable savait bien qu'il était rebelle à son prince.

Rouss. Jean-Jacques ne sait donc pas qu'il est un scélérat?

Le Fr. La fin du projet est d'en user extérieurement avec lui comme s'il n'en savait rien, ou comme si on l'ignorait soi-même. De cette sorte, on évite avec lui le danger des explications; et, feignant de le prendre pour un honnête homme, on l'obsède si bien, sous un air d'empressement pour son mérite, que rien de ce qui se rapporte à lui, ni lui-même, ne peut échapper à la vigilance de ceux qui l'approchent. Dès qu'il s'établit quelque part, ce qu'on sait toujours d'avance, les murs, les planchers, les serrures, tout est disposé autour de lui pour la fin qu'on se propose, et l'on n'oublie pas de l'envoisiner convenablement, c'est-à-dire de mouches venimeuses, de fourbes adroits, et de filles accortes à qui l'on a bien fait leur leçon. C'est une chose assez plaisante de voir les barboteuses de nos messieurs prendre des airs de vierges pour tâcher d'aborder cet ours. Mais ce ne sont pas apparemment des vierges qu'il lui faut; car, ni les lettres pathétiques qu'on dicte à celles-là, ni les dolentes histoires qu'on leur fait apprendre, ni tout l'étalage de leurs malheurs et de leurs vertus, ni celui de leurs charmes flétris, n'ont pu l'attendrir. Ce pourceau d'Épicure est devenu tout d'un coup un Xénocrate pour nos messieurs.

Rouss. N'en fut-il point un pour vos dames? Si ce n'était pas là le plus bruyant de ses forfaits, c'en serait sûrement le plus irrémissible.

---

(1) On a, dit-on, rendu inhabitable le château de Trye depuis que j'y ai logé. Si cette opération a rapport à moi, elle n'est pas conséquente à l'empressement qui m'y avait attiré, ni à celui avec lequel on engageait M. le prince de Ligne à m'offrir dans le même temps un asile charmant dans ses terres, par une belle lettre qu'on eut même grand soin de faire courir dans tout Paris.

Le Fr. Ah! monsieur Rousseau, il faut toujours être galant; et, de quelque façon qu'en use une femme, on ne doit jamais toucher cet article-là.

Je n'ai pas besoin de vous dire que toutes ses lettres sont ouvertes, qu'on retient soigneusement toutes celles dont il pourrait tirer quelque instruction, et qu'on lui en fait écrire de toutes les façons par différentes mains, tant pour sonder ses dispositions par ses réponses, que pour lui supposer, dans celles qu'il rebute et qu'on garde, des correspondances dont on puisse un jour tirer parti contre lui. On a trouvé l'art de lui faire de Paris une solitude plus affreuse que les cavernes et les bois, où il ne trouve au milieu des hommes ni communication, ni consolation, ni conseil, ni lumières, ni rien de tout ce qui pourrait lui aider à se conduire, un labyrinthe immense où l'on ne lui laisse apercevoir dans les ténèbres que de fausses routes qui l'égarent de plus en plus. Nul ne l'aborde qui n'ait déjà sa leçon toute faite sur ce qu'il doit lui dire, et sur le ton qu'il doit prendre en lui parlant. On tient note de ceux qui demandent à le voir (1), et on ne le leur permet qu'après avoir reçu à son égard les instructions que j'ai moi-même été chargé de vous donner au premier désir que vous avez marqué de le connaître. S'il entre en quelque lieu public, il y est remarqué et traité comme un pestiféré : tout le monde l'entoure et le fixe, mais en s'écartant de lui et sans lui parler, seulement pour lui servir de barrière; et s'il ose parler lui-même et qu'on daigne lui répondre, c'est toujours ou par un mensonge ou en éludant ses questions d'un ton si rude et si méprisant, qu'il perde l'envie d'en faire. Au parterre on a grand soin de le recommander à ceux qui l'entourent, et de placer toujours à ses côtés une garde ou un sergent qui parle ainsi fort clairement de lui sans rien dire. On l'a montré, signalé, recommandé partout aux facteurs, aux commis, aux gardes, aux mouches, aux savoyards, dans tous les spectacles, dans tous les cafés, aux barbiers, aux marchands, aux colporteurs, aux libraires. S'il cherchait un livre, un almanach, un roman, il n'y en aurait plus dans tout Paris; le seul désir manifesté de trouver une chose telle qu'elle soit, est pour lui l'infaillible moyen de la faire disparaître. A son arrivée à Paris il cherchait douze chansonnettes italiennes qu'il y fit graver il y a une vingtaine d'années, et qui étaient de lui comme le *Devin du village;* mais le recueil, les airs, les planches, tout disparut, tout fut anéanti dès l'instant sans qu'il en ait pu recouvrer jamais un seul exemplaire. On est parvenu à force de petites attentions multipliées à le tenir, dans cette ville immense, toujours sous les yeux de la populace qui le voit avec horreur. Veut-il passer l'eau vis-à-vis les Quatre-Nations; on ne passera point pour lui, même en payant la voiture entière. Veut-il se faire décrotter; les décrotteurs, surtout ceux du Temple et du Palais-Royal, lui refuseront avec mépris leurs services. Entre-t-il aux Tuileries ou au Luxembourg; ceux qui distribuent des billets imprimés à la porte ont ordre de le passer avec la plus outrageante affectation, et même de lui en refuser net, s'il se présente pour en avoir, et tout

---

(1) On a mis pour cela dans la rue un marchand de tableaux tout vis-à-vis de ma porte, et à cette porte, qu'on tient fermée, un secret, afin que tous ceux qui voudront entrer chez moi soient forcés de s'adresser aux voisins, qui ont leurs instructions et leurs ordres.

cela, non pour l'importance de la chose, mais pour le faire remarquer, connaître et abhorrer de plus en plus.

Une de leurs plus jolies inventions est le parti qu'ils ont su tirer pour leur objet de l'usage annuel de brûler en cérémonie un Suisse de paille dans la rue aux Ours. Cette fête populaire paraissait si barbare et si ridicule en ce siècle philosophe, que, déjà négligée, on allait la supprimer tout-à-fait, si nos messieurs ne se fussent avisés de la renouveler bien précieusement pour Jean-Jacques. A cet effet, ils ont fait donner sa figure et son vêtement à l'homme de paille, ils lui ont armé la main d'un couteau bien luisant, et, en le faisant promener en pompe dans les rues de Paris, ils ont eu soin qu'on le mît en station directement sous les fenêtres de Jean-Jacques, tournant et retournant la figure de tous côtés pour la bien montrer au peuple, à qui cependant de charitables interprètes font faire l'application qu'on désire, et l'excitent à brûler Jean-Jacques en effigie, en attendant mieux (1). Enfin l'un de nos messieurs m'a même assuré avoir eu le sensible plaisir de voir des mendiants lui rejeter au nez son aumône, et vous comprenez bien...

Rouss. Qu'ils n'y ont rien perdu. Ah! quelle douceur d'âme! quelle charité! le zèle de vos messieurs n'oublie rien.

Le Fr. Outre toutes ces précautions, on a mis en œuvre un moyen très ingénieux pour découvrir s'il lui reste par malheur quelque personne de confiance qui n'ait pas encore les instructions et les sentiments nécessaires pour suivre à son égard le plan généralement admis. On lui fait écrire par des gens qui, se feignant dans la détresse, implorent son secours ou ses conseils pour s'en tirer. Il cause avec eux, il les console; ils les recommande aux personnes sur lesquelles il compte. De cette manière on parvient à les connaître, et de là facilement à les convertir. Vous ne sauriez croire combien par cette manœuvre on a découvert de gens qui l'estimaient encore et qu'il continuait de tromper. Connus de nos messieurs, ils sont bientôt détachés de lui, et l'on parvient, par un art particulier, mais infaillible, à le leur rendre aussi odieux qu'il leur fut cher auparavant. Mais soit qu'il pénètre enfin ce manége, soit qu'en effet il ne lui reste plus personne, ces tentatives sont sans succès depuis quelque temps. Il refuse constamment de s'employer pour les gens qu'il ne connaît pas, et même de leur répondre, et cela va toujours aux fins qu'on se propose en le faisant passer pour un homme insensible et dur. Car encore une fois rien n'est mieux pour éluder ses pernicieux desseins que de le rendre tellement haïssable à tous, que dès qu'il désire une chose, c'en soit assez pour qu'il ne la puisse obtenir, et que dès qu'il s'intéresse en faveur de quelqu'un, ce quelqu'un ne trouve plus ni patron ni assistance.

Rouss. En effet, tous ces moyens que vous m'avez détaillés me paraissent

---

(1) Il y aurait à me brûler en personne deux grands inconvénients qui peuvent forcer ces messieurs à se priver de ce plaisir : le premier est qu'étant une fois mort et brûlé je ne serais plus en leur pouvoir, et ils perdraient le plaisir plus grand de me tourmenter vif; le second, bien plus grave, est qu'avant de me brûler il faudrait m'entendre, au moins pour la forme : et je doute que, malgré vingt ans de précautions et de trames, ils osent encore en courir le risque.

ne pouvoir manquer de faire de ce Jean-Jacques la risée, le jouet du genre humain, et de le rendre le plus abhorré des mortels.

Le Fr. Eh! sans doute. Voilà le grand, le vrai but des soins généreux de nos messieurs. Et, grâces à leur plein succès, je puis vous assurer que, depuis que le monde existe, jamais mortel n'a vécu dans une pareille dépression.

Rouss. Mais ne me disiez-vous pas au contraire que le tendre soin de son bien-être entrait pour beaucoup dans ceux qu'ils prennent à son égard?

Le Fr. Oui, vraiment, et c'est là surtout ce qu'il y a de grand, de généreux, d'admirable dans le plan de nos messieurs, qu'en l'empêchant de suivre ses volontés et d'accomplir ses mauvais desseins, on cherche cependant à lui procurer les douceurs de la vie, de façon qu'il trouve partout ce qui lui est nécessaire, et nulle part ce dont il peut abuser. On veut qu'il soit rassasié du pain de l'ignominie et de la coupe de l'opprobre. On affecte même pour lui des intentions moqueuses et dérisoires (1), des respects comme ceux qu'on prodiguait à Sancho dans son île, et qui le rendent encore plus ridicule aux yeux de la populace. Enfin, puisqu'il aime tant les distinctions, il a lieu d'être content; on a soin qu'elles ne lui manquent pas, et on le sert de son goût en le faisant partout montrer au doigt. Oui, monsieur, on veut qu'il vive, et même agréablement, autant qu'il est possible à un méchant sans mal faire : on voudrait qu'il ne manquât à son bonheur que les moyens de troubler celui des autres. Mais c'est un ours qu'il faut enchaîner de peur qu'il ne dévore les passants. On craint surtout le poison de sa plume, et l'on n'épargne aucune précaution pour l'empêcher de l'exhaler; on ne lui laisse aucun moyen de défendre son honneur, parce que cela lui serait inutile, que, sous ce prétexte, il ne manquerait pas d'attaquer celui d'autrui, et qu'il n'appartient pas à un homme livré à la diffamation d'oser diffamer personne. Vous concevez que, parmi les gens dont on s'est assuré, l'on a pas oublié les libraires, surtout ceux dont il s'est autrefois servi. L'on en a même tenu un très longtemps à la Bastille sous d'autres prétextes, mais en effet pour l'endoctriner plus longtemps à loisir sur le compte de Jean-Jacques (2), on a recommandé à tout ce qui l'entoure de veiller particulièrement à ce qu'il peut écrire. On a même tâché de lui en ôter les moyens, et l'on était parvenu, dans la retraite où on l'avait attiré en Dauphiné, à écarter de lui toute encre lisible, en sorte qu'il ne pût trouver sous ce nom que de l'eau légèrement teinte, qui même en peu de temps perdait toute sa couleur. Malgré toutes ces précautions, le drôle est encore parvenu à écrire ses Mémoires, qu'il appelle ses Confessions, et que nous appelons ses mensonges,

(1) Comme quand on voulait à toute force m'envoyer le vin d'honneur à Amiens, qu'à Londres les tambours des gardes devaient venir battre à ma porte, et qu'au Temple M. le prince de Conti m'envoya sa musique à mon lever.

(2) On y a détenu de même, en même temps, et pour le même effet, un Genevois de mes amis, lequel, aigri par d'anciens griefs contre les magistrats de Genève, excitait les citoyens contre eux à mon occasion. Je pensais bien différemment, et jamais, en écrivant soit à eux soit à lui, je ne cessai de les presser d'abandonner tous ma cause, et de remettre à de meilleurs temps la défense de leurs droits. Cela n'empêcha pas qu'on ne publiât avoir trouvé tout le contraire dans les lettres que je lui écrivais, et que c'était moi qui étais le boute-feu. Que peuvent désormais attendre des gens puissants la justice, la vérité, l'innocence, quand une fois ils en sont venus jusque-là?

avec de l'encre de la Chine, à laquelle on n'avait pas songé : mais, si l'on ne peut l'empêcher de barbouiller du papier à son aise, on l'empêche au moins de faire circuler son venin : car aucun chiffon, ni petit, ni grand,

L'on en a même tenu un très longtemps à la Bastille sous d'autres prétextes.
Page 35.

pas un billet de deux lignes ne peut sortir de ses mains sans tomber, à l'instant même, dans celles des gens établis pour tout receuillir. A l'égard de ses discours, rien n'est perdu. Le premier soin de ceux qui l'entourent est de s'attacher à le faire jaser ; ce qui n'est pas difficile, ni même de lui faire dire à peu près ce qu'on veut, ou du moins comme on le veut pour en tirer avantage, tantôt en lui débitant de fausses nouvelles, tantôt en l'animant par d'adroites contradictions, et tantôt au contraire en paraissant acquiescer à tout ce qu'il dit. C'est alors surtout qu'on tient un registre exact des indiscrètes vivacités qui lui échappent, et qu'on amplifie et commente de sangfroid. Ils prennent en même temps toutes les précautions possibles pour qu'il ne puisse tirer d'eux aucune lumière, ni par rapport à lui, ni par rapport à qui que ce soit. On ne prononce jamais devant lui le nom de ses premiers délateurs, et l'on ne parle qu'avec la plus grande réserve de ceux qui influent sur son sort; de sorte qu'il lui est impossible de parvenir à savoir ni ce qu'ils disent, ni ce qu'ils font, s'ils sont à Paris ou absents, ni même s'ils sont morts ou en vie. On ne lui parle jamais de nouvelles, ou on ne lui en dit que de fausses ou de dangereuses, qui seraient de sa part de nouveaux crimes s'il s'avisait de les répéter. En province, on empêchait aisément qu'il ne lût aucune gazette. A Paris, où il y aurait trop d'affectation, l'on empêche au moins qu'il n'en voie aucune dont il puisse tirer quelque instruction qui le regarde, et surtout celles où nos messieurs font parler de lui. S'il s'enquiert de quelque chose, personne n'en sait rien; s'il s'informe de quelqu'un, personne ne le connaît; s'il demandait avec un peu d'empressement le temps qu'il fait, on ne le lui dirait pas. Mais on s'applique, en revanche, à lui faire trouver les denrées, sinon à meilleur marché, du moins de meilleure qualité qu'il ne les aurait au même prix, ses bienfaiteurs suppléant généreusement de leur bourse à ce qu'il en coûte de plus pour satisfaire la délicatesse qu'ils lui supposent, et qu'ils tâchent même d'exciter en lui par l'occasion et le bon marché, pour avoir le plaisir d'en tenir note. De cette manière, mettant adroitement le menu peuple dans leur confidence, ils lui font l'aumône publiquement malgré lui, de façon qu'il lui soit impossible de s'y dérober, et cette charité, qu'on s'attache à rendre bruyante, a peut-être contribué plus que toute autre chose à le déprimer autant que le désiraient ses amis.

Rouss. Comment, ses amis ?

Le Fr. Oui, c'est un nom qu'aiment à prendre toujours nos messieurs, pour exprimer toute leur bienveillance envers lui, toute leur sollicitude pour son bonheur, et, ce qui est très bien trouvé, le faire accuser d'ingratitude en se montrant si peu sensible à tant de bonté.

Rouss. Il y a là quelque chose que je n'entends pas bien. Expliquez-moi mieux tout cela, je vous prie.

Le Fr. Il importait, comme je vous l'ai dit, pour qu'on pût le laisser libre sans danger, que sa diffamation fût universelle (1). Il ne suffisait pas de la

---

(1) Je n'ai point voulu parler ici de ce qui se fait au théâtre et de ce qui s'imprime journellement en Hollande et ailleurs, parce que cela passe toute croyance, et qu'en le voyant, et en ressentant continuellement les tristes effets, j'ai peine encore à le croire moi-même. Il y a quinze ans que tout cela dure, toujours avec l'approbation publique et l'aveu du gouvernement. Et moi je vieillis ainsi seul parmi tous ces forcenés, sans aucune consolation de personne, sans néanmoins perdre ni courage ni patience, et dans l'ignorance où l'on me tient, élevant au ciel, pour toute défense, un cœur exempt de fraude, et des mains pures de tout mal.

répandre dans les cercles et parmi la bonne compagnie, ce qui n'était pas et fut bientôt fait; il fallait qu'elle s'étendît parmi tout le peuple et dans les plus bas étages aussi bien que dans les plus élevés; et cela présentait plus de difficulté; non-seulement parce que l'affectation de le tympaniser ainsi à son insu pouvait scandaliser les simples, mais surtout à cause de l'inviolable loi de lui cacher tout ce qui le regarde, pour éloigner à jamais de lui tout éclaircissement, toute instruction, tout moyen de défense et de justification, toute occasion de faire expliquer personne, de remonter à la source des lumières qu'on a sur son compte; et qu'il était moins sûr pour cet effet de compter sur la discrétion de la populace que sur celle des honnêtes gens. Or, pour l'intéresser, cette populace, à ce mystère, sans paraître avoir cet objet, ils ont admirablement tiré parti d'une ridicule arrogance de notre homme, qui est de faire le fier sur les dons, et de ne vouloir pas qu'on lui fasse l'aumône.

Rouss. Mais je crois que vous et moi serions assez capables d'une pareille arrogance; qu'en pensez-vous?

Le Fr. Cette délicatesse est permise à d'honnêtes gens. Mais un drôle comme cela qui fait le gueux quoiqu'il soit riche, de quel droit ose-t-il rejeter les menues charités de nos messieurs?

Rouss. Du même droit, peut-être, que les mendiants rejettent les siennes. Quoi qu'il en soit, s'il fait le gueux, il reçoit donc ou demande l'aumône? car voilà tout ce qui distingue le gueux du pauvre, qui n'est pas plus riche que lui, mais qui se contente de ce qu'il a, et ne demande rien à personne.

Le Fr. Eh non! celui-ci ne la demande pas directement. Au contraire, il la rejette insolemment d'abord; mais il cède à la fin tout doucement quand on s'obstine.

Rouss. Il n'est donc pas si arrogant que vous disiez d'abord; et, retournant votre question, je demande à mon tour pourquoi ils s'obstinent à lui faire l'aumône comme à un gueux, puisqu'ils savent si bien qu'il est riche.

Le Fr. Le pourquoi, je vous l'ai déjà dit. Ce serait, j'en conviens, outrager un honnête homme : mais c'est le sort que mérite un pareil scélérat d'être avili par tous les moyens possibles : et c'est une occasion de mieux manifester son ingratitude, par celle qu'il témoigne à ses bienfaiteurs.

Rouss. Trouvez-vous que l'intention de l'avilir mérite une grande reconnaissance?

Le Fr. Non, mais c'est l'aumône qui la mérite. Car, comme disent très bien nos messieurs, l'argent rachète tout, et rien ne le rachète. Quelle que soit l'intention de celui qui donne, même par force, il reste toujours bienfaiteur, et mérite toujours comme tel la plus vive reconnaissance. Pour éluder donc la brutale rusticité de notre homme, on a imaginé de lui faire en détail, à son insu, beaucoup de petits dons bruyants qui demandent le concours de beaucoup de gens, et surtout du menu peuple, qu'on fait entrer ainsi sans affectation dans la grande confidence, afin qu'à l'horreur pour ses forfaits se joigne le mépris pour sa misère, et le respect pour ses bienfaiteurs. On s'informe des lieux où il se pourvoit des denrées nécessaires à sa subsistance, et l'on a soin qu'au même prix on les lui fournisse de meilleure qualité, et par conséquent plus chères. Au fond, cela ne lui fait aucune économie, et il n'en a pas besoin, puisqu'il est riche : mais pour le même argent il est mieux servi; sa bassesse et la générosité de nos messieurs circulent ainsi parmi le peuple, et l'on parvient de cette manière à l'y rendre abject et méprisable en paraissant ne songer qu'à son bien-être et à le rendre heureux malgré lui. Il est difficile que le misérable ne s'aperçoive pas de ce petit manège, et tant mieux : car s'il se fâche, cela prouve de plus en plus son ingratitude; et s'il change de marchands, on répète aussitôt la même manœuvre; la réputation qu'on veut lui donner se répand encore plus rapidement. Ainsi plus il se débat dans ses lacs, et plus il les resserre.

Rouss. Voilà, je vous l'avoue, ce que je ne comprenais pas bien d'abord. Mais, monsieur, vous en qui j'ai connu toujours un cœur si droit, se peut-il que vous approuviez de pareilles manœuvres?

Le Fr. Je les blâmerais fort pour tout autre; mais ici je les admire par le motif de bonté qui les dicte, sans pourtant avoir voulu jamais y tremper. Je hais Jean-Jacques, nos messieurs l'aiment; ils veulent le conserver à tout prix; il est naturel qu'eux et moi ne nous accordions pas sur la conduite à tenir avec un pareil homme. Leur système, injuste peut-être en lui-même, est rectifié par l'intention.

Rouss. Je crois qu'il me la rendrait suspecte : car on ne va point au bien par le mal, ni à la vertu par la fraude. Mais, puisque vous m'assurez que Jean-Jacques est riche, comment le public accorde-t-il ces choses-là? Car enfin rien ne doit lui sembler plus bizarre et moins méritoire qu'une aumône faite par force à un riche scélérat.

Le Fr. Oh! le public ne rapproche pas ainsi les idées qu'on a l'adresse de lui montrer séparément. Il le voit riche pour lui reprocher de faire le pauvre, ou pour le frustrer du produit de son labeur en se disant qu'il n'en a pas besoin. Il le voit pauvre pour insulter à sa misère et le traiter comme un mendiant. Il ne le voit jamais que par le côté qui pour l'instant le montre plus odieux ou plus méprisable, quoique incompatible avec les autres aspects sous lesquels il le voit en d'autres temps.

Rouss. Il est certain qu'à moins d'être de la plus brute insensibilité il doit être aussi pénétré que surpris de cette association d'attentions et d'outrages dont il sent à chaque instant les effets. Mais quand, pour l'unique plaisir de rendre sa diffamation plus complète, on lui passe journellement tous ses crimes, qui peut être surpris s'il profite de cette coupable indulgence pour en commettre incessamment de nouveaux? C'est une objection que je vous ai déjà faite, et que je répète parce que vous l'avez éludée sans y répondre. Par tout ce que vous m'avez raconté, je vois que, malgré toutes les mesures qu'on a prises, il va toujours son train comme auparavant, sans s'embarrasser en aucune sorte des surveillants dont il se voit entouré. Lui qui prit jadis là-dessus tant de précautions que, pendant quarante ans, trompant exactement tout le monde, il passa pour un honnête homme, je vois qu'il n'use de la liberté qu'on lui laisse que pour assouvir sans gêne sa méchanceté, pour commettre chaque jour de nouveaux forfaits dont il est bien sûr qu'aucun n'échappe à ses surveillants, et qu'on lui laisse tranquillement consommer. Est-ce donc une vertu si méritoire à vos messieurs d'abandonner ainsi les honnêtes gens à la furie d'un scélérat, pour l'unique plaisir de compter tranquillement ses crimes, qu'il leur serait si aisé d'empêcher?

Le Fr. Ils ont leurs raisons pour cela.

Rouss. Je n'en doute point : mais ceux mêmes qui commettent les crimes ont sans doute aussi leurs raisons : cela suffit-il pour les justifier? Singulière bonté, convenez-en, que celle qui, pour rendre le coupable odieux, refuse d'empêcher le crime et s'occupe à choyer le scélérat aux dépens des innocents dont il fait sa proie! Laisser commettre les crimes qu'on peut empêcher n'est pas seulement en être témoin, c'est en être complice. D'ailleurs, si on lui laisse toujours faire tout ce que vous dites qu'il fait, que sert donc de l'espionner de si près avec tant de vigilance et d'activité? Que sert d'avoir découvert ses œuvres, pour les lui laisser continuer comme si l'on n'en savait rien? que sert de gêner si fort sa volonté dans les choses indifférentes, pour la laisser en toute liberté dès qu'il s'agit de mal faire? On dirait que vos messieurs ne cherchent qu'à lui ôter tout moyen de faire autre chose que des crimes. Cette indulgence vous paraît-elle donc si raisonnable, si bien entendue, et digne de personnages si vertueux?

Le Fr. Il y a dans tout cela, je dois l'avouer, des choses que je n'entends pas fort bien moi-même; mais on m'a promis de m'expliquer tout à mon entière satisfaction. Peut-être pour le rendre plus exécrable a-t-on cru devoir charger un peu le tableau de ses crimes, sans se faire un grand scrupule de cette charge, qui dans le fond importe assez peu; car, puisqu'un homme coupable d'un crime est capable de cent, tous ceux dont on l'accuse sont tout au moins dans sa volonté, et l'on peut à peine donner le nom d'impostures à de pareilles accusations.

Je vois que la base du système que l'on suit à son égard est le devoir qu'on s'est imposé qu'il fût bien démasqué, bien connu de tout le monde, et néanmoins de n'avoir jamais avec lui aucune explication, de lui ôter toute connaissance de ses accusateurs et toute lumière certaine des choses dont il est accusé. Cette double nécessité est fondée sur la nature des crimes qui rendrait leur déclaration publique trop scandaleuse, et qui ne souffre pas qu'il soit convaincu sans être puni. Or voulez-vous qu'on le punisse sans le convaincre? Nos formes judiciaires ne le permettraient pas, et ce serait aller directement contre les maximes d'indulgence et de commisération qu'on veut suivre à son égard. Tout ce qu'on peut donc faire pour la sûreté publique est premièrement de le surveiller si bien, qu'il n'entreprenne rien qu'on ne le sache, qu'il n'exécute rien d'important qu'on ne le veuille; et, sur le reste, d'avertir tout le monde du danger qu'il y a d'écouter et fréquenter un pareil scélérat. Il est clair qu'ainsi bien avertis ceux qui s'exposent à ses attentats ne doivent, s'ils y succombent, s'en prendre qu'à eux-mêmes. C'est un malheur qu'il n'a tenu qu'à eux d'éviter, puisque, fuyant comme il fait les hommes, ce n'est pas lui qui va les chercher.

Rouss. Autant en peut-on dire à ceux qui passent dans un bois où l'on sait qu'il y a des voleurs, sans que cela fasse une raison valable pour laisser ceux-ci en toute liberté d'aller leur train; surtout quand, pour les contenir, il suffit de le vouloir. Mais quelle excuse peuvent avoir vos messieurs, qui ont soin de fournir eux-mêmes des proies à la cruauté du barbare par les émissaires dont vous m'avez dit qu'ils l'entourent, qui tâchent à toute force de se familiariser avec lui, et dont sans doute il a soin de faire ses premières victimes?

Le Fr. Point du tout. Quelque familièrement qu'ils vivent chez lui, tâchant même d'y manger et boire sans s'embarrasser des risques, il ne leur en arrive aucun mal. Les personnes sur lesquelles il aime à assouvir sa furie sont celles pour lesquelles il a de l'estime et du penchant, celles auxquelles il voudrait donner sa confiance pour peu que leurs cœurs s'ouvrissent au sien, d'anciens amis qu'il regrette, et dans lesquels il semble encore chercher les consolations qui lui manquent. C'est ceux-là qu'il choisit pour les expédier par préférence; le lien de l'amitié lui pèse, il ne voit avec plaisir que ses ennemis.

Rouss. On ne doit pas disputer contre les faits; mais convenez que vous me peignez là un bien singulier personnage, qui n'empoisonne que ses amis, qui ne fait des livres qu'en faveur de ses ennemis, et qui fuit les hommes pour leur faire du mal.

Ce qui me paraît encore bien étonnant en tout ceci, c'est comment il se trouve d'honnêtes gens qui veuillent rechercher, hanter un pareil monstre, dont l'abord seul devrait leur faire horreur. Que la canaille envoyée par vos messieurs et faite pour l'espionnage s'empare de lui, voilà ce que je comprends sans peine. Je comprends encore que, trop heureux de trouver quelqu'un qui veuille le souffrir, il ne doit pas, lui, misanthrope avec les honnêtes gens, mais à charge à lui-même, se rendre difficile sur les liaisons; qu'il doit voir, accueillir, rechercher avec grand empressement les coquins qui lui ressemblent, pour les engager dans ses damnables complots. Eux, de leur côté, dans l'espoir de trouver en lui un bon camarade bien endurci, peuvent, malgré l'effroi qu'on leur a donné de lui, s'exposer, par l'avantage qu'ils en espèrent, au risque de le fréquenter. Mais que des gens d'honneur cherchent à se faufiler avec lui, voilà, monsieur, ce qui me passe. Que lui disent-ils donc? quel ton peuvent-ils prendre avec un pareil personnage? Un aussi grand scélérat peut très bien être un homme vil qui pour aller à ses fins souffre toutes sortes d'outrages, et, pourvu qu'on lui donne à dîner, boit les affronts comme l'eau, sans les sentir ou sans en faire semblant; mais vous m'avouerez qu'un commerce d'insulte et de mépris d'une part, de bassesse et de mensonge de l'autre, ne doit pas être fort attrayant pour d'honnêtes gens.

Le Fr. Ils en sont plus estimables de se sacrifier ainsi pour le bien public. Approcher de ce misérable est une œuvre méritoire, quand elle mène à quelque nouvelle découverte sur son caractère affreux. Un tel caractère tient du prodige et ne saurait être assez attesté. Vous comprenez que personne ne l'approche pour avoir avec lui quelque société réelle, mais seulement pour tâcher de le surprendre, d'en tirer quelque nouveau trait pour son portrait, quelque nouveau fait pour son histoire, quelque indiscrétion dont on puisse faire usage pour le rendre toujours plus odieux. D'ailleurs, comptez-vous pour rien le plaisir de le persiffler, de lui donner à mots couverts les noms injurieux qu'il mérite, sans qu'il ose ou puisse répondre, de peur de déceler l'application qu'on le force à s'en faire! C'est un plaisir qu'on peut savourer sans risque; car, s'il se fâche, il s'accuse lui-même; et, s'il ne se fâche pas, en lui disant ainsi ses vérités indirectement, on se dédommage de la contrainte où l'on est forcé de vivre avec lui en feignant de le prendre pour un honnête homme.

Rouss. Je ne sais si ces plaisirs-là sont fort doux; pour moi je ne les trouve pas fort nobles, et je vous crois assez du même avis, puisque vous les avez toujours dédaignés. Mais, monsieur, à ce compte, cet homme chargé de crimes n'a donc jamais été convaincu d'aucun?

Le Fr. Eh! non vraiment. C'est encore un acte de l'extrême bonté dont on use à son égard, de lui épargner la honte d'être confondu. Sur tant d'invincibles preuves, n'est-il pas complétement jugé sans qu'il soit besoin de l'entendre? Où règne l'évidence du délit, la conviction du coupable n'est-elle pas superflue? Elle ne serait pour lui qu'une peine de plus. En lui ôtant l'inutile liberté de se défendre, on ne fait que lui ôter celle de mentir et de calomnier.

Rouss. Ah! grâces au ciel, je respire! vous délivrez mon cœur d'un grand poids.

Le Fr. Qu'avez-vous donc? d'où vous naît cet épanouissement subit après l'air morne et pensif qui ne vous a point quitté durant tout cet entretien, et si différent de l'air jovial et gai qu'ont tous nos messieurs quand ils parlent de Jean-Jacques et de ses crimes?

Rouss. Je vous l'expliquerai, si vous avez la patience de m'entendre; car ceci demande encore des digressions.

Vous connaissez assez ma destinée pour savoir qu'elle ne m'a guère laissé goûter les prospérités de la vie : je n'y ai trouvé ni les biens dont les hommes font cas, ni ceux dont j'aurais fait cas moi-même; vous savez à quel prix elle m'a vendu cette fumée dont ils sont si avides, et qui, même eût-elle plus pure, n'était pas l'aliment qu'il fallait à mon cœur. Tant que la fortune ne m'a fait que pauvre, je n'ai pas vécu malheureux. J'ai goûté quelquefois de vrais plaisirs dans l'obscurité : mais je n'en suis sorti que pour tomber dans un gouffre de calamités, et ceux qui m'y ont plongé se sont appliqués à me rendre insupportables les maux qu'ils feignaient de plaindre, et que je n'aurais pas connus sans eux. Revenu de cette douce chimère de l'amitié, dont la vaine recherche a fait tous les malheurs de ma vie, bien plus revenu des erreurs de l'opinion dont je suis la victime, ne trouvant plus parmi les hommes ni droiture, ni vérité, ni aucun de ces sentiments que je crus innés dans leurs âmes, parce qu'ils l'étaient dans la mienne, et sans lesquels toute société n'est que tromperie et mensonge, je me suis retiré au dedans de moi; et, vivant entre moi et la nature, je goûtais une douceur infinie à penser que je n'étais pas seul, que je ne conversais pas avec un être insensible et mort, que mes maux étaient comptés, que ma patience était mesurée, et que toutes les misères de ma vie n'étaient que des provisions de dédommagements et de jouissances pour un meilleur état. Je n'ai jamais adopté la philosophie des heureux du siècle; elle n'est pas faite pour moi; j'en cherchais une plus appropriée à mon cœur, plus consolante dans l'adversité, plus encourageante pour la vertu. Je la trouvais dans les livres de Jean-Jacques. J'y puisais des sentiments si conformes à ceux qui m'étaient naturels, j'y sentais tant de rapports avec mes propres dispositions, que, seul parmi tous les auteurs que j'ai lus, il était pour moi le peintre de la nature et l'historien du cœur humain. Je reconnaissais dans ses écrits l'homme que je retrouvais en moi, et leur méditation m'apprenait à tirer de moi-même la jouissance et le bonheur que tous les autres vont chercher si loin d'eux.

Son exemple m'était surtout utile pour nourrir ma confiance dans les sentiments que j'avais conservés seul parmi mes contemporains. J'étais croyant; je l'ai toujours été, quoique non pas comme les gens à symboles et à formules. Les hautes idées que j'avais de la Divinité me faisaient prendre en dégoût les institutions des hommes et les religions factices. Je ne voyais personne penser comme moi; je me trouvais seul au milieu de la multitude autant par mes idées que par mes sentiments. Cet état solitaire était triste; Jean-Jacques vint m'en tirer. Ses livres me fortifièrent contre la dérision des esprits forts. Je trouvai ses principes si conformes à mes sentiments, je les voyais appuyés de si fortes raisons, que je cessai de craindre, comme on me le criait sans cesse, qu'ils ne fussent l'ouvrage des préjugés et de l'éducation. Je vis que, dans ce siècle où la philosophie ne fait que détruire, cet auteur seul édifiait avec solidité. Dans tous les autres livres, je démêlais d'abord la passion qui les avait dictés, et le but personnel que l'auteur avait eu en vue. Le seul Jean-Jacques me parut chercher la vérité avec droiture et simplicité de cœur. Lui seul me parut montrer aux hommes la route du vrai bonheur en leur apprenant à distinguer la réalité de l'apparence, et l'homme de la nature de l'homme factice et fantastique que nos institutions et nos préjugés lui ont substitué : lui seul en un mot me parut, dans sa véhémence, inspiré par le seul amour du bien public sans vue secrète et sans intérêt personnel. Je trouvais d'ailleurs sa vie et ses maximes si bien d'accord, que je me confirmais dans les miennes, et j'y prenais plus de confiance par l'exemple d'un penseur qui les médita si longtemps, d'un écrivain qui, méprisant l'esprit de parti et ne voulant former ni suivre aucune secte, ne pouvait avoir dans ses recherches d'autre intérêt que l'intérêt public et celui de la vérité. Sur toutes ces idées, je me faisais un plan de vie dont son commerce aurait fait le charme; et moi, à qui la société des hommes n'offre depuis longtemps qu'une fausse apparence sans réalité, sans vérité, sans attachement, sans aucun véritable accord de sentiments ni d'idées, et plus digne de mon mépris que de mon empressement, je me livrais à l'espoir de retrouver en lui tout ce que j'avais perdu, de goûter encore les douceurs d'une amitié sincère, et de me nourrir encore avec lui de ces grandes et ravissantes contemplations qui font la meilleure jouissance de cette vie, et la seule consolation solide qu'on trouve dans l'adversité.

J'étais plein de ces sentiments, et vous l'avez pu connaître, quand avec vos cruelles confidences vous êtes venu resserrer mon cœur et en chasser les douces illusions auxquelles il était prêt à s'ouvrir encore. Non, vous ne connaîtrez jamais à quel point vous l'avez déchiré; il faudrait pour cela sentir à combien de célestes idées tenaient celles que vous avez détruites. Je touchais au moment d'être heureux en dépit du sort et des hommes, et vous me replongez pour jamais dans toute ma misère; vous m'ôtez toutes les espérances qui me la faisaient supporter. Un seul homme pensant comme moi nourrissait ma confiance, un seul homme vraiment vertueux me faisait croire à la vertu, m'animait à la chérir, à l'idolâtrer, à tout espérer d'elle ; et voilà qu'en m'ôtant cet appui vous me laissez seul sur la terre englouti dans un gouffre de maux, sans qu'il me reste la moindre lueur d'espoir dans cette vie, et prêt à perdre encore celui de retrouver dans un meilleure ordre de choses le dédommagement de tout ce que j'ai souffert dans celui-ci.

Vos premières déclarations me bouleversèrent. L'appui de vos preuves me les rendit plus accablantes, et vous navrâtes mon âme des plus amères douleurs que j'aie jamais senties. Lorsque, entrant ensuite dans le détail des manœuvres systématiques dont ce malheureux homme est l'objet, vous m'avez développé le plan de conduite à son égard, tracé par l'auteur de ces découvertes, et fidèlement suivi par tout le monde, mon attention partagée a rendu ma surprise plus grande et mon affliction moins vive. J'ai trouvé toutes ces manœuvres si cauteleuses, si pleines de ruses et d'astuce, que je n'ai pu prendre de ceux qui s'en font un système la haute opinion que vous vouliez m'en donner ; et, lorsque vous les combliez d'éloges, je sentais mon cœur en murmurer malgré moi. J'admirais comment d'aussi nobles motifs pouvaient dicter des pratiques aussi basses, comment la fausseté, la trahison, le mensonge, pouvaient être devenus des instruments de bienfaisance et de charité; comment enfin tant de marches obliques pouvaient s'allier avec la droiture. Avais-je tort? Voyez vous-même, et rappelez-vous tout ce que vous m'avez dit. Ah! convenez du moins que tant d'enveloppes ténébreuses sont un manteau bien étrange pour la vertu !

La force de vos preuves l'emportait néanmoins sur tous les soupçons que ces machinations pouvaient m'inspirer. Je voyais qu'après tout cette bizarre conduite, toute choquante qu'elle me paraissait, n'en était pas moins une œuvre de miséricorde, et que, voulant épargner à un scélérat les traitements qu'il avait mérités, il fallait bien prendre des précautions extraordinaires pour prévenir le scandale de cette indulgence, et la mettre à un prix qui ne tentât ni d'autres d'en désirer une pareille, ni lui-même d'en abuser. Voyant ainsi tout le monde s'empresser à l'envi de le rassasier d'opprobres et d'indignités, loin de le plaindre, je le méprisais davantage d'acheter si lâchement l'impunité au prix d'un pareil destin.

Vous m'avez répété tout cela bien des fois, et je me le disais après vous en gémissant. L'angoisse de mon cœur n'empêchait pas ma raison d'être subjuguée, et de cet assentiment que j'étais forcé de vous donner résultait la situation d'âme la plus cruelle pour un honnête homme infortuné, auquel on arrache impitoyablement toutes les consolations, toutes les ressources, toutes les espérances qui lui rendaient ses maux supportables.

Un trait de lumière est venu me rendre tout cela dans un instant. Quand j'ai pensé, quand vous m'avez confirmé vous-même que cet homme si indignement traité pour tant de crimes atroces n'avait été convaincu d'aucun, vous avez d'un seul mot renversé toutes vos preuves; et si je n'ai pas vu l'imposture où vous prétendez voir l'évidence, cette évidence au moins a tellement disparu à mes yeux, que dans tout ce que vous m'aviez démontré je ne vois plus qu'un problème insoluble, un mystère effrayant, impénétrable, que la seule conviction du coupable peut éclaircir à mes yeux.

Nous pensons bien différemment, monsieur, vous et moi sur cet article. Selon vous, l'évidence des crimes supplée à cette conviction; et, selon moi, cette évidence consiste si essentiellement dans cette conviction même, qu'elle ne peut exister sans elle. Tant qu'on n'a pas entendu l'accusé, les preuves qui le condamnent, quelque fortes qu'elles soient, quelque convaincantes qu'elles paraissent, manquent du sceau qui peut les montrer telles même lorsqu'il n'a pas été possible d'entendre l'accusé, comme lorsqu'on fait le procès à à la mémoire d'un mort; car, en présumant qu'il n'aurait rien eu à répondre, on peut avoir raison, mais on a tort de changer cette présomption en certitude pour le condamner; et il n'est permis de punir le crime que quand il ne reste aucun moyen d'en douter. Mais quand on vient jusqu'à refuser d'entendre l'accusé vivant et présent, bien que la chose soit possible et facile, quand on prend des mesures extraordinaires pour l'empêcher de parler, quand on lui cache avec le plus grand soin, l'accusateur, les preuves, dès lors toutes ces preuves devenues suspectes perdent toute leur force sur mon esprit. N'oser les soumettre à l'épreuve, qui les confirme, c'est me faire présumer qu'elles ne la soutiendraient pas. Ce grand principe, base et sceau de toute justice, sans lequel la société humaine croulerait par ses fondements, est si sacré, si inviolable dans la pratique, que, quand toute la ville aurait vu un homme en assassiner un autre dans la place publique, encore ne punirait-on point l'assassin sans l'avoir préalablement entendu.

Le Fr. Hé quoi! des formalités judiciaires qui doivent être générales et sans exception dans les tribunaux, quoique souvent superflues, font-elles loi dans des cas de grâce et de bénignité comme celui-ci? D'ailleurs, l'omission de ces formalités peut-elle changer la nature des choses, faire que ce qui est démontré cesse de l'être, rendre obscur ce qui est évident, et, dans l'exemple que vous venez de proposer, le délit serait-il moins avéré, le prévenu serait-il moins coupable quand on négligerait de l'entendre; et, quand sur la seule notoriété du fait, on l'aurait roué sans tous ces interrogatoires d'usage, en serait-on moins sûr d'avoir puni justement un assassin? Enfin toutes ces formes établies pour constater les délits ordinaires sont-elles nécessaires à l'égard d'un monstre dont la vie n'est qu'un tissu de crimes, et reconnu de toute la terre pour être la honte et l'opprobre de l'humanité? Celui qui n'a rien d'humain mérite-t-il qu'on le traite en homme?

Rouss. Vous me faites frémir. Est-ce vous qui parlez ainsi? Si je le croyais, je fuirais, au lieu de répondre. Mais non, je vous connais trop bien. Discutons de sangfroid avec vos messieurs ces questions importantes d'où dépend, avec le maintien de l'ordre social, la conservation du genre humain. D'après eux, vous parlez toujours de clémence et de grâce; mais avant d'examiner quelle est cette grâce, il faudrait voir d'abord si c'en est ici le cas, et comment elle y peut avoir lieu. Le droit de faire grâce suppose celui de punir, et par conséquent la préalable conviction du coupable. Voilà premièrement de quoi il s'agit.

Vous prétendez que cette conviction devient superflue où règne l'évidence : et moi je pense au contraire qu'en fait de délit l'évidence ne peut résulter que de la conviction du coupable, et qu'on ne peut prononcer sur la force des preuves qui le condamnent, qu'après l'avoir entendu. La raison en est que, pour faire sortir aux yeux des hommes la vérité du sein des passions, il faut que ces passions s'entrechoquent, se combattent, et que celle qui accuse trouve un contre-poids égal dans celle qui défend, afin que la raison seule et la justice rompent l'équilibre et fassent pencher la balance. Quand un homme se fait le délateur d'un autre, il est probable, il est presque sûr qu'il est mû par quelque passion secrète qu'il a grand soin de déguiser. Mais quelque raison qui le détermine, et fût-ce même un motif de pure vertu, toujours est-il certain que, du moment qu'il accuse, il est animé du vif désir de montrer l'accusé coupable, ne fût-ce qu'afin de ne pas passer pour calomniateur; et comme d'ailleurs il a pris à loisir toutes ses mesures, qu'il s'est donné tout le temps d'arranger ses machines et de concerter ses moyens et ses preuves, le moins qu'on puisse faire pour se garantir de surprise est de les exposer à l'examen et aux réponses de l'accusé, qui seul a un intérêt suffisant pour les examiner avec toute l'attention possible, et qui seul encore peut donner tous les éclaircissements nécessaires pour en bien juger. C'est par une semblable raison que la déposition des témoins, en quelque nombre qu'ils puissent être, n'a de poids qu'après la confrontation. De cette action et réaction et du choc de ces intérêts opposés doit naturellement sortir aux yeux du juge la lumière de la vérité : c'en est du moins le meilleur moyen qui soit en sa puissance. Mais si l'un de ces intérêts agit seul avec toute sa force, et que le contre-poids de l'autre manque, comment l'équilibre restera-t-il dans la balance? Le juge, que je veux supposer tranquille, impartial, uniquement animé de l'amour de la justice, qui communément n'inspire pas de grands efforts pour l'intérêt d'autrui, comment s'assurera-t-il d'avoir bien pesé le pour et le contre, d'avoir bien pénétré par lui seul tous les artifices de l'accusateur, d'avoir bien démêlé des faits exactement vrais ceux qu'il controuve, qu'il altère, qu'il colore à sa fantaisie, d'avoir même deviné ceux qu'il tait et qui changent l'effet de ceux qu'il expose? Quel est l'homme audacieux qui, non moins sûr de sa pénétration que de sa vertu, s'ose donner pour ce juge-là? Il faut, pour remplir avec tant de confiance un devoir si téméraire, qu'il se sente l'infaillibilité d'un Dieu.

Que serait-ce si, au lieu de supposer ici un juge parfaitement intègre et sans passion, je le supposais animé d'un désir secret de trouver l'accusé coupable, et ne cherchant que des moyens plausibles de justifier sa partialité à ses propres yeux?

Cette seconde supposition pourrait avoir plus d'une application dans le cas particulier qui nous occupe; mais n'en cherchons point d'autre que la célébrité d'un auteur dont les succès passés blessent l'amour-propre de ceux qui n'en peuvent obtenir de pareils. Tel applaudit à la gloire d'un homme qu'il n'a nul espoir d'offusquer, qui travaillerait bien vite à lui faire payer cher l'éclat qu'il peut avoir de plus que lui, pour peu qu'il vît de jour à y réussir. Dès qu'un homme a eu le malheur de se distinguer à certain point, à moins qu'il ne se fasse craindre ou qu'il ne tienne à quelque parti, il ne doit plus compter sur l'équité des autres à son égard; et ce sera beaucoup si ceux mêmes qui sont plus célèbres que lui lui pardonnent la petite portion qu'il a du bruit qu'ils voudraient faire tout seuls.

Je n'ajouterai rien de plus. Je ne veux parler ici qu'à votre raison. Cherchez à ce que je viens de vous dire une réponse dont elle soit contente, et je me tais. En attendant voici ma conclusion : il est toujours injuste et téméraire de juger un accusé, tel qu'il soit, sans vouloir l'entendre : mais quiconque jugeant un homme qui a fait du bruit dans le monde, non-seulement le juge sans l'entendre, mais se cache de lui pour le juger, quelque prétexte spécieux qu'il allègue, et fût-il vraiment juste et vertueux, fût-il un ange sur la terre, qu'il rentre bien en lui-même, l'iniquité, sans qu'il sans doute, est cachée au fond de son cœur.

Étranger, sans parents, sans appui, seul, abandonné de tous, trahi du plus grand nombre, Jean-Jacques est dans la pire position où l'on puisse être pour être jugé équitablement. Cependant, dans les jugements sans appel qui le condamnent à l'infamie, qui est-ce qui a pris sa défense et parlé pour lui? qui est-ce qui s'est donné la peine d'examiner l'accusation, les accusateurs, les preuves, avec ce zèle et ce soin que peut seul inspirer l'intérêt de soi-même ou de son plus intime ami?

Le Fr. Mais vous-même, qui vouliez si fort être le sien, n'avez-vous pas été réduit au silence par les preuves dont j'étais armé?

Rouss. Avais-je les lumières nécessaires pour les apprécier, et distinguer à travers tant de trames obscures les fausses couleurs qu'on a pu leur donner? suis-je au fait des détails qu'il faudrait connaître? puis-je deviner les éclaircissements, les objections, les solutions que pourrait donner l'accusé sur des faits dont lui seul est assez instruit? D'un mot peut-être il eût levé des voiles impénétrables aux yeux de tout autre, et jeté du jour sur des manœuvres que nul mortel ne débrouillera jamais. Je me suis rendu, non parce que j'étais réduit au silence, mais parce que je l'y croyais réduit lui-même. Je n'ai rien, je l'avoue, à répondre à vos preuves. Mais si vous étiez isolé sur la terre, sans défense et sans défenseur, et depuis vingt ans en proie à vos ennemis comme Jean-Jacques, on pourrait sans peine me prouver de vous en secret ce que vous m'avez prouvé de lui, sans que j'eusse rien non plus à répondre. En serait-ce assez pour vous juger sans appel et sans vouloir vous écouter?

Monsieur, c'est ici, depuis que le monde existe, la première fois qu'on a violé si ouvertement, si publiquement, la première et la plus sainte des lois sociales, celle sans laquelle il n'y a plus de sûreté pour l'innocence parmi les hommes. Quoi qu'on en puisse dire, il est faux qu'une violation si criminelle puisse avoir jamais pour motif l'intérêt de l'accusé; il n'y a que celui des accusateurs, et même un intérêt très-pressant, qui puisse les y déterminer, et il n'y a que la passion des juges qui puisse les faire passer outre malgré l'infraction de cette loi. Jamais ils ne souffriraient cette infraction, s'ils redoutaient d'être injustes. Non, il n'y a point, je ne dis pas de juge éclairé, mais d'homme de bon sens, qui, sur les mesures prises avec tant d'inquiétude et de soin pour cacher à l'accusé l'accusation, les témoins, les preuves, ne sente que tout cela ne peut dans aucun cas possible s'expliquer raisonnablement que par l'imposture de l'accusateur.

Vous demandez néanmoins quel inconvénient il y aurait, quand le crime est évident, à rouer l'accusé sans l'entendre. Et moi je vous demande en réponse quel est l'homme, quel est le juge assez hardi pour oser condamner à mort un accusé convaincu selon toutes les formes judiciaires, après tant d'exemples funestes d'innocents bien interrogés, bien entendus, bien confrontés, bien jugés selon toutes les formes, et, sur une évidence prétendue, mis à mort avec la plus grande confiance pour des crimes qu'ils n'avaient point commis. Vous demandez quel inconvénient il y aurait, quand le crime est évident, à rouer l'accusé sans l'entendre. Je réponds que votre supposition est impossible et contradictoire dans les termes, parce que l'évidence du crime consiste essentiellement dans la conviction de l'accusé, et que toute autre évidence ou notoriété peut être fausse, illusoire, et causer le supplice d'un innocent. En faut-il confirmer les raisons par des exemples ? Par malheur ils ne nous manqueront pas. En voici un tout récent, tiré de la gazette de Leyde, et qui mérite d'être cité. Un homme accusé dans un tribunal d'Angleterre d'un délit notoire, attesté par un témoignage public et unanime, se défendit par un *alibi* bien singulier. Il soutint et prouva que le même jour et à la même heure où on l'avait vu commettre le crime, il était en personne occupé à se défendre devant un autre tribunal, et dans une autre ville, d'une accusation toute semblable. Ce fait, non moins parfaitement attesté, mit les juges dans un étrange embarras. A force de recherches et d'enquêtes, dont assurément on ne se serait pas avisé sans cela, on découvrit enfin que les délits attribués à cet accusé avaient été commis par un autre homme moins connu, mais si semblable au premier, de taille, de figure et de traits, qu'on avait constamment pris l'un pour l'autre. Voilà ce qu'on n'eût point découvert si, sur cette prétendue notoriété, on se fût pressé d'expédier cet homme sans daigner l'écouter ; et vous voyez comment, cet usage une fois admis, il pourrait aller de la vie à mettre un habit d'une couleur plutôt que d'une autre.

Autre article encore plus récent tiré de la gazette de France du 31 octobre 1774. « Un malheureux, disent les lettres de Londres, allait subir le « dernier supplice, et il était déjà sur l'échafaud, quand un spectateur, per- « çant la foule, cria de suspendre l'exécution, et se déclara l'auteur du crime « pour lequel cet infortuné avait été condamné, ajoutant que sa conscience « troublée (cet homme apparemment n'était pas philosophe) ne lui permet- « tait pas en ce moment de sauver sa vie aux dépens de l'innocent. Après « une nouvelle instruction de l'affaire, le condamné, continue l'article, a été « renvoyé absous, et le roi a cru devoir faire grâce au coupable en faveur de « sa générosité. » Vous n'avez pas besoin, je crois, de mes réflexions sur cette nouvelle instruction de l'affaire, et sur la première, en vertu de laquelle l'innocent avait été condamné à mort.

Vous avez sans doute ouï parler de cet autre jugement où, sur la prétendue évidence de crime, onze pairs ayant condamné l'accusé, le douzième aima mieux s'exposer à mourir de faim avec ses collègues, que de joindre sa voix aux leurs, et cela, comme il l'avoua dans la suite, parce qu'il avait lui-même commis le crime dont l'autre paraissait évidemment coupable. Ces exemples sont plus fréquents en Angleterre, où les procédures criminelles se font publiquement; au lieu qu'en France, où tout se passe dans le plus effrayant mystère, les faibles sont livrés sans scandale aux vengeances des puissants; et les procédures, toujours ignorées du public, ou falsifiées pour le tromper, restent, ainsi que l'erreur ou l'iniquité des juges, dans un secret éternel, à moins que quelque événement extraordinaire ne les en tire.

C'en est un de cette espèce qui me rappelle chaque jour ces idées à mon réveil. Tous les matins avant le jour, la messe de la pie, que j'entends sonner à Saint-Eustache (1), me semble un avertissement bien solennel aux juges et à tous les hommes, d'avoir une confiance moins téméraire en leurs lumières, d'opprimer et mépriser moins la faiblesse, de croire un peu plus à l'innocence, d'y prendre un peu plus d'intérêt, de ménager un peu plus la vie et l'honneur de leurs semblables, et enfin de craindre quelquefois que trop d'ardeur à punir les crimes ne leur en fasse commettre à eux-mêmes de bien affreux. Que la singularité des cas que je viens de citer les rende uniques chacun dans son espèce, qu'on les dispute, qu'on les nie enfin si l'on veut, combien d'autres cas non moins imprévus, non moins possibles, peuvent être aussi singuliers dans la leur! Où est celui qui sait déterminer avec certitude tous les cas où les hommes, abusés par de fausses apparences, peuvent prendre l'imposture pour l'évidence, et l'erreur pour la vérité? Quel est l'audacieux qui, lorsqu'il s'agit de juger capitalement un homme, passe en avant, et le condamne sans avoir pris toutes les précautions possibles pour se garantir des pièges du mensonge et des illusions de l'erreur? Quel est le juge barbare qui, refusant à l'accusé la déclaration de son crime, le dépouille du droit sacré d'être entendu dans sa défense, droit qui, loin de le garantir d'être convaincu, si l'évidence, est telle qu'on la suppose, très souvent ne suffit pas même pour empêcher le juge de voir cette évidence dans l'imposture, et de verser le sang innocent même après avoir entendu l'accusé? Osez-vous croire que les tribunaux abondent en précautions superflues pour la sûreté de l'innocence? Eh! qui ne sait, au contraire, que loin de s'y soucier de savoir si un accusé est innocent et de chercher à le trouver tel, on ne s'y occupe au contraire qu'à tâcher de le trouver coupable à tout prix, et qu'à lui ôter pour sa défense tous les moyens qui ne lui sont pas formellement accordés par la loi, tellement que si, dans quelques cas singuliers, il se trouve une circonstance essentielle qu'elle n'ait pas prévue, c'est au prévenu d'expier, quoique innocent, cet oubli par son supplice? Ignorez-vous que ce qui flatte le plus les juges est d'avoir des victimes à tourmenter, qu'ils aimeraient mieux faire périr cent innocents que de laisser échapper un coupable; et que, s'ils pouvaient trouver de quoi condamner un homme dans toutes les formes, quoique persuadés de son innocence, ils se hâteraient de le faire périr en l'honneur de la loi? Ils s'affligent de la justification d'un

---

(1) On nommait ainsi une messe qui se disait tous les jours dans cette église, en mémoire d'une pauvre servante de Palaiseau qui fut pendue comme convaincue d'avoir volé de l'argenterie. Peu de temps après, tous les objets furent retrouvés, avec beaucoup d'autres appartenant à diverses personnes, dans le clocher de l'église. Il fut prouvé que, par l'effet d'une habitude naturelle, une pie les avait tous portés là.

accusé comme d'une perte réelle; avides de sang à répandre, ils voient à regret échapper de leurs mains la proie qu'ils s'étaient promise, et n'épargnent rien de ce qu'ils peuvent faire impunément pour que ce malheur ne leur arrive pas. Grandier, Calas, Langlade et cent autres ont fait du bruit par des circonstances fortuites; mais quelle foule d'infortunés sont les victimes de l'erreur ou de la cruauté des juges, sans que l'innocence étouffée sous des monceaux de procédures vienne jamais au grand jour, ou n'y vienne que par hasard, longtemps après la mort des accusés, et lorsque personne ne prend plus d'intérêt à leur sort? Tout nous montre ou nous fait sentir l'insuffisance des lois et l'indifférence des juges pour la protection des innocents accusés, déjà punis avant le jugement par les rigueurs du cachot et des fers, et à qui souvent on arrache à force de tourments l'aveu des crimes qu'ils n'ont pas commis. Et vous, comme si les formes établies et trop souvent inutiles étaient encore superflues, vous demandez quel inconvénient il y aurait, quand le crime est évident, à rouer l'accusé sans l'entendre! Allez, monsieur, cette question n'avait besoin de ma part d'aucune réponse; et si, quand vous la faisiez, elle eût été sérieuse, les murmures de votre cœur y auraient assez répondu.

Mais si jamais cette forme si sacrée et si nécessaire pouvait être omise à l'égard de quelque scélérat reconnu tel de tous les temps, et jugé par la voix publique avant qu'on lui imputât aucun fait particulier dont il eût à se défendre, que puis-je penser de la voir écartée avec tant de sollicitude et de vigilance du jugement du monde, où elle était le plus indispensable, de celui d'un homme accusé tout d'un coup d'être un monstre abominable, après avoir joui quarante ans de l'estime publique et de la bienveillance de tous ceux qui l'ont connu? Est-il naturel, est-il raisonnable, est-il juste de choisir seul, pour refuser de l'entendre, celui qu'il faudrait entendre de préférence quand on se permettrait de négliger pour d'autres une aussi sainte formalité? Je ne puis vous cacher qu'une sécurité si cruelle et si téméraire me déplaît et me choque dans ceux qui s'y livrent avec tant de confiance, pour ne pas dire avec tant de plaisir. Si, dans l'année 1751, quelqu'un eût prédit cette légère et dédaigneuse façon de juger un homme alors si universellement estimé, personne ne l'eût pu croire; et si le public regardait de sangfroid le chemin qu'on lui a fait faire pour l'amener par degrés à cette étrange persuasion, il serait étonné lui-même de voir les sentiers tortueux et ténébreux par lesquels on l'a conduit insensiblement jusque-là sans qu'il s'en soit aperçu.

Vous dites que les précautions prescrites par le bon sens et l'équité avec les hommes ordinaires sont superflues avec un pareil monstre; qu'ayant foulé aux pieds toute justice et toute humanité, il est inutile qu'on s'assujettisse en sa faveur aux règles qu'elles inspirent; que la multitude et l'énormité de ses crimes est telle, que la conviction de chacun en particulier entraînerait dans des discussions immenses, que l'évidence de tous rend superflues.

Quoi! parce que vous me forgez un monstre tel qu'il n'en exista jamais, vous voulez vous dispenser de la preuve qui met le sceau à toutes les autres! Mais qui jamais a prétendu que l'absurdité d'un fait lui servît de preuve, et qu'il suffît pour en établir la vérité de montrer qu'il est incroyable? Quelle porte large et facile vous ouvrez à la calomnie et à l'imposture, si, pour avoir droit de juger définitivement un homme à son insu et en se cachant de lui, il suffit de multiplier, de charger les accusations, de les rendre noires jusqu'à faire horreur, en sorte que moins elles seront vraisemblables, et plus on devra leur ajouter de foi! Je ne doute point qu'un homme coupable d'un crime ne soit capable de cent; mais ce que je sais mieux encore, c'est qu'un homme accusé de cent crimes peut n'être coupable d'aucun. Entasser les accusations n'est pas convaincre et n'en saurait dispenser. La même raison qui, selon vous, rend sa conviction superflue en est une de plus, selon moi, pour la rendre indispensable. Pour sauver l'embarras de tant de preuves, je n'en demande qu'une, mais je la veux authentique, invincible, et dans toutes les formes; c'est celle du premier délit qui a rendu tous les autres croyables. Celui-là bien prouvé, je crois tous les autres sans preuves; mais jamais l'accusation de cent mille autres ne suppléera dans mon esprit à la preuve juridique de celui-là.

Le Fr. Vous avez raison : mais prenez mieux ma pensée et celle de nos messieurs. Ce n'est pas tant à la multitude des crimes de Jean-Jacques qu'ils ont fait attention, qu'à son caractère affreux découvert enfin, quoique tard, et maintenant généralement reconnu. Tous ceux qui l'ont vu, suivi, examiné avec le plus de soin, s'accordent sur cet article, et le reconnaissent unanimement pour être, comme disait très-bien son vertueux patron M. Hume, la honte de l'espèce humaine et un monstre de méchanceté. L'exacte et régulière discussion des faits devient superflue quand il n'en résulte que ce qu'on sait déjà sans eux. Quand Jean-Jacques n'aurait commis aucun crime, il n'en serait pas moins capable de tous. On ne le punit ni d'un délit ni d'un autre, mais on l'abhorre comme les couvant tous dans son cœur. Je ne vois rien là que de juste. L'horreur et l'aversion des hommes est due au méchant qu'ils laissent vivre quand leur clémence les porte à l'épargner.

Rouss. Après nos précédents entretiens, je ne m'attendais pas à cette distinction nouvelle. Pour le juger par son caractère, indépendamment des faits, il faudrait que je comprisse comment, indépendamment de ces mêmes faits, on a si subitement et si sûrement reconnu ce caractère. Quand je songe que ce monstre a vécu quarante ans généralement estimé et bien voulu, sans qu'on se soit douté de son mauvais naturel, sans que personne ait eu le moindre soupçon de ses crimes, je ne puis comprendre comment tout-à-coup ces deux choses ont pu devenir si évidentes, et je comprends encore moins que l'une ait pu l'être sans l'autre. Ajoutons que ces découvertes ayant été faites conjointement et tout d'un coup par la même personne, elle a dû nécessairement commencer par articuler des faits pour fonder des jugements si nouveaux, si contraires à ceux qu'on avait portés jusqu'alors; et quelle confiance pourrais-je autrement prendre à des apparences vagues, incertaines, souvent trompeuses, qui n'auraient rien de précis que l'on pût articuler? Si vous voyez la possibilité qu'il ait passé quarante ans pour honnête homme sans l'être, je vois bien mieux encore celle qu'il passe depuis dix ans, à tort, pour un scélérat : car il y a dans ces deux opinions cette différence essentielle, que jadis on le jugeait équitablement et sans partialité, et qu'on ne le juge plus qu'avec passion et prévention.

Le Fr. Et c'est pour cela justement qu'on s'y trompait jadis et qu'on ne s'y trompe plus aujourd'hui, qu'on y regarde avec moins d'indifférence. Vous me rappelez ce que j'avais à répondre à ces deux êtres si différents, si contradictoires, dans lesquels vous l'avez ci-devant divisé. Son hypocrisie a longtemps abusé les hommes, parce qu'ils s'en tenaient aux apparences et n'y regardaient pas de si près; mais, depuis qu'on s'est mis à l'épier avec plus de soin et à le mieux examiner, on a bientôt découvert la forfanterie : tout son faste moral a disparu, son affreux caractère a percé de toutes parts. Les gens mêmes qui l'ont connu jadis, qui l'aimaient, qui l'estimaient, parce qu'ils étaient ses dupes, rougissent aujourd'hui de leur ancienne bêtise, et ne comprennent pas comment d'aussi grossiers artifices ont pu les abuser si longtemps. On voit avec la dernière clarté que, différent de ce qu'il parut alors parce que l'illusion s'est dissipée, il est le même qu'il fut toujours.

Rouss. Voilà de quoi je ne doute point. Mais qu'autrefois on fût dans l'erreur sur son compte et qu'on n'y soit plus aujourd'hui, c'est ce qui ne me paraît pas aussi clair qu'à vous. Il est plus difficile que vous ne semblez le croire de voir exactement tel qu'il est un homme dont on a d'avance une opinion décidée, soit en bien, soit en mal. On applique à tout ce qu'il fait, à tout ce qu'il dit, l'idée qu'on s'est formée de lui. Chacun voit et admet tout ce qui confirme son jugement, rejette ou explique à sa mode tout ce qui le contrarie. Tous ses mouvements, ses regards, ses gestes sont interprétés selon cette idée : on y rapporte ce qui s'y rapporte le moins. Les mêmes choses que mille autres disent ou font, et qu'on dit ou fait soi-même indifféremment, prennent un sens mystérieux dès qu'elles viennent de lui. On explique tout selon le préjugé qu'on a, et l'on ne se console de l'erreur où l'on pense avoir été qu'en se persuadant que c'est faute d'attention, non de pénétration, qu'on y est tombé. Tout cela est si vrai, que si deux hommes ont d'un troisième des opinions opposées, cette même opposition régnera dans les observations qu'ils feront sur lui. L'un verra blanc et l'autre noir; l'un trouvera des vertus, l'autre des vices, dans les actes les plus indifférents qui viendront de lui; et chacun, à force d'interprétations subtiles, prouvera que c'est lui qui a bien vu. Le même objet regardé en différents temps, avec des yeux différemment affectés, nous fait des impressions très-différentes, et même en convenant que l'erreur vient de notre organe, on peut s'abuser encore en concluant qu'on se trompait autrefois, tandis que c'est peut-être aujourd'hui qu'on se trompe. Tout ceci serait vrai, quand on n'aurait que l'erreur des préjugés à craindre. Que serait-ce si le prestige des passions s'y joignait encore; si de charitables interprètes, toujours alertes, allaient sans cesse au-devant de toutes les idées favorables qu'on pourrait tirer de ses propres observations pour tout défigurer, tout noircir, tout empoisonner? On sait à quel point la haine fascine les yeux. Qui est-ce qui sait voir des vertus dans l'objet de son aversion? qui est-ce qui ne voit pas le mal dans tout ce qui part d'un homme odieux? On cherche toujours à se justifier ses propres sentiments; c'est encore une disposition très-naturelle. On s'efforce à trouver haïssable ce qu'on hait; et s'il est vrai que l'homme prévenu voit ce qu'il croit, il l'est bien plus encore que l'homme passionné voit ce qu'il désire. La différence est donc ici que, voyant jadis Jean-Jacques sans intérêt, on le jugeait sans partialité, et qu'aujourd'hui la prévention et la haine ne permettent plus de voir en lui ce qu'on peut y trouver. Auxquels donc, à votre avis, des anciens ou des nouveaux jugements, le préjugé de la raison doit-il donner plus d'autorité?

S'il est impossible, comme je crois vous l'avoir prouvé, que la connaissance certaine de la vérité, et beaucoup moins l'évidence, résulte de la méthode qu'on a prise pour juger Jean-Jacques; si l'on a évité à dessein les vrais moyens de porter sur son compte un jugement impartial, infaillible, éclairé, il s'ensuit que sa condamnation, si hautement, si fièrement prononcée, est non-seulement arrogante et téméraire, mais violemment suspecte de la plus noire iniquité; d'où je conclus que, n'ayant nul droit de le juger clandestinement comme on a fait, on n'a pas non plus celui de lui faire grâce, puisque la grâce d'un criminel n'est que l'exemption d'une peine encourue et juridiquement infligée. Ainsi la clémence dont vos messieurs se vantent à son égard, quand même ils useraient envers lui d'une bienfaisance réelle, est trompeuse et fausse; et quand ils comptent pour un bienfait le mal mérité dont ils disent exempter sa personne, ils en imposent et mentent, puisqu'il ne l'ont convaincu d'aucun acte punissable; qu'un innocent ne méritant aucun châtiment n'a pas besoin de grâce, et qu'un pareil mot n'est qu'un outrage pour lui. Ils sont donc doublement injustes, en ce qu'ils se font un mérite envers lui d'une générosité qu'ils n'ont point, et en ce qu'ils ne feignent d'épargner sa personne qu'afin d'outrager impunément son honneur.

Venons, pour le sentir, à cette grâce sur laquelle vous insistez si fort, et voyons en quoi donc elle consiste. A traîner celui qui la reçoit d'opprobre en opprobre et de misère en misère, sans lui laisser aucun moyen possible de s'en garantir. Connaissez-vous, pour un cœur d'homme, de peine aussi cruelle qu'une pareille grâce? Je m'en rapporte au tableau tracé par vous-même. Quoi! c'est par bonté, par commisération, par bienveillance, qu'on rend cet infortuné le jouet du public, la risée de la canaille, l'horreur de l'univers; qu'on le prive de toute société humaine, qu'on l'étouffe à plaisir dans la fange, qu'on s'amuse à l'enterrer tout vivant! S'il se pouvait que nous eussions à subir, vous ou moi, le dernier supplice, voudrions-nous l'éviter au prix d'une pareille grâce? voudrions-nous de la vie à condition de la passer ainsi? Non, sans doute; il n'y a point de tourment, point de supplice que nous ne préférassions à celui-là, et la plus douloureuse fin de nos maux nous paraîtrait désirable et douce plutôt que de les prolonger dans de pareilles angoisses. Eh! quelle idée ont donc vos messieurs de l'honneur, s'ils ne comptent pas l'infamie pour un supplice? Non, non, quoi qu'ils en puissent dire, ce n'est point accorder la vie que de la rendre pire que la mort.

LE FR. Vous voyez que notre homme n'en pense pas ainsi, puisqu'au milieu de tout son opprobre il ne laisse pas de vivre et de se porter mieux qu'il n'a jamais fait. Il ne faut pas juger des sentiments d'un scélérat par ceux qu'un honnête homme aurait à sa place. L'infamie n'est douloureuse qu'à proportion de l'honneur qu'un homme a dans le cœur. Les âmes viles, insensibles à la honte, y sont dans leur élément. Le mépris n'affecte guère celui qui s'en sent digne : c'est un jugement auquel son propre cœur l'a déjà tout accoutumé.

Rouss. L'interprétation de cette tranquillité stoïque au milieu des outrages dépend du jugement déjà porté sur celui qui les endure. Ainsi ce n'est pas sur ce sangfroid qu'il convient de juger l'homme, mais c'est par l'homme, au contraire, qu'il faut apprécier le sangfroid. Pour moi, je ne vois point comment l'impénétrable dissimulation, la profonde hypocrisie que vous avez prêtée à celui-ci s'accorde avec cette abjection presque incroyable dont vous faites ici son élément naturel. Comment, monsieur, un homme si haut, si fier, si orgueilleux, qui, plein de génie et de feu, a pu, selon vous, se contenir et garder quarante ans le silence pour étonner l'Europe de la vigueur de sa plume; un homme qui met à un si haut prix l'opinion des autres, qu'il a tout sacrifié à une fausse affectation de vertu; un homme dont l'ambitieux amour-propre voulait remplir tout l'univers de sa gloire, éblouir tous ses contemporains de l'éclat de ses talens et de ses vertus, fouler à ses pieds tous les préjugés, braver toutes les puissances et se faire admirer par son intrépidité : ce même homme, à présent insensible à tant d'indignités, s'abreuve à longs traits d'ignominie et se repose mollement dans la fange comme dans son élément naturel! De grâce, mettez plus d'accord dans vos idées, ou veuillez m'expliquer comment cette brute insensibilité peut exister dans une âme capable d'une telle effervescence. Les outrages affectent tous les hommes, mais beaucoup plus ceux qui les méritent et qui n'ont point d'asile en eux-mêmes pour s'y dérober. Pour en être ému le moins qu'il est possible, il faut les sentir injustes, et s'être fait de l'honneur et de l'innocence un rempart autour de son cœur, inaccessible à l'opprobre. Alors on peut se consoler de l'erreur ou de l'injustice des hommes : car dans le premier cas les outrages, dans l'intention de ceux qui les font, ne sont pas pour celui qui les reçoit; et dans le second, ils ne les lui font pas dans l'opinion qu'il est vil et qu'il les mérite, mais au contraire parce qu'étant vils et méchants eux-mêmes, ils haïssent ceux qui ne le sont pas.

Mais la force qu'une âme saine emploie à supporter des traitements indignes d'elle ne rend pas ces traitements moins barbares de la part de ceux qui les lui font essuyer. On aurait tort de leur tenir compte des ressources qu'ils n'ont pu lui ôter et qu'ils n'ont pas même prévues, parce que, à sa place, ils ne les trouveraient pas en eux. Vous avez beau me faire sonner ces mots de bienveillance et de grâce; dans le ténébreux système auquel vous donnez ces noms, je ne vois qu'un raffinement de cruauté pour accabler un infortuné de misères pires que la mort, pour donner aux plus noires perfidies un air de générosité, et taxer encore d'ingratitude celui qu'on diffame, parce qu'il n'est pas pénétré de reconnaissance des soins qu'on prend pour l'accabler et le livrer sans aucune défense aux lâches assassins qui le poignardent sans risque, en se cachant à ses regards.

Voilà donc en quoi consiste cette grâce prétendue dont vos messieurs font tant de bruit. Cette grâce n'en serait pas une, même pour un coupable, à moins qu'il ne fût en même temps le plus vil des mortels. Qu'elle en soit une pour cet homme audacieux qui, malgré tant de résistance et d'effrayantes menaces, est venu fièrement à Paris provoquer par sa présence l'inique tribunal qui l'avait décrété connaissant parfaitement son innocence; qu'elle en soit une pour cet homme dédaigneux qui cache si peu son mépris aux traîtres cajoleurs qui l'obsèdent et tiennent sa destinée en leurs mains : voilà, monsieur, ce que je ne comprendrai jamais ; et quand il serait tel qu'ils le disent, encore fallait-il savoir de lui s'il consentait à conserver sa vie et sa liberté à cet indigne prix ; car une grâce, ainsi que tout autre don, n'est légitime qu'avec le consentement, du moins présumé, de celui qui la reçoit ; et je vous demande si la conduite et les discours de Jean-Jacques laissent présumer de lui ce consentement. Or tout don fait par force n'est pas un don, c'est un vol ; il n'y a point de plus maligne tyrannie que de forcer un homme de nous être obligé malgré lui, et c'est indignement abuser du nom de grâce que de le donner à un traitement forcé, plus cruel que le châtiment. Je suppose ici l'accusé coupable ; que serait cette grâce si je le supposais innocent, comme je le puis et le dois tant qu'on craint de le convaincre? Mais, dites-vous, il est coupable ; on en est certain puisqu'il est méchant. Voyez comment vous me ballottez ! Vous m'avez ci-devant donné ses crimes pour preuve de sa méchanceté, et vous me donnez à présent sa méchanceté pour preuve de ses crimes. C'est par les faits qu'on a découvert son caractère, et vous m'alléguez son caractère pour éluder la régulière discussion des faits. Un tel monstre, me dites-vous, ne mérite pas qu'on respecte avec lui les formes établies pour la conviction d'un criminel ordinaire : on n'a pas besoin d'entendre un scélérat aussi détestable ; ses œuvres parlent pour lui. J'accorderai que le monstre que vous m'avez peint ne mérite, s'il existe, aucune des précautions établies autant pour la sûreté des innocents que pour la conviction des coupables. Mais il les fallait toutes et plus encore pour bien constater son existence, pour s'assurer parfaitement que ce que vous appelez ses œuvres sont bien ses œuvres. C'était par là qu'il fallait commencer, et c'est précisément ce qu'ont oublié vos messieurs : car enfin quand le traitement qu'on lui faisait souffrir serait doux pour un coupable, il est affreux pour un innocent. Alléguer la douceur de ce traitement pour éluder la conviction de celui qui le souffre est donc un sophisme aussi cruel qu'insensé. Convenez de plus que ce monstre, tel qu'il leur a plu de nous le forger, est un personnage bien étrange, bien nouveau, bien contradictoire, un être d'imagination tel qu'en peut enfanter le délire de la fièvre, confusément formé de parties hétérogènes, qui, par leur nombre, leur disproportion, leur incompatibilité, ne sauraient former un seul tout ; et l'extravagance de cet assemblage, qui seul est une raison d'en nier l'existence, en est une pour vous de l'admettre sans daigner la constater. Cet homme est trop coupable pour mériter d'être entendu ; il est trop hors de la nature pour qu'on puisse douter qu'il existe. Que pensez-vous de ce raisonnement? C'est pourtant le vôtre, ou du moins celui de vos messieurs.

Vous m'assurez que c'est par leur grande bonté, par leur excessive bienveillance, qu'ils lui épargnent la honte de se voir démasqué. Mais une pareille générosité ressemble fort à la bravoure des fanfarons, qu'ils ne montrent que loin du péril. Il me semble qu'à leur place, et malgré toute ma pitié, j'aimerais mieux encore être ouvertement juste et sévère que trompeur et fourbe par charité, et je vous répéterai toujours que c'est une trop bizarre bienveillance que celle qui, faisant porter à son malheureux objet, avec tout le poids de la haine, tout l'opprobre de la dérision, ne s'exerce qu'à lui ôter, innocent ou coupable, tout moyen de s'y dérober. J'ajouterai que toutes ces vertus que vous me vantez dans les arbitres de sa destinée sont telles, que non-seulement, grâce au ciel, je m'en sens incapable, mais que même je ne les conçois pas. Comment peut-on aimer un monstre qui fait horreur? comment peut-on se pénétrer d'une pitié si tendre pour un être aussi malfaisant, aussi cruel, aussi sanguinaire? comment peut-on choyer avec tant de sollicitude le fléau du genre humain, le ménager aux dépens des victimes de sa furie, et de peur de le chagriner, lui aider presque à faire du monde un vaste tombeau?... Comment, monsieur, un traître, un voleur, un empoisonneur, un assassin!... J'ignore s'il peut exister un sentiment de bienveillance pour un tel être parmi les démons; mais, parmi les hommes, un tel sentiment me paraîtrait un goût punissable et criminel bien plutôt qu'une vertu. Non, il n'y a que son semblable qui le puisse aimer.

Le Fr. Ce serait, quoi que vous en puissiez dire, une vertu de l'épargner, si dans cet acte de clémence on se proposait un devoir à remplir plutôt qu'un penchant à suivre.

Rouss. Vous changez encore ici l'état de la question, et ce n'est pas là ce que vous disiez ci-devant; mais voyons.

Le Fr. Supposons que le premier qui a découvert les crimes de ce misérable et son caractère affreux se soit cru obligé, comme il l'était sans contredit, non-seulement à le démasquer aux yeux du public, mais à le dénoncer au gouvernement, et que cependant son respect pour d'anciennes liaisons ne lui ait pas permis de vouloir être l'instrument de sa perte; n'a-t-il pas dû, cela posé, se conduire exactement comme il l'a fait, mettre à sa dénonciation la condition de la grâce du scélérat, et le ménager tellement, en le démasquant, qu'en lui donnant la réputation d'un coquin, on lui conservât la liberté d'un honnête homme?

Rouss. Votre supposition renferme des choses contradictoires sur lesquelles j'aurais beaucoup à dire. Dans cette supposition même, je me serais conduit, et vous aussi, j'en suis très sûr, et tout autre homme d'honneur, d'une façon très différente. D'abord, à quelque prix que ce fût, je n'aurais jamais voulu dénoncer le scélérat sans me montrer et le confondre, vu surtout les liaisons antérieures que vous supposez, et qui obligeaient encore plus étroitement l'accusateur de prévenir préalablement le coupable de ce que son devoir l'obligeait à faire à son égard. Encore moins aurais-je voulu prendre des mesures extraordinaires pour empêcher que mon nom, mes accusations, mes preuves ne parvinssent à ses oreilles, parce qu'en tout état de cause un dénonciateur qui se cache joue un rôle odieux, bas, lâche, justement suspect d'imposture, et qu'il n'y a nulle raison suffisante qui puisse obliger un honnête homme à faire un acte injuste et flétrissant. Dès que vous supposez l'obligation de dénoncer le malfaiteur, vous supposez aussi celle de le convaincre, parce que la première de ces deux obligations emporte nécessairement l'autre, et qu'il faut ou se montrer et confondre l'accusé, ou, si l'on veut se cacher de lui, se taire avec tout le monde : il n'y a point de milieu. Cette conviction de celui qu'on accuse n'est pas seulement l'épreuve indispensable de la vérité qu'on se croit obligé de déclarer; elle est encore un devoir du dénonciateur envers lui-même dont rien ne peut le dispenser, surtout dans le cas que vous posez; car il n'y a point de contradiction dans la vertu, et jamais, pour punir un fourbe, elle ne permettra de l'imiter.

Le Fr. Vous ne pensez pas là-dessus comme Jean-Jacques.

> C'est en le trahissant qu'il faut punir un traître.

Voilà une de ses maximes; qu'y répondez-vous?

Rouss. Ce que votre cœur y répond lui-même. Il n'est pas étonnant qu'un homme qui ne se fait scrupule de rien ne s'en fasse aucun de la trahison; mais il le serait fort que d'honnêtes gens se crussent autorisés par son exemple à l'imiter.

Le Fr. L'imiter! non pas généralement; mais quel tort lui fait-on en suivant avec lui ses propres maximes, pour l'empêcher d'en abuser?

Rouss. Suivre avec lui ses propres maximes! Y pensez-vous? Quels principes! quelle morale! Si l'on peut, si l'on doit suivre avec les gens leurs propres maximes, il faudra donc mentir aux menteurs, voler les fripons, empoisonner les empoisonneurs, assassiner les assassins, être scélérat à l'envi avec ceux qui le sont; et si l'on n'est plus obligé d'être honnête homme qu'avec les honnêtes gens, ce devoir ne mettra personne en grands frais de vertu dans le siècle où nous sommes. Il est digne du scélérat que vous m'avez peint de donner des leçons de fourberie et de trahison; mais je suis fâché pour vos messieurs que, parmi tant meilleures leçons qu'il a données et qu'il eût mieux valu suivre, il n'aient profité que de celle-là.

Au reste, je ne me souviens pas d'avoir rien trouvé de pareil dans les livres de Jean-Jacques. Où donc a-t-il établi ce nouveau précepte si contraire à tous les autres?

Le Fr. Dans un vers d'une comédie.

Rouss. Quand est-ce qu'il a fait jouer cette comédie?

Le Fr. Jamais.

Rouss. Où est-ce qu'il l'a fait imprimer?

Le Fr. Nulle part.

Rouss. Ma foi, je ne vous entends point.

Le Fr. C'est une espèce de farce qu'il écrivit jadis à la hâte et presque impromptu à la campagne, dans un moment de gaîté, qu'il n'a pas même daigné corriger, et que nos messieurs lui ont volée comme beaucoup d'autres choses qu'ils ajustent ensuite à leur façon pour l'édification publique.

Rouss. Mais comment ce vers est-il employé dans cette pièce? est-ce lui-même qui le prononce?

Le Fr. Non; c'est une jeune fille qui, se croyant trahie par son amant, le dit dans un moment de dépit pour s'encourager à intercepter, ouvrir et garder une lettre écrite par cet amant à sa rivale.

Rouss. Quoi! monsieur, un mot dit par une jeune fille amoureuse et piquée, dans l'intrigue galante d'une farce écrite autrefois à la hâte, et qui n'a été ni corrigée, ni imprimée, ni représentée; ce mot en l'air dont elle appuie, dans sa colère, un acte qui de sa part n'est pas même une trahison;

ce mot, dont il vous plaît de faire une maxime de Jean-Jacques, est l'unique autorité sur laquelle vos messieurs ont ourdi l'affreux tissu de trahisons dont il est enveloppé? Voudriez-vous que je répondisse à cela sérieusement? Me l'avez-vous dit sérieusement vous-même? Non; votre air seul, en le prononçant, me dispensait d'y répondre. Eh! qu'on lui doive ou non de ne pas le trahir, tout homme d'honneur ne se doit-il pas à lui-même de n'être un traître envers personne? Nos devoirs envers les autres auraient beau varier selon les temps, les gens, les occasions, ceux envers nous-mêmes ne varient point; et je ne puis penser que celui qui ne se croit pas obligé d'être honnête homme avec tout le monde le soit jamais avec qui que ce soit.

Mais, sans insister sur ce point davantage, allons plus loin. Passons au dénonciateur d'être un lâche et un traître sans néanmoins être un imposteur, et aux juges d'être menteurs et dissimulés sans néanmoins être iniques: quand cette manière de procéder serait aussi juste et permise qu'elle est insidieuse et perfide, quelle en serait l'utilité dans cette occasion pour la fin que vous alléguez? Où donc est la nécessité, pour faire grâce à un criminel, de ne pas l'entendre? pourquoi lui cacher à lui seul avec tant de machines et d'artifices, ses crimes qu'il doit savoir mieux que personne, s'il est vrai qu'il les ait commis? Pourquoi fuir, pourquoi rejeter avec tant d'effroi la manière la plus sûre, la plus raisonnable et la plus naturelle, de s'assurer de lui sans lui infliger d'autre peine que celle d'un hypocrite qui se voit confondu? C'est la punition qui naît le mieux de la chose, qui s'accorde le mieux avec la grâce qu'on veut lui faire, avec les sûretés qu'on doit prendre pour l'avenir, et qui seule prévient deux grands scandales, savoir : celui de la publication des crimes et celui de leur impunité. Vos messieurs allèguent néanmoins pour raison de leurs procédés frauduleux le soin d'éviter le scandale. Mais si le scandale consiste essentiellement dans la publicité, je ne vois point celui qu'on évite en cachant le crime au coupable qui ne peut l'ignorer, et en le divulguant parmi tout le reste des hommes qui n'en savaient rien. L'air de mystère et de réserve qu'on met à cette publication ne sert qu'à l'accélérer. Sans doute le public est toujours fidèle aux secrets qu'on lui confie : ils ne sortent jamais de son sein; mais il est risible qu'en disant ce secret à l'oreille à tout le monde, et le cachant très-soigneusement au seul qui, s'il est coupable, le sait nécessairement avant tout autre, on veuille éviter par là le scandale, et faire de ce badin mystère un acte de bienfaisance et de générosité. Pour moi, avec une si tendre bienveillance pour le coupable, j'aurais choisi de le confondre sans le diffamer, plutôt que de le diffamer sans le confondre; et il faut certainement, pour avoir pris le parti contraire, avoir eu d'autres raisons que vous ne m'avez pas dites, et que cette bienveillance ne comporte pas.

Supposons qu'au lieu d'aller creusant sous ses pas tous ces tortueux souterrains, au lieu des triples murs de ténèbre qu'on élève avec tant d'efforts autour de lui, au lieu de rendre le public et l'Europe entière complices et témoins du scandale qu'on feint de vouloir éviter, au lieu de lui laisser tranquillement continuer et consommer ses crimes, en se contentant de les voir et de les compter sans en empêcher aucun; supposons, dis-je, qu'au lieu de tout ce tortillage, on se fût ouvertement et directement adressé à lui-même et à lui seul; qu'en lui présentant en face son accusateur armé de toutes ses preuves on lui eût dit : « Misérable, qui fais l'honnête homme et qui n'es « qu'un scélérat, te voilà démasqué, te voilà connu; voilà tes faits, en voilà « les preuves, qu'as-tu à répondre? » Il eût nié, direz-vous. Et qu'importe? Que font les négations contre les démonstrations? Il fût resté convaincu et confondu. Alors on eût ajouté en montrant son dénonciateur : « Remercie « cet homme généreux que sa conscience a forcé de t'accuser, et que sa bonté « porte à te protéger. Par son intercession l'on veut bien te laisser libre, tu « ne seras même démasqué aux yeux du public qu'autant que ta conduite « rendra ce soin nécessaire pour prévenir la continuation de tes forfaits. « Songe que des yeux perçants sont sans cesse ouverts sur toi, que le glaive « punisseur pend sur ta tête, et qu'à ton premier crime tu ne lui peux « échapper. » Y avait-il, à votre avis, une conduite plus simple, plus sûre et plus droite, pour allier à son égard la justice, la prudence et la charité? Pour moi, je trouve qu'en s'y prenant ainsi, l'on se fût assuré de lui par la crainte beaucoup mieux qu'on n'a fait par tout cet immense appareil de machines qui ne l'empêche pas d'aller toujours son train. On n'eût point eu besoin de le traîner si barbarement, ou, selon vous, si bénignement, dans le bourbier; on n'eût point habillé la justice et la vertu des honteuses livrées de la perfidie et du mensonge; ses délateurs et ses juges n'eussent point été réduits à se tenir sans cesse enfoncés devant lui dans leurs tanières, comme fuyant en coupables les regards de leur victime et redoutant la lumière du jour : enfin l'on eût prévenu avec le double scandale des crimes et de leur impunité, celui d'une maxime aussi funeste qu'insensée que vos messieurs semblent vouloir établir par son exemple, savoir que, pourvu qu'on ait de l'esprit et qu'on fasse de beaux livres, on peut se livrer à toutes sortes de crimes impunément.

Voilà le seul vrai parti qu'on avait à prendre, si l'on voulait absolument ménager un pareil misérable. Mais pour moi, je vous déclare que je suis aussi loin d'approuver que de comprendre cette prétendue clémence de laisser libre, nonobstant le péril, je ne dis pas un monstre affreux tel qu'on nous le représente, mais un malfaiteur tel qu'il soit. Je ne trouve dans cette espèce de grâce ni raison, ni humanité, ni sûreté, et j'y trouve beaucoup moins cette douceur et cette bienveillance dont se vantent vos messieurs avec tant de bruit. Rendre un homme le jouet du public et de la canaille; le faire chasser successivement de tous les asiles les plus reculés, les plus solitaires, où il s'était de lui-même emprisonné et d'où certainement il n'était à portée de faire aucun mal; le faire lapider par la populace; le promener par dérision de lieu en lieu, toujours chargé de nouveaux outrages; lui ôter même les ressources les plus indispensables de la société; lui voler sa subsistance pour lui faire l'aumône; le dépayser sur toute la face de la terre; faire de tout ce qu'il lui importe le plus de savoir autant pour lui de mystères impénétrables; le rendre tellement étranger, odieux, méprisable aux hommes, qu'au lieu des lumières, de l'assistance et des conseils, que chacun doit trouver au besoin parmi ses frères, il ne trouve partout qu'embûches, mensonges, trahisons, insultes; le livrer en un mot sans appui, sans protection, sans défense, à l'adroite animosité de ses ennemis; c'est le traiter beaucoup plus cruellement que si l'on se fût une bonne fois assuré de sa personne par une détention, dans laquelle, avec la sûreté de tout le monde, on lui eût fait trouver la sienne, ou du moins la tranquillité. Vous m'avez appris qu'il désira, qu'il demanda lui-même cette détention, et que, loin de la lui accorder, on lui fit de cette demande un nouveau crime et un nouveau ridicule. Je crois voir à la fois la raison de la demande et celle du refus. Ne pouvant trouver de refuge dans les plus solitaires retraites, chassé successivement du sein des montagnes et du milieu des lacs, forcé de fuir de lieu en lieu, d'errer sans cesse avec des peines et des dépenses excessives au milieu des dangers et des outrages, réduit, à l'entrée de l'hiver, à courir l'Europe pour y chercher un asile sans plus savoir où, et sûr d'avance de n'être laissé tranquille nulle part ; il était naturel que, battu, fatigué de tant d'orages, il désirât de finir ses malheureux jours dans une paisible captivité, plutôt que de se voir dans sa vieillesse poursuivi, chassé, ballotté sans relâche de tous côtés, privé d'une pierre pour y poser sa tête, et d'un asile où il pût respirer, jusqu'à ce qu'à force de courses et de dépenses, on l'eût réduit à périr de misère, ou à vivre, toujours errant, des dures aumônes de ses persécuteurs, ardents à en venir là pour le rassasier enfin d'ignominie à leur aise. Pourquoi n'a-t-on pas consenti à cet expédient si sûr, si court, si facile, qu'il proposait lui-même, et qu'il demandait comme une faveur ? N'est-ce point qu'on ne voulait pas le traiter avec tant de douceur, ni lui laisser jamais trouver cette tranquillité si désirée ? N'est-ce point qu'on ne voulait lui laisser aucun relâche, ni le mettre dans un état où l'on n'eût pu lui attribuer chaque jour de nouveaux crimes et de nouveaux livres, et où peut-être, à force de douceur et de patience, eût-il fait perdre aux gens chargés de sa garde les fausses idées qu'on voulait donner de lui ? N'est-ce point enfin que dans le projet si chéri, si suivi, si bien concerté, de l'envoyer en Angleterre, il entrait des vues dont son séjour dans ce pays-là, et les effets qu'il y a produits semblent développer assez l'objet ? Si l'on peut donner à ce refus d'autres motifs, qu'on me le dise, et je promets d'en montrer la fausseté.

Monsieur, tout ce que vous m'avez appris, tout ce que vous m'avez prouvé, est à mes yeux plein de choses inconcevables, contradictoires, absurdes, qui, pour être admises, demanderaient encore d'autres genres de preuves que celles qui suffisent pour les plus complètes démonstrations ; et c'est précisément ces mêmes choses absurdes que vous dépouillez de l'épreuve la plus nécessaire et qui met le sceau à toutes les autres. Vous m'avez fabriqué tout à votre aise un être tel qu'il n'en exista jamais, un monstre hors de la nature, hors de la vraisemblance, hors de la possibilité, et formé de parties inalliables, incompatibles, qui s'excluent mutuellement. Vous avez donné pour principe à tous ces crimes le plus furieux, le plus intolérant, le plus extravagant amour-propre, qu'il n'a pas laissé de déguiser si bien depuis sa naissance jusqu'au déclin de ses ans, qu'il n'en a paru nulle trace pendant tant d'années, et qu'encore aujourd'hui depuis ses malheurs il étouffe ou contient si bien qu'on n'en voit pas le moindre signe. Malgré tout cet indomptable orgueil, vous m'avez fait voir dans le même être un petit menteur, un petit fripon, un petit coureur de cabarets et de mauvais lieux, un vil et crapuleux débauché pourri de vérole, et qui passait sa vie à aller escroquant dans les tavernes quelques écus à droite et à gauche aux manants qui les fréquentent. Vous avez prétendu que ce même personnage était le même homme qui, pendant quarante ans, a vécu estimé, bien voulu de tout le monde, l'auteur des seuls écrits, dans ce siècle, qui portent dans l'âme des lecteurs la persuasion qui les a dictés, et dont on sent en les lisant que l'amour de la vertu et le zèle de la vérité font l'inimitable éloquence. Vous dites que ces livres qui m'émeuvent ainsi le cœur sont les jeux d'un scélérat qui ne sentait rien de ce qu'il disait avec tant d'ardeur et de véhémence, et qui cachait sous un air de probité le venin dont il voulait infecter ses lecteurs. Vous me forcez même de croire que ces écrits à la fois si fiers, si touchants, si modestes, ont été composés parmi les pots et les pintes, et chez les filles de joie où l'auteur passait sa vie, et vous me transformez enfin cet orgueil irascible et diabolique en l'abjection d'un cœur insensible et vil qui se rassasie sans peine de l'ignominie dont l'abreuve à plaisir la charité du public.

Vous m'avez figuré vos messieurs qui disposent à leur gré de sa réputation, de sa personne, et de toute sa destinée, comme des modèles de vertu, des prodiges de générosité, des anges pour lui de douceur et de bienfaisance; et vous m'avez appris en même temps que l'objet de tous leurs tendres soins avait été de le rendre l'horreur de l'univers, le plus déprisé des êtres, de le traîner d'opprobre en opprobre et de misère en misère, et de lui faire sentir à loisir dans les calamités de la plus malheureuse vie tous les déchirements que peut éprouver une âme fière en se voyant le jouet et le rebut du genre humain. Vous m'avez appris que par pitié, par grâce, tous ces hommes vertueux avaient bien voulu lui ôter tout moyen d'être instruit des raisons de tant d'outrages, s'abaisser en sa faveur au rôle de cajoleurs et de traîtres, faire adroitement le plongeon à chaque éclaircissement qu'il cherchait, l'environner de souterrains et de piéges tellement tendus, que chacun de ses pas fût nécessairement une chute; enfin le circonvenir avec tant d'adresse, qu'en butte aux insultes de tout le monde il ne pût jamais savoir la raison de rien, apprendre un seul mot de vérité, repousser aucun outrage, obtenir aucune explication, trouver, saisir aucun agresseur, et qu'à chaque instant, atteint des plus cruelles morsures, il sentît dans ceux qui l'entourent la flexibilité des serpents aussi bien que leur venin.

Vous avez fondé le système qu'on suit à son égard sur des devoirs dont je n'ai nulle idée, sur des vertus qui me font horreur, sur des principes qui renversent dans mon esprit tous ceux de la justice et de la morale. Figurez-vous des gens qui commencent par se mettre chacun un bon masque bien attaché, qui s'arment de fer jusqu'aux dents, qui surprennent ensuite leur ennemi, le saisissent par derrière, le mettent nu, lui lient le corps, les bras, les mains, les pieds, la tête, de façon qu'il ne puisse remuer, lui mettent un bâillon dans la bouche, lui crèvent les yeux, l'étendent à terre, et passent enfin leur noble vie à le massacrer doucement de peur que, mourant de ses blessures, il ne cesse trop tôt de les sentir. Voilà les gens que vous voulez que j'admire. Rappelez, monsieur, votre équité, votre droiture, et sentez en votre conscience quelle sorte d'admiration je puis avoir pour eux. Vous m'avez prouvé, j'en conviens, autant que cela se pouvait par la méthode que vous avez suivie, que l'homme ainsi terrassé est un monstre abominable; mais, quand cela serait aussi vrai que difficile à croire, l'auteur et les directeurs du projet qui s'exécute à son égard seraient à mes yeux, je le déclare, encore plus abominable que lui.

Certainement vos preuves sont d'une grande force; mais il est faux que cette force aille pour moi jusqu'à l'évidence, puisqu'en fait de délits et de crimes, cette évidence dépend essentiellement d'une épreuve qu'on écarte ici avec trop de soin pour qu'il n'y ait pas à cette omission quelque puissant motif qu'on nous cache et qu'il importerait de savoir. J'avoue pourtant, et je ne puis trop le répéter, que ces preuves m'étonnent, et m'ébranleraient peut-être encore, si je ne leur trouvais d'autres défauts non moins dirimants selon moi.

Le premier est dans leur force même et dans leur grand nombre de la part dont elles viennent. Tout cela me paraîtrait fort bien dans des procédures juridiques faites par le ministère public : mais pour que des particuliers, et qui pis est, des amis, aient pris tant de peine, aient fait tant de dépenses, aient mis tant de temps à faire tant d'informations, à rassembler tant de preuves, à leur donner tant de force, sans y être obligés par aucun devoir, il faut qu'ils aient été animés pour cela par quelque passion bien vive qui, tant qu'ils s'obstineront à la cacher, me rendra suspect tout ce qu'elle aura produit.

Un autre défaut que je trouve à ces invincibles preuves, c'est qu'elles prouvent trop, c'est qu'elles prouvent des choses qui naturellement ne sauraient exister. Autant vaudrait me prouver des miracles, et vous savez que je n'y crois pas. Il y a dans tout cela des multitudes d'absurdités auxquelles avec toutes leurs preuves il ne dépend pas de mon esprit d'acquiescer. Les explications qu'on leur donne, et que tout le monde, à ce que vous m'assurez, trouve si claires, ne sont à mes yeux guère moins absurdes, et ont le ridicule de plus. Vos messieurs semblent avoir chargé Jean-Jacques de crimes, comme vos théologiens ont chargé leur doctrine d'articles de foi; l'avantage de persuader en affirmant, la facilité de faire tout croire les ont séduits. Aveuglés par leur passion, ils ont entassé faits sur faits, crimes sur crimes, sans précaution, sans mesure. Et quand enfin ils ont aperçu l'incompatibilité de tout cela, ils n'ont plus été à temps d'y remédier ; le grand soin qu'ils avaient pris de tout prouver également les forçant de tout admettre sous peine de tout rejeter. Il a donc fallu chercher mille subtilités pour tâcher d'accorder tant de contradictions, et tout ce travail a produit, sous le nom de Jean-Jacques, l'être le plus chimérique et le plus extravagant que le délire de la fièvre puisse faire imaginer.

Un troisième défaut de ces invincibles preuves est dans la manière de les administrer avec tant de mystère et de précautions. Pourquoi tout cela ? La vérité ne cherche pas ainsi les ténèbres et ne marche pas si timidement. C'est une maxime en jurisprudence (1), qu'on présume le dol dans celui qui suit, au lieu de la droite route, des voies obliques et clandestines. C'en est

---

(1) « Dolus præsumitur in eo qui recta via non incedit, sed per anfractus et diverticula. » MENOCH., *in Præsump.*

une autre (1), que celui qui décline un jugement régulier et cache ses preuves est présumé soutenir une mauvaise cause. Ces deux maximes conviennent si bien au système de vos messieurs, qu'on les croirait faites exprès pour lui, si je ne citais pas mon auteur. Si ce qu'on prouve d'un accusé en son absence n'est jamais régulièrement prouvé, ce qu'on en prouve, en se cachant si soigneusement de lui, prouve plus contre l'accusateur que contre l'accusé, et, par cela seul, l'accusation revêtue de toutes ses preuves clandestines doit être présumée une imposture.

Enfin le grand vice de tout ce système est que, fondé sur le mensonge ou sur la vérité, le succès n'en serait pas moins assuré d'une façon que de l'autre. Supposez, au lieu de votre Jean-Jacques, un véritablement honnête homme, isolé, trompé, trahi, seul sur la terre, entouré d'ennemis puissants, rusés, masqués, implacables, qui, sans obstacle de la part de personne, dressent à loisir leurs machines autour de lui, et vous verrez que tout ce qui lui arrive, méchant et coupable, ne lui arriverait pas moins innocent et vertueux. Tant par le fond que par la forme des preuves, tout cela ne prouve donc rien, précisément parce qu'il prouve trop.

Monsieur, quand les géomètres, marchant de démonstration en démonstration, parviennent à quelque absurdité, au lieu de l'admettre, quoique démontrée, ils reviennent sur leurs pas, et, sûrs qu'il s'est glissé dans leurs principes ou dans leurs raisonnements quelque paralogisme qu'ils n'ont pas aperçu, ils ne s'arrêtent pas qu'ils ne le trouvent ; et, s'ils ne peuvent le découvrir, laissant là leur démonstration prétendue, ils prennent une autre route pour trouver la vérité qu'ils cherchent, sûrs qu'elle n'admet point d'absurdités.

Le Fr. N'apercevez-vous point que, pour éviter de prétendues absurdités, vous tombez dans une autre, sinon plus forte, au moins plus choquante ? Vous justifiez un seul homme dont la condamnation vous déplaît, aux dépens de toute une nation, que dis-je ? de toute une génération dont vous faites une génération de fourbes : car enfin tout est d'accord; tout le public, tout le monde sans exception a donné son assentiment au plan qui vous paraît si répréhensible; tout se prête avec zèle à son exécution : personne ne l'a désapprouvé, personne n'a commis la moindre indiscrétion qui pût le faire échouer, personne n'a donné le moindre indice, la moindre lumière à l'accusé qui pût le mettre en état de se défendre; il n'a pu tirer d'aucune bouche un seul mot d'éclaircissement sur les charges atroces dont on l'accable à l'envi; tout s'empresse à renforcer les ténèbres dont on l'environne, et l'on ne sait à quoi chacun se livre avec plus d'ardeur, de le diffamer absent, ou de le persiffler présent. Il faudrait donc conclure de vos raisonnements, qu'il ne se trouve pas dans toute la génération présente un seul honnête homme, pas un seul ami de la vérité. Admettez-vous cette conséquence ?

Rouss. A Dieu ne plaise ! Si j'étais tenté de l'admettre, ce ne serait pas auprès de vous, dont je connais la droiture invariable et la sincère équité. Mais je connais aussi ce que peuvent sur les meilleurs cœurs les préjugés et

---

(1) « Judicium subterfugiens et probationes occultans malam causam fovere præsumitur. » Menoch., *in Præsump.*

les passions, et combien leurs illusions sont quelquefois inévitables. Votre objection me paraît solide et forte. Elle s'est présentée à mon esprit longtemps avant que vous me la fissiez; elle me paraît plus facile à rétorquer qu'à résoudre, et vous doit embarrasser du moins autant que moi : car enfin, si le public n'est pas tout composé de méchants et de fourbes, tous d'accord pour trahir un seul homme, il est encore moins composé sans exception d'hommes bienfaisants, généreux, francs de jalousie, d'envie, de haine, de malignité. Ces vices sont-ils donc tellement éteints sur la terre qu'il n'en reste pas le moindre germe dans le cœur d'aucun individu? C'est pourtant ce qu'il faudrait admettre, si ce système de secrets et de ténèbres, qu'on suit si fidèlement envers Jean-Jacques, n'était qu'une œuvre de bienfaisance et de charité. Laissons à part vos messieurs, qui sont des âmes divines, et dont vous admirez la tendre bienveillance pour lui.

Il a dans tous les états, vous me l'avez dit vous-même, un grand nombre d'ennemis très ardents qui ne cherchent assurément pas à lui rendre la vie agréable et douce. Concevez-vous que, dans cette multitude de gens, tous d'accord pour épargner de l'inquiétude à un scélérat qu'ils abhorrent et de la honte à un hypocrite qu'ils détestent, il ne s'en trouve pas un seul qui, pour jouir au moins de sa confusion, soit tenté de lui dire tout ce qu'on sait de lui? Tout s'accorde avec une patience plus qu'angélique à l'entendre provoquer au milieu de Paris ses persécuteurs, donner des noms assez durs à ceux qui l'obsèdent, leur dire insolemment : « Parlez haut, traîtres que vous êtes; me voilà. Qu'avez-vous à dire? » A ces stimulantes apostrophes, la plus incroyable patience n'abandonne pas un instant un seul homme dans toute cette multitude. Tous, insensibles à ses reproches, les endurent uniquement pour son bien; et, de peur de lui faire la moindre peine, ils se laissent traiter par lui avec un mépris que leur silence autorise de plus en plus. Qu'une douceur si grande, qu'une si sublime vertu, anime généralement tous ses ennemis, sans qu'un seul démente un moment cette universelle mansuétude; convenez que, dans une génération qui naturellement n'est pas trop aimante, ce concours de patience et de générosité est du moins aussi étonnant que celui de malignité dont vous rejetez la supposition.

La solution de ces difficultés doit se chercher selon moi dans quelque intermédiaire qui ne suppose, dans toute une génération, ni des vertus angéliques, ni la noirceur des démons, mais quelque disposition naturelle au cœur humain, qui produit un effet uniforme par des moyens adroitement disposés à cette fin. Mais en attendant que mes propres observations me fournissent là-dessus quelque explication raisonnable, permettez-moi de vous faire une question qui s'y rapporte. Supposant un moment qu'après d'attentives et impartiales recherches Jean-Jacques, au lieu d'être l'âme infernale et le monstre que vous voyez en lui, se trouvât au contraire un homme simple, sensible et bon; que son innocence universellement reconnue par ceux mêmes qui l'ont traité avec tant d'indignité vous forçât de lui rendre votre estime, et de vous reprocher les durs jugements que vous avez portés de lui; rentrez au fond de votre âme, et dites-moi comment vous seriez affecté de ce changement?

Le Fr. Cruellement, soyez-en sûr. Je sens qu'en l'estimant et lui rendant justice je le haïrais alors plus peut-être encore pour mes torts, que je ne le hais maintenant pour ses crimes : je ne lui pardonnerais jamais mon injustice envers lui. Je me reproche cette disposition, j'en rougis; mais je la sens dans mon cœur malgré moi.

Rouss. Homme véridique et franc, je n'en veux pas davantage, et je prends acte de cet aveu pour vous le rappeler en temps et lieu; il me suffit pour le moment de vous y laisser réfléchir. Au reste, consolez-vous de cette disposition qui n'est qu'un développement des plus naturels de l'amour-propre. Elle vous est commune avec tous les juges de Jean-Jacques, avec cette différence que vous serez le seul peut-être qui ait le courage et la franchise de l'avouer.

Quant à moi, pour lever tant de difficultés et déterminer mon propre jugement, j'ai besoin d'éclaircissements et d'observations faites par moi-même. Alors seulement je pourrai vous proposer ma pensée avec confiance. Il faut, avant tout, commencer par voir Jean-Jacques, et c'est à quoi je suis tout déterminé.

Le Fr. Ah! ah! vous voilà donc enfin revenu à ma proposition que vous avez si dédaigneusement rejetée? Vous voilà donc disposé à vous rapprocher de cet homme entre lequel et vous le diamètre de la terre était encore une distance trop courte à votre gré?

Rouss. M'en rapprocher! Non, jamais du scélérat que vous m'avez peint, mais bien de l'homme défiguré que j'imagine à sa place. Que j'aille chercher un scélérat détestable, pour le hanter, l'épier et le tromper, c'est une indignité qui jamais n'approchera de mon cœur; mais que, dans le doute si ce prétendu scélérat n'est point peut-être un honnête homme infortuné, victime du plus noir complot, j'aille examiner par moi-même ce qu'il faut que j'en pense, c'est un des plus beaux devoirs que se puisse imposer un cœur juste; et je me livre à cette noble recherche avec autant d'estime et de contentement de moi-même, que j'aurais de regret et de honte à m'y livrer avec un motif opposé.

Le Fr. Fort bien; mais avec le doute qu'il vous plaît de conserver au milieu de tant de preuves, comment vous y prendrez-vous pour apprivoiser cet ours presque inabordable? Il faudra bien que vous commenciez par ces cajoleries que vous avez en si grande aversion. Encore sera-ce un bonheur si elles vous réussissent mieux qu'à beaucoup de gens qui les lui prodiguent sans mesure et sans scrupule, et à qui elles n'attirent de sa part que des brusqueries et des mépris.

Rouss. Est-ce à tort? Parlons franchement. Si cet homme était facile à prendre de cette manière, il serait par cela seul à demi jugé. Après tout ce que vous m'avez appris du système qu'on suit avec lui, je suis peu surpris qu'il repousse avec dédain la plupart de ceux qui l'abordent, et qui pour cela l'accusent bien à tort d'être défiant; car la défiance suppose un doute, et il n'en saurait avoir à leur égard : et que peut-il penser de ces patelins flagorneurs dont, vu l'œil dont il est regardé dans le monde, et qui ne peut échapper au sien, il doit pénétrer aisément les motifs dans l'empressement qu'ils lui marquent? Il doit voir clairement que leur dessein n'est ni de se lier avec lui de bonne foi, ni même de l'étudier et de le connaître, mais seulement de le circonvenir. Pour moi, qui n'ai besoin ni dessein de le tromper, je ne veux point prendre les allures cauteleuses de ceux qui l'approchent dans cette intention. Je ne lui cacherai point la mienne : s'il en était alarmé, ma recherche serait finie, et je n'aurais plus rien à faire auprès de lui.

Le Fr. Il vous sera moins aisé, peut-être, que vous ne pensez de vous faire distinguer de ceux qui l'abordent à mauvaise intention. Vous n'avez point la ressource de lui parler à cœur ouvert, et de lui déclarer vos vrais motifs. Si vous me gardez la foi que vous m'avez donnée, il doit ignorer à jamais ce que vous savez de ses œuvres criminelles et de son caractère atroce. C'est un secret inviolable qui, près de lui, doit rester à jamais caché dans votre cœur. Il apercevra votre réserve, il l'imitera, et, par cela seul, se tenant en garde contre vous, il ne se laissera voir que comme il veut qu'on le voie, et non comme il est en effet.

Rouss. Et pourquoi voulez-vous me supposer seul aveugle parmi tous ceux qui l'abordent journellement, et qui, sans lui inspirer plus de confiance, l'ont vu tous, et si clairement, à ce qu'ils vous disent, exactement tel que vous me l'avez peint? S'il est si facile à connaître et à pénétrer quand on y regarde, malgré sa défiance et son hypocrisie, malgré ses efforts pour se cacher, pourquoi, plein du désir de l'apprécier, serai-je le seul à n'y pouvoir parvenir, surtout avec une disposition si favorable à la vérité, et n'ayant d'autre intérêt que de la connaître? Est-il étonnant que, l'ayant si décidément jugé d'avance, et n'apportant aucun doute à cet examen, ils l'aient vu tel qu'ils le voulaient voir? Mes doutes ne me rendront pas moins attentif, et me rendront plus circonspect. Je ne cherche point à le voir tel que je me le figure, je cherche à le voir tel qu'il est.

Le Fr. Bon ! n'avez-vous pas aussi vos idées? Vous le désirez innocent, j'en suis très-sûr. Vous ferez comme eux dans le sens contraire : vous verrez en lui ce que vous y cherchez.

Rouss. Le cas est fort différent. Oui, je le désire innocent, et de tout mon cœur; sans doute je serais heureux de trouver en lui ce que j'y cherche : mais ce serait pour moi le plus grand des malheurs d'y trouver ce qui n'y serait pas, de le croire honnête homme et de me tromper. Vos messieurs ne sont pas dans des dispositions si favorables à la vérité. Je vois que leur projet est une ancienne et grande entreprise qu'ils ne veulent pas abandonner, et qu'ils n'abandonneraient pas impunément. L'ignominie dont ils l'ont couvert rejaillirait sur eux tout entière, et ils ne seraient pas même à l'abri de la vindicte publique. Ainsi, soit pour la sûreté de leurs personnes, soit pour le repos de leurs consciences, il leur importe trop de ne voir en lui qu'un scélérat, pour qu'eux et les leurs y voient jamais autre chose.

Le Fr. Mais, enfin, pouvez-vous concevoir, imaginer quelque solide réponse aux preuves dont vous avez été si frappé? Tout ce que vous verrez, ou croirez voir, pourra-t-il jamais les détruire? Supposons que vous trouviez un honnête homme, où la raison, le bon sens, et tout le monde, vous montrent un scélérat, que s'ensuivra-t-il? Que vos yeux vous trompent; ou que le genre humain tout entier, excepté vous seul, est dépourvu de tout sens? Laquelle de ces deux suppositions vous paraît la plus naturelle, et à laquelle enfin vous en tiendrez-vous?

Rouss. A aucune des deux, et cette alternative ne me paraît pas si nécessaire qu'à vous. Il est une autre explication plus naturelle, qui lève bien des difficultés. C'est de supposer une ligue dont l'objet est la diffamation de Jean-Jacques, qu'elle a pris soin d'isoler pour cet effet. Et que dis-je, supposer? par quelque motif que cette ligue se soit formée, elle existe. Sur votre propre rapport, elle semblerait universelle. Elle est du moins grande, puissante, nombreuse; elle agit de concert et dans le plus profond secret pour tout ce qui n'y entre pas, et surtout pour l'infortuné qui en est l'objet. Pour s'en défendre il n'a ni secours, ni ami, ni appui, ni conseil, ni lumières; tout n'est autour de lui que piéges, mensonges, trahisons, ténèbres. Il est absolument seul, et n'a que lui seul pour ressource; il ne doit attendre ni aide ni assistance de qui que ce soit sur la terre. Une position si singulière est unique depuis l'existence du genre humain. Pour juger sainement de celui qui s'y trouve et de tout ce qui se rapporte à lui, les formes ordinaires sur lesquelles s'établissent les jugements humains ne peuvent plus suffire. Il me faudrait, quand même l'accusé pourrait parler et se défendre, des sûretés extraordinaires pour croire qu'en lui rendant cette liberté on lui donne en même temps les connaissances, les instruments et les moyens nécessaires pour pouvoir se justifier s'il est innocent. Car enfin, si, quoique faussement accusé, il ignore toutes les trames dont il est enlacé, tous les piéges dont on l'entoure, si les seuls défenseurs qu'il pourra trouver, et qui feindront pour lui du zèle, sont choisis pour le trahir, si les témoins qui pourraient déposer pour lui se taisent, si ceux qui parlent sont gagnés pour le charger, si l'on fabrique de fausses pièces pour le noircir, si l'on cache ou détruit celles qui le justifient, il aura beau dire *non*, contre cent faux témoignages à qui l'on fera dire *oui*; sa négation sera sans effet contre tant d'affirmations unanimes, et il n'en sera pas moins convaincu, aux yeux des hommes, de délits qu'ils n'aura pas commis. Dans l'ordre ordinaire des choses, cette objection n'a point la même force, parce qu'on laisse à l'accusé tous les moyens possibles de se défendre, de confondre les faux témoins, de manifester l'imposture, et qu'on ne présume pas cette odieuse ligue de plusieurs hommes pour en perdre un. Mais ici cette ligue existe, rien n'est plus constant, vous me l'avez appris vous-même; et par cela seul, non-seulement tous les avantages qu'ont les accusés pour leur défense sont ôtés à celui-ci, mais les accusateurs, en les lui ôtant, peuvent les tourner tous contre lui-même; il est pleinement à leur discrétion; maîtres absolus d'établir les faits comme il leur plaît, sans avoir aucune contradiction à craindre, ils sont seuls juges de la validité de leurs propres pièces; leurs témoins, certains de n'être ni confrontés, ni confondus, ni punis, ne craignent rien de leurs mensonges : ils sont sûrs, en le chargeant, de la protection des grands, de l'appui des médecins, de l'approbation des gens de lettres, et de la faveur publique; ils sont sûrs, en le défendant, d'être perdus. Voilà, monsieur, pourquoi tous les témoignages portés contre lui sous les chefs de la ligue, c'est-à-dire depuis qu'elle s'est formée, n'ont aucune autorité pour moi, et s'il en est d'antérieurs, de quoi je doute, je ne les admettrai qu'après avoir bien examiné s'il n'y a ni fraude, ni antidate, et surtout après avoir entendu les réponses de l'accusé.

Par exemple, pour juger de sa conduite à Venise, je n'irai pas consulter sottement ce qu'on en dit, et, si vous voulez, ce qu'on en prouve aujourd'hui, et puis m'en tenir là; mais bien ce qui a été prouvé et reconnu à Venise, à la cour, chez les ministres du roi, et parmi tous ceux qui ont eu connaissance de cette affaire avant le ministère du duc de Choiseul, avant l'ambassade de l'abbé de Bernis à Venise, et avant le voyage du consul Le Blond à Paris. Plus ce qu'on en a pensé depuis est différent de ce qu'on en pensait alors, et mieux je rechercherai les causes d'un changement si tardif et si extraordinaire. De même pour me décider sur ses pillages en musique, ce ne sera ni à M. d'Alembert, ni à ses suppôts, ni à tous vos messieurs, que je m'adresserai; mais je ferai rechercher sur les lieux, par des personnes non suspectes, c'est-à-dire qui ne soient pas de leur connaissance, s'il y a des preuves authentiques que ces ouvrages ont existé avant que Jean-Jacques les ait donnés pour être de lui.

Voilà la marche que le bon sens m'oblige de suivre pour vérifier les délits, les pillages, et les imputations de toute espèce dont on n'a cessé de le charger depuis la formation du complot, et dont je n'aperçois pas auparavant le moindre vestige. Tant que cette vérification ne me sera pas possible, rien ne sera si aisé que de me fournir tant de preuves qu'on voudra auxquelles je n'aurai rien à répondre, mais qui n'opéreront sur mon esprit aucune persuasion.

Pour savoir exactement quelle foi je puis donner à votre prétendue évidence, il faudrait que je connusse bien tout ce qu'une génération entière liguée contre un seul homme totalement isolé peut faire pour se prouver à elle-même de cet homme-là tout ce qu'il lui plaît, et, par surcroît de précaution, en se cachant de lui très-soigneusement. A force de temps, d'intrigue et d'argent, de quoi la puissance et la ruse ne viennent-elles point à bout, quand personne ne s'oppose à leurs manœuvres, quand rien n'arrête et ne contre-mine leurs sourdes opérations? A quel point ne pourrait-on point tromper le public, si tous ceux qui le dirigent, soit par la force, soit par l'autorité, soit par l'opinion, s'accordaient pour l'abuser par de sourdes menées dont il serait hors d'état de pénétrer le secret? Qui est-ce qui a déterminé jusqu'où des conjurés puissants, nombreux, et bien unis, comme ils le sont toujours pour le crime, peuvent fasciner les yeux, quand des gens qu'on ne croit pas se connaître se concerteront bien entre eux; quand, aux deux bouts de l'Europe, des imposteurs d'intelligence et dirigés par quelque adroit et puissant intrigant se conduiront sur le même plan, tiendront le même langage, présenteront sous le même aspect un homme à qui l'on a ôté la voix, les yeux, les mains, et qu'on livre pieds et poings liés à la merci de ses ennemis? Que vos messieurs au lieu d'être tels soient ses amis comme ils le crient à tout le monde, qu'étouffant leur protégé dans la fange ils n'agissent ainsi que par bonté, par générosité, par compassion pour lui, soit; je n'entends point leur disputer ici ces nouvelles vertus : mais il résulte toujours de vos propres récits qu'il y a une ligue, et de mon raisonnement que, sitôt qu'une ligue existe, on ne doit pas pour juger des preuves qu'elle apporte s'en tenir aux règles ordinaires, mais en établir de plus rigoureuses pour s'assurer que cette ligue n'abuse pas de l'avantage immense de se concerter, et par là d'en imposer comme elle peut certainement le faire. Ici je vois, au contraire, que tout se passe entre gens qui se trouvent entre eux, sans résistance et sans contradiction, ce qu'ils sont bien aises de croire ; que donnant ensuite leur unanimité pour nouvelle preuve à ceux qu'ils désirent amener à leur sentiment, loin d'admettre au moins l'épreuve indispensable des réponses de l'acccusé, on lui dérobe avec le plus grand soin la connais-

Quand le pauvre Lazarille de Tormes, attaché dans le fond d'une cuve, la tête seule hors de l'eau, etc. — Page 70.

sance de l'accusation, de l'accusateur, des preuves et même de la ligue. C'est faire cent fois pis qu'à l'inquisition : car si l'on y force le prévenu de s'accuser lui-même, du moins on ne refuse pas de l'entendre, du moins on ne l'empêche pas de parler, on ne lui cache pas qu'il est accusé, et on ne le juge qu'après l'avoir entendu. L'inquisition veut bien que l'accusé se défende s'il peut, mais ici l'on ne veut pas qu'il le puisse.

Cette explication, qui dérive des faits que vous m'avez exposés vous-même, doit vous faire sentir comment le public, sans être dépourvu de bon sens, mais séduit par mille prestiges, peut tomber dans une erreur involontaire et presque excusable à l'égard d'un homme auquel il prend dans le fond très-peu d'intérêt, dont la singularité révolte son amour-propre, et qu'il désire généralement de trouver coupable plutôt qu'innocent; et comment aussi, avec un intérêt plus sincère à ce même homme et plus de soin à l'étudier soi-même, on pourrait le voir autrement que ne fait tout le monde, sans être obligé d'en conclure que le public est dans le délire ou qu'on est trompé par ses propres yeux. Quand le pauvre Lazarille de Tormes, attaché dans le fond d'une cuve, la tête seule hors de l'eau, couronné de roseaux et d'algue, était promené de ville en ville comme un monstre marin, les spectateurs extravaguaient-ils de le prendre pour tel, ignorant qu'on l'empêchait de parler, et que, s'il voulait crier qu'il n'était pas un monstre marin, une corde tirée en cachette le forçait de faire à l'instant le plongeon? Supposons qu'un d'entre eux plus attentif, apercevant cette manœuvre et par là devinant le reste, leur eût crié : *L'on vous trompe, ce prétendu monstre est un homme*, n'y eût-il pas eu plus que de l'humeur à s'offenser de cette exclamation, comme d'un reproche qu'ils étaient tous des insensés? Le public, qui ne voit des choses que l'apparence, trompé par elle, est excusable; mais ceux qui se disent plus sages que lui en adoptant son erreur ne le sont pas.

Quoi qu'il en soit des raisons que je vous expose, je me sens digne, même indépendamment d'elles, de douter de ce qui n'a paru douteux à personne. J'ai dans le cœur des témoignages, plus forts que toutes vos preuves, que l'homme que vous m'avez peint n'existe point, ou n'est pas du moins où vous le voyez. La seule patrie de Jean-Jacques, qui est la mienne, suffirait pour m'assurer qu'il n'est point cet homme-là. Jamais elle n'a produit des êtres de cette espèce; ce n'est ni chez les protestants ni dans les républiques qu'ils sont connus. Les crimes dont il est accusé sont des crimes d'esclaves, qui n'approchèrent jamais des âmes libres; dans nos contrées on n'en connaît point de pareils; et il me faudrait plus de preuves encore que celles que vous m'avez fournies pour me persuader seulement que Genève a pu produire un empoisonneur.

Après vous avoir dit pourquoi vos preuves, toutes évidentes qu'elles vous paraissent, ne sauraient être convaincantes pour moi, qui n'ai ni ne puis avoir les instructions nécessaires pour juger à quel point ces preuves peuvent être illusoires et m'en imposer par une fausse apparence de vérité, je vous avoue pourtant derechef que, sans me convaincre, elles m'inquiètent, m'ébranlent, et que j'ai quelquefois peine à leur résister. Je désirerais sans doute, et de tout mon cœur, qu'elles fussent fausses, et que l'homme dont elles me font un monstre n'en fût pas un : mais je désire beaucoup davantage encore de ne pas m'égarer dans cette recherche et de ne pas me laisser séduire par mon penchant. Que puis-je faire dans une pareille situation (1) pour parvenir,

(1) Pour excuser le public autant qu'il se peut, je suppose partout son erreur presque invincible; mais moi, qui sais dans ma conscience qu'aucun crime jamais n'approcha de mon cœur, je suis sûr que tout homme vraiment attentif, vraiment juste, découvrirait l'imposture à travers tout l'art d'un complot, parce qu'enfin je ne crois pas possible que jamais le mensonge usurpe et s'approprie tous les caractères de la vérité.

s'il est possible, à démêler la vérité? C'est de rejeter dans cette affaire toute autorité humaine, toute preuve qui dépend du témoignage d'autrui, et de me déterminer uniquement sur ce que je puis voir de mes yeux et connaître par moi-même. Si Jean-Jacques est tel que l'ont peint vos messieurs, et s'il a été si aisément reconnu tel par tous ceux qui l'ont approché, je ne serai pas plus malheureux qu'eux, car je ne porterai pas à cet examen moins d'attention, de zèle et de bonne foi; et un être aussi méchant, aussi difforme, aussi dépravé, doit en effet être très-facile à pénétrer pour peu qu'on y regarde. Je m'en tiens donc à la résolution de l'examiner par moi-même et de le juger en tout ce que je verrai de lui, non par les secrets désirs de mon cœur, encore moins par les interprétations d'autrui, mais par la mesure de bon sens et de jugement que je puis avoir reçue, sans me rapporter sur ce point à l'autorité de personne. Je pourrai me tromper sans doute, parce que je suis homme; mais après avoir fait tous mes efforts pour éviter ce malheur, je me rendrai, si néanmoins il m'arrive, le consolant témoignage que mes passions ni ma volonté ne sont point complices de mon erreur, et qu'il n'a pas dépendu de moi de m'en garantir. Voilà ma résolution. Donnez-moi maintenant les moyens de l'accomplir et d'arriver à notre homme, car, à ce que vous m'avez fait entendre, son accès n'est pas aisé.

Le Fr. Surtout pour vous qui dédaignez les seuls qui pourraient vous l'ouvrir. Ces moyens sont, je le répète, de s'insinuer à force d'adresse, de patelinage, d'opiniâtre importunité, de le cajoler sans cesse, de lui parler avec transport de ses talents, de ses livres et même de ses vertus; car ici le mensonge et la fausseté sont des œuvres pies. Le mot d'*admiration* surtout, d'un effet admirable auprès de lui, exprime assez bien dans un autre sens l'idée des sentiments qu'un pareil monstre inspire, et ces doubles ententes jésuitiques, si recherchées de nos messieurs, leur rendent l'usage de ce mot très familier avec Jean-Jacques, et très-commode en lui parlant (1). Si tout cela ne réussit pas, on ne se rebute point de son froid accueil, on compte pour rien ses rebuffades; passant tout de suite à l'autre extrémité, on le tance, on le gourmande, et, prenant le ton le plus arrogant qu'il est possible, on tâche de le subjuguer de haute lutte. S'il vous fait des grossièretés, on les endure comme venant d'un misérable dont on s'embarrasse fort peu d'être méprisé. S'il vous chasse de chez lui, on y revient; s'il vous ferme la porte, on y reste jusqu'à ce qu'elle se rouvre, on tâche de s'y fourrer. Une fois entré dans son repaire, on s'y établit, on s'y maintient bon gré mal gré. S'il osait vous en chasser de force, tant mieux : on ferait beau bruit, et l'on irait crier par toute la terre qu'il assassine les gens qui lui font l'honneur de l'aller voir. Il n'y a point, à ce qu'on m'assure, d'autre voie pour s'insinuer auprès de lui. Êtes-vous homme à prendre celle-là?

Rouss. Mais, vous-même, pourquoi ne l'avez-vous jamais voulu prendre?

(1) En m'écrivant, c'est la même franchise. « J'ai l'honneur d'être, avec tous les sentiments qui vous sont dus, avec les sentiments les plus distingués, avec une considération très particulière, avec autant d'estime que de respect, etc. » Ces messieurs sont-ils donc, avec ces tournures amphibologiques, moins menteurs que ceux qui mentent tout rondement? Non. Ils sont seulement plus faux et plus doubles, ils mentent seulement plus traîtreusement.

Le Fr. Oh! moi, je n'avais pas besoin de le voir pour le connaître. Je le connais par ses œuvres; c'en est assez et même trop.

Rouss. Que pensez-vous de ceux qui, tout aussi décidés que vous sur son compte, ne laissent pas de le fréquenter, de l'obséder, et de vouloir s'introduire à toute force dans sa plus intime familiarité?

Le Fr. Je vois que vous n'êtes pas content de la réponse que j'ai déjà faite à cette question.

Rouss. Ni vous non plus, je le vois aussi. J'ai donc mes raisons pour y revenir. Presque tout ce que vous m'avez dit dans cet entretien me prouve que vous n'y parliez pas de vous-même. Après avoir appris de vous les sentiments d'autrui, n'apprendrai-je jamais les vôtres? Je le vois, vous feignez d'établir des maximes que vous seriez au désespoir d'adopter. Parlez-moi donc enfin plus franchement.

Le Fr. Écoutez : je n'aime pas Jean-Jacques, mais je hais encore plus l'injustice, encore plus la trahison. Vous m'avez dit des choses qui me frappent et auxquelles je veux réfléchir. Vous refusiez de voir cet infortuné; vous vous y déterminez seulement. J'ai refusé de lire ses livres; je me ravise ainsi que vous, et pour cause. Voyez l'homme, je lirai les livres; après quoi nous nous reverrons.

SECOND DIALOGUE.

Du naturel de Jean-Jacques et de ses habitudes.

Le Français. Hé bien, monsieur, vous l'avez vu!

Rouss. Hé bien, monsieur, vous l'avez lu?

Le Fr. Allons par ordre, je vous prie, et permettez que nous commencions par vous, qui fûtes le plus pressé. Je vous ai laissé tout le temps de bien étudier notre homme. Je sais que vous l'avez vu par vous-même, et tout à votre aise. Ainsi vous êtes maintenant en état de le juger, ou vous n'y serez jamais. Dites-moi donc enfin ce qu'il faut penser de cet étrange personnage.

Rouss. Non; dire ce qu'il en faut penser n'est pas de ma compétence; mais vous dire, quant à moi, ce que j'en pense, c'est ce que je ferai volontiers, si cela vous suffit.

Le Fr. Je ne vous en demande pas davantage. Voyons donc.

Rouss. Pour vous parler selon ma croyance, je vous dirai donc tout franchement que, selon moi, ce n'est pas un homme vertueux.

Le Fr. Ah! vous voilà donc enfin pensant comme tout le monde!

Rouss. Pas tout-à-fait, peut-être : car, toujours selon moi, c'est beaucoup moins encore un détestable scélérat.

Le Fr. Mais enfin qu'est-ce donc? Car vous êtes désolant avec vos éternelles énigmes.

Rouss. Il n'y a point là d'énigme que celle que vous y mettez vous-même. C'est un homme sans malice plutôt que bon, une âme saine, mais faible, qui adore la vertu sans la pratiquer, qui aime ardemment le bien et qui n'en fait guère. Pour le crime, je suis persuadé comme de mon existence qu'il n'approcha jamais de son cœur, non plus que la haine. Voilà le sommaire de mes observations sur son caractère moral. Le reste ne peut se dire en abrégé; car cet homme ne ressemble à nul autre que je connaisse; il demande une analyse à part et faite uniquement pour lui.

Le Fr. Oh! faites-la-moi donc cette unique analyse, et montrez-nous comment vous vous y êtes pris pour cet homme sans malice, cet être si nouveau pour tout le reste du monde, et que personne avant vous n'a su voir en lui.

Rouss. Vous vous trompez; c'est au contraire votre Jean-Jacques qui est cet homme nouveau. Le mien est l'ancien, celui que je m'étais figuré avant que vous m'eussiez parlé de lui, celui que tout le monde voyait en lui avant qu'il eût fait des livres, c'est-à-dire jusqu'à l'âge de quarante ans. Jusque-là tous ceux qui l'ont connu, sans en excepter vos messieurs eux-mêmes, l'ont vu tel que je le vois maintenant. C'est, si vous voulez, un homme que je ressuscite, mais que je ne crée assurément pas.

Le Fr. Craignez de vous abuser encore en cela, et de ressusciter seulement une erreur trop tard détruite. Cet homme a pu, comme je vous l'ai déjà dit, tromper longtemps ceux qui l'ont jugé sur les apparences; et la preuve qu'il les trompait est qu'eux-mêmes, quand on le leur a fait mieux connaître, ont abjuré leur ancienne erreur. En revenant sur ce qu'ils avaient vu jadis, ils en ont jugé tout différemment.

Rouss. Ce changement d'opinion me paraît très-naturel, sans fournir la preuve que vous en tirez. Ils le voyaient alors par leurs propres yeux, ils l'ont vu depuis par ceux des autres. Vous pensez qu'ils se trompaient autrefois; moi je crois que c'est aujourd'hui qu'ils se trompent. Je ne vois point à votre opinion de raison solide, et j'en vois à la mienne une d'un très-grand poids; c'est qu'alors il n'y avait point de ligue, et qu'il en existe une aujourd'hui; c'est qu'alors personne n'avait intérêt à déguiser la vérité, et à voir ce qui n'était pas; qu'aujourd'hui quiconque oserait dire hautement de Jean-Jacques le bien qu'il en pourrait savoir serait un homme perdu; que, pour faire sa cour et parvenir, il n'y a point de moyen plus sûr et plus prompt que de renchérir sur les charges dont on l'accable à l'envi; et qu'enfin tous ceux qui l'ont vu dans sa jeunesse sont sûrs de s'avancer eux et les leurs en tenant sur son compte le langage qui convient à vos messieurs. D'où je conclus que qui cherche en sincérité de cœur la vérité doit remonter, pour la connaître, au temps où personne n'avait intérêt à la déguiser. Voilà pourquoi les jugements qu'on portait jadis sur cet homme font autorité pour moi, et pourquoi ceux que les mêmes gens en peuvent porter aujourd'hui n'en font plus.

Si vous avez à cela quelque bonne réponse, vous m'obligerez de m'en faire part; car je n'entreprends point de soutenir ici mon sentiment, ni de vous le faire adopter, et je serai toujours prêt à l'abandonner, quoique à regret, quand je croirai voir la vérité dans le sentiment contraire. Quoi qu'il en soit, il ne s'agit point ici de ce que d'autres ont vu, mais de ce que j'ai vu moi-même ou cru voir. C'est ce que vous demandez, et c'est tout ce que j'ai à vous dire; sauf à vous d'admettre ou rejeter mon opinion quand vous saurez sur quoi je la fonde.

Commençons par le premier abord. Je crus, sur les difficultés auxquelles vous m'aviez préparé, devoir premièrement lui écrire. Voici ma lettre, et voici sa réponse.

Le Fr. Comment! il vous a répondu?

Rouss. Dans l'instant même.

Le Fr. Voilà qui est particulier! Voyons donc cette lettre qui lui a fait faire un si grand effort.

Rouss. Elle n'est pas bien recherchée, comme vous allez voir.

(*Il lit.*) « J'ai besoin de vous voir, de vous connaître, et ce besoin est
« fondé sur l'amour de la justice et de la vérité. On dit que vous rebutez les
« nouveaux visages. Je ne dirai pas si vous avez tort ou raison; mais, si
« vous êtes l'homme de vos livres, ouvrez-moi votre porte avec confiance;
« je vous en conjure pour moi, je vous le conseille pour vous : si vous ne
« l'êtes pas, vous pouvez encore m'admettre sans crainte, je ne vous impor-
« tunerai pas longtemps. »

Réponse. « Vous êtes le premier que le motif qui vous amène ait conduit
« ici : car de tant de gens qui ont la curiosité de me voir, pas un n'a celle
« de me connaître; tous croient me connaître assez. Venez donc pour la ra-
« reté du fait. Mais que me voulez-vous, et pourquoi me parler de mes li-
« vres? si, les ayant lus, ils ont pu vous laisser en doute sur les sentiments
« de l'auteur, ne venez pas; en ce cas je ne suis pas votre homme, car vous
« ne sauriez être le mien. »

La conformité de cette réponse avec mes idées ne ralentit pas mon zèle.
Je vole à lui, je le vois... Je vous l'avoue, avant même que je l'abordasse, en le voyant, j'augurai bien de mon projet.

Sur ces portraits de lui, si vantés, qu'on étale de toutes parts, et qu'on prônait comme des chef-d'œuvre de ressemblance avant qu'il revînt à Paris, je m'attendais à voir la figure d'un cyclope affreux, comme celui d'Angleterre, ou d'un petit Crispin grimacier, comme celui de Fiquet; et, croyant trouver sur son visage les traits du caractère que tout le monde lui donne, je m'avertissais de me tenir en garde contre une première impression si puissante toujours sur moi, et de suspendre, malgré ma répugnance, le préjugé qu'elle allait m'inspirer.

Je n'ai pas eu cette peine : au lieu du féroce ou doucereux aspect auquel je m'étais attendu, je n'ai vu qu'une physionomie ouverte et simple, qui promettait et inspirait la confiance et de la sensibilité.

Le Fr. Il faut donc qu'il n'ait cette physionomie que pour vous; car généralement tous ceux qui l'abordent se plaignent de son air froid et de son accueil repoussant, dont heureusement ils ne s'embarrassent guère.

Rouss. Il est vrai que personne au monde ne cache moins que lui l'éloignement et le dédain pour ceux qui lui en inspirent; mais ce n'est point là son abord naturel, quoique aujourd'hui très-fréquent; et cet accueil dédaigneux que vous lui reprochez est pour moi la preuve qu'il ne se contrefait pas comme ceux qui l'abordent, et qu'il n'y a point de fausseté sur son visage non plus que dans son cœur.

Jean-Jacques n'est assurément pas un bel homme; il est petit, et s'apetisse encore en baissant la tête. Il a la vue courte, de petits yeux enfoncés, des dents horribles; ses traits, altérés par l'âge, n'ont rien de fort régulier : mais tout dément en lui l'idée que vous m'en aviez donnée; ni le regard, ni le son de la voix, ni l'accent, ni le maintien, ne sont du monstre que vous m'avez peint.

Le Fr. Bon! n'allez-vous pas le dépouiller de ses traits comme de ses livres?

Rouss. Mais tout cela va très-bien ensemble, et me paraîtrait assez appartenir au même homme. Je lui trouve aujourd'hui les traits du mentor d'Émile; peut-être dans sa jeunesse lui aurais-je trouvé ceux de Saint-Preux. Enfin, je pense que si sous sa physionomie la nature a caché l'âme d'un scélérat, elle ne pouvait en effet mieux la cacher.

Le Fr. J'entends; vous voilà livré en sa faveur au même préjugé contre lequel vous vous étiez si bien armé s'il lui eût été contraire.

Rouss. Non; le seul préjugé auquel je me livre ici, parce qu'il me paraît raisonnable, est bien moins pour lui que contre ses bruyants protecteurs. Ils ont eux-mêmes fait faire ces portraits avec beaucoup de dépense et de soin; ils les ont annoncés avec pompe dans les journaux, dans les gazettes; ils les ont prônés partout : mais s'ils n'en peignent pas mieux l'original au moral qu'au physique, on le connaîtra sûrement fort mal d'après eux. Voici un quatrain que Jean-Jacques mit au-dessous d'un de ces portraits :

> Hommes savants dans l'art de feindre,
> Qui me prêtez des traits si doux;
> Vous aurez beau vouloir me peindre,
> Vous ne peindrez jamais que vous.

Le Fr. Il faut que ce quatrain soit tout nouveau; car il est assez joli, et je n'en avais point entendu parler.

Rouss. Il y a plus de six ans qu'il est fait : l'auteur l'a donné ou récité à plus de cinquante personnes, qui toutes lui ont très-fidèlement gardé le secret, qu'il ne leur demandait pas; et je ne crois pas que vous vous attendiez à trouver ce quatrain dans le *Mercure.* J'ai cru voir dans toute cette histoire de portraits des singularités qui m'ont porté à la suivre; et j'y ai trouvé, surtout pour celui d'Angleterre, des circonstances bien extraordinaires. David Hume, étroitement lié à Paris avec vos messieurs, sans oublier les dames, devient, on ne sait comment, le patron, le zélé protecteur, le bienfaiteur à toute outrance de Jean-Jacques, et fait tant, de concert avec eux, qu'il parvient enfin, malgré toute la répugnance de celui-ci, à l'emmener en Angleterre. Là, le premier et le plus important de ses soins est de faire faire par Ramsay, son ami particulier, le portrait de son ami public Jean-Jacques. Il désirait ce portrait aussi ardemment qu'un amant bien épris désire celui de sa maîtresse. A force d'importunités il arrache le consentement de Jean-Jacques. On lui fait mettre un bonnet noir, un vêtement bien brun, on le place dans un lieu bien sombre, et là, pour le peindre assis, on le fait tenir debout, courbé, appuyé d'une de ses mains sur une table bien basse, dans une attitude où ses muscles, fortement tendus, altèrent les traits de son visage. De toutes ces précautions devait résulter un portrait peu flatté, quand il eût été fidèle. Vous avez vu ce terrible portrait : vous jugerez de la ressemblance si jamais vous voyez l'original. Pendant le séjour de Jean-Jacques en Angleterre, ce portrait y a été gravé, publié, vendu partout, sans qu'il lui ait été possible de voir cette gravure. Il revient en France, et il y apprend que son portrait d'Angleterre est annoncé, célébré, vanté comme un chef-d'œuvre de ressemblance. Il parvient enfin, non sans peine, à le voir; il frémit, et dit ce qu'il en pense : tout le monde se moque de lui; tout le détail qu'il fait paraît la chose la plus naturelle; et loin d'y voir rien qui puisse faire suspecter la droiture du généreux David Hume, on n'aperçoit que les soins de l'amitié la plus tendre dans ceux qu'il a pris pour donner à son ami Jean-Jacques la figure d'un cyclope affreux. Pensez-vous comme le public à cet égard?

Le Fr. Le moyen, sur un pareil exposé! J'avoue, au contraire, que ce fait seul, bien avéré, me paraîtrait déceler bien des choses; mais qui m'assurera qu'il est vrai?

Rouss. La figure du portrait. Sur la question présente, cette figure ne mentira pas.

Le Fr. Mais ne donnez-vous point aussi trop d'importance à des bagatelles? Qu'un portrait soit difforme ou peu ressemblant, c'est la chose du monde la moins extraordinaire : tous les jours on grave, on contrefait, on défigure des hommes célèbres, sans que de ces grossières gravures on tire aucune conséquence pareille à la vôtre.

Rouss. J'en conviens; mais ces copies défigurées sont l'ouvrage de mauvais ouvriers avides, et non les productions d'artistes distingués, ni le fruit du zèle et de l'amitié. On ne les prône pas avec bruit dans toute l'Europe, on ne les annonce pas dans les papiers publics, on ne les étale pas dans les appartements, ornés de glaces et de cadres; on les laisse pourrir sur les quais, ou parer les chambres des cabarets et les boutiques des barbiers.

Je ne prétends pas vous donner pour des réalités toutes les idées inquiétantes que fournit à Jean-Jacques l'obscurité profonde dont on s'applique à l'entourer. Les mystères qu'on lui fait de tout ont un aspect si noir, qu'il n'est pas surprenant qu'ils affectent de la même teinte son imagination effarouchée. Mais parmi les idées outrées et fantastiques que cela peut lui donner, il en est qui, vu la manière extraordinaire dont on procède avec lui, méritent un examen sérieux avant d'être rejetées. Il croit, par exemple, que tous les désastres de sa destinée, depuis sa funeste célébrité, sont les fruits d'un complot formé de longue main, dans un grand secret, entre peu de personnes, qui ont trouvé le moyen d'y faire entrer successivement toutes celles dont ils avaient besoin pour son exécution; les grands, les auteurs, les médecins (cela n'était pas difficile), tous les hommes puissants, toutes les femmes galantes, tous les corps accrédités, tous ceux qui disposent de l'administration, tous ceux qui gouvernent les opinions publiques. Il prétend que tous les événements relatifs à lui, qui paraissent accidentels et fortuits, ne sont que de successifs développements concertés d'avance, et tellement ordonnés, que tout ce qui lui doit arriver dans la suite a déjà sa place dans le tableau, et ne doit avoir son effet qu'au moment marqué. Tout cela se rapporte assez à ce que vous m'avez dit vous-même, et à ce que j'ai cru voir sous des noms différents. Selon vous, c'est un système de bienfaisance envers un scélérat; selon lui, c'est un complot d'imposture contre un innocent; selon moi, c'est une ligue dont je ne détermine pas l'objet, mais dont vous ne pouvez nier l'existence, puisque vous-même y êtes entré.

Il pense que du moment qu'on entreprit l'œuvre complète de sa diffamation, pour faciliter le succès de cette entreprise, alors difficile, on résolut de la graduer, de commencer par le rendre odieux et noir, et de finir par le rendre abject, ridicule et méprisable. Vos messieurs, qui n'oublient rien, n'oublièrent pas sa figure, et, après l'avoir éloigné de Paris, travaillèrent à lui en donner une aux yeux du public, conforme au caractère dont ils voulaient le gratifier. Il fallut d'abord faire disparaître la gravure qui avait été faite sur le portrait fait par La Tour : cela fut bientôt fait. Après son départ pour l'Angleterre, sur un modèle qu'on avait fait faire par Le Moine, on fit faire une gravure telle qu'on la désirait; mais la figure en était hideuse à tel point, que, pour ne pas se découvrir trop ou trop tôt, on fut contraint de supprimer la gravure. On fit faire à Londres, par les bons offices de l'ami Hume, le portrait dont je viens de parler; et, n'épargnant aucun soin de l'art pour en faire valoir la gravure, on la rendit moins difforme que la précédente, mais plus terrible et plus noire mille fois. Ce portrait a fait longtemps, à l'aide de vos messieurs, l'admiration de Paris et de Londres, jusqu'à ce qu'ayant gagné pleinement le premier point, et rendu aux yeux du public l'original aussi noir que la gravure, on en vint au second article, et, dégradant habilement cet affreux coloris, de l'homme terrible et vigoureux qu'on avait d'abord peint on fit peu à peu un petit fourbe, un petit menteur, un petit escroc, un coureur de tavernes et de mauvais lieux. C'est alors que parut le portrait enluminier de Fiquet, qu'on avait tenu longtemps en réserve, jusqu'à ce que le moment de le publier fût venu, afin que la mine basse et risible de la figure répondît à l'idée qu'on voulait donner de l'original. C'est encore alors que parut un petit médaillon en plâtre sur le costume de la gravure anglaise, mais dont on avait eu soin de changer l'air terrible et fier en un souris traître et sardonique comme celui de Panurge achetant les moutons de Dindenaut, ou comme celui des gens qui rencontrent Jean-Jacques dans les rues; et il est certain que depuis lors vos messieurs se sont moins attachés à faire de lui un objet d'horreur qu'un objet de dérision; ce qui toutefois ne paraît pas aller à la fin qu'ils disent avoir de mettre tout le monde en garde contre lui; car on se tient en garde contre les gens qu'on redoute, mais non contre ceux qu'on méprise.

Voilà l'idée que l'histoire de ces différents portraits a fait naître à Jean-Jacques; mais toutes ces graduations préparées de si loin ont bien l'air d'être des conjectures chimériques, fruits assez naturels d'une imagination frappée par tant de mystères et de malheurs. Sans donc adopter ni rejeter à présent ses idées, laissons tous ces étranges portraits, et revenons à l'original.

J'avais percé jusqu'à lui; mais que de difficultés me restaient à vaincre dans la manière dont je me proposais de l'examiner! Après avoir étudié l'homme toute ma vie, j'avais cru connaître les hommes; je m'étais trompé. Je ne parvins jamais à en connaître un seul : non qu'en effet ils soient difficiles à connaître; mais je m'y prenais mal, et, toujours interprétant d'après mon cœur ce que je voyais faire aux autres, je leur prêtais les motifs qui m'auraient fait agir à leur place, et je m'abusais toujours. Donnant trop d'attention à leurs discours, et pas assez à leurs œuvres, je les écoutais parler plutôt que je ne les regardais agir; ce qui, dans ce siècle de philosophie et de beaux discours, me les faisait prendre pour autant de sages, et juger de leurs vertus par leurs sentences. Que si quelquefois leurs actions attiraient mes regards, c'étaient celles qu'ils destinaient à cette fin, lorsqu'ils montaient sur le théâtre pour y faire une œuvre d'éclat qui s'y fît admirer, sans songer dans ma bêtise, que souvent ils mettaient en avant cette œuvre brillante pour masquer, dans le cours de leur vie, un tissu de bassesses et d'iniquités. Je voyais presque tous ceux qui se piquent de finesse et de pénétration s'abuser en sens contraire par le même principe de juger du cœur d'autrui par le sien. Je les voyais saisir avidement en l'air un trait, un geste, un mot inconsidéré, et, l'interprétant à leur mode, s'applaudir de leur sagacité en prêtant à chaque mouvement fortuit d'un homme un sens subtil qui n'existait souvent que dans leur esprit. Eh! quel est l'homme d'esprit qui ne dit jamais de sottise, quel est l'honnête homme auquel il n'échappe jamais un propos répréhensible que son cœur n'a point dicté? Si l'on tenait un registre exact de toutes les fautes que l'homme le plus parfait a commises, et qu'on supprimât soigneusement tout le reste, quelle opinion donnerait-on de cet homme-là? Que dis je, les fautes! non, les actions les plus innocentes, les gestes les plus indifférents, les discours les plus sensés, tout, dans un observateur qui se passionne, augmente et nourrit le préjugé dans lequel il se complaît quand il détache chaque mot ou chaque fait de sa place pour le mettre dans le jour qui lui convient.

Je voulais m'y prendre autrement pour étudier à part moi un homme cruellement, si légèrement, si universellement jugé. Sans m'arrêter à de vains discours, qui peuvent tromper, ou à des signes passagers plus incertains encore, mais si commodes à la légèreté et à la malignité, je résolus de l'étudier par ses inclinations, ses mœurs, ses goûts, ses penchants, ses habitudes; de suivre les détails de sa vie, le cours de son humeur, la pente de ses affections, de le voir agir en l'entendant parler, de le pénétrer, s'il était possible, en dedans de lui-même; en un mot, de l'observer moins par des signes équivoques et rapides, que par sa constante manière d'être; seule règle infaillible de bien juger du vrai caractère d'un homme, et des passions qu'il peut cacher au fond de son cœur. Mon embarras était d'écarter les obstacles que, prévenu par vous, je prévoyais dans l'exécution de ce projet.

Je savais qu'irrité des perfides empressements de ceux qui l'abordent, ne cherchait qu'à repousser tous les nouveaux venus; je savais qu'il jugeait, et, ce me semble, avec assez de raison, de l'intention des gens par l'air ouvert ou réservé qu'ils prenaient avec lui; et, mes engagements m'ôtant pouvoir de lui rien dire, je devais m'attendre que ces mystères ne le dispose aient pas à la familiarité dont j'avais besoin pour mon dessein. Je ne vis de remède à cela que de lui laisser voir mon projet autant que cela pouvait s'accorder avec le silence qui m'était imposé, et cela même pouvait me fournir un premier préjugé pour ou contre lui : car si, bien convaincu par ma conduite et par mon langage de la droiture de mes intentions, il s'alarmait néanmoins de mon dessein, s'inquiétait de mes regards, cherchait à donner le change à ma curiosité, et commençait par se mettre en garde, c'était dans son esprit un homme à demi jugé. Loin de rien voir de semblable, je fus aussi touché que surpris, non de l'accueil que cette idée m'attira de sa part, car il n'y mit aucun empressement ostensible, mais de la joie qu'elle me parut exciter dans son cœur. Ses regards attendris m'en dirent plus que n'auraient fait des caresses. Je le vis à son aise avec moi; c'était le meilleur moyen de m'y mettre avec lui. A la manière dont il me distingua, dès le premier abord, de tous ceux qui l'obsédaient, je compris qu'il n'avait pas un instant pris le change sur mes motifs. Car quoique, cherchant tous également à l'observer, ce dessein commun dût donner à tous une allure assez semblable, nos recherches étaient trop différentes par leur objet, pour que la distinction n'en fût pas facile à faire. Il vit que tous les autres ne cherchaient, ne voulaient voir que le mal; que j'étais le seul qui, cherchant le bien, ne voulût que la vérité, et ce motif, qu'il démêla sans peine, m'attira sa confiance.

Entre tous les exemples qu'il m'a donnés de l'intention de ceux qui l'approchent, je ne vous en citerai qu'un. L'un d'eux s'était tellement distingué des autres par de plus affectueuses démonstrations et par un attendrissement poussé jusqu'aux larmes, qu'il crut pouvoir s'ouvrir à lui sans réserve, et lui lire ses *Confessions*. Il lui permit même de l'arrêter dans sa lecture pour prendre note de tout ce qu'il voudrait retenir par préférence. Il remarqua durant cette longue lecture, que, n'écrivant presque jamais dans les endroits favorables et honorables, il ne manqua point d'écrire avec soin dans tous ceux où la vérité le forçait à s'accuser et se charger lui-même. Voilà comment font les remarques de ces messieurs. Et moi aussi, j'ai fait celle-là ; mais je n'ai pas, comme eux, omis les autres, et le tout m'a donné des résultats bien différents des leurs.

Par l'heureux effet de ma franchise, j'avais l'occasion la plus rare et la plus sûre de bien connaître un homme, qui est de l'étudier à loisir dans sa vie privée, et vivant pour ainsi dire avec lui-même ; car il se livra sans réserve, et me rendit aussi maître chez lui que chez moi.

Une fois admis dans sa retraite, mon premier soin fut de m'informer des raisons qui l'y tenaient confiné. Je savais qu'il avait toujours fui le grand monde et aimé la solitude, mais je savais aussi que, dans les sociétés peu nombreuses, il avait jadis joui des douceurs de l'intimité en homme dont le cœur était fait pour elle. Je voulus apprendre pourquoi maintenant, détaché de tout, il s'était tellement concentré dans sa retraite que ce n'était plus que par force qu'on parvenait à l'aborder.

Le Fr. Cela n'était-il pas tout clair ? Il se gênait autrefois parce qu'on ne le connaissait pas encore. Aujourd'hui que, bien connu de tous, il ne gagnerait plus rien à se contraindre, il se livre tout-à-fait à son horrible misantropic. Il fuit les hommes parce qu'il les déteste; il vit en loup-garou parce qu'il n'y a rien d'humain dans son cœur.

Rouss. Non, cela ne me paraît pas aussi clair qu'à vous; et ce discours, que j'entends tenir à tout le monde, me prouve bien que les hommes le haïssent, mais non pas que c'est lui qui les hait.

Le Fr. Quoi! ne l'avez-vous pas vu, ne le voyez-vous pas tous les jours, recherché de beaucoup de gens, se refuser durement à leurs avances? Comment donc expliquez-vous cela?

Rouss. Beaucoup plus naturellement que vous, car la fuite est un effet bien plus naturel de la crainte que de la haine. Il ne fuit point les homm[es] parce qu'il les hait, mais parce qu'il en a peur. Il ne les fuit pas pour leur fai[re] du mal, mais pour tâcher d'échapper à celui qu'ils lui veulent. Eux au contrai[re] ne le recherchent pas par amitié, mais par haine. Ils le cherchent et il les fuit; comme dans les sables d'Afrique, où sont peu d'hommes et beaucoup de tigres, les hommes fuient les tigres et les tigres cherchent les hommes : s'ensuit-il là que les hommes sont méchants, farouches, et que les tigres sont sociables humains? Même, quelque opinion que doive avoir Jean-Jacques de ceux q[ui] malgré celle qu'on a de lui, ne laissent pas de le rechercher, il ne ferme poi[nt] sa porte à tout le monde; il reçoit honnêtement ses anciennes connaissan[ces] quelquefois même les nouveaux venus, quand ils ne montrent ni patelina[ge] ni arrogance. Je ne l'ai jamais vu se refuser durement qu'à des avances ty[-] ranniques, insolentes et malhonnêtes, qui décelaient clairement l'intenti[on] de ceux qui les faisaient. Cette manière ouverte et généreuse de repousser [la] perfidie et la trahison ne fut jamais l'allure des méchants. S'il ressemblai[t à] ceux qui le recherchent, au lieu de se dérober à leurs avances, il y répondr[ait] pour tâcher de les payer en même monnaie, et leur rendant fourberie po[ur] fourberie, trahison pour trahison, il se servirait de leurs propres armes po[ur] se défendre et se venger d'eux; mais, loin qu'on l'ait jamais accusé d'av[oir] tracassé dans les sociétés où il a vécu, ni brouillé ses amis entre eux, ni d[es]servi personne avec qui il fût en liaison, le seul reproche qu'aient pu l[ui] faire ses soi-disant amis a été de les avoir quittés ouvertement, comme il dû faire, sitôt que, les trouvant faux et perfides, il a cessé de les estimer.

Non, monsieur, le vrai misanthrope, si un être aussi contradictoire po[u]vait exister (1), ne fuirait point dans la solitude : quel mal peut et veut fai[re] aux hommes celui qui vit seul? Celui qui les hait veut leur nuire, et pou[r] leur nuire il ne faut pas les fuir. Les méchants ne sont point dans les déser[ts], ils sont dans le monde. C'est là qu'ils intriguent et travaillent pour satisfai[re] leur passion et tourmenter les objets de leur haine. De quelque motif q[ue] soit animé celui qui veut s'engager dans la foule et s'y faire jour, il doit s'ar[-] mer de vigueur pour repousser ceux qui le poussent, pour écarter ceux q[ui] sont devant lui, pour fendre la presse et faire son chemin, l'homme débon[-] naire et doux, l'homme timide et faible qui n'a point ce courage, et qui tâc[he] de se tirer à l'écart de peur d'être abattu et foulé aux pieds, est donc un m[é]chant; à votre compte, les autres, plus forts, plus durs, plus ardents à per[-]

(1) Timon n'était point naturellement misanthrope, et même ne méritait pas ce nom. Il y avait dans son fait plus de dépit et d'enfantillage que de véritable méchanceté; c'étai[t] un fou mécontent qui boudait contre le genre humain.

cer, sont les bons? J'ai vu pour la première fois cette nouvelle doctrine dans un discours publié par le philosophe Diderot, précisément dans le temps que son ami Jean-Jacques s'était retiré dans la solitude. *Il n'y a que le méchant, dit-il, qui soit seul.* Jusqu'alors on avait regardé l'amour de la retraite comme un des signes les moins équivoques d'une âme paisible et saine, exempte d'ambition, d'envie et de toutes les ardentes passions, filles de l'amour-propre, qui naissent et fermentent dans la société. Au lieu de cela, voici, par un coup de plume inattendu, ce goût paisible et doux, jadis si universellement admiré, transformé tout d'un coup en une rage infernale; voilà tant de sages respectés, et Descartes lui-même, changés dans un instant en autant de misanthropes affreux et de scélérats. Le philosophe Diderot était seul, peut-être, en écrivant cette sentence, mais je doute qu'il eût été seul à la méditer, et il prit grand soin de la faire circuler dans le monde. Eh! plût à Dieu que le méchant fût toujours seul, il ne se ferait guère de mal.

Je crois bien que les solitaires qui le sont par force peuvent, rongés de dépit et de regrets dans la retraite où ils sont détenus, devenir inhumains, féroces, et prendre en haine avec leur chaîne tout ce qui n'en est pas chargé comme eux. Mais les solitaires par goût et par choix sont naturellement humains, hospitaliers, caressants. Ce n'est pas parce qu'ils haïssent les hommes, mais parce qu'ils aiment le repos et la paix, qu'ils fuient le tumulte et le bruit. La longue privation de la société la leur rend même agréable et douce, quand elle s'offre à eux sans contrainte. Ils en jouissent alors délicieusement, et cela se voit. Elle est pour eux ce qu'est le commerce des femmes pour ceux qui ne passent pas leur vie avec elles, mais qui dans les courts moments qu'ils y passent y trouvent des charmes ignorés des galants de profession.

Je ne comprends pas comment un homme de bon sens peut adopter un seul moment la sentence du philosophe Diderot; elle a beau être hautaine et tranchante, elle n'en est pas moins absurde et fausse. Eh! qui ne voit au contraire qu'il n'est pas possible que le méchant aime à vivre seul et vis-à-vis de lui-même? Il s'y sentirait en trop mauvaise compagnie, il y serait trop mal à son aise, il ne s'y supporterait pas longtemps, ou bien, sa passion dominante y restant toujours oisive, il faudrait qu'elle s'éteignît et qu'il y redevînt bon. L'amour-propre, principe de toute méchanceté, s'avive et s'exalte dans la société qui l'a fait naître, et où l'on est à chaque instant forcé de se comparer; il languit et meurt faute d'aliment dans la solitude. *Quiconque se suffit à lui-même ne veut nuire à qui que ce soit.* Cette maxime est moins éclatante et moins arrogante, mais plus sensée et plus juste que celle du philosophe Diderot; et préférable au moins, en ce qu'elle ne tend à outrager personne. Ne nous laissons pas éblouir par l'éclat sentencieux dont souvent l'erreur et le mensonge se couvrent : ce n'est pas la foule qui fait la société, et c'est en vain que les corps se rapprochent lorsque les cœurs se repoussent. L'homme vraiment sociable est plus difficile en liaisons qu'un autre; celles qui ne consistent qu'en fausses apparences ne sauraient lui convenir. Il aime mieux vivre loin des méchants sans penser à eux, que de les voir et de les haïr; il aime mieux fuir son ennemi que de le rechercher pour lui nuire. Celui qui ne connaît d'autre société que celle des cœurs n'ira pas chercher la sienne dans vos cercles. Voilà comment Jean-Jacques a dû penser et se conduire avant la ligue dont il est l'objet; jugez si, maintenant qu'elle existe et qu'elle tend de toutes parts ses piéges autour de lui, il doit trouver du plaisir à vivre avec ses persécuteurs, à se voir l'objet de leur dérision, le jouet de leur haine, la dupe de leurs perfides caresses, à travers lesquelles ils font malignement percer l'air insultant et moqueur qui doit les lui rendre odieuses. Le mépris, l'indignation, la colère, ne sauraient le quitter au milieu de tous ces gens-là. Il les fuit pour s'épargner des sentiments si pénibles; il les fuit parce qu'ils méritent sa haine et qu'il était fait pour les aimer.

Le Fr. Je ne puis apprécier vos préjugés en sa faveur, avant d'avoir appris sur quoi vous les fondez. Quant à ce que vous dites à l'avantage des solitaires, cela peut être vrai de quelques hommes singuliers qui s'étaient fait de fausses idées de la sagesse; mais au moins ils donnaient des signes non équivoques du louable emploi de leur temps. Les méditations profondes et les immortels ouvrages dont les philosophes que vous citez ont illustré leur solitude, prouvent assez qu'ils s'y occupaient d'une manière utile et glorieuse, et qu'ils n'y passaient pas uniquement leur temps comme votre homme à tramer des crimes et des noirceurs.

Rouss. C'est à quoi, ce me semble, il n'y passa pas non plus uniquement le sien. La *Lettre à M. d'Alembert sur les spectacles*, *Héloïse*, *Émile*, le *Contrat social*, les *Essais sur la paix perpétuelle* et *sur l'Imitation théâtrale*, et d'autres écrits non moins estimables qui n'ont point paru, sont des fruits de la retraite de Jean-Jacques. Je doute qu'aucun philosophe ait médité plus profondément, plus utilement peut-être, et plus écrit en si peu de temps. Appelez-vous tout cela des noirceurs et des crimes?

Le Fr. Je connais des gens aux yeux de qui c'en pourrait bien être : vous savez ce que pensent ou ce que disent nos messieurs de ces livres; mais avez-vous oublié qu'ils ne sont pas de lui, et que c'est vous-même qui me l'avez persuadé.

Rouss. Je vous ai dit ce que j'imaginais pour expliquer des contradictions que je voyais alors, et que je ne vois plus. Mais, si nous continuons à passer ainsi d'un sujet à l'autre, nous perdrons notre objet de vue, et nous ne l'atteindrons jamais. Reprenons avec un peu plus de suite le fil de mes observations, avant que de passer aux conclusions que j'en ai tirées.

Ma première attention, après m'être introduit dans la familiarité de Jean-Jacques, fut d'examiner si nos liaisons ne lui faisaient rien changer dans sa manière de vivre; et j'eus bientôt toute la certitude possible, que non-seulement il n'y changeait rien pour moi, mais que de tout temps elle avait toujours été la même et parfaitement uniforme, quand, maître de la choisir, il avait pu suivre en liberté son penchant. Il y avait cinq ans que, de retour à Paris, il avait recommencé d'y vivre. D'abord, ne voulant se cacher en aucune manière, il avait fréquenté quelques maisons dans l'intention d'y reprendre ses plus anciennes liaisons, et même d'en former de nouvelles. Mais, au bout d'un an, il cessa de faire des visites, et reprenant dans la capitale la vie solitaire qu'il menait depuis tant d'années à la campagne, il partagea son temps entre l'occupation journalière dont il s'était fait une ressource, et les promenades champêtres dont il faisait son unique amusement. Je lui demandai la raison de cette conduite. Il me dit qu'ayant vu toute la génération présente concourir à l'œuvre de ténèbres dont il était l'objet, il avait d'abord mis tous ses soins à chercher quelqu'un qui ne partageât pas l'iniquité publique; qu'après de vaines recherches dans les provinces il était venu les continuer à Paris, espérant qu'au moins parmi ses anciennes connaissances il se trouverait quelqu'un moins dissimulé, moins faux, qui lui donnerait les lumières dont il avait besoin pour percer cette obscurité : qu'après bien des soins inutiles il n'avait trouvé, même parmi les plus honnêtes gens, que trahisons, duplicité, mensonge, et que tous en s'empressant à le recevoir, à le prévenir, à l'attirer, paraissaient si contents de sa diffamation, y contribuaient de si bon cœur, lui faisaient des caresses si fardées, le louaient d'un ton si peu sensible à son cœur, lui prodiguaient l'admiration la plus outrée avec si peu d'estime et de considération, qu'ennuyé de ces démonstrations moqueuses et mensongères, et indigné d'être ainsi le jouet de ses prétendus amis, il cessa de les voir, se retira sans leur cacher son dédain; et, après avoir cherché longtemps sans succès un homme, éteignit sa lanterne et se renferma tout-à-fait au-dedans de lui.

C'est dans cet état de retraite absolue que je le trouvai, et que j'entrepris de le connaître. Attentif à tout ce qui pouvait manifester à mes yeux son intérieur, en garde contre tout jugement précipité, résolu de le juger, non sur quelques mots épars ni sur quelques circonstances particulières, mais sur le concours de ses discours, de ses actions, de ses habitudes, et sur cette constante manière d'être, qui seule décèle infailliblement un caractère, mais qui demande, pour être aperçue, plus de suite, plus de persévérance et moins de confiance au premier coup d'œil, que le tiède amour de la justice, dépouillé de tout autre intérêt et combattu par les tranchantes décisions de l'amour-propre, n'en inspire au commun des hommes. Il fallut, par conséquent, commencer par tout voir, par tout entendre, par tenir note de tout, avant de prononcer sur rien, jusqu'à ce que j'eusse assemblé des matériaux suffisants pour fonder un jugement solide qui ne fût l'ouvrage ni de la passion ni du préjugé.

Je ne fus pas surpris de le voir tranquille : vous m'aviez prévenu qu'il l'était; mais vous attribuiez cette tranquillité à bassesse d'âme; elle pouvait venir d'une cause toute contraire; j'avais à déterminer la véritable. Cela n'était pas difficile; car, à moins que cette tranquillité ne fût toujours inaltérable, il ne fallait, pour en découvrir la cause, que remarquer ce qui pouvait la troubler. Si c'était la crainte, vous aviez raison; si c'était l'indignation, vous aviez tort. Cette vérification ne fut pas longue, et je sus bientôt à quoi m'en tenir.

Je le trouvai s'occupant à copier de la musique à tant la page. Cette occupation m'avait paru, comme à vous, ridicule et affectée. Je m'appliquai d'abord à connaître s'il s'y livrait sérieusement ou par jeu, et puis à savoir au juste quel motif la lui avait fait reprendre, et ceci demandait plus de recherche et de soin. Il fallait connaître exactement ses ressources et l'état de sa fortune, vérifier ce que vous m'aviez dit de son aisance, examiner sa manière de vivre, entrer dans le détail de son petit ménage, comparer sa dépense et son revenu, en un mot connaître sa situation présente autrement que par son dire, et le dire contradictoire de vos messieurs. C'est à quoi je donnai la plus grande attention. Je crus m'apercevoir que cette occupation lui plaisait, quoiqu'il n'y réussît pas trop bien. Je cherchai la cause de ce bizarre plaisir, et je trouvai qu'elle tenait au fond de son naturel et de son humeur, dont je n'avais encore aucune idée, et qu'à cette occasion je commençai à pénétrer. Il associait ce travail à un amusement dans lequel je le suivis avec une égale attention. Ses longs séjours à la campagne lui avaient donné du goût pour l'étude des plantes : il continuait de se livrer à cette étude avec plus d'ardeur que de succès ; soit que sa mémoire défaillante commençât à lui refuser tout service ; soit, comme je crus le remarquer, qu'il se fît de cette occupation plutôt un jeu d'enfant qu'une étude véritable. Il s'attachait plus à faire de jolis herbiers qu'à classer et caractériser les genres et les espèces. Il employait un temps et des soins incroyables à dessécher et aplatir des rameaux, à étendre et déployer de petits feuillages, à conserver aux fleurs leurs couleurs naturelles : de sorte que, collant avec soin ces fragments sur des papiers qu'il ornait de petits cadres, à toute la vérité de la nature il joignait l'éclat de la miniature et le charme de l'imitation.

Je l'ai vu s'attiédir enfin sur cet amusement, devenu trop fatigant pour son âge, trop coûteux pour sa bourse, et qui lui prenait un temps nécessaire dont il ne le dédommageait pas. Peut-être nos liaisons ont-elles contribué à l'en détacher. On voit que la contemplation de la nature eut toujours un grand attrait pour son cœur : il y trouvait un supplément aux attachements dont il avait besoin ; mais il eût laissé le supplément pour la chose, s'il en avait eu le choix ; et il ne se réduisit à converser avec les plantes qu'après de vains efforts pour converser avec les humains. Je quitterai volontiers, m'a-t-il dit, la société des végétaux pour celle des hommes, au premier espoir d'en retrouver.

Mes premières recherches m'ayant jeté dans les détails de sa vie domestique, je m'y suis particulièrement attaché, persuadé que j'en tirerais pour mon objet des lumières plus sûres que de tout ce qu'il pouvait avoir dit ou fait en public, et que d'ailleurs je n'avais pas vu moi-même. C'est dans la familiarité d'un commerce intime, dans la continuité de la vie privée qu'un homme à la longue se laisse voir tel qu'il est, quand le ressort de l'attention sur soi se relâche, et qu'oubliant le reste du monde on se livre à l'impulsion du moment. Cette méthode est sûre, mais longue et pénible : elle demande une patience et une assiduité que peut soutenir le seul vrai zèle de la justice et de la vérité, et dont on se dispense aisément en substituant quelque remarque fortuite et rapide aux observations lentes, mais solides, que donne un examen égal et suivi.

J'ai donc regardé s'il régnait chez lui du désordre ou de la règle, de la gêne ou de la liberté ; s'il était sobre ou dissolu, sensuel ou grossier, si ses goûts étaient dépravés ou sains ; s'il était sombre ou gai dans ses repas, dominé par l'habitude ou sujet aux fantaisies, chiche ou prodigue dans son ménage, entier, impérieux, tyran dans sa petite sphère d'autorité, ou trop doux peut-être au contraire et trop mou, craignant les dissensions encore plus qu'il n'aime l'ordre, et souffrant pour la paix les choses les plus contraires à son goût et à sa volonté : comment il supporte l'adversité, le mépris, la haine publique; quelles sortes d'affections lui sont habituelles; quels genres de peine ou de plaisir altèrent le plus son humeur. Je l'ai suivi dans sa plus constante manière d'être, dans ces petites inégalités, non moins inévitables, non moins utiles peut-être dans le calme de la vie privée, que de légères variations de l'air et du vent dans celui des beaux jours. J'ai voulu voir comment il se fâche et comment il s'apaise, s'il exhale ou contient sa colère; s'il est rancunier ou emporté, facile ou difficile à apaiser; s'il aggrave ou répare ses torts; s'il sait endurer et pardonner ceux des autres; s'il est doux et facile à vivre, ou dur et fâcheux dans le commerce familier; s'il aime à s'épancher au dehors ou à se concentrer en lui-même; si son cœur s'ouvre aisément ou se ferme aux caresses; s'il est toujours prudent, circonspect, maître de lui-même, ou si, se laissant dominer par ses mouvements, il montre indiscrètement chaque sentiment dont il est ému. Je l'ai pris dans les situations d'esprit les plus diverses, les plus contraires qu'il m'a été possible de saisir; tantôt calme et tantôt agité, dans un transport de colère, et dans une effusion d'attendrissement; dans la tristesse et l'abattement de cœur; dans ces courts, mais doux moments de joie que la nature lui fournit encore, et que les hommes n'ont pu lui ôter; dans la gaîté d'un repas un peu prolongé; dans ces circonstances imprévues, où un homme ardent n'a pas le temps de se déguiser, et où le premier mouvement de la nature prévient toute réflexion. En suivant tous les détails de sa vie, je n'ai point négligé ses discours, ses maximes, ses opinions, je n'ai rien omis pour bien connaître ses vrais sentiments sur les matières qu'il traite dans ses écrits. Je l'ai sondé sur la nature de l'âme, sur l'existence de Dieu, sur la moralité de la vie humaine, sur le vrai bonheur, sur ce qu'il pense de la doctrine à la mode et de ses auteurs, enfin sur tout ce qui peut faire connaître avec les vrais sentiments d'un homme sur l'usage de cette vie et sur sa destination ses vrais principes de conduite. J'ai soigneusement comparé tout ce qu'il m'a dit avec ce que j'ai vu de lui dans la pratique, n'admettant jamais pour vrai que ce que cette épreuve a confirmé.

Je l'ai particulièrement étudié par les côtés qui tiennent à l'amour-propre, bien sûr qu'un orgueil irascible au point d'en avoir fait un monstre doit avoir de fortes et fréquentes explosions difficiles à contenir, et impossibles à déguiser aux yeux d'un homme attentif à l'examiner par ce côté-là, surtout dans la position cruelle où je le trouvais.

Par les idées dont un homme pétri d'amour-propre s'occupe le plus souvent, par les sujets favoris de ses entretiens, par l'effet inopiné des nouvelles imprévues, par la manière de s'affecter des propos qu'on lui tient, par les impressions qu'il reçoit de la contenance et du ton des gens qui l'approchent, par l'air dont il entend louer ou décrier ses ennemis ou ses rivaux, par la façon dont il en parle lui-même, par le degré de joie ou de tristesse dont l'affectent leurs prospérités ou leurs revers, on peut à la longue le pénétrer et lire dans son âme, surtout lorsqu'un tempérament ardent lui ôte le pouvoir de réprimer ses premiers mouvements, si tant est néanmoins qu'un tempérament ardent et un violent amour-propre puissent compatir ensemble dans un même cœur. Mais c'est surtout en parlant des talents et des livres que les auteurs se contiennent le moins et se décèlent le mieux :

est aussi par là que je n'ai pas manqué d'examiner celui-ci. Je l'ai mis souvent et vu mettre par d'autres sur ce chapitre en divers temps et à diverses occasions, j'ai sondé ce qu'il pensait de la gloire littéraire, quel prix il donnait à sa jouissance, et ce qu'il estimait le plus en fait de réputation, de celle qui brille par les talents, ou de celle moins éclatante que donne un caractère estimable. J'ai voulu voir s'il était curieux de l'histoire des réputations naissantes ou déclinantes, s'il épluchait malignement celles qui faisaient le plus de bruit, comment il s'affectait des succès ou des chutes des livres et des auteurs, et comment il supportait pour sa part les dures censures des critiques, les malignes louanges des rivaux, et le mépris affecté des brillants écrivains de ce siècle. Enfin, je l'ai examiné par tous les sens où mes regards ont pu pénétrer, et sans chercher à rien interpréter selon mon désir, mais éclairant mes observations les unes par les autres pour découvrir la vérité; je n'ai pas un instant oublié dans mes recherches qu'il y allait du destin de ma vie à ne pas me tromper dans ma conclusion.

LE FR. Je vois que vous avez regardé à beaucoup de choses : apprendrai-je enfin ce que vous avez vu?

ROUSS. Ce que j'ai vu est meilleur à voir qu'à dire. Ce que j'ai vu me suffit, à moi qui l'ai vu, pour déterminer mon jugement, mais non pas à vous pour déterminer le vôtre sur mon rapport; car il a besoin d'être vu pour être cru, et, après la façon dont vous m'aviez prévenu, je ne l'aurais pas cru moi-même sur le rapport d'autrui. Ce que j'ai vu ne sont que des choses bien communes en apparence, mais très rares en effet. Ce sont des récits qui d'ailleurs conviendraient mal dans ma bouche; et, pour le faire avec bienséance, il faudrait être un autre que moi.

LE FR. Comment, monsieur! espérez-vous me donner ainsi le change? Remplissez-vous ainsi vos engagements, et ne tirerai-je aucun fruit du conseil que je vous ai donné? Les lumières qu'il vous a procurées ne doivent-elles pas nous être communes? et, après avoir ébranlé la persuasion où j'étais, vous croyez-vous permis de me laisser des doutes que vous avez fait naître, si vous avez de quoi m'en tirer?

ROUSS. Il vous est aisé d'en sortir à mon exemple, en prenant pour vous-même ce conseil que vous dites m'avoir donné. Il est malheureux pour Jean-Jacques, que Rousseau ne puisse dire tout ce qu'il sait de lui. Ces déclarations sont désormais impossibles, parce qu'elles seraient inutiles, et que le courage de les faire ne m'attirerait que l'humiliation de n'être pas cru.

Voulez-vous, par exemple, avoir une idée sommaire de mes observations? Prenez directement et en tout, tant en bien qu'en mal, le contre-pied du Jean-Jacques de vos messieurs, vous aurez très exactement celui que j'ai trouvé. Le leur est cruel, féroce et dur, jusqu'à la dépravation; le mien est doux et compatissant jusqu'à la faiblesse. Le leur est intraitable, inflexible, et toujours repoussant; le mien est facile et mou, ne pouvant résister aux caresses qu'il croit sincères, et se laissant subjuguer, quand on sait s'y prendre, par les gens mêmes qu'il n'estime pas. Le leur, misanthrope, farouche, déteste les hommes; le mien, humain jusqu'à l'excès, et trop sensible à leurs peines, s'affecte autant des maux qu'ils se font entre eux, que de ceux qu'ils lui font à lui-même. Le leur ne songe qu'à faire du bruit dans le monde aux dépens du repos d'autrui et du sien; le mien préfère le repos à tout, et voudrait être ignoré de toute la terre, pourvu qu'on le laissât en paix dans son coin. Le leur, dévoré d'orgueil et du plus intolérant amour-propre, est tourmenté de l'existence de ses semblables, et voudrait voir tout le genre humain s'anéantir devant lui; le mien, s'aimant sans se comparer, n'est pas plus susceptible de vanité que de modestie; content de sentir ce qu'il est, il ne cherche point quelle est sa place parmi les hommes, et je suis sûr que de sa vie il ne lui entra dans l'esprit de se mesurer avec un autre pour savoir lequel était le plus grand ou le plus petit. Le leur, plein de ruse et d'art pour en imposer, voile ses vices avec la plus grande adresse, et cache sa méchanceté sous une candeur apparente; le mien, emporté, violent même dans ses premiers moments plus rapides que l'éclair, passe sa vie à faire de grandes et courtes fautes, et à les expier par de vifs et longs repentirs : au surplus, sans prudence, sans présence d'esprit, et d'une balourdise incroyable, il offense quand il veut plaire, et dans sa naïveté, plutôt étourdie que franche, dit également ce qui lui sert et qui lui nuit, sans même en sentir la différence. Enfin, le leur est un esprit diabolique, aigu, pénétrant; le mien, ne pensant qu'avec beaucoup de lenteur et d'efforts, en craint la fatigue, et, souvent n'entendant les choses les plus communes qu'en y rêvant à son aise et seul, peut à peine passer pour un homme d'esprit.

N'est-il pas vrai que, si je multipliais ces oppositions, comme je le pourrais faire, vous les prendriez pour des jeux d'imagination qui n'auraient aucune réalité? Et cependant je ne vous dirais rien qui ne fût, non comme à vous, affirmé par d'autres, mais attesté par ma propre conscience. Cette manière simple, mais peu croyable, de démentir les assertions bruyantes des gens passionnés par les observations paisibles, mais sûres, d'un homme impartial, serait donc inutile et ne produirait aucun effet. D'ailleurs, la situation de Jean-Jacques à certains égards est même trop incroyable pour pouvoir être bien dévoilée. Cependant, pour le bien connaître à fond, il faudrait connaître et ce qu'il endure et ce qui le lui fait supporter. Or, tout cela ne peut bien se dire, pour le croire il faut l'avoir vu.

Mais essayons s'il n'y aurait point quelque autre route aussi droite et moins traversée pour arriver au même but; s'il n'y aurait point quelque moyen de vous faire sentir tout d'un coup, par une impression simple et immédiate, ce que, dans les opinions où vous êtes, je ne saurais vous persuader en procédant graduellement, sans attaquer sans cesse, par des négations dures, les tranchantes assertions de vos messieurs. Je voudrais tâcher pour cela de vous esquisser ici le portrait de mon Jean-Jacques, tel qu'après un long examen de l'original l'idée s'en est empreinte dans mon esprit. D'abord, vous pourrez comparer ce portrait à celui qu'ils en ont tracé, juger lequel des deux est le plus lié dans ses parties, et paraît former le mieux un seul tout; lequel explique le plus naturellement et le plus clairement la conduite de celui qu'il représente, ses goûts, ses habitudes, et tout ce qu'on connaît de lui, non-seulement depuis qu'il a fait des livres, mais dès son enfance, et de tous les temps; après quoi, il ne tiendra qu'à vous de vérifier par vous-même si j'ai bien ou mal vu.

Le Fr. Rien de mieux que tout cela. Parlez donc; je vous écoute.

Rouss. De tous les hommes que j'ai connus, celui dont le caractère dérive le plus pleinement de son seul tempérament est Jean-Jacques. Il est ce que l'a fait la nature; l'éducation ne l'a que bien peu modifié. Si, dès sa naissance, ses facultés et ses forces s'étaient tout-à-coup développées, dès lors on l'eût trouvé tel à peu près qu'il fut dans son âge mûr; et maintenant, après soixante ans de peines et de misères, le temps, l'adversité, les hommes l'ont encore très peu changé. Tandis que son corps vieillit et se casse, son cœur reste jeune toujours; il garde encore les mêmes goûts, les mêmes passions de son jeune âge, et jusqu'à la fin de sa vie il ne cessera d'être un vieux enfant.

Mais ce tempérament, qui lui a donné sa forme morale, a des singularités qui, pour être démêlées, demandent une attention plus suivie que le coup d'œil suffisant qu'on jette sur un homme qu'on croit connaître et qu'on a déjà jugé. Je puis même dire que c'est par son extérieur vulgaire et par ce qu'il y a de plus commun, qu'en y regardant mieux je l'ai trouvé le plus singulier. Ce paradoxe s'éclaircira de lui-même à mesure que vous m'écouterez.

Si, comme je vous l'ai dit, je fus surpris au premier abord de le trouver si différent de ce que je me l'étais figuré dans vos récits, je le fus bien plus du peu d'éclat, pour ne pas dire de la bêtise, de ses entretiens : moi qui, ayant eu à vivre avec des gens de lettres, les ai toujours trouvés brillants, élancés, sentencieux comme des oracles, subjuguant tout par leur docte faconde et par la hauteur de leurs décisions. Celui-ci ne disant guère que des choses communes, et les disant sans précision, sans finesse, et sans force, paraît toujours fatigué de parler, même en parlant peu, soit de la peine d'entendre, souvent même n'entendant point, sitôt qu'on dit des choses un peu fines, et n'y répondant jamais à propos. Que, s'il lui vient par hasard quelque mot heureusement trouvé, il en est si aise, que, pour avoir quelque chose à dire, il le répète éternellement. On le prendrait dans la conversation, non pour un penseur plein d'idées vives et neuves, pensant avec force et s'exprimant avec justesse, mais pour un écolier embarrassé du choix de ses termes, et subjugué par la suffisance des gens qui en savent plus que lui. Je n'avais jamais vu ce maintien timide et gêné dans nos moindres barbouilleurs de brochures; comment le concevoir dans un auteur qui, foulant aux pieds les opinions de son siècle, semblait en toute chose moins disposé à recevoir la loi qu'à la faire? S'il n'eût fait que dire des choses triviales et plates, j'aurais pu croire qu'il faisait l'imbécile pour dépayser les espions dont il se sent entouré; mais, quels que soient les gens qui l'écoutent, loin d'user avec eux de la moindre précaution, il lâche étourdiment cent propos inconsidérés, qui donnent sur lui de grandes prises : non qu'au fond ces propos soient répréhensibles, mais parce qu'il est possible de leur donner un mauvais sens, qui, sans lui être venu dans l'esprit, ne manque pas de se présenter par préférence à celui des gens qui l'écoutent, et qui ne cherchent que cela. En un mot, je l'ai presque toujours trouvé pesant à penser, maladroit à dire, se fatiguant sans cesse à chercher le mot propre qui ne lui venait jamais, et embrouillant des idées déjà peu claires par une mauvaise manière de les exprimer. J'ajoute en passant que si, dans nos premiers entretiens, j'avais pu deviner cet extrême embarras de parler, j'en aurais tiré, sur vos propres arguments, une preuve nouvelle qu'il n'avait pas fait ses livres : car si, selon vous, déchiffrant si mal la musique, il n'en avait pu composer, à plus forte raison, sachant si mal parler, il n'avait pu si bien écrire.

Une pareille ineptie était déjà fort étonnante dans un homme assez adroit pour avoir trompé quarante ans, par de fausses apparences, tous ceux qui l'ont approché; mais ce n'est pas tout. Ce même homme, dont l'œil terne et la physionomie effacée semblent, dans les entretiens indifférents, n'annoncer que de la stupidité, change tout-à-coup d'air et de maintien sitôt qu'une matière intéressante pour lui le tire de sa léthargie. On voit sa physionomie éteinte s'animer, se vivifier, devenir parlante, expressive, et promettre de l'esprit. A juger par l'éclat qu'ont encore alors ses yeux à son âge, dans sa jeunesse ils ont dû lancer des éclairs. A son geste impétueux, à sa contenance agitée, on voit que son sang bouillonne, on croirait que des traits de feu vont partir de sa bouche : et point du tout; toute cette effervescence ne produit que des propos communs, confus, mal ordonnés, qui, sans être plus expressifs qu'à l'ordinaire, sont seulement plus inconsidérés. Il élève beaucoup la voix; mais ce qu'il dit devient plus bruyant sans être plus vigoureux. Quelquefois cependant je lui ai trouvé de l'énergie dans l'expression; mais ce n'était jamais au moment d'une explosion subite : c'était seulement lorsque cette explosion, ayant précédé, avait déjà produit son premier effet. Alors cette émotion prolongée, agissant avec plus de règle, semblait agir avec plus de force, et lui suggérait des expressions vigoureuses, pleines du sentiment dont il était encore agité. J'ai compris par là comment cet homme pouvait, quand son sujet échauffait son cœur, écrire avec force, quoiqu'il parlât faiblement, et comment sa plume devait mieux que sa langue parler le langage des passions.

Le Fr. Tout cela n'est pas si contraire que vous pensez aux idées qu'on m'a données de son caractère. Cet embarras d'abord et cette timidité que vous lui attribuez sont reconnus maintenant dans le monde pour être plus sûres enseignes de l'amour-propre et de l'orgueil.

Rouss. D'où il suit que nos petits pâtres et nos pauvres villageoises regorgent d'amour-propre, et que nos brillants académiciens, nos jeunes abbés et nos dames du grand air, sont des prodiges de modestie et d'humilité. O malheureuse nation! où toutes les idées de l'aimable et du bon sont renversées et où l'arrogant amour-propre des gens du monde transforme en orgueil et en vices les vertus qu'ils foulent aux pieds!

Le Fr. Ne vous échauffez pas. Laissons ce nouveau paradoxe, sur lequel on peut disputer, et revenons à la sensibilité de notre homme, dont vous convenez vous-même, et qui se déduit de vos observations. D'une profonde indifférence sur tout ce qui ne touche pas son petit individu, il ne s'anime jamais que pour son propre intérêt; mais toutes les fois qu'il s'agit de lui, la violente intensité de son amour-propre doit en effet l'agiter jusqu'au transport; et ce n'est que quand cette agitation se modère qu'il commence d'exhaler sa bile et sa rage, qui, dans les premiers moments, se concentre avec force autour de son cœur.

Rouss. Mes observations, dont vous tirez ce résultat, m'en fournissent un tout contraire. Il est certain qu'il ne s'affecte pas généralement, comme tous nos auteurs, de toutes les questions un peu fines qui se présentent, et qu'il ne suffit pas, pour qu'une discussion l'intéresse, que l'esprit puisse y briller. J'ai toujours vu, j'en conviens, que pour vaincre sa paresse à parler, et l'émouvoir dans la conversation, il fallait un autre intérêt que celui de la vanité du babil; mais je n'ai guère vu que cet intérêt, capable de l'animer, fût son intérêt propre, celui de son individu. Au contraire, quand il s'agit de lui, soit qu'on le cajole par des flatteries, soit qu'on cherche à l'outrager à mots couverts, je lui ai toujours trouvé un air nonchalant et dédaigneux, qui ne montrait pas qu'il fît un grand cas de tous ces discours, ni de ceux qui les lui tenaient, ni de leurs opinions sur son compte; mais l'intérêt plus grand, plus noble qui l'anime et le passionne, est celui de la justice et de la vérité, et je ne l'ai jamais vu écouter de sang-froid toute doctrine qu'il crût nuisible au bien public. Son embarras de parler peut souvent l'empêcher de se commettre, lui et la bonne cause, vis-à-vis ces brillants péroreurs qui savent habiller en termes séduisants et magnifiques leur cruelle philosophie; mais il est aisé de voir alors l'effort qu'il fait pour se taire et combien son cœur souffre à laisser propager des erreurs qu'il croit funestes au genre humain. Défenseur indiscret du faible et de l'opprimé qu'il ne connaît même pas, je l'ai vu souvent rompre impétueusement en visière au puissant oppresseur qui, sans paraître offensé de son audace, s'apprêtait, sous l'air de la modération, à lui faire payer cher un jour cette incartade : de sorte que, tandis qu'au zèle emporté de l'un on le reprend pour un furieux; l'autre, en méditant en secret des noirceurs, paraît un sage qui se possède; et voilà comment, jugeant toujours sur les apparences, les hommes le plus souvent prennent le contre-pied de la vérité.

Je l'ai vu se passionner de même, et souvent jusqu'aux larmes, pour les choses bonnes et belles dont il était frappé dans les merveilles de la nature, dans les œuvres des hommes, dans les vertus, dans le talents, dans les beaux-arts, et généralement dans tout ce qui porte un caractère de force, de grâce ou de vérité, digne d'émouvoir une âme sensible. Mais surtout ce que je n'ai vu qu'en lui seul au monde, c'est un égal attachement pour les productions de ses plus cruels ennemis, et même pour celles qui déposaient contre ses propres idées, lorsqu'il y trouvait les beautés faites pour toucher son cœur, les goûtant avec le même plaisir, les louant avec le même zèle que si son amour-propre n'en eût point reçu d'atteinte, que si l'auteur eût été son meilleur ami, et s'indignant avec le même feu des cabales faites pour leur ôter, avec les suffrages du public, le prix qui leur était dû. Son grand malheur est que tout cela n'est jamais réglé par la prudence, et qu'il se livre impétueusement au mouvement dont il est agité, sans en prévoir l'effet et les suites, ou sans s'en soucier. S'animer modérément n'est pas une chose en sa puissance; il faut qu'il soit de flamme ou de glace : quand il est tiède, il est nul.

Enfin j'ai remarqué que l'activité de son âme durait peu, qu'elle était courte à proportion qu'elle était vive, que l'ardeur de ses passions les consumait, les dévorait elles-mêmes, et qu'après de fortes et rapides explosions elles s'anéantissaient aussitôt, et le laissaient retomber dans ce premier engourdissement qui le livre au seul empire de l'habitude, et me pa... être son état permanent et naturel.

Voilà le précis des observations d'où j'ai tiré la connaissance de sa constitution physique, et par des conséquences nécessaires, confirmées par sa conduite en toute chose, celle de son vrai caractère. Ces observations, et les autres qui s'y rapportent, offrent pour résultat un tempérament mixte, formé d'éléments qui paraissent contraires : un cœur sensible, ardent, ou très inflammable ; un cerveau compacte et lourd, dont les parties solides et massives ne peuvent être ébranlées que par une agitation du sang vive et prolongée. Je ne cherche point à lever en physicien ces apparentes contradictions ; et que m'importe ? Ce qui m'importait était de m'assurer de leur réalité, et c'est aussi tout ce que j'ai fait. Mais ce résultat, pour paraître à vos yeux dans tout son jour, a besoin des explications que je vais tâcher d'y joindre.

J'ai souvent ouï reprocher à Jean-Jacques, comme vous venez de faire, un excès de sensibilité, et tirer de là l'évidente conséquence qu'il était un monstre. C'est surtout le but d'un nouveau livre anglais intitulé *Recherches sur l'âme*, où, à la faveur de je ne sais combien de beaux détails anatomiques et tout-à-fait concluants, on prouve qu'il n'y a point d'âme, puisque l'auteur n'en a point vu à l'origine des nerfs ; et l'on établit en principe que la sensibilité dans l'homme est la seule cause de ses vices et de ses crimes, et qu'il est méchant en raison de cette sensibilité, quoique, par une exception à la règle, l'auteur accorde que cette même sensibilité peut quelquefois engendrer des vertus. Sans disputer sur la doctrine impartiale du philosophe chirurgien, tâchons de commencer par bien entendre ce mot de *sensibilité*, auquel, faute de notions exactes, on applique à chaque instant des idées si vagues et souvent contradictoires.

La sensibilité est le principe de toute action. Un être, quoique animé, qui ne sentirait rien, n'agirait point : car où serait pour lui le motif d'agir ? Dieu lui-même est sensible, puisqu'il agit. Tous les hommes sont donc sensibles, et peut-être au même degré, mais non pas de la même manière. Il y a une sensibilité physique et organique qui, purement passive, paraît n'avoir pour fin que la conservation de notre corps et celle de notre espèce, par les directions du plaisir et de la douleur. Il y a une autre sensibilité, que j'appelle active et morale, qui n'est autre chose que la faculté d'attacher nos affections à des êtres qui nous sont étrangers. Celle-ci, dont l'étude des paires de nerfs ne donne pas la connaissance, semble offrir dans les âmes une analogie assez claire avec la faculté attractive des corps. Sa force est en raison des rapports que nous sentons entre nous et les autres êtres ; et, selon la nature de ces rapports, elle agit tantôt positivement par attraction, tantôt négativement par répulsion, comme un aimant par ses pôles. L'action positive ou attirante est l'œuvre simple de la nature, qui cherche à étendre et renforcer le sentiment de notre être ; la négative ou repoussante, qui comprime et rétrécit celui d'autrui, est une combinaison que la réflexion produit. De la première naissent toutes les passions aimantes et douces ; de la seconde, toutes les passions haineuses et cruelles. Veuillez, monsieur, vous rappeler ici, avec les distinctions faites dans nos premiers entretiens entre l'amour de soi-même et l'amour-propre; la manière dont l'un et l'autre agissent sur le cœur humain. La sensibilité positive dérive immédiatement de l'amour de soi. Il est très naturel que celui qui s'aime cherche à étendre son être et ses jouissances, et à s'approprier par l'attachement ce qu'il sent devoir être un bien pour lui; ceci est une pure affaire de sentiment, où la réflexion n'entre pour rien. Mais sitôt que cet amour absolu dégénère en amour-propre et comparatif, il produit la sensibilité négative, parce qu'aussitôt qu'on prend l'habitude de se mesurer avec d'autres, et de se transporter hors de soi, pour s'assigner la première et meilleure place, il est impossible de ne pas prendre en aversion tout ce qui nous surpasse, tout ce qui nous rabaisse, tout ce qui nous comprime, tout ce qui, étant quelque chose, nous empêche d'être tout. L'amour-propre est toujours irrité ou mécontent, parce qu'il voudrait que chacun nous préférât à tout et à lui-même; ce qui ne se peut; il s'irrite des préférences qu'il sent que d'autres méritent, quand même ils ne les obtiendraient pas; il s'irrite des avantages qu'un autre a sur nous, sans s'apaiser par ceux dont il se sent dédommagé. Le sentiment de l'infériorité à un seul égard empoisonne alors celui de la supériorité à mille autres, et l'on oublie ce qu'on a de plus, pour s'occuper uniquement de ce qu'on a de moins. Vous sentez qu'il n'y a pas à tout cela de quoi disposer l'âme à la bienveillance.

Si vous me demandez d'où naît cette disposition à se comparer, qui change une passion naturelle et bonne en une autre passion factice et mauvaise, je vous répondrai qu'elle vient des relations sociales, du progrès des idées, et de la culture de l'esprit. Tant qu'occupé des seuls besoins absolus on se borne à rechercher ce qui nous est vraiment utile, on ne jette guère sur d'autres un regard oiseux; mais à mesure que la société se resserre par le lien des besoins mutuels, à mesure que l'esprit s'étend, s'exerce et s'éclaire, il prend plus d'activité, il embrasse plus d'objets, saisit plus de rapports, examine, compare; dans ses fréquentes comparaisons, il n'oublie ni lui-même, ni ses semblables, ni la place à laquelle il prétend parmi eux. Dès qu'on a commencé de se mesurer ainsi l'on ne cesse plus, et le cœur ne sait plus s'occuper désormais qu'à mettre tout le monde au-dessous de nous. Aussi remarque-t-on généralement, en confirmation de cette théorie, que les gens d'esprit, et surtout les gens de lettres, sont de tous les hommes ceux qui ont une plus grande intensité d'amour-propre, les moins portés à aimer, les plus portés à haïr.

Vous me direz peut-être que rien n'est plus commun que des sots pétris d'amour-propre. Cela n'est vrai qu'en distinguant. Fort souvent les sots sont vains, mais rarement ils sont jaloux, parce que, se croyant bonnement à la première place, ils sont toujours très contents de leur lot. Un homme d'esprit n'a guère le même bonheur; il sent parfaitement et ce qui lui manque et l'avantage qu'en fait de mérite ou de talents un autre peut avoir sur lui. Il n'avoue cela qu'à lui-même, mais il le sent en dépit de lui, et voilà ce que l'amour-propre ne pardonne point.

Ces éclaircissements m'ont paru nécessaires pour jeter du jour sur ces imputations de sensibilité, tournées par les uns en éloges, et par les autres en reproches, sans que les uns ni les autres sachent trop ce qu'ils veulent dire par là, faute d'avoir conçu qu'il est des genres de sensibilité de natures différentes et même contraires, qui ne sauraient s'allier ensemble dans un même individu. Passons maintenant à l'application.

Jean-Jacques m'a paru doué de la sensibilité physique à un assez haut degré. Il dépend beaucoup de ses sens, et il en dépendrait bien davantage si la sensibilité morale n'y faisait souvent diversion; et c'est même encore souvent par celle-ci que l'autre l'affecte si vivement. De beaux sons, un beau ciel, un beau paysage, un beau lac, des fleurs, des parfums, de beaux yeux, un doux regard; tout cela ne réagit si fort sur ses sens qu'après avoir percé par quelque côté jusqu'à son cœur. Je l'ai vu faire deux lieues par jour, durant presque tout un printemps, pour aller écouter à Bercy le rossignol à son aise; il fallait l'eau, la verdure, la solitude et les bois pour rendre le chant de cet oiseau touchant à son oreille; et la campagne elle-même aurait moins de charmes à ses yeux s'il n'y voyait les soins de la mère commune qui se plaît à parer le séjour de ses enfants. Ce qu'il y a de mixte dans la plupart de ses sensations les tempère, et, ôtant à celles qui sont purement matérielles l'attrait séducteur des autres, fait que toutes agissent sur lui plus modérément. Ainsi sa sensualité, quoique vive, n'est jamais fougueuse, et, sentant moins les privations que les jouissances, il pourrait se dire en un sens plutôt tempérant que sobre. Cependant l'abstinence totale peut lui coûter quand l'imagination le tourmente, au lieu que la modération ne lui coûte plus rien dans ce qu'il possède, parce qu'alors l'imagination n'agit plus. S'il aime à jouir, c'est seulement après avoir désiré, et il n'attend pas pour cesser que le désir cesse, il suffit qu'il soit attiédi. Ses goûts sont sains, délicats même, mais non pas raffinés. Le bon vin, les bons mets, lui plaisent fort; mais il aime par préférence ceux qui sont simples, communs, sans apprêt, mais choisis dans leur espèce, et ne fait aucun cas en aucune chose du prix que donne uniquement la rareté. Il hait les mets fins et la chère trop recherchée. Il entre bien rarement chez lui du gibier, et il n'y en entrerait jamais s'il y était mieux le maître. Ses repas, ses festins, sont d'un plat unique et toujours le même jusqu'à ce qu'il soit achevé. En un mot, il est sensuel plus qu'il ne faudrait peut-être, mais pas assez pour n'être que cela. On dit du mal de ceux qui le sont, cependant ils suivent dans toute sa simplicité l'instinct de la nature, qui nous porte à rechercher ce qui nous flatte et à fuir ce qui nous répugne: je ne vois pas quel mal produit un pareil penchant. L'homme sensuel est l'homme de la nature; l'homme réfléchi est celui de l'opinion; c'est celui-ci qui est dangereux. L'autre ne peut jamais l'être, quand même il tomberait dans l'excès. Il est vrai qu'il faut borner ce mot de sensualité à l'acception que je lui donne, et ne pas l'étendre à ces voluptueux de parade qui se font une vanité de l'être, ou qui, pour vouloir passer les limites du plaisir, tombent dans la dépravation, ou qui, dans les raffinements du luxe, cherchant moins les charmes de la jouissance que ceux de l'exclusion, dédaignent les plaisirs dont tout homme a le choix, et se bornent à ceux qui font envie au peuple.

Jean-Jacques, esclave de ses sens, ne s'affecte pas néanmoins de toutes les sensations; et pour qu'un objet lui fasse impression, il faut qu'à la simple sensation se joigne un sentiment distinct de plaisir ou de peine qui l'attire ou qui le repousse. Il en est de même des idées qui peuvent frapper son cerveau : si l'impression n'en pénètre jusqu'à son cœur, elle est nulle. Rien d'indifférent pour lui ne peut rester dans sa mémoire, et à peine peut-on dire qu'il aperçoive ce qu'il ne fait qu'apercevoir. Tout cela fait qu'il n'y eut jamais sur la terre d'homme moins curieux des affaires d'autrui, et de ce qui ne le touche en aucune sorte, ni de plus mauvais observateur, quoiqu'il ait cru longtemps en être un très bon, parce qu'il croyait toujours bien voir quand il ne faisait que sentir vivement. Mais celui qui ne sait voir que les objets qui le touchent en détermine mal les rapports, et, quelque délicat que soit le toucher d'un aveugle, il ne lui tiendra jamais lieu de deux bons yeux. En un mot, tout ce qui n'est que de pure curiosité, soit dans les arts, soit dans le monde, soit dans la nature, ne tente ni ne flatte Jean-Jacques en aucune sorte, et jamais on ne le verra s'en occuper volontairement un seul moment. Tout cela tient encore à cette paresse de penser qui, déjà trop contrariée pour son propre compte, l'empêche d'être affecté des objets indifférents. C'est aussi par là qu'il faut expliquer ces distractions continuelles qui dans les conversations ordinaires l'empêchent d'entendre presque rien de ce qui se dit, et vont quelquefois jusqu'à la stupidité. Ces distractions ne viennent pas de ce qu'il pense à autre chose, mais de ce qu'il ne pense à rien, et qu'il ne peut supporter la fatigue d'écouter ce qu'il lui importe peu de savoir : il paraît distrait, sans l'être, et n'est exactement qu'engourdi.

De là les imprudences et les balourdises qui lui échappent à tout moment, et qui lui ont fait plus de mal que ne lui en auraient fait les vices les plus odieux : car ces vices l'auraient forcé d'être attentif sur lui-même pour les déguiser aux yeux d'autrui. Les gens adroits, faux, malfaisants, sont toujours en garde et ne donnent aucune prise sur eux par leurs discours. On est bien moins soigneux de cacher le mal quand on sent le bien qui le rachète, et qu'on ne risque rien à se montrer tel qu'on est. Quel est l'honnête homme qui n'ait ni vice ni défaut, et qui, se mettant toujours à découvert, ne dise et ne fasse jamais des choses répréhensibles? L'homme rusé qui ne se montre que tel qu'il veut qu'on le voie n'en paraît point faire et n'en dit jamais, du moins en public ; mais défions-nous des gens parfaits. Même indépendamment des imposteurs qui le défigurent, Jean-Jacques eût toujours difficilement paru ce qu'il vaut, parce qu'il ne sait pas mettre son prix en montre; et que sa maladresse y met incessamment ses défauts. Tels sont en lui les effets bons et mauvais de la sensibilité physique.

Quant à la sensibilité morale, je n'ai connu aucun homme qui en fût autant subjugué ; mais c'est ici qu'il faut s'entendre : car je n'ai trouvé en lui que celle qui agit positivement, qui vient de la nature et que j'ai ci-devant décrite. Le besoin d'attacher son cœur, satisfait avec plus d'empressement que de choix, a causé tous les malheurs de sa vie; mais, quoiqu'il s'anime assez fréquemment et souvent très vivement, je ne lui ai jamais vu de ces démonstrations affectées et convulsives, de ces singeries à la mode dont on nous fait des maladies de nerfs. Ses émotions s'aperçoivent, quoiqu'il ne s'agite pas : elles sont naturelles et simples comme son caractère ; il est parmi tous ces énergumènes de sensibilité comme une belle femme sans rouge, qui, n'ayant que les couleurs de la nature, paraît pâle au milieu des visages fardés. Pour la sensibilité répulsive qui s'exalte dans la société, et dont je distingue l'impression vive et rapide du premier moment qui produit la colère et non pas la haine, je ne lui en ai trouvé des vestiges que par le côté qui tient à l'instinct moral, c'est-à-dire que la haine de l'injustice et de la méchanceté peut bien lui rendre odieux l'homme injuste et le méchant, mais sans qu'il se mêle à cette aversion rien de personnel qui tienne à l'amour-propre. Rien de celui d'auteur et d'homme de lettres ne se fait sentir en lui. Jamais sentiment de haine et de jalousie contre aucun homme ne prit racine au fond de son cœur; jamais on ne l'ouït dépriser ni rabaisser les hommes célèbres pour nuire à leur réputation. De sa vie il n'a tenté, même dans ses courts succès, de se faire ni parti, ni prosélytes, ni de primer nulle part. Dans toutes les sociétés où il a vécu, il a toujours laissé donner le ton par d'autres, s'attachant lui-même des premiers à leur char, parce qu'il leur trouvait du mérite, et que leur esprit épargnait de la peine au sien; tellement que, dans aucune de ces sociétés, on ne s'est jamais douté des talents prodigieux dont le public le gratifie aujourd'hui pour en faire les instruments de ses crimes; et maintenant encore, s'il vivait parmi des gens non prévenus, qui ne sussent point qu'il a fait des livres, je suis sûr que, loin de l'en croire capable, tous s'accorderaient à ne lui trouver ni goût ni vocation pour ce métier.

Ce même naturel ardent et doux se fait constamment sentir dans tous ses écrits comme dans ses discours. Il ne cherche ni n'évite de parler de ses ennemis. Quand il en parle, c'est avec une fierté sans dédain, avec une plaisanterie sans fiel, avec des reproches sans amertume, avec une franchise sans malignité. Et de même il ne parle de ses rivaux de gloire qu'avec des éloges mérités sous lesquels aucun venin ne se cache; ce qu'on ne dira sûrement pas de ceux qu'ils font quelquefois de lui. Mais ce que j'ai trouvé en lui de plus rare pour un auteur, et même pour tout homme sensible, c'est la tolérance la plus parfaite en faits de sentiments et d'opinions, et l'éloignement de tout esprit de parti, même en sa faveur; voulant dire en liberté son avis et ses raisons quand la chose le demande, et même, quand son cœur s'échauffe, y mettant de la passion; mais ne blâmant pas plus qu'on n'adopte pas son sentiment, qu'il ne souffre qu'on le lui veuille ôter, et laissant à chacun la même liberté de penser qu'il réclame pour lui-même. J'entends tout le monde parler de tolérance, mais je n'ai connu de vrai tolérant que lui seul.

Enfin l'espèce de sensibilité que j'ai trouvée en lui peut rendre peu sages et très malheureux ceux qu'elle gouverne; mais elle n'en fait ni des cerveaux brûlés ni des monstres : elle en fait seulement des hommes inconséquents et souvent en contradiction avec eux-mêmes, quand unissant, comme celui-ci, un cœur vif et un esprit lent, ils commencent par ne suivre que leurs penchants, et finissent par vouloir rétrograder, mais trop tard, quand leur raison plus tardive les avertit enfin qu'ils s'égarent.

Cette opposition entre les premiers éléments de sa constitution se fait sentir dans la plupart des qualités qui en dérivent et dans toute sa conduite. Il y a peu de suite dans ses actions, parce que ses mouvements naturels et ses projets réfléchis ne le menant jamais sur la même ligne, les premiers le détournent à chaque instant de la route qu'il s'est tracée, et qu'en agissant beaucoup il n'avance point. Il n'y a rien de grand, de beau, de généreux dont par élans il ne soit capable; mais il se lasse bien vite, et retombe aussitôt dans son inertie : c'est en vain que les actions nobles et belles sont quelques instants dans son courage, la paresse et la timidité qui succèdent bientôt le retiennent, l'anéantissent, et voilà comment, avec des sentiments quelquefois élevés et grands, il fut toujours petit et nul par sa conduite.

Voulez-vous donc connaître à fond sa conduite et ses mœurs, étudiez bien ses inclinations et ses goûts; cette connaissance vous donnera l'autre parfaitement; car jamais homme ne se conduisit moins sur des principes et des règles, et ne suivit plus aveuglément ses penchants. Prudence, raison, précaution, prévoyance, tout cela ne sont pour lui que des mots sans effet. Quand il est tenté, il succombe; quand il ne l'est pas, il reste dans sa langueur. Par là vous voyez que sa conduite doit être inégale et sautillante, quelques instants impétueuse, et presque toujours molle ou nulle. Il ne marche pas; il fait des bonds, et retombe à la même place; son activité même ne tend qu'à le ramener à celle dont la force des choses le tire; et, s'il n'était poussé que par son plus constant désir, il resterait toujours immobile. Enfin, jamais il n'exista d'être plus sensible à l'émotion et moins formé pour l'action.

Jean-Jacques n'a pas toujours fui les hommes; mais il a toujours aimé la solitude. Il se plaisait avec les amis qu'il croyait avoir, mais il se plaisait encore plus avec lui-même. Il chérissait leur société; mais il avait quelquefois besoin de se recueillir, et peut-être eût-il encore mieux aimé vivre toujours seul que toujours avec eux. Son affection pour le roman de *Robinson* m'a fait juger qu'il ne se fût pas cru si malheureux que lui, confiné dans son île déserte. Pour un homme sensible, sans ambition et sans vanité, il est moins cruel et moins difficile de vivre seul dans un désert que seul parmi ses semblables. Du reste, quoique cette inclination pour la vie retirée et solitaire n'ait certainement rien de méchant et de misanthrope, elle est néanmoins si singulière, que je ne l'ai jamais trouvée à ce point qu'en lui seul, et qu'il en fallait absolument démêler la cause précise, ou renoncer à bien connaître l'homme dans lequel je la remarquais.

J'ai bien vu d'abord que la mesure des sociétés ordinaires, où règne une familiarité apparente et une réserve réelle, ne pouvait lui convenir. L'impossibilité de flatter son langage et de cacher les mouvements de son cœur mettait de son côté un désavantage énorme vis-à-vis du reste des hommes, qui, sachant cacher ce qu'ils sentent et ce qu'ils sont, se montrent uniquement comme il leur convient qu'on les voie. Il n'y avait qu'une intimité parfaite qui pût entre eux et lui rétablir l'égalité. Mais, quand il l'y a mise, ils n'en ont mis, eux, que l'apparence : elle était de sa part une imprudence, et de la leur une embûche; et cette tromperie, dont il fut la victime, une fois sentie, a dû pour jamais le tenir éloigné d'eux.

Mais enfin, perdant les douceurs de la société humaine, qu'a-t-il substitué qui pût l'en dédommager et lui faire préférer ce nouvel état à l'autre malgré ses inconvénients? Je sais que le bruit du monde effarouche les cœurs aimants et tendres; qu'ils se resserrent et se compriment dans la foule, qu'ils se dilatent et s'épanchent entre eux, qu'il n'y a de véritable effusion que dans le tête-à-tête; qu'enfin cette intimité délicieuse qui fait la véritable jouissance de l'amitié ne peut guère se former et se nourrir que dans la retraite; mais je sais aussi qu'une solitude absolue est un état triste et contraire à la nature; les sentiments affectueux nourrissent l'âme, la communication des idées avive l'esprit. Notre plus douce existence est relative et collective, et notre vrai *moi* n'est pas tout entier en nous. Enfin, telle est la constitution de l'homme en cette vie, qu'on n'y parvient jamais à bien jouir de soi sans le concours d'autrui. Le solitaire Jean-Jacques devrait donc être sombre, taciturne, et vivre toujours mécontent. C'est en effet ainsi qu'il paraît dans tous ses portraits, et c'est ainsi qu'on me l'a toujours dépeint depuis ses malheurs; même on lui fait dire dans une lettre imprimée, qu'il n'a ri dans toute sa vie que deux fois qu'il cite, et toutes deux d'un rire de méchanceté. Mais on me parlait jadis de lui tout autrement, et je l'ai vu tout autre lui-même sitôt qu'il s'est mis à son aise avec moi. J'ai surtout été frappé de ne lui trouver jamais l'esprit si gai, si serein, que quand on l'avait laissé seul et tranquille, ou au retour de sa promenade solitaire, pourvu que ce ne fût pas un flagorneur qui l'accostât. Sa conversation était alors encore plus ouverte et douce qu'à l'ordinaire, comme serait celle d'un homme qui sort d'avoir du plaisir. De quoi s'occupait-il donc ainsi seul, lui qui, devenu la risée et l'horreur de ses contemporains, ne voit dans sa triste destinée que des sujets de larmes et de désespoir?

Ô providence! ô nature! trésor du pauvre, ressource de l'infortuné; celui qui sent, qui connaît vos saintes lois et s'y confie, celui dont le cœur est en paix et dont le corps ne souffre pas, grâces à vous, n'est point tout entier en proie à l'adversité. Malgré tous les complots des hommes, tous les succès des méchants, il ne peut être absolument misérable. Dépouillé par des mains cruelles de tous les biens de cette vie, l'espérance l'en dédommage dans l'avenir, l'imagination les lui rend dans l'instant même; d'heureuses fictions lui tiennent lieu d'un bonheur réel; et, que dis-je? lui seul est solidement heureux, puisque les biens terrestres peuvent à chaque instant échapper en mille manières à celui qui croit les tenir : mais rien ne peut ôter ceux de l'imagination à quiconque sait en jouir. Il les possède sans risque et sans crainte; la fortune et les hommes ne sauraient l'en dépouiller.

Faible ressource, allez-vous dire, que des visions contre une grande adversité! Eh! monsieur, ces visions ont plus de réalité peut-être que tous les biens apparents dont les hommes font tant de cas, puisqu'ils ne portent jamais dans l'âme un vrai sentiment de bonheur, et que ceux qui les possèdent sont également forcés de se jeter dans l'avenir, faute de trouver dans le présent des jouissances qui les satisfassent.

Si l'on vous disait qu'un mortel, d'ailleurs très infortuné, passe régulièrement cinq ou six heures par jour dans des sociétés délicieuses, composées d'hommes justes, vrais, gais, aimables, simples avec de grandes lumières, doux avec de grandes vertus; de femmes charmantes et sages, pleines de sentiment et de grâces, modestes sans grimace, badines sans étourderie, n'usant de l'ascendant de leur sexe et de l'empire de leurs charmes que pour nourrir entre les hommes l'émulation des grandes choses et le zèle de la vertu; que ce mortel, connu, estimé, chéri dans ces sociétés d'élite, y vit, avec tout ce qui les compose, dans un commerce de confiance, d'attachement, de familiarité ; qu'il y trouve à son choix des amis sûrs, des maîtresses fidèles, de tendres et solides amies, qui valent peut-être encore mieux : pensez-vous que la moitié de chaque jour ainsi passée ne rachèterait pas bien les peines de l'autre moitié? Le souvenir toujours présent d'une si douce vie et l'espoir assuré de son prochain retour n'adouciraient-ils pas bien encore l'amertume du reste du temps? et croyez-vous qu'à tout prendre l'homme le plus heureux de la terre compte dans le même espace plus de moments aussi doux? Pour moi, je pense, et vous penserez, je m'assure, que cet homme pourrait se flatter, malgré ses peines, de passer de cette manière une vie aussi pleine de bonheur et de jouissances que tel autre mortel que ce soit. Eh bien! monsieur, tel est l'état de Jean-Jacques au milieu de ses afflictions et de ses fictions, de ce Jean-Jacques si cruellement, si obstinément, si indignement noirci, flétri, diffamé, et qu'avec des soucis, des soins, des frais énormes, ses adroits, ses puissants persécuteurs travaillent depuis si longtemps sans relâche à rendre le plus malheureux des êtres. Au milieu de tous leurs succès, il leur échappe ; et, se réfugiant dans les régions éthérées, il vit heureux en dépit d'eux : jamais, avec toutes leurs machines, ils ne le poursuivront jusque-là.

Les hommes, livrés à l'amour-propre et à son triste cortége, ne connaissent plus le charme et l'effet de l'imagination. Ils pervertissent l'usage de cette faculté consolatrice : au lieu de s'en servir pour adoucir le sentiment de leurs maux, ils ne s'en servent que pour l'irriter. Plus occupés des objets qui les blessent que de ceux qui les flattent, ils voient partout quelque sujet de peine, ils gardent toujours quelque souvenir attristant ; et, quand ensuite ils méditent dans la solitude sur ce qui les a le plus affectés, leurs cœurs ulcérés remplissent leur imagination de mille objets funestes. Les concurrences, les préférences, les jalousies, les rivalités, les offenses, les vengeances, les mécontentements de toute espèce, l'ambition, les désirs, les projets, les moyens, les obstacles, remplissent de pensées inquiétantes les heures de leurs courts loisirs ; et, si quelque image agréable ose y paraître avec l'espérance, elle en est effacée ou obscurcie par cent images pénibles que le doute du succès vient bientôt y substituer.

Mais celui qui, franchissant l'étroite prison de l'intérêt personnel et des petites passions terrestres, s'élève sur les ailes de l'imagination au-dessus des vapeurs de notre atmosphère; celui qui, sans épuiser sa force et ses facultés à lutter contre la fortune et la destinée, sait s'élancer dans les régions éthérées, y planer, et s'y soutenir par de sublimes contemplations, peut de là braver les coups du sort et des insensés jugements des hommes. Il est au-dessus de leurs atteintes, il n'a pas besoin de leur suffrage pour être sage, ni de leur faveur pour être heureux. Enfin tel est en nous l'empire de l'imagination, et telle en est l'influence, que d'elle naissent, non-seulement les vertus et les vices, mais les biens et les maux de la vie humaine; et que c'est principalement la manière dont on s'y livre qui rend les hommes bons ou méchants, heureux ou malheureux ici-bas.

Un cœur actif et un naturel paresseux doivent inspirer le goût de la rêverie. Ce goût perce et devient une passion très vive, pour peu qu'il soit secondé par l'imagination. C'est ce qui arrive très fréquemment aux Orientaux ; c'est ce qui est arrivé à Jean-Jacques, qui leur ressemble à bien des égards. Trop soumis à ses sens pour pouvoir, dans les jeux de la sienne, en secouer le joug, il ne s'élèverait pas sans peine à des méditations purement abstraites, et ne s'y soutiendrait pas longtemps. Mais cette faiblesse d'entendement lui est peut-être plus avantageuse que ne serait une tête plus philosophique. Le concours des objets sensibles rend ses méditations moins sèches, plus douces, plus illusoires, plus appropriées à lui tout entier. La nature s'habille pour lui des formes les plus charmantes, se peint à ses yeux des couleurs les plus vives, se peuple pour son usage d'êtres selon son cœur : et lequel est le plus consolant, dans l'infortune, de profondes conceptions qui fatiguent, ou de riantes fictions qui ravissent, et transportent celui qui s'y livre au sein de la félicité? il raisonne moins, il est vrai, mais il jouit davantage : il ne perd pas un moment pour la jouissance ; et, sitôt qu'il est seul, il est heureux.

La rêverie, quelque douce qu'elle soit, épuise et fatigue à la longue, elle a besoin de délassement. On le trouve en laissant reposer sa tête et livrant uniquement ses sens à l'impression des objets extérieurs. Le plus indifférent spectacle a sa douceur par le relâche qu'il nous procure ; et, pour peu que l'impression ne soit pas tout-à-fait nulle, le mouvement léger dont elle nous agite suffit pour nous préserver d'un engourdissement léthargique, et nourrir en nous le plaisir d'exister, sans donner de l'exercice à nos facultés. Le contemplatif Jean-Jacques, en tout autre temps si peu attentif aux objets qui l'entourent, a souvent grand besoin de ce repos, et le goûte alors avec une sensualité d'enfant, dont nos sages ne se doutent guère. Il n'aperçoit rien, sinon quelque mouvement à son oreille ou devant ses yeux ; mais c'en est assez pour lui. Non-seulement une parade de foire, une revue, un exercice, une procession, l'amusent ; mais la grue, le cabestan, le mouton, le jeu d'une machine quelconque, un bateau qui passe, un moulin qui tourne, un bouvier qui laboure, des joueurs de boule ou de battoir, la rivière qui court, l'oiseau qui vole, attachent ses regards. Il s'arrête même à des spectacles sans mouvement, pour peu que la variété y supplée. Des colifichets en étalage, des bouquins ouverts sur les quais, et dont il ne lit que les titres, des images contre les murs, qu'il parcourt d'un œil stupide, tout cela l'arrête et l'amuse quand son imagination fatiguée a besoin de repos. Mais nos modernes sages, qui le suivent et l'épient dans tout ce badaudage, en tirent des conséquences à leur mode sur les motifs de son attention, et toujours dans l'aimable caractère dont ils l'ont obligeamment gratifié. Je le vis un jour assez longtemps arrêté devant une gravure. Des jeunes gens inquiets de savoir ce qui l'occupait si fort, mais assez polis, contre l'ordinaire, pour ne pas s'aller interposer entre l'objet et lui, attendirent avec une risible impatience. Sitôt qu'il partit, ils coururent à la gravure, et trouvèrent que c'était le plan des attaques du fort de Kehl. Je les vis ensuite longtemps et vivement occupés d'un entretien fort animé, dans lequel je compris qu'ils fatiguaient leur Minerve à chercher quel crime on pouvait méditer en regardant le plan des attaques du fort de Kehl.

Voilà, monsieur, une grande découverte, et dont je me suis beaucoup félicité, car je la regarde comme la clef des autres singularités de cet homme.

De cette pente aux douces rêveries j'ai vu dériver tous les goûts, tous les penchants, toutes les habitudes de Jean-Jacques, ses vices même, et les vertus qu'il peut avoir. Il n'a guère assez de suite dans ses idées pour former de vrais projets; mais, enflammé par la longue contemplation d'un objet, il fait parfois dans sa chambre de fortes et promptes résolutions, qu'il oublie ou qu'il abandonne avant d'être arrivé dans la rue. Toute la vigueur de sa volonté s'épuise à résoudre; il n'en a plus pour exécuter. Tout suit en lui d'une première inconséquence. La même opposition qu'offrent les éléments de sa constitution se retrouve dans ses inclinations, dans ses mœurs, et dans sa conduite. Il est actif, ardent, laborieux, infatigable; il est indolent, paresseux, sans vigueur; il est fier, audacieux, téméraire; il est craintif, timide, embarrassé; il est froid, dédaigneux, rebutant jusqu'à la dureté; il est doux, caressant, facile jusqu'à la faiblesse, et ne sait pas se défendre de faire ou souffrir ce qu'il lui plaît le moins. En un mot, il passe d'une extrémité à l'autre avec une incroyable rapidité, sans même remarquer ce passage, ni se souvenir de ce qu'il était l'instant auparavant; et, pour rapporter ces effets divers à leurs causes primitives, il est lâche et mou tant que la seule raison l'excite, il devient tout de feu sitôt qu'il est animé par quelque passion. Vous me direz que c'est comme cela que sont tous les hommes. Je pense tout le contraire, et vous ne penseriez pas ainsi vous-même, si j'avais mis le mot *intérêt* à la place du mot *raison*, qui dans le fond signifie ici la même chose; car qu'est-ce que la raison pratique, si ce n'est le sacrifice d'un bien présent et passager aux moyens de s'en procurer un jour de plus grands ou de plus solides : et qu'est-ce que l'intérêt, si ce n'est l'augmentation et l'extension continuelle de ces mêmes moyens? L'homme intéressé songe moins à jouir qu'à multiplier pour lui l'instrument des jouissances. Il n'a point proprement de passions, non plus que l'avare, ou il les surmonte et travaille uniquement, par un excès de prévoyance, à se mettre en état de satisfaire à son aise celles qui pourront lui venir un jour. Les véritables passions, plus rares qu'on ne pense parmi les hommes, le deviennent de jour en jour davantage; l'intérêt les élime, les atténue, les engloutit toutes, et la vanité, qui n'est qu'une bêtise de l'amour-propre, aide encore à les étouffer. La devise du baron de Feneste se lit en gros caractères sur toutes les actions des hommes de nos jours, *c'est pour paraître*. Ces dispositions habituelles ne sont guère propres à laisser agir les vrais mouvements du cœur.

Pour Jean-Jacques, incapable d'une prévoyance un peu suivie, et tout entier à chaque sentiment qui l'agite, il ne conçoit pas même, pendant sa durée, qu'il puisse jamais cesser d'en être affecté. Il ne pense à son intérêt, c'est-à-dire à l'avenir, que dans un calme absolu; mais il tombe alors dans un tel engourdissement, qu'autant vaudrait qu'il n'y pensât point du tout. Il peut bien dire, au contraire de ces gens de l'Évangile et de ceux de nos jours, qu'où est le cœur là est aussi son trésor. En un mot, son âme est forte ou faible à l'excès, selon les rapports sous lesquels on l'envisage. Sa force n'est pas dans l'action, mais dans la résistance; toutes les puissances de l'univers ne feraient pas fléchir un instant les directions de sa volonté. L'amitié seule eût eu le pouvoir de l'égarer, il est à l'épreuve de tout le reste. Sa faiblesse ne consiste pas à se laisser détourner de son but, mais à manquer de vigueur pour l'atteindre, et à se laisser arrêter tout court par le premier obstacle qu'elle rencontre, quoique facile à surmonter. Jugez si ces dispositions le rendraient propre à faire son chemin dans le monde, où l'on ne marche que par zig-zag.

Tout a concouru dès ses premières années à détacher son âme des lieux qu'habitait son corps, pour l'élever et la fixer dans ces régions éthérées dont je vous parlais ci-devant. Les hommes illustres de Plutarque furent sa première lecture, dans un âge où rarement les enfants savent lire. Les traces de ces hommes antiques firent en lui des impressions qui jamais n'ont pu s'effacer. A ces lectures succéda celle de *Cassandre* et des vieux romans, qui, tempérant sa fierté romaine, ouvrirent ce cœur naissant à tous les sentiments expansifs et tendres auxquels il n'était déjà que trop disposé. Dès lors il se fit des hommes et de la société des idées romanesques et fausses, dont tant d'expériences funestes n'ont jamais bien pu le guérir. Ne trouvant rien autour de lui qui réalisât ses idées, il quitta sa patrie, encore jeune adolescent, et se lança dans le monde avec confiance, y cherchant les Aristides, les Lycurgues, et les Astrées, dont il le croyait rempli. Il passa sa vie à jeter son cœur dans ceux qu'il crut s'ouvrir pour le recevoir, à croire avoir trouvé ce qu'il cherchait, et à se désabuser. Durant sa jeunesse, il trouva des âmes bonnes et simples, mais sans chaleur et sans énergie. Dans son âge mûr, il trouva des esprits vifs, éclairés et fins, mais faux, doubles et méchants, qui parurent l'aimer tant qu'ils eurent la première place; mais qui, dès qu'ils s'en crurent offusqués, n'usèrent de sa confiance que pour l'accabler d'opprobres et de malheurs. Enfin, se voyant devenu la risée et le jouet de son siècle, sans savoir comment ni pourquoi, il comprit que, vieillissant dans la haine publique, il n'avait plus rien à espérer des hommes; et, se détrompant trop tard des illusions qui l'avaient abusé si longtemps, il se livra tout entier à celles qu'il pouvait réaliser tous les jours, et finit par nourrir de ses seules chimères son cœur, que le besoin d'aimer avait toujours dévoré. Tous ses goûts, toutes ses passions ont ainsi leurs objets dans une autre sphère. Cet homme tient moins à celle-ci, qu'aucun autre mortel qui me soit connu. Ce n'est pas de quoi se faire aimer de ceux qui l'habitent, et qui, se sentant dépendre de tout le monde, veulent aussi que tout le monde dépende d'eux.

Ces causes, tirées des événements de sa vie, auraient pu seules lui faire fuir la foule et rechercher la solitude. Les choses naturelles, tirées de sa constitution, auraient dû seules produire aussi le même effet. Jugez s'il pouvait échapper au concours de ces différentes causes pour le rendre ce qu'il est aujourd'hui. Pour mieux sentir cette nécessité, écartons un moment tous les faits, ne supposons connu que le tempérament que je vous ai décrit, et voyons ce qui devrait naturellement en résulter, dans un être fictif, dont nous n'aurions aucune autre idée.

Doué d'un cœur très-sensible, et d'une imagination très-vive, mais lent à penser, arrangeant difficilement ses pensées, et plus difficilement ses paroles, il fuira les situations qui lui sont pénibles, et recherchera celles qui lui sont commodes; il se complaira dans le sentiment de ses avantages, il en jouira tout à son aise dans des rêveries délicieuses; mais il aura la plus forte répugnance à étaler sa gaucherie dans les assemblées; et l'inutile effort d'être toujours attentif à ce qui se dit, et d'avoir toujours l'esprit présent et tendu pour y répondre, lui rendra les sociétés indifférentes aussi fatigantes que déplaisantes. La mémoire et la réflexion renforceront encore cette répugnance, en lui faisant entendre, après coup, des multitudes de choses qu'il n'a pu d'abord entendre, et auxquelles, forcé de répondre à l'instant, il a répondu de travers, faute d'avoir le temps d'y penser. Mais, né pour de vrais attachements, la société des cœurs et l'intimité lui seront très-précieuses; et il se sentira d'autant plus à son aise avec ses amis, que, bien connu d'eux ou croyant l'être, il n'aura pas peur qu'ils le jugent sur les sottises qui peuvent lui échapper dans le rapide bavardage de la conversation. Aussi le plaisir de vivre avec eux exclusivement se marquera-t-il sensiblement dans ses yeux et dans ses manières; mais l'arrivée d'un survenant fera disparaître à l'instant sa confiance et sa gaîté.

Sentant ce qu'il vaut en dedans, le sentiment de son invincible ineptie au dehors pourra lui donner souvent du dépit contre lui-même, et quelquefois contre ceux qui le forceront de la montrer. Il devra prendre en aversion tout ce flux de compliments, qui ne sont qu'un art de s'en attirer à soi-même, et de provoquer une escrime en paroles; art surtout employé par les femmes et chéri d'elles, sûres de l'avantage qui doit leur en revenir. Par conséquent, quelque penchant qu'ait notre homme à la tendresse, quelque goût qu'il ait naturellement pour les femmes, il n'en pourra souffrir le commerce ordinaire, où il faut fournir un perpétuel tribut de gentillesses qu'il se sent hors d'état de payer. Il parlera peut-être aussi bien qu'un autre le langage de l'amour dans le tête-à-tête, mais plus mal que qui que ce soit celui de la galanterie dans un cercle.

Les hommes qui ne peuvent juger d'autrui que par ce qu'ils en aperçoivent, ne trouvant rien en lui que de médiocre et de commun tout au plus, l'estimeront au-dessous de son prix. Ses yeux, animés par intervalles, promettraient en vain ce qu'il serait hors d'état de tenir. Ils brilleraient en vain quelquefois d'un feu bien différent de celui de l'esprit : ceux qui ne connaissent que celui-ci, ne le trouvant point en lui, n'iraient pas plus loin; et, jugeant de lui sur cette apparence, ils diraient : C'est un homme d'esprit en peinture, c'est un sot en original. Ses amis mêmes pourraient se tromper comme les autres sur sa mesure; et, si quelque événement imprévu les forçait enfin de reconnaître en lui plus de talent et d'esprit qu'ils ne lui en avaient d'abord accordé, leur amour-propre ne lui pardonnerait point leur première erreur sur son compte, et ils pourraient le haïr toute leur vie, uniquement pour n'avoir pas su d'abord l'apprécier.

Cet homme, enivré par ses contemplations des charmes de la nature, l'imagination pleine de types de vertus, de beautés, de perfections de toute espèce, chercherait longtemps dans le monde des sujets où il trouvât tout cela. A force de désirer, il croirait souvent trouver ce qu'il cherche; les moindres apparences lui paraîtraient des qualités réelles; les moindres protestations lui tiendraient lieu de preuves; dans tous ses attachements il croirait toujours trouver le sentiment qu'il y porterait luimême; toujours trompé dans son attente, et toujours caressant son erreur, il passerait sa jeunesse à croire avoir réalisé ses fictions; à peine l'âge mûr et l'expérience les lui montreraient enfin pour ce qu'elles sont; et malgré les erreurs, les fautes et les expiations d'une longue vie, il n'y aurait peut-être que le concours des plus cruels malheurs qui pût détruire son illusion chérie, et lui faire sentir que ce qu'il cherche ne se trouve point sur la terre, ou ne s'y trouve que dans un ordre de choses bien différent de celui où il l'a cherché.

La vie contemplative dégoûte de l'action. Il n'y a point d'attrait plus séducteur que celui des fictions d'un cœur aimant et tendre, qui, dans l'univers qu'il se crée à son gré, se dilate, s'étend à son aise, délivré des dures entraves qui le compriment dans celui-ci. La réflexion, la prévoyance, mère des soucis et des peines, n'approchent guère d'une âme enivrée des charmes de la contemplation. Tous les soins fatigants de la vie active lui deviennent insupportables, et lui semblent superflus; et pourquoi se donner tant de peines, dans l'espoir éloigné d'un succès si pauvre, si incertain, tandis qu'on peut dès l'instant même, dans une délicieuse rêverie, jouir à son aise de toute la félicité dont on sent en soi la puissance et le besoin? Il deviendrait donc indolent, paresseux, par goût, par raison même, quand il ne le serait pas par tempérament. Que si, par intervalle, quelque projet de gloire ou d'ambition pouvait l'émouvoir, il le suivrait d'abord avec ardeur, avec impétuosité; mais la moindre difficulté, le moindre obstacle l'arrêterait, le rebuterait, le rejetterait dans l'inaction. La seule incertitude du succès le détacherait de toute entreprise douteuse. Sa nonchalance lui montrerait de la folie à compter sur quelque chose ici-bas, à se tourmenter par un avenir si précaire, et de la sagesse à renoncer à la prévoyance, pour s'attacher uniquement au présent, qui seul est en notre pouvoir.

Ainsi livré par système à sa douce oisiveté, il remplirait ses loisirs de jouissances à sa mode, et négligeant ces foules de prétendus devoirs que la sagesse humaine prescrit comme indispensables, il passerait pour fouler aux pieds les bienséances, parce qu'il dédaignerait les simagrées. Enfin, loin de cultiver sa raison pour apprendre à se conduire prudemment parmi les hommes, il n'y chercherait en effet que de nouveaux motifs de vivre éloigné d'eux, et de se livrer tout entier à ses fictions.

Cette humeur indolente et voluptueuse se fixant toujours sur des objets riants, le détournerait par conséquent des idées pénibles et déplaisantes. Les souvenirs douloureux s'effaceraient très-promptement de son esprit; les auteurs de ses maux n'y tiendraient pas plus de place que ces maux mêmes; et tout cela, parfaitement oublié dans très-peu de temps, serait bientôt pour lui comme nul, à moins que le mal ou l'ennemi qu'il aurait encore à craindre ne lui rappelât ce qu'il en aurait déjà souffert. Alors il pourrait être extrêmement effarouché des maux à venir, moins précisément à cause de ces maux que par le trouble du repos, la privation du loisir, la nécessité d'agir de manière ou d'autre, qui s'ensuivraient inévitablement, et qui alarmeraient plus sa paresse, que la crainte du mal n'épouvanterait son courage. Mais tout cet effroi subit et momentané serait sans suite et stérile en effet. Il craindrait moins la souffrance que l'action. Il aimerait mieux voir augmenter ses maux et rester tranquille, que de se tourmenter pour les adoucir; disposition qui donnerait beau jeu aux ennemis qu'il pourrait avoir.

J'ai dit que Jean-Jacques n'était pas vertueux : notre homme ne le serait pas non plus; et comment, faible et subjugué par ses penchants, pourrait-il l'être, n'ayant toujours pour guide que son propre cœur, jamais son devoir ni sa raison? Comment la vertu, qui n'est que travail et combat, règnerait-elle au sein de la mollesse et des doux loisirs? Il serait bon, parce que la nature l'aurait fait tel; il ferait du bien, parce qu'il lui serait doux d'en faire: mais, s'il s'agissait de combattre ses plus chers désirs et de déchirer son cœur pour remplir son devoir, le ferait-il aussi? J'en doute. La loi de la nature, sa voix, du moins, ne s'étend pas jusque-là. Il en faut une autre alors qui commande, et que la nature se taise.

Mais se mettrait-il aussi dans ces situations violentes d'où naissent des devoirs si cruels? J'en doute encore plus. Du tumulte des sociétés naissent des multitudes de rapports nouveaux et souvent opposés, qui tiraillent en sens contraires ceux qui marchent avec ardeur dans la route sociale. A peine ont-ils alors d'autre bonne règle de justice, que de résister à tous leurs penchants, et de faire toujours le contraire de ce qu'ils désirent, par cela seul qu'ils le désirent. Mais celui qui se tient à l'écart, et fuit ces dangereux combats, n'a pas besoin d'adopter cette morale cruelle, n'étant point entraîné par le torrent, ni forcé de céder à sa fougue impétueuse, ou de se raidir pour y résister; il se trouve naturellement soumis à ce grand précepte de morale, mais destructif de tout l'ordre social, de ne se mettre jamais en situation à pouvoir trouver son avantage dans le mal d'autrui. Celui qui veut suivre ce précepte à la rigueur n'a point d'autre moyen pour cela que de se retirer tout-à-fait de la société, et celui qui en vit séparé suit par cela seul ce précepte sans avoir besoin d'y songer.

Notre homme ne sera donc pas vertueux, parce qu'il n'aura pas besoin de l'être; et, par la même raison, il ne sera ni vicieux, ni méchant; car l'indolence et l'oisiveté, qui dans la société sont un si grand vice, n'en sont plus un dans quiconque a su renoncer à ses avantages pour n'en pas supporter les travaux. Le méchant n'est méchant qu'à cause du besoin qu'il a des autres, que ceux-ci ne le favorisent pas assez, que ceux-là lui font obstacle, et qu'il ne peut ni les employer ni les écarter à son gré. Le solitaire n'a besoin que de sa subsistance, qu'il aime mieux se procurer par son travail dans la retraite, que par ses intrigues dans le monde, qui seraient un bien plus grand travail pour lui. Du reste, il n'a besoin d'autrui que parce que son cœur a besoin d'attachement; il se donne des amis imaginaires, pour n'en avoir pu trouver de réels; il ne fuit les hommes qu'après avoir vainement cherché parmi eux ce qu'il doit aimer.

Notre homme ne sera pas vertueux, parce qu'il sera faible, et que la vertu n'appartient qu'aux âmes fortes. Mais cette vertu à laquelle il ne peut atteindre, qui est-ce qui l'admirera, la chérira, l'adorera plus que lui? qui est-ce qui, avec une imagination plus vive, s'en peindra mieux le divin simulacre? qui est-ce qui, avec un cœur plus tendre, s'enivrera plus d'amour pour elle? Ordre, harmonie, beauté, perfection, sont les objets de ses plus douces méditations. Idolâtre du beau dans tous les genres, resterait-il froid uniquement pour la suprême beauté? Non, elle ornera de ses charmes immortels toutes ces images chéries qui remplissent son âme, qui repaissent son cœur. Tous ses premiers mouvements seront vifs et purs; les seconds auront sur lui peu d'empire. Il voudra toujours ce qui est bien, il le fera quelquefois; et, si souvent il laisse éteindre sa volonté par sa faiblesse, ce sera pour retomber dans sa langueur. Il cessera de bien faire, il ne commencera pas même lorsque la grandeur de l'effort épouvantera sa paresse; mais jamais il ne fera volontairement ce qui est mal. En un mot, s'il agit rarement comme il doit, plus rarement encore il agira comme il ne doit pas, et toutes ses fautes, même les plus graves, ne seront que des péchés d'omission : mais c'est par là précisément qu'il sera le plus en scandale aux hommes, qui, ayant mis toute la morale en petites formules, comptent pour rien le mal dont on s'abstient, pour tout l'étiquette des petits procédés, et sont bien plus attentifs à remarquer les devoirs auxquels on manque, qu'à tenir compte de ceux qu'on remplit.

Tel sera l'homme doué du tempérament dont j'ai parlé, tel j'ai trouvé celui que je viens d'étudier. Son âme, forte en ce qu'elle ne se laisse point détourner de son objet, mais faible pour surmonter les obstacles, ne prend guère de mauvaises directions, mais suit lâchement la bonne. Quand il est quelque chose, il est bon, mais plus souvent il est nul : et c'est pour cela même que, sans être persévérant, il est ferme; que les traits de l'adversité ont moins de prise sur lui qu'ils n'auraient sur tout autre homme; et que, malgré tous ses malheurs, ses sentiments sont encore plus affectueux que douloureux. Son cœur, avide de bonheur et de joie, ne peut garder nulle impression pénible. La douleur peut le déchirer un moment, sans pouvoir y prendre racine. Jamais idée affligeante n'a pu longtemps l'occuper. Je l'ai vu, dans les plus grandes calamités de sa malheureuse vie, passer rapidement de la plus profonde affliction à la plus pure joie, et cela sans qu'il restât pour le moment dans son âme aucune trace des douleurs qui venaient de la déchirer, qui l'allaient déchirer encore, et qui constituaient pour lors son état habituel.

Les affections auxquelles il a le plus de pente se distinguent même par des signes physiques. Pour peu qu'il soit ému, ses yeux se mouillent à l'instant. Cependant jamais la seule douleur ne lui fit verser une larme; mais tout sentiment tendre et doux, grand et noble, dont la vérité passe à son cœur, lui en arrache infailliblement. Il ne saurait pleurer que d'attendrissement ou d'admiration; la tendresse et la générosité sont les deux seules cordes sensibles par lesquelles on peut vraiment l'affecter. Il peut voir ses malheurs d'un œil sec, mais il pleure en pensant à son innocence et au prix qu'avait mérité son cœur.

Il est des malheurs auxquels il n'est pas même permis à un honnête homme d'être préparé. Tels sont ceux qu'on lui destinait. En le prenant au dépourvu, ils ont commencé par l'abattre : cela devait être; mais ils n'ont pu le changer. Il a pu quelques instants se laisser dégrader jusqu'à la bassesse, jusqu'à la lâcheté, jamais jusqu'à l'injustice, jusqu'à la fausseté, jusqu'à la trahison. Revenu de cette première surprise, il s'est relevé, et vraisemblablement ne se laissera plus abattre, parce que son naturel a repris le dessus; que connaissant enfin les gens auxquels il a affaire, il est préparé à tout, et qu'après avoir épuisé sur lui tous les traits de leur rage, ils se sont mis hors d'état de lui faire pis.

Je l'ai vu dans une position unique et presque incroyable, plus seul au milieu de Paris que Robinson dans son île, et séquestré du commerce des hommes par la foule même empressée à l'entourer, pour empêcher qu'il ne se lie avec personne. Je l'ai vu concourir volontairement avec ses persécuteurs à se rendre sans cesse plus isolé; et, tandis qu'ils travaillaient sans relâche à le tenir séparé des autres hommes, s'éloigner des autres et d'eux-mêmes de plus en plus. Ils veulent rester pour lui servir de barrière, pour veiller à tous ceux qui pourraient l'approcher, pour les tromper, les gagner ou les écarter, pour observer ses discours, sa contenance, pour jouir à longs traits du doux aspect de sa misère, pour chercher d'un œil curieux s'il reste quelque place en son cœur déchiré, où ils puissent porter encore quelque atteinte. De son côté, il voudrait les éloigner, ou plutôt s'en éloigner, parce que leur malignité, leur duplicité, leurs vues cruelles, blessent ses yeux de toutes parts, et que le spectacle de la haine l'afflige et le déchire encore plus que ses effets. Ses sens le subjuguent alors; et, sitôt qu'ils sont frappés d'un objet de peine, il n'est plus maître de lui. La présence d'un malveillant le trouble au point de ne pouvoir déguiser son angoisse. S'il voit un traître le cajoler pour le surprendre, l'indignation le saisit, perce de toutes parts dans son accent, dans son regard, dans son geste. Que le traître disparaisse, à l'instant il est oublié; et l'idée des noirceurs que l'un va brasser ne saurait occuper l'autre une minute à chercher les moyens de s'en défendre. C'est pour écarter de lui cet objet de peine, dont l'aspect le tourmente, qu'il voudrait être seul : il voudrait être seul, pour vivre à son aise avec les amis qu'il s'est créés; mais tout cela n'est qu'une raison de plus à ceux qui en prennent le masque pour l'obséder plus étroitement. Ils ne voudraient pas même, s'il leur était possible, lui laisser dans cette vie la ressource des fictions.

Je l'ai vu, serré dans leurs lacs, se débattre très peu pour en sortir; entouré de mensonges ou de ténèbres, attendre sans murmure la lumière et la vérité; enfermé vif dans un cercueil, s'y tenir tranquille, sans même invoquer la mort. Je l'ai vu pauvre, passant pour riche; vieux, passant pour jeune; doux, passant pour féroce; complaisant et faible, passant pour inflexible et dur; gai, passant pour sombre; simple enfin jusqu'à la bêtise, passant pour rusé jusqu'à la noirceur. Je l'ai vu livré par vos messieurs à la dérision publique, flagorné, persifflé, moqué des honnêtes gens, servir de jouet à la canaille; le voir, le sentir, en gémir, déplorer la misère humaine, et supporter patiemment son état.

Dans cet état, devait-il se manquer à lui-même, au point d'aller chercher dans la société des indignités peu déguisées dont on se plaisait à l'y charger? Devait-il s'aller donner en spectacle à ces barbares qui, se faisant de ses peines un objet d'amusement, ne cherchaient qu'à lui serrer le cœur par toutes les étreintes de la détresse et de la douleur, qui pouvaient lui être les plus sensibles? Voilà ce qui lui rendit indispensable la manière de vivre à laquelle il s'est réduit, ou, pour mieux dire, à laquelle on l'a réduit; car c'est à quoi l'on en voulait venir, et l'on s'est attaché à lui rendre si cruelle et si déchirante la fréquentation des hommes, qu'il fut forcé d'y renoncer enfin tout-à-fait. *Vous me demandez,* disait-il, *pourquoi je fuis les hommes; demandez-le à eux-mêmes, ils le savent encore mieux que moi.* Mais une âme expansive change-t-elle ainsi de nature, et se détache-t-elle ainsi de tout? Tous ses malheurs ne viennent que de ce besoin d'aimer qui dévora son cœur dès son enfance, et qui l'inquiète et le trouble encore au point que, resté seul sur la terre, il attend le moment d'en sortir pour voir réaliser enfin ses visions favorites, et retrouver dans un meilleur ordre de choses, une patrie et des amis.

Il atteignit et passa l'âge mûr, sans songer à faire des livres, et sans sentir un instant le besoin de cette célébrité fatale qui n'était pas faite pour lui, dont il n'a goûté que les amertumes, et qu'on lui a fait payer si cher. Ses visions chéries lui tenaient lieu de tout, et, dans le feu de la jeunesse, sa vive imagination surchargée, accablée d'objets charmants qui venaient incessamment la remplir, tenait son cœur dans une ivresse continuelle qui ne lui laissait ni le pouvoir d'arranger ses idées, ni celui de les fixer, ni le temps de les écrire, ni le désir de les communiquer. Ce ne fut que quand ces grands mouvements commencèrent à s'apaiser, quand ses idées, prenant une marche plus réglée et plus lente, il en put suivre assez la trace pour la marquer; ce fut, dis-je, alors seulement que l'usage de la plume lui devint possible, e qu'à l'exemple et à l'instigation des gens de lettres avec lesquels il vivait alors, il lui vint en fantaisie de communiquer au public ces mêmes idées dont il s'était longtemps nourri lui-même, et qu'il crut être utiles au genre humain. Ce fut même en quelque façon par surprise, et sans en avoir formé le projet, qu'il se trouva jeté dans cette funeste carrière, où dès lors peut-être on creusait déjà sous ses pas ces gouffres de malheurs dans lesquels on l'a précipité.

Dès sa jeunesse, il s'était souvent demandé pourquoi il ne trouvait pas tous les hommes bons, sages, heureux, comme ils lui semblaient faits pour l'être; il cherchait dans son cœur l'obstacle qui les en empêchait, et ne le trouvait pas. Si tous les hommes, se disait-il, me ressemblaient, il régnerait sans doute une extrême langueur dans leur industrie, ils auraient peu d'activité, et n'en auraient que par brusques et rares secousses: mais ils vivraient entre eux dans une très douce société. Pourquoi n'y vivent-ils pas ainsi? pourquoi, toujours accusant le ciel de leurs misères, travaillent-ils sans cesse à les augmenter? En admirant les progrès de l'esprit humain, il s'étonnait de voir croître en même proportion les calamités publiques. Il entrevoyait une secrète opposition entre la constitution de l'homme et celle de nos sociétés; mais c'était plutôt un sentiment sourd, une notion confuse qu'un jugement clair et développé. L'opinion publique l'avait trop subjugué lui-même, pour qu'il osât réclamer contre de si unanimes décisions.

Une malheureuse question d'académie, qu'il lut dans un *Mercure,* vint tout-à-coup dessiller ses yeux, débrouiller ce chaos dans sa tête, lui montrer un autre univers, un véritable âge d'or, des sociétés d'hommes simples, sages, heureux, et réaliser en espérance toutes ses visions par la destruction des préjugés qui l'avaient subjugué lui-même, mais dont il crut en ce moment voir découler les vices et les misères du genre humain. De la vive effervescence qui se fit alors dans son âme sortirent des étincelles de génie, qu'on a vues briller dans ses écrits durant dix ans de délire et de fièvre, mais dont aucun vestige n'aurait paru jusqu'alors, et qui vraisemblablement n'auraient plus brillé dans la suite, si, cet accès passé, il eût voulu continuer d'écrire. Enflammé par la contemplation de ces grands objets, il les avait toujours présents à sa pensée; et, les comparant à l'état réel des choses, il les voyait chaque jour sous des rapports tout nouveaux pour lui. Bercé du ridicule espoir de faire enfin triompher des préjugés et du mensonge la raison, la vérité, et de rendre les hommes sages en leur montrant leur véritable intérêt, son cœur, échauffé par l'idée du bonheur futur du genre humain et par l'honneur d'y contribuer, lui dictait un lagage digne d'une si grande entreprise. Contraint par là de s'occuper fortement et longtemps du même sujet, il assujettit sa tête à la fatigue de la réflexion : il apprit à méditer profondément; et, pour un moment, il étonna l'Europe par des productions dans lesquelles les âmes vulgaires ne virent que de l'éloquence et de l'esprit, mais où celles qui habitent nos régions éthérées reconnurent avec joie une des leurs.

Le Fr. Je vous ai laissé parler sans vous interrompre; mais permettez qu'ici je vous arrête un moment...

Rouss. Je devine........ une contradiction, n'est-ce pas?

Le Fr. Non; j'en ai vu l'apparence. On dit que cette apparence est un piége que Jean-Jacques s'amuse à tendre aux lecteurs étourdis.

Rouss. Si cela est, il en est bien puni par les lecteurs de mauvaise foi, qui font semblant de s'y prendre, pour l'accuser de ne savoir ce qu'il dit.

Le Fr. Je ne suis point de cette dernière classe, et je tâche de ne pas être de l'autre. Ce n'est donc point une contradiction qu'ici je vous reproche; mais c'est un éclaircissement que je vous demande. Vous étiez ci-devant persuadé que les livres qui portent le nom de Jean-Jacques n'étaient pas plus de lui que cette traduction du Tasse si fidèle et si coulante qu'on répand avec tant d'affectation sous son nom; maintenant vous paraissez croire le contraire. Si vous avez en effet changé d'opinion, veuillez m'apprendre sur quoi ce changement est fondé.

Rouss. Cette recherche fut le premier objet de mes soins. Certain que l'auteur de ces livres et le monstre que vous m'avez peint ne pouvaient être le même homme, je me bornais, pour lever mes doutes, à résoudre cette question. Cependant je suis, sans y songer, parvenu à la résoudre par la méthode contraire. Je voulais premièrement connaître l'auteur pour me décider sur l'homme, et c'est par la connaissance de l'homme que je me suis décidé sur l'auteur.

Pour vous faire sentir comment une de ces deux recherches m'a dispensé de l'autre, il faut reprendre les détails dans lesquels je suis entré pour cet effet; vous déduirez de vous-même et très aisément les conséquences que j'en ai tirées.

Je vous ai dit que je l'avais trouvé copiant de la musique à dix sous la page : occupation peu sortable à la dignité de l'auteur, et qui ne ressemblait guère à celles qui lui ont acquis tant de réputation tant en bien qu'en mal. Ce premier article m'offrait déjà deux recherches à faire : l'une, s'il se livrait à ce travail tout de bon ou seulement pour donner le change au public sur ses véritables occupations ; l'autre, s'il avait réellement besoin de ce métier pour vivre, ou si c'était une affectation de simplicité ou de pauvreté pour faire l'Epictète et le Diogène, comme l'assurent vos messieurs.

J'ai commencé par examiner son ouvrage, bien sûr que, s'il n'y vaquait que par manière d'acquit, j'y verrais des traces de l'ennui qu'il doit lui donner depuis si longtemps. Sa note mal formée m'a paru faite pesamment, lentement, sans facilité, sans grâce, mais avec exactitude. On voit qu'il tâche de suppléer aux dispositions qui lui manquent, à force de travail et de soins. Mais ceux qu'il y met ne s'apercevant que par l'examen, et n'ayant leur effet que dans l'exécution, sur quoi les musiciens, qui ne l'aiment pas, ne sont pas toujours sincères, ne compensent pas aux yeux du public les défauts qui d'abord sautent à la vue.

N'ayant l'esprit présent à rien, il ne l'a pas non plus à son travail, surtout forcé, par l'affluence des survenants, de l'associer avec le babil. Il fait beaucoup de fautes, et il les corrige ensuite en grattant son papier avec une perte de temps et des peines incroyables. J'ai vu des pages presque entières qu'il avait mieux aimé gratter ainsi que de recommencer la feuille, ce qui aurait été bien plus tôt fait; mais il entre dans son tour d'esprit, laborieusement paresseux, de ne pouvoir se résoudre à refaire à neuf ce qu'il a fait une fois quoique mal. Il met à le corriger une opiniâtreté qu'il ne peut satisfaire qu'à force de peine et de temps. Du reste, le plus long, le plus ennuyeux travail ne saurait lasser sa patience, et souvent, faisant faute sur faute, je l'ai vu gratter et regratter jusqu'à percer le papier, sur lequel ensuite il collait des pièces. Rien ne m'a fait juger que ce travail l'ennuyât; et il paraît, au bout de six ans, s'y livrer avec le même goût et le même zèle que s'il ne faisait que de commencer.

J'ai su qu'il tenait registre de son travail, j'ai désiré de voir ce registre ; il me l'a communiqué. J'y ai vu que dans ces six ans il avait écrit en simple copie plus de six mille pages de musique, dont une partie, musique de harpe et de clavecin, ou solo et concerto de violon, très-chargée et en plus grand papier, demande une grande attention et prend un temps considérable. Il a inventé, outre sa note par chiffres, une nouvelle manière de copier la musique ordinaire, qui la rend plus commode à lire; et, pour prévenir et résoudre toutes les difficultés, il a écrit de cette manière une grande quantité de pièces de toute espèce, tant en partition qu'en parties séparées.

Outre ce travail et son opéra de *Daphnis et Chloé*, dont un acte entier est fait, et une bonne partie du reste bien avancée, et le *Devin du village*, sur lequel il a refait à neuf une seconde musique presque en entier, il a, dans le même intervalle, composé plus de cent morceaux de musique en divers genres, la plupart vocale avec des accompagnements, tant pour obliger les personnes qui lui ont fourni les paroles que pour son propre amusement. Il a fait et distribué des copies de cette musique tant en partition qu'en parties séparées, transcrites sur les originaux qu'il a gardés. Qu'il ait composé ou pillé toute cette musique, ce n'est pas de quoi il s'agit ici. S'il ne l'a pas composée, toujours est-il certain qu'il l'a écrite et notée plusieurs fois de sa main. S'il ne l'a pas composée, que de temps ne lui a-t-il pas fallu pour chercher, pour choisir dans les musiques déjà toutes faites celle qui convenait aux paroles qu'on lui fournissait, ou pour l'y ajuster si bien qu'elle y fût parfaitement appropriée, mérite qu'a particulièrement la musique qu'il donne pour sienne ! Dans un pareil pillage il y a moins d'invention sans doute, mais il y a plus d'art, de travail, surtout de consommation de temps, et c'était là pour lors l'objet unique de ma recherche.

Tout ce travail qu'il a mis sous mes yeux, soit en nature, soit par articles exactement détaillés, fait ensemble plus de huit mille pages de musique, toute écrite de sa main depuis son retour à Paris.

Ces occupations ne l'ont pas empêché de se livrer à l'amusement de la botanique, à laquelle il a donné pendant plusieurs années la meilleure partie de son temps. Dans de grandes et fréquentes herborisations il a fait une immense collection de plantes; il les a desséchées avec des soins infinis; il les a collées avec une grande propreté sur des papiers qu'il ornait de cadres rouges. Il s'est appliqué à conserver la figure et la couleur des fleurs et des feuilles, au point de faire de ces herbiers ainsi préparés des recueils de miniatures. Il en a donné, envoyé à diverses personnes, et ce qui lui reste (1) suffirait pour persuader à ceux qui savent combien ce travail exige de temps et de patience, qu'il en fait son unique occupation.

Le Fr. Ajoutez le temps qu'il lui a fallu pour étudier à fond les propriétés de toutes ces plantes, pour les piler, les extraire, les distiller, les préparer de manière à en tirer les usages auxquels il les destine; car enfin, quelque prévenu pour lui que vous puissiez être, vous comprenez bien, je pense, qu'on n'étudie pas la botanique pour rien.

Rouss. Sans doute. Je comprends que le charme de l'étude de la nature est quelque chose pour toute âme sensible, et beaucoup pour un solitaire. Quant aux préparations dont vous parlez et qui n'ont nul rapport à la botanique, je n'en ai pas vu chez lui le moindre vestige; je ne me suis point aperçu qu'il eût fait aucune étude des propriétés des plantes, ni même qu'il y crût beaucoup. « Je connais, m'a-t-il dit, l'organisation végétale et la structure des « plantes sur le rapport de mes yeux, sur la foi de la nature, qui me le « montre et ne ment point; mais je ne connais leurs vertus que sur la foi « des hommes, qui sont ignorants et menteurs : leur autorité a généralement « sur moi trop peu d'empire pour que je lui en donne beaucoup en cela. « D'ailleurs cette étude, vraie ou fausse, ne se fait pas en plein champ comme « celle de la botanique, mais dans des laboratoires et chez les malades; elle « demande une vie appliquée et sédentaire qui ne me plaît ni ne me convient. » En effet, je n'ai rien vu chez lui qui montrât ce goût de pharmacie. J'y ai vu seulement des cartons remplis de rameaux de plantes dont je viens de vous parler, et des graines distribuées dans de petites boîtes classées, comme les plantes qui les fournissent, selon le système de Linnæus.

Le Fr. Ah! de petites boîtes ! Eh bien ! monsieur, ces petites boîtes, à quoi servent-elles? qu'en dites-vous ?

Rouss. Belle demande ! A empoisonner les gens, à qui il fait avaler en bol toutes ces graines. Par exemple, vous avalerez par mégarde une once ou deux de graines de pavots, qui vous endormira pour toujours, et du reste

(1) Ce reste a été donné presqu'en entier à M. Malthus, qui a acheté mes livres de botanique.

comme cela. C'est encore la même chose à peu près dans les plantes ; il vous les fait brouter comme du fourrage, ou bien il vous en fait boire le jus dans des sauces.

Le Fr. Eh! non, monsieur; on sait bien que ce n'est pas de la sorte que la chose peut se faire, et nos médecins qui l'ont voulu décider ainsi se sont fait tort chez les gens instruits. Une écuellée de jus de ciguë ne suffit pas à Socrate ; il en fallut une seconde; il faudrait donc que Jean-Jacques fît boire à son monde des bassins de jus d'herbe ou manger des litrons de graines. Oh! que ce n'est pas ainsi qu'il s'y prend! Il sait, à force d'opérations, de manipulations, concentrer tellement les poisons des plantes, qu'ils agissent plus fortement que ceux mêmes des minéraux. Il les escamote, et vous les fait avaler sans qu'on s'en aperçoive; il les fait même agir de loin comme la poudre de sympathie; et, comme le basilic, il sait empoisonner les gens en les regardant. Il a suivi jadis un cours de chimie, rien n'est plus certain. Or vous comprenez bien ce que c'est, ce que ce peut être qu'un homme qui n'est ni médecin ni apothicaire, et qui néanmoins suit les cours de chimie et cultive la botanique. Vous dites cependant n'avoir vu chez lui nuls vestiges de préparations chimiques. Quoi ! point d'alambics, de fourneaux, de chapiteaux, de cornues ? rien qui ait rapport à un laboratoire ?

Rouss. Pardonnez-moi, vraiment, j'ai vu dans sa petite cuisine un réchaud, des cafetières de fer-blanc, des plats, des pots, des écuelles de terre.

Le Fr. Des plats, des pots, des écuelles! Eh! mais vraiment! voilà l'affaire. Il n'en faut pas davantage pour empoisonner le genre humain.

Rouss. Témoin Mignot et ses successeurs.

Le Fr. Vous me direz que les poisons qu'on prépare dans des écuelles doivent se manger à la cuiller, et que les potages ne s'escamotent pas...

Rouss. Oh! non, je ne vous dirai point tout cela, je vous jure, ni rien de semblable; je me contenterai d'admirer. O la savante, la méthodique marche que d'apprendre la botanique pour se faire empoisonner! C'est comme si l'on apprenait la géométrie pour se faire assassin.

Le Fr. Je vous vois sourire bien dédaigneusement. Vous passionnerez-vous toujours pour cet homme-là?

Rouss. Me passionner! moi! rendez-moi plus de justice, et soyez même assuré que jamais Rousseau ne défendra Jean-Jacques accusé d'être un empoisonneur.

Le Fr. Laissons donc tous ces persifflages et reprenez vos récits. J'y prête une oreille attentive. Ils m'intéressent de plus en plus.

Rouss. Ils vous intéresseraient davantage encore, j'en suis sûr, s'il m'était possible ou permis ici de tout dire. Ce serait abuser de votre attention que de l'occuper à tous les soins que j'ai pris pour m'assurer du véritable emploi de son temps, de la nature de ses occupations et de l'esprit dans lequel il s'y livre. Il vaut mieux me borner à des résultats, et vous laisser le soin de tout vérifier par vous-même, si ces recherches vous intéressent assez pour cela.

Je dois pourtant ajouter aux détails dans lesquels je viens d'entrer que Jean-Jacques, au milieu de tout ce travail manuel, a encore employé six mois dans le même intervalle tant à l'examen de la constitution d'une nation malheureuse, qu'à proposer ses idées sur les corrections à faire à cette constitution, et cela sur les instances réitérées jusqu'à l'opiniâtreté d'un des premiers patriotes de cette nation, qui lui faisait un devoir d'humanité des soins qu'il lui imposait.

Enfin, malgré la résolution qu'il avait prise en arrivant à Paris de ne plus s'occuper de ses malheurs, ni de reprendre la plume à ce sujet, les indignités continuelles qu'il y a souffertes, les harcèlements sans relâche que la crainte qu'il n'écrivît lui a fait essuyer, l'impudence avec laquelle on lui attribuait incessamment de nouveaux livres, et la stupide ou maligne crédulité du public à cet égard, ayant lassé sa patience, et lui faisant sentir qu'il ne gagnerait rien pour son repos à se taire, il a fait encore un effort; et, s'occupant derechef, malgré lui, de sa destinée et de ses persécuteurs, il a écrit en forme de dialogue une espèce de jugement d'eux et de lui assez semblable à celui qui pourra résulter de nos entretiens. Il m'a souvent protesté que cet écrit était de tous ceux qu'il a faits en sa vie celui qu'il avait entrepris avec le plus de répugnance et exécuté avec le plus d'ennui. Il l'eût cent fois abandonné si les outrages augmentant sans cesse et poussés enfin aux derniers excès ne l'avaient forcé, malgré lui, de le poursuivre. Mais loin qu'il ait jamais pu s'en occuper longtemps de suite, il n'en eût pas même enduré l'angoisse, si son travail journalier ne fût venu l'interrompre et la lui faire oublier : de sorte qu'il y a rarement donné plus d'un quart d'heure par jour, et cette manière d'écrire coupée et interrompue est une des causes du peu de suite et des répétitions continuelles qui règnent dans cet écrit.

Après m'être assuré que cette copie de musique n'était point un jeu, il me restait à savoir si en effet elle était nécessaire à sa subsistance, et pourquoi ayant d'autres talents qu'il pouvait employer plus utilement pour lui-même et pour le public, il s'était attaché de préférence à celui-là. Pour abréger ces recherches sans manquer à mes engagements envers vous, je lui marquai naturellement ma curiosité, et, sans lui dire tout ce que vous m'aviez appris de son opulence, je me contentai de lui répéter ce que j'avais ouï dire mille fois, que du seul produit de ses livres, et sans avoir rançonné ses libraires, il devait être assez riche pour vivre à son aise de son revenu.

« Vous avez raison, me dit-il, si vous ne voulez dire en cela que ce qui pouvait être; mais si vous prétendez en conclure que la chose est réellement ainsi, et que je suis riche en effet, vous avez tort, tout au moins; car un sophisme bien cruel pourrait se cacher sous cette erreur. »

Alors il entra dans le détail articulé de ce qu'il avait reçu de ses libraires pour chacun de ses livres, de toutes les ressources qu'il avait pu avoir d'ailleurs, des dépenses auxquelles il avait été forcé, pendant huit ans qu'on s'est amusé à le faire voyager à grands frais, lui et sa compagne, aujourd'hui sa femme; et, de tout cela bien calculé et bien prouvé, il résulta, qu'avec quelque argent comptant, provenant, tant de son accord avec l'Opéra, que de la vente de ses livres de botanique, et du reste d'un fonds de mille écus qu'il avait à Lyon, et qu'il retira pour s'établir à Paris, toute sa fortune présente consiste en huit cents francs de rente viagère incertaine, et dont il n'a aucun titre, et trois cents francs de rente aussi viagère, mais assurée, du moins autant que la personne qui doit la payer sera solvable. « Voilà très-
« fidèlement, me dit-il, à quoi se borne toute mon opulence. Si quelqu'un

« dit me savoir aucun autre fonds ou revenu, de quelque espèce que ce puisse
« être, je dis qu'il ment, et je me montre; et si quelqu'un dit en avoir à
« moi, qu'il m'en donne le quart, et je lui fais quittance du tout.

« Vous pourriez, continua-t-il, dire comme tant d'autres, que, pour un
« philosophe austère, onze cents francs de rente devraient, au moins tandis
« que je les ai, suffire à ma subsistance, sans avoir besoin d'y joindre un
« travail auquel je suis peu propre, et que je fais avec plus d'ostentation que
« de nécessité. A cela je réponds, premièrement, que je ne suis ni philosophe,
« ni austère, et que cette vie dure, dont il plaît à vos messieurs de me faire
« un devoir, n'a jamais été ni de mon goût, ni dans mes principes, tant que,
« par des moyens justes et honnêtes, j'ai pu éviter de m'y réduire ; en me
« faisant copiste de musique, je n'ai point prétendu prendre un état austère
« et de mortification, mais choisir au contraire une occupation de mon goût,
« qui ne fatiguât pas mon esprit paresseux, et qui pût me fournir les com-
« modités de la vie que mon mince revenu ne pouvait me procurer sans ce
« supplément. En renonçant, et de grand cœur, à tout ce qui est de luxe et
« de vanité, je n'ai point renoncé aux plaisirs réels, et c'est même pour les
« goûter dans toute leur pureté que j'en ai détaché tout ce qui ne tient
« qu'à l'opinion. Les dissolutions ni les excès n'ont jamais été de mon goût;
« mais, sans avoir jamais été riche, j'ai toujours vécu commodément; et il
« m'est de toute impossibilité de vivre commodément dans mon petit ménage
« avec onze cents francs de rente, quand même ils seraient assurés, bien
« moins encore avec trois cents, auxquels d'un jour à l'autre je puis être
« réduit. Mais écartons cette prévoyance. Pourquoi voulez-vous que, sur mes
« vieux jours, je fasse sans nécessité le dur apprentissage d'une vie plus que
« frugale, à laquelle mon corps n'est point accoutumé; tandis qu'un travail
« qui n'est pour moi qu'un plaisir me procure la continuation de ces mêmes
« commodités, dont l'habitude m'a fait un besoin, et qui de toute autre ma-
« nière seraient moins à ma portée ou me coûteraient beaucoup plus cher?
« Vos messieurs, qui n'ont pas pris pour eux cette austérité qu'ils me pres-
« crivent, font bien d'intriguer ou emprunter, plutôt que de s'assujettir à un
« travail manuel qui leur paraît ignoble, usurier, insupportable, et ne pro-
« cure pas tout d'un coup des rafles de cinquante mille francs. Mais moi qui
« ne pense pas comme eux sur la véritable dignité; moi qui trouve une
« jouissance très-douce dans le passage alternatif du travail à la récréation;
« par une occupation de mon goût, que je mesure à ma volonté, j'ajoute ce
« qui manque à ma petite fortune, pour me procurer une subsistance aisée,
« et je jouis des douceurs d'une vie égale et simple autant qu'il dépend de
« moi. Un désœuvrement absolu m'assujettirait à l'ennui, me forcerait peut-
« être à chercher des amusements toujours coûteux, souvent pénibles, rare-
« ment innocents; au lieu qu'après le travail le simple repos a son charme,
« et suffit avec la promenade, pour l'amusement dont j'ai besoin. Enfin, c'est
« peut-être un soin que je me dois dans une situation aussi triste, d'y jeter
« du moins tous les agréments qui restent à ma portée, pour tâcher d'en
« adoucir l'amertume, de peur que le sentiment de mes peines, aigri par
« une vie austère, ne fermentât dans mon âme, et n'y produisît des disposi-
« tions haineuses et vindicatives, propres à me rendre méchant et plus mal-

« heureux. Je me suis toujours bien trouvé d'armer mon cœur contre la
« haine par toutes les jouissances que j'ai pu me procurer. Le succès de cette
« méthode me la rendra toujours chère, et plus ma destinée est déplorable,
« plus je m'efforce à la parsemer de douceurs, pour me maintenir toujours
« bon.

« Mais, disent-ils, parmi tant d'occupations dont il a le choix, pourquoi
« choisir par préférence celle à laquelle il paraît le moins propre, et qui doit
« lui rendre le moins? Pourquoi copier de la musique au lieu de faire des
« livres? Il y gagnerait davantage et ne se dégraderait pas. Je répondrais
« volontiers à cette question en la renversant. Pourquoi faire des livres au
« lieu de copier de la musique, puisque ce travail me plaît et me convient
« plus que tout autre, et que son produit est un gain juste, honnête et qui
« me suffit? Penser est un travail pour moi très-pénible, qui me fatigue, me
« tourmente et me déplaît; travailler de la main et laisser ma tête en repos
« me récrée et m'amuse. Si j'aime quelquefois à penser, c'est librement et
« sans gêne, en laissant aller à leur gré mes idées, sans les assujettir à rien.
« Mais penser à ceci ou à cela par devoir, par métier, mettre à mes produc-
« tions de la correction, de la méthode, est pour moi le travail d'un galérien;
« et penser pour vivre me paraît la plus pénible ainsi que la plus ridicule de
« toutes les occupations. Que d'autres usent de leurs talens comme il leur
plaît, je ne les en blâme pas; mais pour moi je n'ai jamais voulu prostituer
« les miens tels quels, en les mettant à prix, sûr que cette vénalité même
« les aurait anéantis. Je vends le travail de mes mains, mais les productions
« de mon âme ne sont point à vendre; c'est leur désintéressement qui peut
« seul leur donner de la force et de l'élévation. Celles que je ferais pour de
« l'argent n'en vaudraient guère et m'en rendraient encore moins.

« Pourquoi vouloir que je fasse encore des livres, quand j'ai dit tout ce
« que j'avais à dire, et qu'il ne me resterait que la ressource, trop chétive à
« mes yeux, de retourner et répéter les mêmes idées? A quoi bon redire
« une seconde fois et mal ce que j'ai dit une fois de mon mieux? Ceux qui
« ont la démangeaison de parler toujours trouvent toujours quelque chose à
« dire; cela est aisé pour qui ne veut qu'agencer des mots : mais je n'ai ja-
« mais été tenté de prendre la plume que pour dire des choses grandes,
« neuves, et nécessaires, et non pas pour rabâcher. J'ai fait des livres, il
« est vrai, mais jamais je ne fus un livrier. Pourquoi faire semblant de
« vouloir que je fasse encore des livres, quand en effet on craint tant que je
« n'en fasse, et qu'on met tant de vigilance à m'en ôter tous les moyens?
« On me ferme d'abord de toutes les maisons, hors celle des fauteurs de la
« ligue. On me cache avec le plus grand soin la demeure et l'adresse de tout
« le monde. Les suisses et les portiers ont tous pour moi des ordres secrets,
« autres que ceux de leurs maîtres; on ne me laisse plus de communication
« avec les humains, même pour parler : me permettrait-on d'écrire? On me
« laisserait peut-être exprimer ma pensée afin de la savoir, mais très-cer-
« tainement on n'empêcherait bien de la dire au public.

« Dans la position où je suis, si j'avais à faire des livres, je n'en devrais
« et n'en voudrais faire que pour la défense de mon honneur, pour confondre
« et démasquer les imposteurs qui le diffament : il ne m'est plus permis, sans

« me manquer à moi-même, de traiter aucun autre sujet. Quand j'aurais les
« lumières nécessaires pour percer cet abîme de ténèbres où l'on m'a plongé,
« et pour éclairer toutes ces trames souterraines, y a-t-il du bon sens à
« supposer qu'on me laisserait faire, et que les gens qui disposent de moi
« souffriraient que j'instruisisse le public de leurs manœuvres et de mon
« sort? A qui m'adresserai-je pour me faire imprimer, qui ne fût un de
« leurs émissaires, ou qui ne le devînt aussitôt? M'ont-ils laissé quelqu'un à
« qui je puisse me confier? Ne sait-on pas tous les jours, à toutes les heures,
« à qui j'ai parlé, ce que j'ai dit; et, doutez-vous que, depuis nos entrevues,
« vous-même ne soyez aussi surveillé que moi? Quelqu'un peut-il ne pas
« voir qu'investi de toutes parts, gardé à vue comme je le suis, il m'est im-
« possible de faire entreprendre nulle part la voix de la justice et de la
« vérité? Si l'on paraissait m'en laisser le moyen, ce serait un piége. Quand
« j'aurais dit *blanc*, on me ferait dire *noir*, sans même que j'en susse rien (1);
« et puisqu'on falsifie tout ouvertement mes anciens écrits qui sont dans les
« mains de tout le monde, manquerait-on de falsifier ceux qui n'auraient
« point encore paru, et dont rien ne pourrait constater la falsification,
« puisque mes protestations sont comptées pour rien? Eh! monsieur, pouvez-
« vous ne pas voir que le grand, le seul crime qu'ils redoutent de moi,
« crime affreux dont l'effroi les tient dans des transes continuelles, est ma
« justification?

« Faire des livres pour subsister eût été me mettre dans la dépendance
« du public. Il eût été dès lors question, non d'instruire et de corriger,
« mais de plaire et de réussir. Cela ne pouvait plus se faire en suivant la
« route que j'avais prise; les temps étaient trop changés, et le public avait
« trop changé pour moi. Quand je publiai mes premiers écrits, encore livré
« à lui-même, il n'avait point en total adopté de secte, et pouvait écouter la
« voix de la vérité et de la raison. Mais aujourd'hui, subjugué tout entier, il
« ne pense plus, il ne raisonne plus, il n'est plus rien par lui-même, et ne
« suit que les impressions que lui donnent ses guides. L'unique doctrine qu'il
« peut goûter désormais est celle qui met ses passions à leur aise, et couvre
« d'un vernis de sagesse le déréglement de ses mœurs. Il ne reste plus
« qu'une route pour quiconque aspire à lui plaire : c'est de suivre à la piste
« les brillants auteurs de ce siècle, et de prêcher comme eux, dans une mo-
« rale hypocrite, l'amour des vertus et la haine du vice, mais après avoir
« commencé par prononcer comme eux que tout cela sont des mots vides de
« sens, faits pour amuser le peuple; qu'il n'y a ni vice ni vertu dans le cœur
« de l'homme, puisqu'il n'y a ni liberté dans sa volonté, ni moralité dans ses
« actions; que tout, jusqu'à cette volonté même, est l'ouvrage d'une aveugle
« nécessité; qu'enfin la conscience et les remords ne sont que préjugés et
« chimères, puisqu'on ne peut, ni s'applaudir d'une bonne action qu'on a été
« forcé de faire, ni se reprocher un crime dont on n'a pas eu le courage de
« s'abstenir (2). Et quelle chaleur, quelle véhémence, quel ton de persuasion

---

(1) Comme on fera certainement du contenu de cet écrit, si son existence est connue du public, et qu'il tombe entre les mains de ces messieurs; ce qui paraît naturellement inévitable.

(2) Voilà ce qu'ils ont ouvertement enseigné et publié jusqu'ici, sans qu'on ait songé à

« et de vérité pourrais-je mettre, quand je le voudrais, dans ces cruelles
« doctrines, qui, flattant les heureux et les riches, accablent les infortunés
« et les pauvres, en ôtant aux uns tout frein, toute crainte, toute retenue;
« aux autres, toute espérance, toute consolation? et comment enfin les ac-
« corderais-je avec mes propres écrits, pleins de la réfutation de tous ces
« sophismes? Non, j'ai dit ce que je savais, ce que je croyais du moins être
« vrai, bon, consolant, utile. J'en ai dit assez pour qui voudra m'écouter en
« sincérité de cœur, et beaucoup trop pour le siècle où j'ai eu le malheur de
« vivre. Ce que je dirais de plus ne ferait aucun effet, et je le dirais mal,
« n'étant animé, ni par l'espoir du succès comme les auteurs à la mode, ni
« comme autrefois par cette hauteur de courage qui met au-dessus, et qu'ins-
« pire le seul amour de la vérité, sans mélange d'aucun intérêt personnel. »

Voyant l'indignation dont il s'enflammait à ces idées, je me gardai de lui parler de tous ces fatras de livres et de brochures qu'on lui fait barbouiller et publier tous les jours avec autant de secret que de bon sens. Par quelle inconcevable bêtise pourrait-il espérer, surveillé comme il est, de pouvoir garder un seul moment l'anonyme? et lui à qui l'on reproche tant de se défier à tort de tout le monde, comment aurait-il une confiance aussi stupide en ceux qu'il chargerait de la publication de ses manuscrits? et s'il avait en quelqu'un cette inepte confiance, est-il croyable qu'il ne s'en servirait, dans la position terrible où il est, que pour publier d'arides traductions et de frivoles brochures (1)? Enfin peut-on penser que, se voyant ainsi journellement découvert, il ne laissât pas d'aller toujours son train avec le même mystère, avec le même secret si bien gardé, soit en continuant de se confier aux mêmes traîtres, soit en choisissant de nouveaux confidents tout aussi fidèles?

J'entends insister. Pourquoi, sans reprendre ce métier d'auteur qui lui déplaît tant, ne pas choisir au moins pour ressource quelque talent plus honorable ou plus lucratif? Au lieu de copier de la musique, s'il était vrai qu'il la sût, que n'en faisait-il ou que ne l'enseignait-il? S'il ne la savait pas, il avait ou passait pour avoir d'autres connaissances dont il pouvait donner leçon. L'italien, la géographie, l'arithmétique; que sais-je, moi? Tout, puisqu'on a tant de facilité à Paris pour enseigner ce qu'on ne sait pas soi-même; les plus médiocres talents valaient mieux à cultiver pour s'aider à vivre que le moindre de tous, qu'il possédait mal, et dont il tirait si peu de profit, même en taxant si haut son ouvrage. Il ne se fût point mis, comme il a fait, dans la dépendance de quiconque vient, armé d'un chiffon de musique, lui débiter son amphigouri, ni des valets insolents qui viennent, dans leur arrogant maintien, lui déceler les sentiments cachés des maîtres. Il n'eût point perdu si souvent le salaire de son travail, ne se fût point fait mépriser du peuple, et traiter de juif par le philosophe Diderot pour ce travail même. Tous ces profits mesquins sont méprisés des grandes âmes. L'illustre Diderot, qui ne souille point ses mains d'un travail mercenaire, et dédaigne les

---

les décréter pour cette doctrine. Cette peine était réservée au *Système impie de la religion naturelle*. A présent c'est à Jean-Jacques qu'ils font dire tout cela; eux se taisent ou crient à l'impie, et le public avec eux. *Risum teneatis, amici*.

(1) Aujourd'hui ce sont des livres en forme; mais il y a dans l'œuvre qui me regarde un progrès qu'il n'était pas aisé de prévoir.

petits gains usuriers, est aux yeux de l'Europe entière un sage aussi vertueux que désintéressé; et le copiste Jean-Jacques, prenant dix sous par page de son travail pour s'aider à vivre, est un juif que son avidité fait universellement mépriser. Mais, en dépit de son âpreté, la fortune paraît avoir ici tout remis dans l'ordre, et je ne vois point que les usures du juif Jean-Jacques l'aient rendu fort riche, ni que le désintéressement du philosophe Diderot l'ait appauvri. Eh! comment peut-on ne pas sentir que si Jean-Jacques eût pris cette occupation de copier de la musique uniquement pour don-

Il se met sans y penser à la suite des autres pour n'avoir pas besoin de penser à son chemin. — Page 119.

ner le change au public, ou par affectation, il n'eût pas manqué, pour ôter cette arme à ses ennemis et se faire un mérite de son métier, de le faire au prix des autres, ou même au-dessous?

Le Fr. L'avidité ne raisonne pas toujours bien.

Rouss. L'animosité raisonne souvent plus mal encore. Cela se sent à merveille quand on examine les allures de vos messieurs, et leurs singuliers raisonnements qui les déclèleraient bien vite aux yeux de quiconque y voudrait regarder et ne partagerait pas leur passion.

Toutes ces objections m'étaient présentes quand j'ai commencé d'observer notre homme; mais en le voyant familièrement, j'ai senti bientôt et je sens mieux chaque jour que les vrais motifs qui le déterminent dans toute sa conduite se trouvent rarement dans son plus grand intérêt, et jamais dans les opinions de la multitude. Il les faut chercher plus près de lui si l'on ne veut s'abuser sans cesse.

D'abord, comment ne sent-on pas que pour tirer parti de tous ces petits talents dont on parle, il en faudrait un qui lui manque, savoir, celui de les faire valoir. Il faudrait intriguer, courir à son âge de maison en maison, faire sa cour aux grands, aux riches, aux femmes, aux artistes, à tous ceux dont on le laisserait approcher; car on mettrait le même choix aux gens dont on lui permettrait l'accès qu'on met à ceux à qui l'on permet le sien, et parmi lesquels je ne serais pas sans vous.

Il a fait assez d'expériences de la façon dont le traiteraient les musiciens, s'il se mettait à leur merci pour l'exécution de ses ouvrages, comme il y serait forcé pour en pouvoir tirer parti. J'ajoute que quand même, à force de manége, il pourrait réussir, il devrait toujours trouver trop chers des succès achetés à ce prix. Pour moi, du moins, pensant autrement que le public sur le véritable honneur, j'en trouve beaucoup plus à copier chez soi de la musique à tant la page, qu'à courir de porte en porte pour y souffrir les rebuffades des valets, les caprices des maîtres, et faire partout le métier de cajoleur et de complaisant. Voilà ce que tout esprit judicieux devrait sentir lui-même; mais l'étude particulière de l'homme ajoute un nouveau poids à tout cela.

Jean-Jacques est indolent, paresseux, comme tous les contemplatifs : mais cette paresse n'est pas dans sa tête. Il ne pense qu'avec effort, il se fatigue à penser, il s'effraie de tout ce qui l'y force, à quelque faible degré que ce soit, et s'il faut qu'il réponde à un bonjour dit avec quelque tournure, il en sera tourmenté. Cependant il est vif, laborieux à sa manière. Il ne peut souffrir une oisiveté absolue : il faut que ses mains, que ses pieds, que ses doigts agissent, que son corps soit en exercice, et que sa tête reste en repos. Voilà d'où vient sa passion pour la promenade; il y est en mouvement sans être obligé de penser. Dans la rêverie on n'est point actif. Les images se tracent dans le cerveau, s'y combinent comme dans le sommeil, sans le concours de la volonté : on laisse à tout cela suivre sa marche, et l'on jouit sans agir. Mais quand on veut arrêter, fixer les objets, les ordonner, les arranger, c'est autre chose; on y met du sien. Sitôt que le raisonnement et la réflexion s'en mêlent, la méditation n'est plus un repos, elle est une action très pénible; et voilà la peine qui fait l'effroi de Jean-Jacques, et dont la seule idée l'accable et le rend paresseux. Je ne l'ai jamais trouvé tel, que dans toute œuvre où il faut que l'esprit agisse, quelque peu que ce puisse être. Il n'est avare, ni de son temps, ni de sa peine; il ne peut rester oisif sans souffrir; il passerait volontiers sa vie à bêcher dans un jardin pour y rêver à son aise :

mais ce serait pour lui le plus cruel supplice de la passer dans un fauteuil, en fatiguant sa cervelle à chercher des riens pour amuser des femmes.

De plus, il déteste la gêne autant qu'il aime l'occupation. Le travail ne lui coûte rien, pourvu qu'il le fasse à son heure, et non pas à celle d'autrui. Il porte sans peine le joug de la nécessité des choses, mais non celui de la volonté des hommes. Il aimera mieux faire une tâche double en prenant son temps, qu'une simple au moment prescrit.

A-t-il une affaire, une visite, un voyage à faire, il ira sur-le-champ, si rien ne le presse; s'il faut aller à l'instant, il regimbera. Le moment où, renonçant à tout projet de fortune pour vivre au jour la journée, il se défit de sa montre, fut un des plus doux de sa vie. Grâces au ciel, s'écria-t-il dans un transport de joie, je n'aurai plus besoin de savoir l'heure qu'il est!

S'il se plie avec peine aux fantaisies des autres, ce n'est pas qu'il en ait beaucoup de son chef. Jamais homme ne fut moins imitateur, et cependant moins capricieux. Ce n'est pas sa raison qui l'empêche de l'être, c'est sa paresse; car les caprices sont des secousses de la volonté dont il craindrait la fatigue. Rebelle à toute autre volonté, il ne sait pas même obéir à la sienne, ou plutôt il trouve si fatiguant même de vouloir, qu'il aime mieux, dans le courant de la vie, suivre une impression purement machinale qui l'entraîne sans qu'il ait la peine de la diriger. Jamais homme ne porta plus pleinement, et dès sa jeunesse, le joug propre des âmes faibles et des vieillards; savoir celui de l'habitude. C'est par elle qu'il aime à faire encore aujourd'hui ce qu'il fit hier, sans autre motif, si ce n'est qu'il le fit hier. La route étant déjà frayée, il a moins de peine à la suivre, qu'à l'effort d'une nouvelle direction. Il est incroyable à quel point cette paresse de vouloir le subjugue. Cela se voit jusque dans ses promenades. Il répétera toujours la même, jusqu'à ce que quelque motif le force absolument d'en changer : ses pieds le reportent d'eux-mêmes où ils l'ont déjà porté. Il aime à marcher toujours devant lui, parce que cela se fait sans avoir besoin d'y penser. Il irait de cette façon toujours rêvant jusqu'à la Chine, sans s'en apercevoir ou sans s'ennuyer. Voilà pourquoi les longues promenades lui plaisent; mais il n'aime pas les jardins où à chaque bout d'allée une petite direction est nécessaire pour tourner et revenir sur ses pas, et en compagnie il se met, sans y penser, à la suite des autres pour n'avoir pas besoin de penser à son chemin; aussi n'en a-t-il jamais retenu aucun qu'il ne l'eût fait seul.

Tous les hommes sont naturellement paresseux, leur intérêt même ne les anime pas, et les plus pressants besoins ne les font agir que par secousses; mais à mesure que l'amour-propre s'éveille, il les excite, les pousse, les tient sans cesse en haleine, parce qu'il est la seule passion qui leur parle toujours : c'est ainsi qu'on les voit tous dans le monde. L'homme en qui l'amour-propre ne domine pas, et qui ne va point chercher son bonheur loin de lui, est le seul qui connaisse l'incurie et les doux loisirs; et Jean-Jacques est cet homme-là, autant que je puis m'y connaître. Rien n'est plus uniforme que sa manière de vivre : il se lève, se couche, mange, travaille, sort et rentre aux mêmes heures, sans le vouloir et sans le savoir. Tous les jours sont jetés au même moule, c'est le même jour toujours répété; sa routine lui tient lieu de toute autre règle; il la suit très exactement, sans y manquer et sans y songer. Cette molle inertie n'influe pas seulement sur ses actions indifférentes, mais sur toute sa conduite, sur les affections mêmes de son cœur; et, lorsqu'il cherchait si passionnément des liaisons qui lui convinssent, il n'en forma réellement jamais d'autres que celles que le hasard lui présenta. L'indolence et le besoin d'aimer ont donné sur lui un ascendant aveugle à tout ce qui l'approchait. Une rencontre fortuite, l'occasion, le besoin du moment, l'habitude trop rapidement prise, ont déterminé tous ses attachements, et par eux toute sa destinée. En vain son cœur lui demandait un choix, son humeur trop facile ne lui en laissa point faire. Il est peut-être le seul homme au monde des liaisons duquel on ne peut rien conclure, parce que son propre goût n'en forma jamais aucune, et qu'il se trouva toujours subjugué avant d'avoir eu le temps de choisir. Du reste, l'habitude ne finit point en lui par l'ennui. Il vivrait éternellement du même mets, répéterait sans cesse le même air, relirait toujours le même livre, ne verrait toujours que la même personne. Enfin, je ne l'ai jamais vu se dégoûter d'aucune chose qui une fois lui eût fait plaisir.

C'est par ces observations et d'autres qui s'y rapportent, c'est par l'étude attentive du naturel et des goûts de l'individu, qu'on apprend à expliquer les singularités de sa conduite, et non par des fureurs d'amour-propre, qui rongent les cœurs de ceux qui le jugent sans avoir jamais approché du sien. C'est par paresse, par nonchalance, par aversion de la dépendance et de la gêne, que Jean-Jacques copie de la musique. Il fait sa tâche quand et comment il lui plaît; il ne doit compte de sa journée, de son temps, de son travail, de son loisir à personne. Il n'a besoin de rien arranger, de rien prévoir, de prendre aucun souci de rien, il n'a nulle dépense d'esprit à faire, il est lui et à lui tous les jours, tout le jour; et le soir, quand il se délasse et se promène, son âme ne sort du calme que pour se livrer à des émotions délicieuses, sans qu'il ait à payer de sa personne, et à soutenir le faix de la célébrité par de brillantes ou savantes conversations, qui feraient le tourment de sa vie sans flatter sa vanité.

Il travaille lentement, pesamment, fait beaucoup de fautes, efface ou recommence sans cesse; cela l'a forcé de taxer haut son ouvrage, quoiqu'il en sente mieux que personne l'imperfection. Il n'épargne cependant ni frais ni soins pour lui faire valoir son prix, et il y met des attentions qui ne sont pas sans effet, et qu'on attendrait en vain des autres copistes. Ce prix même, quelque fort qu'il soit, serait peut-être au-dessous du leur, si l'on en déduisait ce qu'on s'amuse à lui faire perdre, soit en ne retirant ou en ne payant point l'ouvrage qu'on lui fait faire, soit en le détournant de son travail en mille manières dont les autres copistes sont exempts. S'il abuse en cela de sa célébrité, il le sent et s'en afflige; mais c'est un bien petit avantage contre tant de maux qu'elle lui attire, et il ne saurait faire autrement sans s'exposer à des inconvénients qu'il n'a pas le courage de supporter : au lieu qu'avec ce modique supplément, acheté par son travail, sa situation présente est, du côté de l'aisance, telle précisément qu'il la faut à son humeur. Libre des chaînes de la fortune, il jouit avec modération de tous les biens réels qu'elle donne; il a retranché ceux de l'opinion, qui ne sont qu'apparents, et qui sont les plus coûteux. Plus pauvre, il sentirait des privations, des souffrances;

plus riche, il aurait l'embarras des richesses, des soucis, des affaires; il faudrait renoncer à l'incurie, pour lui la plus douce des voluptés : en possédant davantage, il jouirait beaucoup moins.

Il est vrai qu'avancé déjà dans la vieillesse il ne peut espérer de vaquer longtemps encore à son travail; sa main déjà tremblotante lui refuse un service aisé, sa note se déforme, son activité diminue; il fait moins d'ouvrage et moins bien dans plus de temps; un moment viendra (1), s'il vieillit beaucoup, qui, lui ôtant les ressources qu'il s'est ménagées, le forcera de faire un tardif et dur apprentissage d'une frugalité bien austère. Il ne doute pas même que vos messieurs n'aient déjà pour ce temps qui s'approche, et qu'ils sauront peut-être accélérer, un nouveau plan de bénéficence, c'est-à-dire de nouveaux moyens de lui faire manger le pain d'amertume et boire la coupe d'humiliation. Il sent et prévoit très bien tout cela; mais, si près du terme de la vie, il n'y voit plus un fort grand inconvénient. D'ailleurs, comme cet inconvénient est inévitable, c'est folie de s'en tourmenter, et ce serait s'y précipiter d'avance que de chercher à le prévenir. Il pourvoit au présent en ce qui dépend de lui, et laisse le soin de l'avenir à la Providence.

J'ai donc vu Jean-Jacques livré tout entier aux occupations que je viens de vous décrire, se promenant toujours seul, pensant peu, rêvant beaucoup, travaillant presque machinalement, sans cesse occupé des mêmes choses sans s'en rebuter jamais; enfin plus gai, plus content, se portant mieux, en menant cette vie presque automate, qu'il ne fit tout le temps qu'il consacra si cruellement pour lui, et si peu utilement pour les autres, au triste métier d'auteur.

Mais n'apprécions pas cette conduite au-dessus de sa valeur. Dès que cette vie simple et laborieuse n'est pas jouée, elle serait sublime dans un célèbre écrivain qui pourrait s'y réduire. Dans Jean-Jacques elle n'est que naturelle, parce qu'elle n'est l'ouvrage d'aucun effort, ni celui de la raison, mais une simple impulsion de tempérament déterminée par la nécessité. Le seul mérite de celui qui s'y livre est d'avoir cédé sans résistance au penchant de la nature, et de ne s'être pas laissé détourner par une mauvaise honte, ni par une sotte vanité. Plus j'examine cet homme dans le détail de l'emploi de ses journées, dans l'uniformité de cette vie machinale, dans le goût qu'il paraît y prendre, dans le contentement qu'il y trouve, dans l'avantage qu'il en tire pour son humeur et pour sa santé; plus je vois que cette manière de vivre était celle pour laquelle il était né. Les hommes, le figurant toujours à leur mode, en ont fait, tantôt un profond génie, tantôt un petit charlatan : d'abord un prodige de vertu, puis un monstre de scélératesse; toujours l'être du monde le plus étrange et le plus bizarre. La nature n'en a fait qu'un bon artisan, sensible, il est vrai, jusqu'au transport, idolâtre du beau, passionné pour la justice; dans de courts moments d'effervescence capable de vigueur et d'élévation, mais dont l'état habituel fut et sera toujours l'inertie d'esprit

---

(1) Un autre inconvénient très grave me forcera d'abandonner enfin ce travail, que d'ailleurs la mauvaise volonté du public me rend plus onéreux qu'utile; c'est l'abord fréquent de quidams étrangers ou inconnus qu'ils introduisent chez moi sous ce prétexte, et qui savent ensuite s'y cramponner malgré moi, sans que je puisse pénétrer leur dessein.

et l'activité machinale, et, pour tout dire en un mot, qui n'est rare que parce qu'il est simple. Une des choses dont il se félicite est de se retrouver dans sa vieillesse à peu près au même rang où il est né, sans avoir jamais beaucoup ni monté ni descendu dans le cours de sa vie. Le sort l'a remis où l'avait placé la nature ; il s'applaudit chaque jour de ce concours.

Ces solutions si simples, et pour moi si claires, de mes premiers doutes, m'ont fait sentir de plus en plus que j'avais pris la seule bonne route pour aller à la source des singularités de cet homme tant jugé et si peu connu. Le grand tort de ceux qui le jugent n'est pas de n'avoir point deviné les vrais motifs de sa conduite ; des gens si fins ne s'en douteront jamais (1) ; mais c'est de n'avoir pas voulu les apprendre, d'avoir concouru de tout leur cœur aux moyens pris pour empêcher, lui de les dire, et eux de les savoir. Les gens même les plus équitables sont portés à chercher des causes bizarres à une conduite extraordinaire ; et au contraire, c'est à force d'être naturelle que celle de Jean-Jacques est peu commune, mais c'est ce qu'on ne peut sentir qu'après avoir fait une étude attentive de son tempérament, de son humeur, de ses goûts, de toute sa constitution. Les hommes n'y font pas tant de façon pour se juger entre eux. Ils s'attribuent réciproquement les motifs qui pourraient faire agir le jugeant comme fait le jugé, s'il était à sa place, et souvent ils rencontrent juste, parce qu'ils sont tous conduits par l'opinion, par les préjugés, par l'amour-propre, par toutes les passions factices qui en sont le cortège, et surtout par ce vif intérêt, prévoyant et pourvoyant, qui les jette toujours loin du présent, et qui n'est rien pour l'homme de la nature.

Mais ils sont si loin de remonter aux pures impulsions de cette nature et de les connaître, que, s'ils parvenaient à comprendre enfin que ce n'est point par ostentation que Jean-Jacques se conduit si différemment qu'ils ne font, le plus grand nombre en conclurait aussitôt que c'est donc par bassesse d'âme, quelques-uns peut-être, que c'est par une héroïque vertu, et tous se tromperaient également. Il y a de la bassesse à choisir volontairement un emploi digne de mépris, ou à recevoir par aumône ce qu'on peut gagner par son travail ; mais il n'y en a point à vivre d'un travail honnête plutôt que d'aumônes, ou plutôt que d'intriguer pour parvenir. Il y a de la vertu à vaincre ses penchants pour faire son devoir, mais il n'y en a point à les suivre pour se livrer à des occupations de son goût, quoique ignobles aux yeux des hommes.

La cause des faux jugements portés sur Jean-Jacques est qu'on suppose toujours qu'il lui a fallu de grands efforts pour être autrement que les autres hommes, au lieu que, constitué comme il est, il lui en eût fallu de très grands pour être comme eux. Une de mes observations les plus certaines, et dont le public se doute le moins, est qu'impatient, emporté, sujet aux plus vives co-

---

(1) Les gens si fins, totalement transformés par l'amour-propre, n'ont plus la moindre idée des vrais mouvements de la nature, et ne connaîtront jamais rien aux âmes honnêtes, parce qu'ils ne voient partout que le mal, excepté dans ceux qu'ils ont intérêt de flatter. Ainsi les observations des gens fins, ne s'accordant avec la vérité que par hasard, ne font point autorité chez les sages.

Je ne connais pas deux Français qui pussent parvenir à me connaître, quand même ils le désireraient de tout leur cœur : la nature primitive de l'homme est trop loin de toutes leurs idées. Je ne dis pas néanmoins qu'il n'y en a point, je dis seulement que je n'en connais pas deux.

lères, il ne connaît pas néanmoins la haine, et que jamais désir de vengeance n'entra dans son cœur. Si quelqu'un pouvait admettre un fait si contraire aux idées qu'on a de l'homme, on lui donnerait aussitôt pour cause un effet sublime, la pénible victoire sur l'amour-propre, la grande mais difficile vertu du pardon des ennemis, et c'est simplement un effet naturel du tempérament que je vous ai décrit. Toujours occupé de lui-même ou pour lui-même, et trop avide de son propre bien pour avoir le temps de songer au mal d'un autre, il ne s'avise point de ces jalouses comparaisons d'amour-propre, d'où naissent les passions haineuses dont j'ai parlé. J'ose même dire qu'il n'y a point de constitution plus éloignée que la sienne de la méchanceté ; car son vice dominant est de s'occuper de lui plus que des autres, et celui des méchants, au contraire, est de s'occuper plus des autres que d'eux; et c'est précisément pour cela qu'à prendre le mot d'*égoïsme* dans son vrai sens ils sont tous égoïstes, et qu'il ne l'est point, parce qu'il ne se met ni à côté, ni au-dessus, ni au-dessous de personne, et que le déplacement de personne n'est nécessaire à son bonheur. Toutes ses méditations sont douces, parce qu'il aime à jouir. Dans les situations pénibles, il n'y pense que quand elles l'y forcent; tous les moments qu'il peut leur dérober sont donnés à ses rêveries, il sait se soustraire aux idées déplaisantes, et se transporter ailleurs qu'où il est mal. Occupé si peu de ses peines, comment le serait-il beaucoup de ceux qui les lui font souffrir ? il s'en venge en n'y pensant point, non par esprit de vengeance, mais pour se délivrer d'un tourment. Paresseux et voluptueux, comment serait-il haineux et vindicatif ? Voudrait-il changer en supplices ses consolations, ses jouissances, et les seuls plaisirs qu'on lui laisse ici-bas? Les hommes bilieux et méchants ne cherchent la retraite que quand ils sont tristes ; et la retraite les attriste encore plus. Le levain de la vengeance fermente dans la solitude par le plaisir qu'on prend à s'y livrer ; mais ce triste et cruel plaisir dévore et consume celui qui s'y livre; il le rend inquiet, actif, intrigant : la solitude qu'il cherchait fait bientôt le supplice de son cœur haineux et tourmenté ; il n'y goûte point cette aimable incurie, cette douce nonchalance qui fait le charme des vrais solitaires ; sa passion, animée par ses chagrines réflexions, cherche à se satisfaire; et, bientôt quittant sa sombre retraite, il court attiser dans le monde le feu dont il veut consumer son ennemi. S'il sort des écrits de la main d'un tel solitaire, ils ne ressembleront, sûrement, ni à l'*Émile* ni à l'*Héloïse*; ils porteront, quelque art qu'emploie l'auteur à se déguiser, la teinte de la bile amère qui les dicta. Pour Jean-Jacques, les fruits de sa solitude attestent les sentiments dont il s'y nourrit; il eut de l'humeur tant qu'il vécut dans le monde, il n'en eut plus aussitôt qu'il vécut seul.

Cette répugnance à se nourrir d'idées noires et déplaisantes se fait sentir dans ses écrits comme dans sa conversation, et surtout dans ceux de longue haleine, où l'auteur avait plus le temps d'être lui, et où son cœur s'est mis, pour ainsi dire, plus à son aise. Dans ses premiers ouvrages, entraîné par son sujet, indigné par le spectacle des mœurs publiques, excité par les gens qui vivaient avec lui, et qui dès lors peut-être avaient déjà leurs vues, il s'est permis quelquefois de peindre les méchants et les vices en traits vifs et poignants, mais toujours prompts et rapides; et l'on voit qu'il ne se complaisait que dans les images riantes, dont il aima de tout temps à s'occuper. Il se félicite à la fin de l'*Héloïse* d'en avoir soutenu l'intérêt durant six volumes, sans le concours d'aucun personnage méchant, ni d'aucune mauvaise action. C'est là, ce me semble, le témoignage le moins équivoque des véritables goûts d'un auteur.

Le Fr. Eh! comme vous vous abusez! Les bons peignent les méchants sans crainte; ils n'ont pas peur d'être reconnus dans leurs portraits; mais un méchant n'ose peindre son semblable, il redoute l'application.

Rouss. Monsieur, cette interprétation si naturelle est-elle de votre façon?

Le Fr. Non, elle est de nos messieurs. Oh! moi, je n'aurais jamais eu l'esprit de la trouver!

Rouss. Du moins, l'admettez-vous sérieusement pour bonne?

Le Fr. Mais, je vous avoue que je n'aime point à vivre avec les méchants, et je ne crois pas qu'il s'ensuive de là que je sois un méchant moi-même.

Rouss. Il s'ensuit tout le contraire, et non-seulement les méchants aiment à vivre entre eux, mais leurs écrits comme leurs discours sont remplis de peintures effroyables de toutes sortes de méchancetés. Quelquefois les bons s'attachent de même à les peindre, mais seulement pour les rendre odieuses: au lieu que les méchants ne se servent des mêmes peintures que pour rendre odieux moins les vices que les personnages qu'ils ont en vue. Ces différences se font bien sentir à la lecture, et les censures vives mais générales des uns s'y distinguent facilement des satires personnelles des autres. Rien n'est plus naturel à un auteur que de s'occuper par préférence des matières qui sont le plus de son goût. Celui de Jean-Jacques, en l'attachant à la solitude, atteste, par les productions dont il s'y est occupé, quelle espèce de charme a pu l'y attirer et l'y retenir. Dans sa jeunesse, et durant ses courtes prospérités, n'ayant encore à se plaindre de personne, il n'aima pas moins la retraite qu'il l'aime dans sa misère. Il se partageait alors avec délices entre les amis qu'il croyait avoir et la douceur du recueillement. Maintenant si cruellement désabusé, il se livre à son goût dominant sans partage. Ce goût ne le tourmente ni ne le ronge; il ne le rend ni triste ni sombre; jamais il ne fut plus satisfait de lui-même, moins soucieux des affaires d'autrui, moins occupé de ses persécuteurs, plus content ni plus heureux, autant qu'on peut l'être de son propre fait, vivant dans l'adversité. S'il était tel qu'on nous le représente, la prospérité de ses ennemis, l'opprobre dont ils l'accablent, l'impuissance de s'en venger, l'auraient déjà fait périr de rage. Il n'eût trouvé, dans la solitude qu'il cherche, que le désespoir et la mort. Il y trouve le repos de l'esprit, la douceur d'âme, la santé, la vie. Tous les mystérieux arguments de vos messieurs n'ébranleront jamais la certitude qu'opère celui-là dans mon esprit.

Mais y a-t-il quelque vertu dans cette douceur? aucune. Il n'y a que la pente d'un naturel aimant et tendre, qui, nourri de visions délicieuses, ne peut s'en détacher pour s'occuper d'idées funestes et de sentiments déchirants. Pourquoi s'affliger quand on peut jouir? pourquoi noyer son cœur de fiel et de bile, quand on peut l'abreuver de bienveillance et d'amour? Ce choix si raisonnable n'est pourtant fait ni par la raison, ni par la volonté; il est l'ouvrage d'un pur instinct. Il n'a pas le mérite de la vertu sans doute, mais il n'en a pas non plus l'instabilité. Celui qui durant soixante ans s'est livré aux seules impressions de la nature est bien sûr de n'y résister jamais.

Si ces impulsions ne le mènent pas toujours dans la bonne route, rarement elles le mènent dans la mauvaise. Le peu de vertus qu'il a n'ont jamais fait de grands biens aux autres, mais ses vices bien plus nombreux ne font de mal qu'à lui seul. Sa morale est moins une morale d'action que d'abstinence : sa paresse la lui a donnée, et sa raison l'y a souvent confirmé : ne jamais faire de mal lui paraît une maxime plus utile, plus sublime, et beaucoup plus difficile que celle même de faire du bien ; car souvent le bien qu'on fait sous un rapport devient un mal sous mille autres ; mais dans l'ordre de la nature, il n'y a de vrai mal que le mal positif. Souvent il n'y a d'autre moyen de s'abstenir de nuire, que de s'abstenir tout-à-fait d'agir ; et, selon lui, le meilleur régime, tant moral que physique, est un régime purement négatif. Mais ce n'est pas celui qui convient à une philosophie ostentatrice, qui ne veut que des œuvres d'éclat, et n'apprend rien tant à ses sectateurs qu'à beaucoup se montrer. Cette maxime de ne point faire de mal tient de bien près à une autre qu'il doit encore à sa paresse, mais qui se change en vertu pour quiconque s'en fait un devoir. C'est de ne se mettre jamais dans une situation qui lui fasse trouver son avantage dans le préjudice d'autrui. Nul homme ne redoute une situation pareille. Ils sont tous trop forts, trop vertueux pour craindre jamais que leur intérêt ne les tente contre leur devoir ; et dans leur fière confiance, ils provoquent sans crainte les tentations auxquelles ils se sentent si supérieurs. Félicitons-les de leurs forces, mais ne blâmons pas le faible Jean-Jacques de n'oser se fier à la sienne, et d'aimer mieux fuir les tentations que d'avoir à les vaincre, trop peu sûr du succès d'un pareil combat.

Cette seule indolence l'eût perdu dans la société, quand il n'y eût pas apporté d'autres vices. Les petits devoirs à remplir la lui ont rendue insupportable ; et ces petits devoirs négligés lui ont fait cent fois plus de tort que des actions injustes ne lui en auraient pu faire. La morale du monde a été mise comme celle des dévots en menues pratiques, en petites formules, en étiquettes de procédés qui dispensent du reste. Quiconque s'attache avec scrupule à tous ces petits détails, peut au surplus être noir, faux, fourbe, traître et méchant, peu importe ; pourvu qu'il soit exact aux règles des procédés, il est toujours assez honnête homme. L'amour-propre de ceux qu'on néglige en pareil cas leur peint cette omission comme un cruel outrage, ou comme une monstrueuse ingratitude ; et tel qui donnerait pour un autre sa bourse et son sang n'en sera jamais pardonné pour avoir omis dans quelque rencontre une attention de civilité. Jean-Jacques, en dédaignant tout ce qui est de pure formule, et que font également bons et mauvais, amis et indifférents, pour ne s'attacher qu'aux solides devoirs, qui n'ont rien de l'usage ordinaire et font peu de sensation, a fourni les prétextes que vos messieurs ont si habilement employés. Il eût pu remplir sans bruit de grands devoirs dont jamais personne n'aurait rien dit : mais la négligence des petits soins inutiles a causé sa perte. Ces petits soins sont aussi quelquefois des devoirs qu'il n'est pas permis d'enfreindre, et je ne prétends pas en cela l'excuser. Je dis seulement que ce mal même, qui n'en est pas un dans sa source, et qui n'est tombé que sur lui, vient encore de cette indolence de caractère qui le domine, et ne lui fait pas moins négliger ses intérêts que ses devoirs.

Jean-Jacques paraît n'avoir jamais convoité fort ardemment les biens de la fortune, non par une modération dont on puisse lui faire honneur, mais parce que ces biens, loin de procurer ceux dont il est avide, en ôtent la jouissance et le goût. Les pertes réelles, ni les espérances frustrées, ne l'ont jamais fort affecté. Il a trop désiré le bonheur pour désirer beaucoup la richesse; et, s'il eut quelques moments d'ambition, ses désirs comme ses efforts ont été vifs et courts. Au premier obstacle qu'il n'a pu vaincre du premier choc, il s'est rebuté; et, retombant aussitôt dans sa langueur, il a oublié ce qu'il ne pouvait atteindre. Il fut toujours si peu agissant, si peu propre au manége nécessaire pour réussir en toute entreprise, que les choses les plus faciles pour d'autres devenant toujours difficiles pour lui, sa paresse les lui rendait impossibles pour lui épargner les efforts indispensables pour les obtenir. Un autre oreiller de paresse, dans toute affaire un peu longue quoique aisée, était pour lui l'incertitude que le temps jette sur les succès qui, dans l'avenir, semblent les plus assurés, mille empêchements imprévus pouvant à chaque instant faire avorter les desseins les mieux concertés. La seule instabilité de la vie réduit pour nous tous les événements futurs à de simples probabilités. La peine qu'il faut prendre est certaine, le prix en est toujours douteux, et les projets éloignés ne peuvent paraître que des leurres de dupes à quiconque a plus d'indolence que d'ambition. Tel est et fut toujours Jean-Jacques : ardent et vif par tempérament, il n'a pu dans sa jeunesse être exempt de toute espèce de convoitise; et c'est beaucoup s'il l'est toujours, même aujourd'hui. Mais quelque désir qu'il ait pu former, et quel qu'en ait pu être l'objet, si du premier effort il n'a pu l'atteindre, il fut toujours incapable d'une longue persévérance à y aspirer.

Maintenant il paraît ne plus rien désirer. Indifférent sur le reste de sa carrière, il en voit avec plaisir approcher le terme, mais sans l'accélérer même par ses souhaits. Je doute que jamais mortel ait mieux et plus sincèrement dit à Dieu, *que ta volonté soit faite*; et ce n'est pas, sans doute, une résignation fort méritoire à qui ne voit plus rien sur la terre qui puisse flatter son cœur. Mais dans sa jeunesse, où le feu du tempérament et de l'âge dut souvent enflammer ses désirs, il en put former d'assez vifs, mais rarement d'assez durables pour vaincre les obstacles, quelquefois très surmontables, qui l'arrêtaient. En désirant beaucoup, il dut obtenir fort peu, parce que ce ne sont pas les seuls élans du cœur qui font atteindre à l'objet, et qu'il y faut d'autres moyens qu'il n'a jamais su mettre en œuvre. La plus incroyable timidité, la plus excessive indolence, auraient cédé quelquefois peut-être à la force du désir, s'il n'eût trouvé dans cette force même l'art d'éluder les soins qu'elle semblait exiger, et c'est encore ici des clefs de son caractère celle qui en découvre le mieux les ressorts. A force de s'occuper de l'objet qu'il convoite, à force d'y tendre par ses désirs, sa bienfaisante imagination arrive au terme, en sautant par-dessus les obstacles qui l'arrêtent ou l'effarouchent. Elle fait plus ; écartant de l'objet tout ce qu'il a d'étranger à sa convoitise, elle ne le lui présente qu'approprié de tout point à son désir. Par là ses fictions lui deviennent plus douces que des réalités mêmes; elles en écartent les défauts avec les difficultés, elles les lui livrent préparées tout exprès pour lui, et font que désirer et jouir ne sont pour lui qu'une même chose. Est-il étonnant qu'un homme ainsi constitué soit sans goût pour la vie active? Pour lui pourchasser au loin quelques jouissances imparfaites et douteuses, elle lui ôterait celles qui valent cent fois mieux, et sont toujours en son pouvoir. Il est plus heureux et plus riche par la possession des biens imaginaires qu'il crée, qu'il ne le serait par celle des biens, plus réels si l'on veut, mais moins désirables, qui existent réellement.

Mais cette même imagination, si riche en tableaux riants et remplis de charmes, rejette obstinément les objets de douleur et de peine, ou du moins elle ne les lui peint jamais si vivement que sa volonté ne les puisse effacer. L'incertitude de l'avenir et l'expérience de tant de malheurs, peuvent l'effaroucher à l'excès des maux qui le menacent, en occupant son esprit des moyens de les éviter. Mais ces maux sont-ils arrivés, il les sent vivement un moment, et puis les oublie. En mettant tout au pis dans l'avenir, il se soulage et se tranquillise. Quand une fois le malheur est arrivé, il faut le souffrir sans doute, mais on n'est plus forcé d'y penser pour s'en garantir; c'est un grand tourment de moins dans son âme. En comptant d'avance sur le mal qu'il craint, il en ôte la plus grande amertume; ce mal arrivant le trouve tout prêt à le supporter, et s'il n'arrive pas, c'est un bien qu'il goûte avec d'autant plus de joie, qu'il n'y comptait point du tout. Comme il aime mieux jouir que souffrir, il se refuse aux souvenirs tristes et déplaisants, qui sont inutiles, pour livrer son cœur tout entier à ceux qui le flattent; quand sa destinée s'est trouvée telle qu'il n'y voyait plus rien d'agréable à se rappeler, il en a perdu toute la mémoire, et rétrogradant vers les temps heureux de son enfance et de sa jeunesse, il les a souvent recommencés dans ses souvenirs. Quelquefois s'élançant dans l'avenir qu'il espère et qu'il sent lui être dû, il tâche de s'en figurer les douceurs en les proportionnant aux maux qu'on lui fait souffrir injustement en ce monde. Plus souvent, laissant concourir ses sens à ses fictions, il se forme des êtres selon son cœur; et vivant avec eux dans une société dont il se sent digne, il plane dans l'empirée, au milieu des objets charmants et presque angéliques dont il s'est entouré. Concevez-vous que dans une âme tendre ainsi disposée les levains haineux fermentent facilement? Non, non, monsieur; comptez que celui qui peut sentir un moment les délices habituelles de Jean-Jacques ne méditera jamais de noirceurs.

La plus sublime des vertus, celle qui demande le plus de grandeur, de courage et de force d'âme, est le pardon des injures, et l'amour de ses ennemis. Le faible Jean-Jacques, qui n'atteint pas même aux vertus médiocres, irait-il jusqu'à celle-là? Je suis aussi loin de le croire que de l'affirmer. Mais qu'importe, si son naturel aimant et paisible le mène où l'aurait mené la vertu? Qu'eût pu faire en lui la haine s'il l'avait connue? je l'ignore; il l'ignore lui-même. Comment saurait-il où l'eût conduit un sentiment qui jamais n'approcha de son cœur? Il n'a point eu là-dessus de combat à rendre, parce qu'il n'a point eu de tentation. Celle d'ôter ses facultés à ses jouissances, pour les livrer aux passions irascibles et déchirantes, n'en est pas même une pour lui. C'est le tourment des cœurs dévorés d'amour-propre, et qui ne connaissent point d'autre amour. Ils n'ont pas cette passion par choix, elle les tyrannise, et n'en laisse point d'autre en leur pouvoir.

Lorsqu'il entreprit ses *Confessions*, cette œuvre unique parmi les hommes, dont il a profané la lecture, en la prodiguant aux oreilles les moins faites pour l'entendre, il avait déjà passé la maturité de l'âge, et ignorait encore l'adversité. Il a dignement exécuté ce projet jusqu'au temps des malheurs de sa vie ; dès lors il s'est vu forcé d'y renoncer. Accoutumé à ses douces rêveries, il ne trouva ni courage ni force pour soutenir la méditation de tant d'horreurs ; il n'aurait même pu s'en rappeler l'effroyable tissu, quand il s'y serait obstiné. Sa mémoire a refusé de se souiller de ces affreux souvenirs ; il ne peut se rappeler l'image que des temps qu'il verrait renaître avec plaisir : ceux où il fut la proie des méchants en seraient pour jamais effacés avec les cruels qui les ont rendus si funestes, si les maux qu'ils continuent à lui faire ne réveillaient quelquefois, malgré lui, l'idée de ceux qu'ils lui ont déjà fait souffrir. En un mot, un naturel aimant et tendre, une langueur d'âme qui le porte aux plus douces voluptés, lui faisant rejeter tout sentiment douloureux, écarte de son souvenir tout objet désagréable. Il n'a pas le mérite de pardonner les offenses, parce qu'il les oublie ; il n'aime pas ses ennemis, mais il ne pense point à eux. Cela met tout l'avantage de leur côté, en ce que ne le perdant jamais de vue, sans cesse occupés de lui, pour l'enlacer de plus en plus dans leurs piéges, et ne le trouvant ni assez attentif pour les voir, ni assez actif pour s'en défendre, ils sont toujours sûrs de le prendre au dépourvu, quand et comme il leur plaît, sans crainte de représailles. Tandis qu'il s'occupe avec lui-même, eux s'occupent aussi de lui. Il s'aime, et ils le haïssent ; voilà l'occupation des uns et des autres ; il est tout pour lui-même ; il est aussi tout pour eux : car, quant à eux, ils ne sont rien, ni pour lui, ni pour eux-mêmes ; et pourvu que Jean-Jacques soit misérable, ils n'ont pas besoin d'autre bonheur. Ainsi ils ont, eux et lui, chacun de leur côté, deux grandes expériences à faire : eux, de toutes les peines qu'il est possible aux hommes d'accumuler dans l'âme d'un innocent, et lui, de toutes les ressources que l'innocence peut tirer d'elle seule pour les supporter. Ce qu'il y a d'impayable dans tout cela est d'entendre vos bénins messieurs se lamenter, au milieu de leurs horribles trames, du mal que fait la haine à celui qui s'y livre, et plaindre tendrement leur ami Jean-Jacques d'être la proie d'un sentiment aussi tourmentant.

Il faudrait qu'il fût insensible ou stupide pour ne pas voir et sentir son état ; mais il s'occupe trop peu de ses peines pour s'en affecter beaucoup. Il se console avec lui-même des injustices des hommes ; en rentrant dans son cœur, il y trouve des dédommagements bien doux. Tant qu'il est seul, il est heureux ; et, quand le spectacle de la haine le navre, ou quand le mépris et la dérision l'indignent, c'est un mouvement passager qui cesse aussitôt que l'objet qui l'excite a disparu. Ses émotions sont promptes et vives, mais rapides et peu durables, et cela se voit. Son cœur, transparent comme le cristal, ne peut rien cacher de ce qui s'y passe ; chaque mouvement qu'il éprouve se transmet à ses yeux et sur son visage. On voit quand et comment il s'agite ou se calme, quand et comment il s'irrite ou s'attendrit ; et, sitôt que ce qu'il voit ou ce qu'il entend l'affecte, il lui est impossible d'en retenir ou dissimuler un moment l'impression. J'ignore comment il put s'y prendre pour tromper pendant quarante ans tout le monde sur son caractère ; mais pour peu qu'on le tire de sa chère inertie, ce qui par malheur n'est que trop aisé, je le défie de cacher à personne ce qui se passe au fond de son cœur, et c'est néanmoins de ce même naturel aussi ardent qu'indiscret qu'on a tiré, par un prestige admirable, le plus habile hypocrite et le plus rusé fourbe qui puisse exister.

Cette remarque était importante, et j'y ai porté la plus grande attention. Le premier art de tous les méchants est la prudence, c'est-à-dire la dissimulation. Ayant tant de desseins et de sentiments à cacher, ils savent composer leur extérieur, gouverner leurs regards, leur air, leur maintien, se rendre maîtres des apparences. Ils savent prendre leurs avantages et couvrir d'un vernis de sagesse les noires passions dont ils sont rongés. Les cœurs vifs sont bouillants, emportés, mais tout s'évapore au dehors; les méchants sont froids, posés, le venin se dépose et se cache au fond de leurs cœurs pour n'agir qu'en temps et lieu : jusqu'alors rien ne s'exhale; et, pour rendre l'effet plus grand ou plus sûr, ils le retardent à leur volonté. Ces différences ne viennent pas seulement des tempéraments, mais aussi de la nature des passions. Celles des cœurs ardents et sensibles étant l'ouvrage de la nature, se montrent en dépit de celui qui les a; leur première explosion, purement machinale, est indépendante de sa volonté. Tout ce qu'il peut faire à force de résistance est d'en arrêter le cours avant qu'elle ait produit son effet, mais non pas avant qu'elle se soit manifestée ou dans ses yeux, ou par sa rougeur, ou par sa voix, ou par son maintien, ou par quelque autre signe sensible.

Mais l'amour-propre et les mouvements qui en dérivent n'étant que des passions secondaires produites par la réflexion, n'agissent pas si sensiblement sur la machine. Voilà pourquoi ceux que ces sortes de passions gouvernent sont plus maîtres des apparences que ceux qui se livrent aux impulsions directes de la nature. En général, si les naturels ardents et vifs sont plus aimants, ils sont aussi plus emportés, moins endurants, plus colères; mais ces emportements bruyants sont sans conséquence; et, sitôt que le signe de la colère s'efface sur le visage, elle est éteinte aussi dans le cœur. Au contraire, les gens flegmatiques et froids, si doux, si patients, si modérés à l'extérieur, en dedans sont haineux, vindicatifs, implacables; ils savent conserver, déguiser, nourrir leur rancune jusqu'à ce que le moment de l'assouvir se présente. En général, les premiers aiment plus qu'ils ne haïssent; les seconds haïssent beaucoup plus qu'ils n'aiment, si tant est qu'ils sachent aimer. Les âmes d'une haute trempe sont néanmoins très souvent de celle-ci, comme supérieures aux passions. Les vrais sages sont des hommes froids, je n'en doute pas; mais dans la classe des hommes vulgaires, sans le contre-poids de la sensibilité, l'amour-propre emportera toujours la balance; et, s'ils ne restent nuls, il les rendra méchants.

Vous me direz qu'il y a des hommes vifs et sensibles qui ne laissent pas d'être méchants, haineux et rancuniers. Je n'en crois rien; mais il faut s'entendre. Il y a deux sortes de vivacité, celle des sentiments et celle des idées. Les âmes sensibles s'affectent fortement et rapidement. Le sang enflammé par une agitation subite porte à l'œil, à la voix, au visage, ces mouvements impétueux qui marquent la passion. Il est au contraire des esprits vifs qui s'associent avec des cœurs glacés, et qui ne tirent que du cerveau l'agitation qui paraît aussi dans les yeux, dans le geste, et accompagne la parole, mais par des signes tout différents, pantomimes et comédiens plutôt qu'animés et passionnés. Ceux-ci, riches d'idées, les produisent avec une facilité extrême : ils ont la parole à commandement; leur esprit, toujours présent et pénétrant, leur fournit sans cesse des pensées neuves, des saillies, des réponses heureuses; quelque force et quelque finesse qu'on mette à ce qu'on peut leur dire, ils étonnent par la promptitude et le sel de leurs reparties, et ne restent jamais courts. Dans les choses même de sentiment, ils ont un petit babil si bien agencé, qu'on les croirait émus jusqu'au fond du cœur, si cette justesse même d'expression n'attestait que c'est leur esprit seul qui travaille. Les autres, tout occupés de ce qu'ils sentent, soignent trop peu leurs paroles pour les arranger avec tant d'art. La pesante succession du discours leur est insupportable; ils se dépitent contre la lenteur de sa marche; il leur semble, dans la rapidité des mouvements qu'ils éprouvent, que ce qu'ils sentent devrait se faire jour et pénétrer d'un cœur à l'autre sans le froid ministère de la parole. Les idées se présentent d'ordinaire aux gens d'esprit en phrases tout arrangées. Il n'en est pas ainsi des sentiments; il faut chercher, combiner, choisir un langage propre à rendre ceux qu'on éprouve; et quel est l'homme sensible qui aura la patience de suspendre le cours des affections qui l'agitent pour s'occuper à chaque instant de ce triage? Une violente émotion peut suggérer quelquefois des expressions énergiques et vigoureuses; mais ce sont d'heureux hasards que les mêmes situations ne fournissent pas toujours. D'ailleurs, un homme vivement ému est-il en état de prêter une attention minutieuse à tout qu'on peut lui dire, à tout ce qui se passe autour de lui, pour y approprier sa réponse ou son propos? Je ne dis pas que tous seront aussi distraits, aussi étourdis, aussi stupides que Jean-Jacques; mais je doute que quiconque a reçu du ciel un naturel vraiment ardent, vif, sensible et tendre, soit jamais un homme bien preste à la riposte.

N'allons donc pas prendre, comme on fait dans le monde, pour des cœurs sensibles des cerveaux brûlés dont le seul désir de briller anime les discours, les actions, les écrits, et qui, pour être applaudis des jeunes gens et des femmes, jouent de leur mieux la sensibilité qu'ils n'ont point. Tout entiers à leur unique objet, c'est-à-dire à la célébrité, ils ne s'échauffent sur rien au monde, ne prennent un véritable intérêt à rien; leurs têtes, agitées d'idées rapides, laissent leurs cœurs vides de tout sentiment, excepté celui de l'amour-propre, qui, leur étant habituel, ne leur donne aucun mouvement sensible et remarquable au dehors. Ainsi, tranquilles et de sangfroid sur toutes choses, ils ne songent qu'aux avantages relatifs à leur petit individu, et, ne laissant jamais échapper aucune occasion, s'occupent sans cesse, avec un succès qui n'a rien d'étonnant, à rabaisser leurs rivaux, à écarter leurs concurrents, à briller dans le monde, à primer dans les lettres, et à déprimer tout ce qui n'est pas attaché à leur char. Que de tels hommes soient méchants ou malfaisants, ce n'est pas une merveille; mais qu'ils éprouvent d'autre passion que l'égoïsme qui les domine, qu'ils aient une véritable sensibilité, qu'ils soient capables d'attachement, d'amitié, même d'amour, c'est ce que je nie. Ils ne savent pas seulement s'aimer eux-mêmes; ils ne savent que haïr ce qui n'est pas eux.

Celui qui sait régner sur son propre cœur, tenir toutes ses passions sous le joug, sur qui l'intérêt personnel et les désirs sensuels n'ont aucune puissance, et qui, soit en public, soit tout seul et sans témoin, ne fait en toute occasion que ce qui est juste et honnête, sans égard aux vœux secrets de son cœur; celui-là seul est homme vertueux. S'il existe, je m'en réjouis pour l'honneur de l'espèce humaine. Je sais que des foules d'hommes vertueux ont jadis existé sur la terre; je sais que Fénelon, Catinat, d'autres moins connus, ont honoré les siècles modernes, et parmi nous j'ai vu Georges Keith suivre encore leurs sublimes vestiges. A cela près, je n'ai vu dans les apparentes vertus des hommes que forfanterie, hypocrisie et vanité. Mais ce qui se rapproche un peu plus de nous, ce qui est du moins beaucoup plus dans l'ordre de la nature, c'est un mortel bien né qui n'a reçu du ciel que des passions expansives et douces, que des penchants aimants et aimables, qu'un cœur ardent à désirer, mais sensible, affectueux dans ses désirs, qui n'a que faire de gloire ni de trésors, mais de jouissances réelles, de véritables attachements, et qui, comptant pour rien l'apparence des choses et pour peu l'opinion des hommes, cherche son bonheur en dedans sans égard aux usages suivis et aux préjugés reçus. Cet homme ne sera pas vertueux, puisqu'il ne vaincra pas ses penchants; mais, en les suivant, il ne fera rien de contraire à ce que ferait, en surmontant les siens, celui qui n'écoute que la vertu. La bonté, la commisération, la générosité, ces premières inclinations de la nature, qui ne sont que des émanations de l'amour de soi, ne s'érigeront point dans sa tête en d'austères devoirs, mais elles seront des besoins de son cœur qu'il satisfera plus pour son propre bonheur que par un principe d'humanité qu'il ne songera guère à réduire en règles. L'instinct de la nature est moins pur peut-être, mais certainement plus sûr que la loi de la vertu : car on se met souvent en contradiction avec son devoir, jamais avec son penchant, pour malfaire.

L'homme de la nature, éclairé par la raison, a des appétits plus délicats, mais non moins simples que dans sa première grossièreté. Les fantaisies d'autorité, de célébrité, de prééminence, ne sont rien pour lui; il ne veut être connu que pour être aimé; il ne veut être loué que de ce qui est vraiment louable et qu'il possède en effet. L'esprit, les talents ne sont pour lui que des ornements du mérite et ne le constituent pas. Ils sont des développements nécessaires dans le progrès des choses, et qui ont leurs avantages pour les agréments de la vie, mais subordonnés aux facultés plus précieuses qui rendent l'homme vraiment sociable et bon, et qui lui font priser l'ordre, la justice, la droiture et l'innocence au-dessus de tous les autres biens. L'homme de la nature apprend à porter en toute chose le joug de la nécessité et à s'y soumettre, à ne murmurer jamais contre la Providence, qui commença par le combler de dons précieux, qui promet à son cœur des biens plus précieux encore, mais qui, pour réparer les injustices de la fortune et des hommes, choisit son heure et non pas la nôtre, et dont les vues sont trop au-dessus de nous pour qu'elle nous doive compte de ses moyens. L'homme de la nature est assujetti par elle et pour sa propre conservation à des transports irascibles et momentanés, à la colère, à l'emportement, à l'indignation, jamais à des sentiments haineux et durables, nuisibles à celui qui en est l'objet, et qui ne mènent qu'au mal et à la destruction sans servir au bien ni à la conservation de personne. Enfin l'homme de la nature, sans épuiser ses débiles forces à se construire ici-bas des tabernacles, des machines énormes de bonheur ou de plaisir, jouit de lui-même et de son existence, sans grand souci de ce qu'en pensent les hommes, et sans grand soin de l'avenir.

Tel j'ai vu l'indolent Jean-Jacques, sans affectation, sans apprêt, livré par goût à ses douces rêveries, pensant profondément quelquefois, mais toujours avec plus de fatigue que de plaisir, et aimant mieux se laisser gouverner par une imagination riante, que de gouverner avec effort sa tête par la raison. Je l'ai vu mener par goût une vie égale, simple et routinière, sans s'en rebuter jamais. L'uniformité de cette vie et la douceur qu'il y trouve montrent que son âme est en paix. S'il était mal avec lui-même, il se lasserait enfin d'y vivre; il lui faudrait des diversions que je ne lui vois point chercher; et si, par un tour d'esprit difficile à concevoir, il s'obstinait à s'imposer ce genre de supplice, on verrait à la longue l'effet de cette contrainte sur son humeur, sur son teint, sur sa santé. Il jaunirait, il languirait, il deviendrait triste et sombre, il dépérirait. Au contraire, il se porte mieux qu'il ne fit jamais (1). Il n'a plus ces souffrances habituelles, cette maigreur, ce teint pâle, cet air mourant qu'il eut constamment dix ans de sa vie, c'est-à-dire pendant tout le temps qu'il se mêla d'écrire, métier aussi funeste à sa constitution que contraire à son goût, et qui l'eût enfin mis au tombeau s'il l'eût continué plus longtemps. Depuis qu'il a repris les doux loisirs de sa jeunesse il en a repris la sérénité; il occupe son corps et repose sa tête; il s'en trouve bien à tous égards. En un mot, comme j'ai trouvé dans ses livres l'homme de la nature, j'ai trouvé dans lui l'homme de ses livres, sans avoir eu besoin de chercher expressément s'il était vrai qu'il en fût l'auteur.

Je n'ai eu qu'une seule curiosité que j'ai voulu satisfaire; c'est au sujet du *Devin du village*. Ce que vous m'aviez dit là-dessus m'avait tellement frappé que je n'aurais pas été tranquille, si je ne m'en fusse particulièrement éclairci. On ne conçoit guère comment un homme doué de quelque génie et de talents, par lesquels il pourrait aspirer à une gloire méritée, pour se parer effrontément d'un talent qu'il n'aurait pas, irait se fourrer sans nécessité dans toutes les occasions de montrer là-dessus son ineptie. Mais qu'au milieu de Paris et des artistes les moins disposés pour lui à l'indulgence, un tel homme se donne sans façon pour l'auteur d'un ouvrage qu'il est incapable de faire; qu'un homme aussi timide, aussi peu suffisant, s'érige parmi les maîtres en précepteur d'un art auquel il n'entend rien, et qu'il les accuse de ne pas entendre, c'est assurément une chose des plus incroyables que l'on puisse avancer. D'ailleurs il y a tant de bassesse à se parer ainsi des dépouilles d'autrui; cette manœuvre suppose tant de pauvreté d'esprit, une vanité si puérile, un jugement si borné, que quiconque peut s'y résoudre ne fera jamais rien de grand, d'élevé, de beau dans aucun genre, et que, malgré toutes mes observations, il serait toujours resté impossible à mes yeux que Jean-Jacques, se donnant faussement pour l'auteur du *Devin du village*, eût fait aucun des autres écrits qu'il s'attribue, et qui certainement ont trop de force

---

(1) Tout a son terme ici-bas. Si ma santé décline, et succombe enfin sous tant d'afflictions sans relâche, il restera toujours étonnant qu'elle ait résisté si longtemps.

et d'élévation pour avoir pu sortir de la petite tête d'un petit pillard impudent. Tout cela me semblait tellement incompatible que j'en revenais toujours à ma première conséquence de *tout ou rien*.

Une chose encore animait le zèle de mes recherches. L'auteur du **Devin du village** n'est pas, quel qu'il soit, un auteur ordinaire, non plus que celui des autres ouvrages qui portent le même nom. Il y a dans cette pièce une douceur, un charme, une simplicité surtout, qui la distinguent sensiblement de toute autre production du même genre. Il n'y a dans les paroles ni situations vives, ni belles sentences, ni pompeuse morale : il n'y a dans la musique ni traits savants, ni morceaux de travail, ni chants tournés, ni harmonie pathétique. Le sujet en est plus comique qu'attendrissant, et cependant la pièce touche, remue, attendrit jusqu'aux larmes : on se sent ému sans savoir pourquoi. D'où ce charme secret qui coule ainsi dans les cœurs tire-t-il sa source? Cette source unique où nul autre n'a puisé n'est pas celle de l'Hippocrène : elle vient d'ailleurs. L'auteur doit être aussi singulier que la pièce est originale. Si, connaissant déjà Jean-Jacques, j'avais vu pour la première fois le *Devin du village* sans qu'on m'en nommât l'auteur, j'aurais dit sans balancer, c'est celui de la *Nouvelle Héloïse*, c'est Jean-Jacques, et ce ne peut être que lui. Colette intéresse et touche comme Julie, sans magie de situations, sans apprêts d'événements romanesques ; même naturel, même douceur, même accent : elles sont sœurs, ou je serais bien trompé. Voilà ce que j'aurais dit ou pensé. Maintenant on m'assure au contraire que Jean-Jacques se donne faussement pour l'auteur de cette pièce, et qu'elle est d'un autre : qu'on me le montre donc, cet autre-là, que je voie comment il est fait. Si ce n'est pas Jean-Jacques, il doit du moins lui ressembler beaucoup, puisque leurs productions, si originales, si caractérisées, se ressemblent si fort. Il est vrai que je ne puis avoir vu des productions de Jean-Jacques en musique, puisqu'il n'en sait pas faire ; mais je suis sûr que, s'il en savait faire, elles auraient un caractère très approchant de celui-là. A m'en rapporter à mon propre jugement, cette musique est de lui ; par les preuves que l'on me donne, elle n'en est pas : que dois-je croire? Je résolus de m'éclaircir si bien par moi-même sur cet article qu'il ne me pût rester là-dessus aucun doute, et je m'y suis pris de la façon la plus courte, la plus sûre pour y parvenir.

Le Fr. Rien n'est plus simple. Vous avez fait comme tout le monde ; vous lui avez présenté de la musique à lire ; et, voyant qu'il ne faisait que barbouiller, vous avez tiré la conséquence, et vous vous en êtes tenu là.

Rouss. Ce n'est point là ce que j'ai fait, et ce n'était point de cela non plus qu'il s'agissait ; car il ne s'est pas donné, que je sache, pour un croque-sol, ni pour un chantre de cathédrale. Mais en donnant de la musique pour être de lui, il s'est donné pour en savoir faire. Voilà ce que j'avais à vérifier. Je lui ai donc proposé de la musique, non à lire, mais à faire. C'était aller, ce me semble, aussi directement qu'il était possible au vrai point de la question. Je l'ai prié de composer cette musique en ma présence sur des paroles qui lui étaient inconnues et que je lui ai fournies sur-le-champ.

Le Fr. Vous avez bien de la bonté ; car enfin vous assurer qu'il ne savait pas lire la musique, n'était-ce pas vous assurer du reste qu'il n'en savait pas composer?

Rouss. Je n'en sais rien; je ne vois nulle impossibilité qu'un homme trop plein de ses propres idées ne sache ni saisir, ni rendre celles des autres; et puisque ce n'est pas faute d'esprit qu'il sait si mal parler, ce peut aussi n'être pas par ignorance qu'il lit si mal la musique. Mais ce que je sais bien, c'est que, si de l'acte au possible la conséquence est valable, lui voir sous mes yeux composer de la musique était m'assurer qu'il en savait composer.

Le Fr. D'honneur, voici qui est curieux! Eh bien! monsieur, de quelle défaite vous paya-t-il? Il fit le fier, sans doute, et rejeta la proposition avec hauteur?

Rouss. Non, il voyait trop bien mon motif pour pouvoir s'en offenser, et me parut même plus reconnaissant qu'humilié de ma proposition. Mais il me pria de comparer les situations et les âges. « Considérez, me dit-il, quelle différence vingt-cinq ans d'intervalle, de longs serrements de cœur, les ennuis, le découragement, la vieillesse, doivent mettre dans les productions du même homme. Ajoutez à cela la contrainte que vous m'imposez, et qui me plaît parce que j'en vois la raison, mais qui n'en met pas moins des entraves aux idées d'un homme qui n'a jamais su les assujettir, ni rien produire qu'à son heure, à son aise et à sa volonté. »

Le Fr. Somme toute, avec de telles paroles il refusa l'épreuve proposée?

Rouss. Au contraire, après ce petit préambule il s'y soumit de tout son cœur, et s'en tira mieux qu'il n'avait espéré lui-même. Il me fit, avec un peu de lenteur, mais moi toujours présent, de la musique aussi fraîche, aussi chantante, aussi bien traitée que celle du *Devin*, et dont le style, assez semblable à celui de cette pièce, mais moins nouveau qu'il n'était alors, est tout aussi naturel, tout aussi expressif, et tout aussi agréable. Il fut surpris lui-même de son succès. « Le désir, me dit-il, que je vous ai vu de me voir réussir m'a fait réussir davantage. La défiance m'étourdit et me resserre le cerveau comme le cœur; la confiance m'anime, m'épanouit, et me fait planer sur des ailes. Le ciel m'avait fait pour l'amitié : elle eût donné un nouveau ressort à mes facultés, et j'aurais doublé de prix par elle. »

Voilà, monsieur, ce que j'ai voulu vérifier par moi-même. Si cette expérience ne suffit pas pour prouver qu'il a fait le *Devin du village*, elle suffit au moins pour détruire celles des preuves qu'il ne l'a pas fait à laquelle vous vous en êtes tenu. Vous savez pourquoi toutes les autres ne font point autorité pour moi : mais voici une autre observation qui achève de détruire mes doutes, et me confirme ou me ramène dans mon ancienne persuasion.

Après cette épreuve, j'ai examiné toute la musique qu'il a composée depuis son retour à Paris, et qui ne laisse pas de faire un recueil considérable, et j'y ai trouvé une uniformité de style et de faire qui tomberait quelquefois dans la monotonie si elle n'était autorisée ou excusée par le grand rapport des paroles dont il a fait choix le plus souvent. Jean-Jacques, avec un cœur trop porté à la tendresse, eut toujours un goût vif pour la vie champêtre. Toute sa musique, quoique variée selon les sujets, porte une empreinte de ce goût. On croit entendre l'accent pastoral des pipeaux, et cet accent se fait partout sentir le même que dans le *Devin du village*. Un connaisseur ne peut pas plus s'y tromper qu'on ne se trompe au faire des peintres. Toute cette musique a d'ailleurs une simplicité, j'oserais dire une vérité, que n'a parmi nous nulle autre musique moderne. Non-seulement elle n'a besoin ni de trilles, ni de petites notes, ni d'agréments ou de fleurtis d'aucune espèce, mais elle ne peut même rien supporter de tout cela. Toute son expression est dans les seules nuances du fort et du doux, vrai caractère d'une bonne mélodie; cette mélodie y est toujours une et bien marquée; les accompagnements l'animent sans l'offusquer. On n'a pas besoin de crier sans cesse aux accompagnateurs, *doux*, *plus doux*. Tout cela ne convient encore qu'au seul *Devin du village*. S'il n'a pas fait cette pièce, il faut donc qu'il en ait l'auteur toujours à ses ordres pour lui composer de nouvelle musique toutes les fois qu'il lui plaît d'en produire sous son nom, car il n'y a que lui seul qui en fasse comme celle-là. Je ne dis pas qu'en épluchant bien toute cette musique on n'y trouvera ni ressemblances, ni réminiscences, ni traits pris ou imités d'autres auteurs; cela n'est vrai d'aucune musique que je connaisse. Mais, soit que ces imitations soient des rencontres fortuites ou de vrais pillages, je dis que la manière dont l'auteur les emploie les lui approprie; je dis que l'abondance des idées dont il est plein, et qu'il associe à celles-là, ne peut laisser supposer que ce soit par stérilité de son propre fonds, qu'il se les attribue; c'est paresse ou précipitation, mais ce n'est pas pauvreté : il lui est trop aisé de produire pour avoir jamais besoin de piller (1).

Je lui ai conseillé de rassembler toute cette musique et de chercher à s'en défaire pour s'aider à vivre quand il ne pourra plus continuer son travail, mais de tâcher sur toute chose que ce recueil ne tombe qu'en des mains fidèles et sûres qui ne le laissent ni détruire, ni diviser : car quand la passion cessera de dicter les jugements qui le regardent, ce recueil fournira, ce me semble, une forte preuve que toute la musique qui le compose est d'un seul et même auteur (2).

Tout ce qui est sorti de la plume de Jean-Jacques durant son efferves-

(1) Il y a trois seuls morceaux dans le *Devin du village* qui ne sont pas uniquement de moi, comme, dès le commencement, je l'ai dit sans cesse à tout le monde : tous trois dans le divertissement : 1. les paroles de la chanson, qui sont en partie, et du moins l'idée et le refrain, de M. Collé; 2. les paroles de l'ariette, qui sont de M. Cahusac, lequel m'engagea à faire, après coup, cette ariette, pour complaire à mademoiselle Fel, qui se plaignait qu'il n'y avait rien de brillant pour sa voix dans son rôle; 3. et l'entrée des bergères que, sur les vives instances de M. d'Holbach, j'arrangeai sur une pièce de clavecin d'un recueil qu'il me présenta. Je ne dirai pas quelle était l'intention de M. d'Holbach; mais il me pressa si fort d'employer quelque chose de ce recueil, que je ne pus, dans cette bagatelle, résister obstinément à son désir. Pour la romance, qu'on m'a fait tirer, tantôt de Suisse, tantôt de Languedoc, tantôt de nos psaumes, et tantôt de je ne sais où, je ne l'ai tirée que de ma tête, ainsi que toute la pièce. Je la composai, revenu depuis peu d'Italie, passionné pour la musique que j'y avais entendue, et dont n'avait encore aucune connaissance à Paris. Quand cette connaissance commença de s'y répandre, on aurait bientôt découvert mes pillages, si j'avais fait comme font les compositeurs français, parce qu'ils sont pauvres d'idées, qu'ils ne connaissent pas même le vrai chant, et que leurs accompagnements ne sont que du barbouillage. On a eu l'impudence de mettre en grande pompe, dans le recueil de mes écrits, la romance de M. Vernes, pour faire croire au public que je me l'attribuais. Toute ma réponse a été de faire à cette romance deux autres airs meilleurs que celui-là. Mon argument est simple : celui qui a fait les deux meilleurs airs n'avait pas besoin de s'attribuer faussement le moindre.

(2) J'ai mis fidèlement dans ce recueil toute la musique de toute espèce que j'ai composée depuis mon retour à Paris et dont j'aurais beaucoup retranché si je n'y avais laissé que ce qui me paraît bon; mais j'ai voulu ne rien omettre de ce que j'ai réellement fait, afin qu'on en pût discerner tout ce qu'on m'attribue, aussi faussement qu'impudemment même, en ce genre, dans le public, dans les journaux, et jusque dans les recueils de mes propres écrits. Pourvu que les paroles soient grossières et malhonnêtes, pourvu que les

cence, porte une empreinte impossible à méconnaître, et plus impossible à imiter. Sa musique, sa prose, ses vers, tout, dans ces dix ans, est d'un coloris, d'une teinte, qu'un autre ne trouvera jamais. Oui, je le répète, si j'ignorais quel est l'auteur du *Devin du village*, je le sentirais à cette conformité. Mon doute levé sur cette pièce achève de lever ceux qui pouvaient me rester sur son auteur. La force des preuves qu'on a qu'elle n'est pas de lui ne sert plus qu'à détruire dans mon esprit celle des crimes dont on l'accuse, et tout cela ne me laisse plus qu'une surprise; c'est comme tant de mensonges peuvent être si bien prouvés.

Jean-Jacques était né pour la musique, non pour y payer de sa personne dans l'exécution, mais pour en hâter les progrès et y faire des découvertes. Ses idées dans l'art et sur l'art sont fécondes, intarissables. Il a trouvé des méthodes plus claires, plus commodes, plus simples, qui facilitent, les unes la composition, les autres l'exécution, et auxquelles il ne manque, pour être admises, que d'être proposées par un autre que lui. Il a fait dans l'harmonie une découverte qu'il ne daigne pas même annoncer, sûr d'avance qu'elle serait rebutée, ou ne lui attirerait, comme le *Devin du village*, que l'imputation de s'emparer du bien d'autrui. Il fera dix airs sur les mêmes paroles sans que cette abondance lui coûte ou l'épuise. Je l'ai vu lire aussi fort bien la musique, mieux que plusieurs de ceux qui la professent. Il y aura même en cet art l'*impromptu* de l'exécution qui lui manque en toute autre chose, quand rien ne l'intimidera, quand rien ne troublera cette présence d'esprit qu'il a si rarement, qu'il perd si aisément, et qu'il ne peut plus rappeler dès qu'il l'a perdue. Il y a trente ans qu'on l'a vu dans Paris chanter tout à livre ouvert. Pourquoi ne le peut-il plus aujourd'hui? C'est qu'alors personne ne doutait du talent qu'aujourd'hui tout le monde lui refuse, et qu'un seul spectateur malveillant suffit pour troubler sa tête et ses yeux. Qu'un homme auquel il aura confiance lui présente de la musique qu'il ne connaisse point, je parie, à moins qu'elle ne soit baroque ou qu'elle ne dise rien, qu'il la déchiffre encore à la première vue et la chante passablement. Mais si, lisant dans le cœur de cet homme, il le voit malintentionné, il n'en dira pas une note; et voilà parmi les spectateurs la conclusion tirée sans autre examen. Jean-Jacques est sur la musique et sur les choses qu'il sait le mieux comme il était jadis aux échecs. Jouait-il avec un plus fort que lui qu'il croyait plus faible, il le battait le plus souvent; avec un plus faible qu'il croyait plus fort, il était battu : la suffisance des autres l'intimide et le démonte infailliblement. En ceci l'opinion l'a toujours subjugué, ou plutôt, en toute chose, comme il le dit lui-même, c'est au degré de sa confiance que se monte celui de ses facultés. Le plus grand mal est ici que, sentant en lui sa capacité, pour désabuser ceux qui en doutent, il se livre sans crainte aux occasions de la montrer, comptant toujours pour cette fois rester maître de lui-même, et, toujours intimidé, quoi qu'il fasse, il ne montre que son ineptie. L'expérience là-dessus a beau l'instruire, elle ne l'a jamais corrigé.

airs soient maussades, plats, on m'accordera volontiers le talent de composer cette musique-là. On affectera même de m'attribuer des airs d'un bon chant faits par d'autres, pour faire croire que je me les attribue moi-même, et que je m'approprie les ouvrages d'autrui. M'ôter mes productions et m'attribuer les leurs a été depuis vingt ans la manœuvre la plus constante de ces messieurs, et la plus sûre pour me décrier.

Les dispositions d'ordinaire annoncent l'inclination, et réciproquement. Cela est encore vrai chez Jean-Jacques. Je n'ai vu nul homme aussi passionné que lui pour la musique, mais seulement pour celle qui parle à son cœur; c'est pourquoi il aime mieux en faire qu'en entendre, surtout à Paris, parce qu'il n'y en a point d'aussi bien appropriée à lui que la sienne. Il la chante avec une voix faible et cassée, mais encore animée et douce; il l'accompagne, non sans peine, avec des doigts tremblants, moins par l'effet des ans que d'une invincible timidité. Il se livre à cet amusement depuis quelques années avec plus d'ardeur que jamais, et il est aisé de voir qu'il s'en fait une aimable diversion à ses peines. Quand des sentiments douloureux affligent son cœur, il cherche sur son clavier les consolations que les hommes lui refusent. Sa douleur perd ainsi sa sécheresse, et lui fournit à la fois des chants et des larmes. Dans les rues, il se distrait des regards insultants des passants en cherchant des airs dans sa tête; plusieurs romances de sa façon d'un chant triste et languissant, mais tendre et doux, n'ont point eu d'autre origine. Tout ce qui porte le même caractère lui plaît et le charme. Il est passionné pour le chant du rossignol; il aime les gémissements de la tourterelle, et les a parfaitement imités dans l'accompagnement d'un de ses airs : les regrets qui tiennent à l'attachement l'intéressent. Sa passion la plus vive et la plus vaine était d'être aimé; il croyait se sentir fait pour l'être; il satisfait du moins cette fantaisie avec les animaux. Toujours il prodigua son temps et ses soins à les attirer, à les caresser; il était l'ami, presque l'esclave de son chien, de sa chatte, de ses serins : il avait des pigeons qui le suivaient partout, qui lui volaient sur les bras, sur la tête, jusqu'à l'importunité : il apprivoisait les oiseaux, les poissons, avec une patience incroyable, et il est parvenu à Monquin à faire nicher des hirondelles dans sa chambre avec tant de confiance, qu'elles s'y laissaient même enfermer sans s'effaroucher. En un mot, ses amusements, ses plaisirs sont innocents et doux comme ses penchants. Il n'y a pas dans son âme un goût qui soit hors de la nature, ni coûteux ou criminel à satisfaire; et, pour être heureux autant qu'il est possible ici-bas, la fortune lui eût été inutile, encore plus la célébrité; il ne lui fallait que la santé, le nécessaire, le repos et l'amitié.

Je vous ai décrit les principaux traits de l'homme que j'ai vu, et je me suis borné dans mes descriptions non-seulement à ce qui peut de même être vu de tout autre, s'il porte à cet examen un œil attentif et non prévenu, mais à ce qui n'étant ni bien, ni mal en soi, ne peut être affecté longtemps par hypocrisie. Quant à ce qui, quoique vrai, n'est pas vraisemblable, tout ce qui n'est connu que du ciel et de moi, mais eût pu mériter de l'être des hommes, ou ce qui, même connu d'autrui, ne peut être dit de soi-même avec bienséance, n'espérez pas que je vous en parle, non plus que ceux dont il est connu : si tout son prix est dans les suffrages des hommes, c'est à jamais autant de perdu. Je ne vous parlerai pas non plus de ses vices, non qu'il n'en ait de très grands, mais parce qu'ils n'ont jamais fait de mal qu'à lui, et qu'il n'en doit aucun compte aux autres : le mal qui ne nuit point à autrui peut se taire quand on tait le bien qui le rachète. Il n'a pas été si discret dans ses *Confessions*, et peut-être n'en a-t-il pas mieux fait. A cela près, tous les détails que je pourrais ajouter aux précédents n'en sont que des conséquences qu'en raisonnant bien chacun peut aisément suppléer. Ils suffisent pour connaître à fond le naturel de l'homme et son caractère. Je saurais aller plus loin sans manquer aux engagements par lesquels vous m'aviez lié. Tant qu'ils dureront, tout ce que je puis exiger et attendre de Jean-Jacques est qu'il me donne, comme il a fait, une explication naturelle et raisonnée de sa conduite en toute occasion ; car il serait injuste et absurde d'exiger qu'il répondît aux charges qu'il ignore, et qu'on ne permet pas de lui déclarer; et tout ce que je puis ajouter du mien à cela, est de m'assurer que cette explication qu'il me donne s'accorde avec tout ce que j'ai vu de lui par moi-même, en y donnant toute mon attention. Voilà ce que j'ai dit; ainsi je m'arrête. Ou faites-moi sentir en quoi je m'abuse, ou montrez-moi comment mon Jean-Jacques peut s'accorder avec celui de vos messieurs, ou convenez enfin que deux êtres si différents ne furent jamais le même homme.

LE FR. Je vous ai écouté avec une attention dont vous devez être content. Au lieu de vous croiser par mes idées, je vous ai suivi dans les vôtres, et si quelquefois je vous ai machinalement interrompu, c'était lorsque étant moi-même de votre avis je voulais avoir votre réponse à des objections souvent rebattues que je craignais d'oublier. Maintenant je vous demande en retour un peu de l'attention que je vous ai donnée. J'éviterai d'être diffus; évitez, si vous pouvez, d'être impatient.

Je commence par vous accorder pleinement votre conséquence, et je conviens franchement que votre Jean-Jacques et celui de nos messieurs ne sauraient être le même homme. L'un, j'en conviens encore, semble avoir été fait à plaisir, pour le mettre en opposition avec l'autre. Je vois même entre eux des incompatibilités qui ne frapperaient peut-être nul autre que moi. L'empire de l'habitude et le goût du travail annuel sont, par exemple, à mes yeux des choses inalliables avec les noires et fougueuses passions des méchants; et je réponds que jamais un déterminé scélérat ne fera de jolis herbiers en miniature, et n'écrira dans six ans huit mille pages de musique (1). Ainsi, dès la première esquisse, nos messieurs et vous ne pouvez vous accorder. Il y a certainement erreur ou mensonge d'une des deux parts; le mensonge n'est pas de la vôtre, j'en suis très sûr, mais l'erreur y peut être. Qui m'assurera qu'elle n'y est pas en effet? Vous accusez nos messieurs d'être prévenus quand ils le décrient, n'est-ce point vous qui l'êtes quand vous l'honorez? Votre penchant pour lui rend ce doute très-raisonnable. Il faudrait, pour démêler sûrement la vérité, des observations impartiales; et quelques précautions que vous ayez prises, les vôtres ne le sont pas plus que les leurs. Tout le monde, quoi que vous en puissiez dire, n'est pas entré dans le complot. Je connais d'honnêtes gens qui ne haïssent point Jean-Jacques, c'est-à-dire qui ne professent point pour lui cette bienveillance traîtresse qui, selon vous, n'est qu'une haine plus meurtrière. Ils estiment ses talents sans aimer ni haïr sa personne, et n'ont pas une grande confiance en toute cette

(1) Ayant fait une partie de ce calcul d'avance, et seulement par comparaison, j'ai mis tout trop au rabais, et c'est ce que je découvre bien sensiblement à mesure que j'avance dans mon registre, puisqu'au bout de cinq ans et demi seulement j'ai déjà plus de neuf mille pages bien articulées, et sur lesquelles on ne peut contester.

générosité si bruyante qu'on admire dans nos messieurs. Cependant, sur bien des points, ces personnes équitables s'accordent à penser comme le public à son égard. Ce qu'elles ont vu par elles-mêmes, ce qu'elles ont appris les unes des autres, donne une idée peu favorable de ses mœurs, de son désintéressement, de toutes les vertus qu'il étalait avec tant de faste. Il faut lui passer des défauts, même des vices, puisqu'il est homme, mais il en est de trop bas pour pouvoir germer dans un cœur honnête. Je ne cherche point un homme parfait, mais je méprise un homme abject, et ne croirai jamais que les heureux enchants que vous trouvez dans Jean-Jacques puissent compatir avec des vices tels que ceux dont il est chargé. Vous voyez que je n'insiste pas sur des faits aussi prouvés qu'il y en ait au monde, mais dont l'omission affectée d'une seule formalité énerve, selon vous, toutes les preuves. Je ne dis rien des créatures qu'il s'amuse à violer, quoique rien ne soit moins nécessaire, des écus qu'il escroque aux passants dans les tavernes, et qu'il nie ensuite d'avoir empruntés, des copies qu'il fait payer deux fois, de celles où il fait de aux comptes, de l'argent qu'il escamote dans les payements qu'on lui fait, e mille autres imputations pareilles. Je veux que tous ces faits, quoique prouvés, soient sujets à chicane comme les autres; mais ce qui est généralement vu par tout le monde ne saurait l'être. Cet homme, en qui vous trouvez une modestie, une timidité de vierge, est si bien connu pour un satyre lein d'impudence, que, dans les maisons même où l'on tâchait de l'attirer à son arrivée à Paris, on faisait, dès qu'il paraissait, retirer la fille de la maison, pour ne pas l'exposer à la brutalité de ses propos et de ses manières. Cet homme, qui vous paraît si doux, si sociable, fuit tout le monde sans distinction, dédaigne toutes les caresses, rebute toutes les avances, et vit seul comme un loup-garou. Il se nourrit de visions, selon vous, et s'extasie avec des chimères. Mais s'il méprise et repousse les humains, si son cœur se ferme à leur société, que leur importe celle que vous lui prêtez avec des êtres imaginaires? Depuis qu'on s'est avisé de l'éplucher avec plus de soin, on l'a trouvé, non-seulement différent de ce qu'on le croyait, mais contraire à tout ce qu'il prétendait être. Il se disait honnête, modeste; on l'a trouvé cynique et débauché; il se vantait de bonnes mœurs, et il est pourri de vérole; il se disait désintéressé, et il est de la plus basse avidité; il se disait humain, compatissant, il repousse durement tout ce qui lui demande assistance; il se disait pitoyable et doux, il est cruel et sanguinaire; il se disait charitable, et il ne donne rien à personne; il se disait liant, facile à subjuguer, et il rejette arrogamment toutes les honnêtetés dont on le comble. Plus on le recherche, plus on en est dédaigné. On a beau prendre en l'accostant un air béat, un ton patelin, dolent, lamentable, lui écrire des lettres à faire pleurer, lui signifier net qu'on va se tuer à l'instant si l'on n'est admis, il n'est ému de rien; il serait homme à laisser faire ceux qui seraient assez sots pour cela; et les plaignants, qui affluent à sa porte, s'en retournent tous sans consolation. Dans une situation pareille à la sienne, se voyant observé de si près, ne devrait-il pas s'attacher à rendre contents de lui tous ceux qui l'abordent, à leur faire perdre, à force de douceur et de bonnes manières, les noires impressions qu'il ont sur son compte, à substituer dans leurs âmes la bienveillance à l'estime qu'il a perdue, et à les forcer au moins à le plaindre, ne pouvant plus l'honorer? Au lieu de cela, il concourt, par son humeur sauvage et par ses rudes manières, à nourrir, comme à plaisir, la mauvaise opinion qu'ils ont de lui. En le trouvant si dur, si repoussant, si peu traitable, ils reconnaissent aisément l'homme féroce qu'on leur peint; et ils s'en retournent convaincus par eux-mêmes qu'on n'a point exagéré son caractère, et qu'il est aussi noir que son portrait.

Vous me répéterez sans doute que ce n'est point là l'homme que vous avez vu ; mais c'est l'homme qu'a vu tout le monde, excepté vous seul. Vous ne parlez, dites-vous, que d'après vos propres observations. La plupart de ceux que vous démentez ne parlent non plus que d'après les leurs. Ils ont vu noir où vous voyez blanc ; mais ils sont tous d'accord sur cette couleur noire; la blanche ne frappe nuls autres yeux que les vôtres; vous êtes seul contre tous; la vraisemblance est-elle pour vous? La raison permet-elle de donner plus de force à votre unique suffrage qu'aux suffrages unanimes de tout le public? Tout est d'accord sur le compte de cet homme que vous vous obstinez seul à croire innocent, malgré tant de preuves auxquelles vous-même ne trouvez rien à répondre. Si ces preuves sont autant d'impostures et de sophismes, que faut-il donc penser du genre humain? Quoi! toute une génération s'accorde à calomnier un innocent, à le couvrir de fange, à le suffoquer, pour ainsi dire, dans le bourbier de la diffamation, tandis qu'il ne faut, selon vous, qu'ouvrir les yeux sur lui pour se convaincre de son innocence, et de la noirceur de ses ennemis! Prenez garde, monsieur Rousseau ; c'est vous-même qui prouvez trop. Si Jean-Jacques était tel que vous l'avez vu, serait-il possible que vous fussiez le premier et le seul à l'avoir vu sous cet aspect? Ne reste-t-il donc que vous seul d'homme juste et sensé sur la terre? S'il en reste un autre qui ne pense pas ici comme vous, toutes vos observations sont anéanties, et vous restez seul chargé de l'accusation que vous intentez à tout le monde, d'avoir vu ce que vous désiriez de voir, et non ce qui était en effet. Répondez à cette seule objection, mais répondez juste, et je me rends sur tout le reste.

Rouss. Pour vous rendre ici franchise pour franchise, je commence par vous déclarer que cette seule objection, à laquelle vous me sommez de répondre, est à mes yeux un abîme de ténèbres où mon entendement se perd. Jean-Jacques lui-même n'y comprend rien non plus que moi. Il s'avoue incapable d'expliquer, d'entendre la conduite publique à son égard. Ce concert, avec lequel toute une génération s'empresse d'adopter un plan si exécrable, la lui rend incompréhensible. Il n'y voit ni des bons, ni des méchants, ni des hommes : il y voit des êtres dont il n'a nulle idée. Il ne les honore, ni ne les méprise, ni ne les conçoit; il ne sait pas ce que c'est. Son âme incapable de haine aime mieux se reposer dans cette entière ignorance, que de se livrer, par des interprétations cruelles, à des sentiments toujours pénibles à celui qui les éprouve, quand ils ont pour objet des êtres qu'il ne peut estimer. J'approuve cette disposition, et je l'adopte autant que je puis, pour m'épargner un sentiment de mépris pour mes contemporains. Mais au fond je me surprends souvent à les juger malgré moi : ma raison fait son office en dépit de ma volonté, et je prends le ciel à témoin que ce n'est pas ma faute si ce jugement leur est si désavantageux.

Si donc vous faites dépendre votre assentiment au résultat de mes recherches de la solution de votre objection, il y a grande apparence que, me laissant dans mon opinion, vous resterez dans la vôtre; car j'avoue que cette solution m'est impossible, sans néanmoins que cette impossibilité puisse détruire en moi la persuasion commencée par la marche clandestine et tortueuse de vos messieurs, et confirmée ensuite par la connaissance immédiate de l'homme. Toutes vos preuves contraires tirées de plus loin se brisent contre cet axiome qui m'entraîne irrésistiblement, que la même chose ne saurait être et n'être pas; et tout ce que disent avoir vu vos messieurs est, de votre propre aveu, entièrement incompatible avec ce que je suis certain d'avoir vu moi-même.

J'en use dans mon jugement sur cet homme comme dans ma croyance en matière de foi. Je cède à la conviction directe sans m'arrêter aux objections que je ne puis résoudre; tant parce que ces objections sont fondées sur des principes moins clairs, moins solides dans mon esprit, que ceux qui opèrent ma persuasion, que parce qu'en cédant à ces objections, je tomberais dans d'autres encore plus invincibles. Je perdrais donc à ce changement la force de l'évidence, sans éviter l'embarras des difficultés. Vous dites que ma raison choisit le sentiment que mon cœur préfère, et je ne m'en défends pas. C'est ce qui arrive dans toute délibération où le jugement n'a pas assez de lumières pour se décider sans le concours de la volonté. Croyez-vous qu'en prenant avec tant d'ardeur le parti contraire, vos messieurs soient déterminés par un motif plus impartial?

Ne cherchant pas à vous surprendre, je vous devais d'abord cette déclaration. A présent, jetons un coup d'œil sur vos difficultés, si ce n'est pour les résoudre, au moins pour y chercher, s'il est possible, quelque sorte d'explication.

La principale et qui fait la base de toutes les autres est celle que vous m'avez ci-devant proposée sur le concours unanime de toute la génération présente à un complot d'impostures et d'iniquité, contre lequel il serait, ou trop injurieux au genre humain de supposer qu'aucun mortel ne réclame s'il en voyait l'injustice, ou, cette injustice étant aussi évidente qu'elle me paraît, trop orgueilleux à moi, trop humiliant pour le sens commun, de croire qu'elle n'est aperçue par personne autre.

Faisons pour un moment cette supposition triviale, que tous les hommes ont la jaunisse, et que vous seul ne l'avez pas.... Je préviens l'interruption que vous me préparez.... « Quelle plate comparaison! Qu'est-ce que c'est que cette jaunisse?.... Comment tous les hommes l'ont-ils gagnée excepté vous seul? C'est poser la même question en d'autres termes, mais ce n'est pas la résoudre; ce n'est pas même l'éclaircir. » Vouliez-vous dire autre chose en m'interrompant?

Le Fr. Non, poursuivez.

Rouss. Je réponds donc. Je crois l'éclaircir, quoi que vous en puissiez dire, lorsque je fais entendre qu'il est, pour ainsi dire, des épidémies d'esprit qui gagnent les hommes de proche en proche, comme une espèce de contagion; parce que l'esprit humain, naturellement paresseux, aime à s'épargner de la peine en pensant d'après les autres, surtout en ce qui flatte ses propres penchants. Cette pente à se laisser entraîner ainsi s'étend encore aux inclinations, aux goûts, aux passions des hommes; l'engouement général, maladie si commune dans votre nation, n'a point d'autre source, et vous ne m'en dédirez pas quand je vous citerai pour exemple vous-même. Rappelez-vous l'aveu que vous m'avez fait ci-devant, dans la supposition de l'innocence de Jean-Jacques, que vous ne lui pardonneriez point votre injustice envers lui. Ainsi, par la peine que vous donnerait son souvenir, vous aimeriez mieux l'aggraver que la réparer. Ce sentiment, naturel aux cœurs dévorés d'amour-propre, peut-il l'être au vôtre, où règne l'amour de la justice et de la raison? Si vous eussiez réfléchi là-dessus, pour chercher en vous-même la cause d'un sentiment si injuste, et qui vous est si étranger, vous auriez bientôt trouvé que vous haïssiez, dans Jean-Jacques, non-seulement le scélérat qu'on vous avait peint, mais Jean-Jacques lui-même; que cette haine, excitée d'abord par ses vices, en était devenue indépendante, s'était attachée à sa personne, et qu'innocent ou coupable il était devenu, sans que vous vous en aperçussiez vous-même, l'objet de votre aversion. Aujourd'hui que vous me prêtez une attention plus impartiale, si je vous rappelais vos raisonnements dans nos premiers entretiens, vous sentiriez qu'ils n'étaient point en vous l'ouvrage du jugement, mais celui d'une passion fougueuse qui vous dominait à votre insu. Voilà, monsieur, cette cause étrangère qui séduisait votre cœur si juste, et fascinait votre jugement si sain dans leur état naturel. Vous trouviez une mauvaise face à tout ce qui venait de cet infortuné, et une bonne tout ce qui tendait à le diffamer; les perfidies, les trahisons, les mensonges, perdaient à vos yeux toute leur noirceur, lorsqu'il en était l'objet, et, pourvu que vous n'y trempassiez pas vous-même, vous vous étiez accoutumé à les voir sans horreur dans autrui : mais ce qui n'était en vous qu'un égarement passager est devenu pour le public un délire habituel, un principe constant de conduite, une jaunisse universelle, fruit d'une bile âcre et répandue, qui n'altère pas seulement le sens de la vue, mais corrompt toutes les humeurs et tue enfin tout-à-fait l'homme moral qui serait demeuré bien constitué sans elle. Si Jean-Jacques n'eût point existé, peut-être la plupart d'entre eux n'auraient-ils rien à se reprocher. Otez ce seul objet d'une passion qui les transporte; à tout autre égard ils sont honnêtes gens comme tout le monde.

Cette animosité, plus vive, plus agissante que la simple aversion, me paraît, à l'égard de Jean-Jacques, la disposition générale de toute la génération présente. L'air seul dont il est regardé passant dans les rues montre évidemment cette disposition qui se gêne et se contraint quelquefois dans ceux qui le rencontrent, mais qui perce et se laisse apercevoir malgré eux. A l'empressement grossier et badaud de s'arrêter, de se retourner, de le fixer, de le suivre, au chuchotement ricaneur qui dirige sur lui le concours de leurs impudents regards, on les prendrait moins pour d'honnêtes gens qui ont le malheur de rencontrer un monstre effrayant, que pour des tas de bandits tout joyeux de tenir leur proie, et qui se font un amusement digne d'eux d'insulter à son malheur. Voyez-le entrant au spectacle, entouré à l'instant d'une étroite enceinte de bras tendus et de cannes, dans laquelle vous pouvez penser comme il est à son aise! A quoi sert cette barrière? S'il veut forcer, résistera-t-elle? Non, sans doute. A quoi sert-elle donc? Uniquement se donner l'amusement de le voir enfermé dans cette cage, et à lui bien faire sentir que tous ceux qui l'entourent se font un plaisir d'être, à son égard, autant d'argousins et d'archers. Est-ce aussi par bonté qu'on ne manque pas de cracher sur lui, toutes les fois qu'il passe à portée, et qu'on le peut sans être aperçu de lui? Envoyer le vin d'honneur au même homme sur qui l'on crache, c'est rendre l'honneur encore plus cruel que l'outrage. Tous les signes de haine, de mépris, de fureur même, qu'on peut tacitement donner à un homme, sans y joindre une insulte ouverte et directe, lui sont prodigués de toutes parts; et tout en l'accablant des plus fades compliments, en affectant pour lui les petits soins mielleux qu'on rend aux jolies femmes, s'il avait besoin d'une assistance réelle, on le verrait périr avec joie, sans lui donner le moindre secours. Je l'ai vu, dans la rue Saint-Honoré, faire presque sous un carrosse une chute très périlleuse; on court à lui, mais sitôt qu'on reconnaît Jean-Jacques, tout se disperse, les passants reprennent leur chemin, les marchands rentrent dans leurs boutiques, et il serait resté seul dans cet état, si un pauvre mercier, rustre et mal instruit, ne l'eût fait asseoir sur son petit banc, et si une servante, tout aussi peu philosophe, ne lui eût apporté un verre d'eau. Tel est en réalité l'intérêt si vif et si tendre dont l'heureux Jean-Jacques est l'objet. Une animosité de cette espèce ne suit pas, quand elle est forte et durable, la route la plus courte, mais la plus sûre pour s'assouvir. Or, cette route étant déjà toute tracée dans le plan de vos messieurs, le public, qu'ils ont mis avec art dans leur confidence, n'a plus eu qu'à suivre cette route; et tous, avec le même secret entre eux, ont concouru de concert à l'exécution de ce plan. C'est là ce qui s'est fait; mais comment cela s'est-il pu faire? Voilà votre difficulté qui revient toujours. Que cette animosité, une fois excitée, ait altéré les facultés de ceux qui s'y sont livrés, au point de leur faire voir la bonté, la générosité, la clémence dans toutes les manœuvres de la plus noire perfidie; rien n'est plus facile à concevoir. Chacun sait trop que les passions violentes, commençant toujours par égarer la raison, peuvent rendre l'homme injuste et méchant dans le fait, et, pour ainsi dire, à l'insu de lui-même, sans avoir cessé d'être juste et bon dans l'âme, ou du moins d'aimer la justice et la vertu.

Mais cette haine envenimée, comment est-on venu à bout de l'allumer? Comment a-t-on pu rendre odieux à ce point l'homme du monde le moins fait pour la haine, qui n'eut jamais ni intérêt, ni désir de nuire; qui ne fit, ne voulut, ne rendit jamais de mal à personne; qui, sans jalousie, sans concurrence, n'aspirant à rien, et marchant toujours seul dans sa route, ne fut un obstacle à nul autre, et qui, au lieu des avantages attachés à la célébrité, n'a trouvé dans la sienne qu'outrages, insultes, misère et diffamation? J'entrevois bien dans tout cela la cause secrète qui a mis en fureur les auteurs du complot. La route que Jean-Jacques avait prise était trop contraire à la leur, pour qu'ils lui pardonnassent de donner un exemple qu'ils ne voulaient pas suivre, et d'occasionner des comparaisons qu'il ne leur convenait pas de souffrir. Outre ces causes générales, et celles que vous-même avez assignées, cette haine primitive et radicale de vos dames et de vos messieurs en a d'autres particulières et relatives à chaque individu, qu'il n'est ni convenable de dire, ni facile à croire, et dont je m'abstiendrai de parler, mais que la force de leurs effets rend trop sensibles pour qu'on puisse douter de leur réalité; et l'on peut juger de la violence de cette même haine par l'art qu'on met à la cacher en l'assouvissant. Mais plus cette haine individuelle se décèle moins on comprend comment on est parvenu à y faire participer tout le monde, et ceux même sur qui nul des motifs qui l'ont fait naître ne pouvait agir. Malgré l'adresse des chefs du complot, la passion qui les dirigeait était trop visible pour ne pas mettre à cet égard le public en garde contre tout ce qui venait de leur part. Comment, écartant des soupçons si légitimes, l'ont-ils fait entrer si aisément, si pleinement dans toutes leurs vues, jusqu'à le rendre aussi ardent qu'eux-mêmes à les remplir? Voilà ce qui n'est pas facile à comprendre et à expliquer.

Leurs marches souterraines sont trop ténébreuses pour qu'il soit possible de les y suivre. Je crois seulement apercevoir, d'espace en espace, au-dessus de ces gouffres, quelques soupiraux qui peuvent en indiquer les détours. Vous m'avez décrit vous-même, dans notre premier entretien, plusieurs de manœuvres que vous supposiez légitimes, comme ayant pour objet de démasquer un méchant; destinées au contraire à faire paraître tel un homme qui n'est rien moins, elles auront également leur effet. Il sera nécessairement haï, soit qu'il mérite ou non de l'être, parce qu'on aura pris des mesures certaines pour parvenir à le rendre odieux. Jusque-là ceci se comprend encore; mais ici l'effet va plus loin : il ne s'agit pas seulement de haine, il s'agit d'animosité; il s'agit d'un concours très actif de tous à l'exécution du projet concerté par un petit nombre, qui seul doit y prendre assez d'intérêt pour agir aussi vivement.

L'idée de la méchanceté est effrayante par elle-même. L'impression naturelle qu'on reçoit d'un méchant dont on n'a pas personnellement à se plaindre, est de le craindre et de le fuir. Content de n'être pas sa victime, personne ne s'avise de vouloir être son bourreau. Un méchant en place, qui peut et veut faire beaucoup de mal, peut exciter l'animosité par la crainte, et le mal qu'on en redoute peut inspirer des efforts pour le prévenir; mais l'impuissance jointe à la méchanceté ne peut produire que le mépris et l'éloignement; un méchant sans pouvoir peut donner de l'horreur, mais point d'animosité. On frémit à sa vue; loin de le poursuivre on le fuit, et rien n'est plus éloigné de l'effet que produit sa rencontre, qu'un souris insolent et moqueur. Laissant au ministère public le soin du châtiment qu'il mérite, un honnête homme ne s'avilit pas jusqu'à vouloir y concourir. Quand il n'y aurait même dans ce châtiment d'autre peine afflictive que l'ignominie, et d'être exposé à la risée publique, quel est l'homme d'honneur qui voudrait prêter la main à cette œuvre de justice, et attacher le coupable au carcan? Il est si vrai qu'on n'a point généralement d'animosité contre les malfaiteurs, que si l'on en voit un poursuivi par la justice et près d'être pris, le plus grand nombre, loin de le livrer, le fera sauver s'il peut, son péril faisant oublier qu'il est criminel, pour se souvenir qu'il est homme.

Voilà tout ce qu'opère la haine que les bons ont pour les méchants; c'est une haine de répugnance et d'éloignement, d'horreur même et d'effroi, mais non pas d'animosité. Elle fuit son objet, en détourne les yeux, dédaigne de s'en occuper : mais la haine contre Jean-Jacques est active, ardente, infatigable; loin de fuir son objet, elle le cherche avec empressement pour en faire à son plaisir. Le tissu de ses malheurs, l'œuvre combinée de sa diffamation, montre une ligue très étroite et très agissante, où tout le monde s'empresse d'entrer. Chacun concourt avec la plus vive émulation à le circonvenir, à l'environner de trahisons et de piéges, à empêcher qu'aucun avis utile ne lui parvienne, à lui ôter tout moyen de justification, toute possibilité de repousser les atteintes qu'on lui porte, de défendre son honneur et sa réputation; à lui cacher tous ses ennemis, tous ses accusateurs, tous leurs complices. On tremble qu'il n'écrive pour sa défense, on s'inquiète de ce qu'il dit, de tout ce qu'il fait, de tout ce qu'il peut faire; chacun paraît agité de l'effroi de voir paraître de lui quelque apologie. On l'observe, on l'épie avec le plus grand soin pour tâcher d'éviter ce malheur. On veille exactement à tout ce qui l'entoure, à tout ce qui l'approche, à quiconque lui dit un seul mot. Sa santé, sa vie, sont de nouveaux sujets d'inquiétude pour le public : on craint qu'une vieillesse aussi fraîche ne démente l'idée des maux honteux dont on se flattait de le voir périr; on craint qu'à la longue les précautions qu'on entasse ne suffisent plus pour l'empêcher de parler. Si la voix de l'innocence allait enfin se faire entendre à travers les huées, quel malheur affreux ne serait-ce point pour le corps des gens de lettres, pour celui des médecins, pour les grands, pour les magistrats, pour tout le monde? Oui, si forçant ses contemporains à le reconnaître honnête homme, il parvenait à confondre enfin ses accusateurs, sa pleine justification serait une désolation publique.

Tout cela prouve invinciblement que la haine dont Jean-Jacques est l'objet n'est point la haine du vice et de la méchanceté, mais celle de l'individu. Méchant ou bon, il n'importe; consacré à la haine publique, il ne lui peut plus échapper; et, pour peu qu'on connaisse les routes du cœur humain, l'on voit que son innocence reconnue ne servirait qu'à le rendre plus odieux encore, et à transformer en rage l'animosité dont il est l'objet. On ne lui pardonne pas maintenant de secouer le pesant joug dont chacun voudrait l'accabler, on lui pardonnerait bien moins les torts qu'on se reprocherait envers lui; et, puisque vous-même avez un moment éprouvé un sentiment si injuste, ces gens si pétris d'amour-propre supporteraient-ils sans aigreur l'idée de leur propre bassesse, comparée à sa patience et à sa douceur? Eh! soyez certain que si c'était en effet un monstre, on le fuirait davantage, mais on le haïrait beaucoup moins.

Quant à moi, pour expliquer de pareilles dispositions, je ne puis penser autre chose, sinon qu'on s'est servi, pour exciter dans le public cette violente animosité, des motifs semblables à ceux qui l'avaient fait naître dans l'âme des auteurs du complot. Ils avaient vu cet homme, adoptant des principes tout contraires aux leurs, ne vouloir, ne suivre ni parti ni secte; ne dire que ce qui lui semblait vrai, bon, utile aux hommes, sans consulter en cela son propre avantage, ni celui de personne en particulier. Cette marche, et la supériorité qu'elle lui donnait sur eux, furent la grande source de leur haine. Ils ne purent lui pardonner de ne pas plier, comme eux, sa morale à son profit, de tenir si peu à son intérêt et au leur, et de montrer tout franchement l'abus des lettres et la forfanterie du métier d'auteur, sans se soucier de l'application qu'on ne manquerait pas de lui faire à lui-même des maximes qu'il établissait, ni de la fureur qu'il allait inspirer à ceux qui se vantent d'être les arbitres de la renommée, les distributeurs de la gloire et de la réputation des actions des hommes, mais qui ne se vantent pas, que je sache, de faire cette distribution avec justice et désintéressement. Abhorrant la satire autant qu'il aimait la vérité, on le vit toujours distinguer honorablement les particuliers et les combler de sincères éloges, lorsqu'il avançait des vérités générales dont ils auraient pu s'offenser. Il faisait sentir que le mal tenait à la nature des choses, et le bien aux vertus des individus. Il faisait, et pour ses amis et pour les auteurs qu'il jugeait estimables, les mêmes exceptions qu'il croyait mériter; et l'on sent, en lisant ses ouvrages, le plaisir que prenait son cœur à ces honorables exceptions. Mais ceux qui s'en sentaient moins dignes qu'il ne les avait crus, et dont la conscience repoussait en secret ces éloges, s'en irritant à mesure qu'ils les méritaient moins, ne lui pardonnèrent jamais d'avoir si bien démêlé les abus d'un métier qu'ils tâchaient de faire admirer au vulgaire, ni d'avoir, par sa conduite, déprisé tacitement, quoique involontairement, la leur. La haine envenimée que ces réflexions firent naître dans leurs cœurs leur suggéra le moyen d'en exciter une semblable dans les cœurs des autres hommes.

Ils commencèrent par dénaturer tous ses principes, par travestir un républicain sévère en un brouillon séditieux, son amour pour la liberté légale en une licence effrénée, et son respect pour les lois en aversion pour les princes. Ils l'accusèrent de vouloir renverser en tout l'ordre de la société, parce qu'il s'indignait qu'osant consacrer sous ce nom les plus funestes désordres, on insultât aux misères du genre humain en donnant les plus criminels abus pour les lois dont ils sont la ruine. Sa colère contre les brigandages publics, sa haine contre les fripons qui les soutiennent, son intrépide audace à dire des vérités dures à tous les états, furent autant de moyens employés à les irriter tous contre lui. Pour le rendre odieux à ceux qui les remplissent, on l'accusa de les mépriser personnellement. Les reproches durs, mais généraux, qu'il faisait à tous furent tournés en autant de satires particulières dont on fit avec art les plus malignes applications.

Rien n'inspire tant de courage que le témoignage d'un cœur droit, qui tire de la pureté de ses intentions l'audace de prononcer hautement et sans crainte des jugements dictés par le seul amour de la justice et de la vérité : mais rien n'expose en même temps à tant de dangers et de risques de la part d'ennemis adroits que cette même audace, qui précipite un homme ardent dans tous les pièges qu'ils lui tendent; et, le livrant à une impétuosité sans règle, lui fait faire contre la prudence mille fautes où ne tomba qu'une âme franche et généreuse, mais qu'ils savent transformer en autant de crimes affreux. Les hommes vulgaires, incapables de sentiments élevés et nobles, n'en supposent jamais que d'intéressés dans ceux qui se passionnent; et, ne pouvant croire que l'amour de la justice et du bien public puisse exciter un pareil zèle, ils leur controuvent toujours des motifs personnels, semblables à ceux qu'ils cachent eux-mêmes sous des noms pompeux, et sans lesquels on ne les verrait jamais s'échauffer sur rien.

La chose qui se pardonne le moins est un mépris mérité. Celui que Jean-Jacques avait marqué pour tout cet ordre social prétendu, qui couvre en effet les plus cruels désordres, tombait bien plus sur la constitution des différents états que sur les sujets qui les remplissent, et qui, par cette constitution même, sont nécessités à être ce qu'ils sont. Il avait toujours fait une distinction très judicieuse entre les personnes et les conditions, estimant souvent les premières, quoique livrées à l'esprit de leur état, lorsque le naturel reprenait de temps à autre quelque ascendant sur leur intérêt, comme il arrive assez fréquemment à ceux qui sont bien nés. L'art de vos messieurs fut de présenter les choses sous un tout autre point de vue, et de montrer en lui comme haine des hommes celle que, pour l'amour d'eux, il porte aux maux qu'ils se font. Il paraît qu'ils ne s'en sont pas tenus à ces imputations générales ; mais que, lui prêtant des discours, des écrits, des œuvres conformes à leurs vues, ils n'ont épargné ni fictions, ni mensonges, pour irriter contre lui l'amour-propre, et dans tous les états, et chez tous les individus.

Jean-Jacques a même une opinion qui, si elle est juste, peut aider à expliquer cette animosité générale. Il est persuadé que, dans les écrits qu'on fait passer sous son nom, l'on a pris un soin particulier de lui faire insulter brutalement tous les états de la société, et de changer en odieuses personnalités les reproches francs et forts qu'il leur fait quelquefois. Ce soupçon lui est venu (1) sur ce que, dans plusieurs lettres, anonymes et autres, on lui rappelle des choses, comme étant de ses écrits, qu'il n'a jamais songé à y mettre. Dans l'une, il a, dit-on, mis *fort plaisamment en question si les marins étaient des hommes?* Dans une autre, un officier lui avoue modestement que, selon l'expression de lui, Jean-Jacques, lui militaire, *radote de bonne foi comme la plupart de ses camarades.* Tous les jours il reçoit ainsi des citations de passages qu'on lui attribue faussement, avec la plus grande confiance, et qui sont toujours outrageants pour quelqu'un. Il apprit il y a peu de temps qu'un homme de lettres de sa plus ancienne connaissance, et pour lequel il avait conservé de l'estime, ayant trop marqué peut-être un reste d'affection pour lui, on l'en guérit en lui persuadant que Jean-Jacques travaillait à une critique amère de ses écrits.

Tels sont à peu près les ressorts qu'on a pu mettre en jeu pour allumer et fomenter cette animosité si vive et si générale dont il est l'objet, et qui, s'attachant particulièrement à sa diffamation, couvre d'un faux intérêt pour sa personne le soin de l'avilir encore par cet air de faveur et de commisération. Pour moi, je n'imagine que ce moyen d'expliquer les différents degrés de la haine qu'on lui porte, à proportion que ceux qui s'y livrent sont plus dans le cas de s'appliquer les reproches qu'il fait à son siècle et à ses contemporains. Les fripons publics, les intrigants, les ambitieux, dont il dévoile les manœuvres, les passionnés destructeurs de toute religion, de toute conscience, de toute liberté, de toute morale, atteints plus au vif par ses censures, doivent le haïr et le haïssent en effet encore plus que ne font les honnêtes gens trompés. En l'entendant seulement nommer, les premiers ont peine à se contenir, et la modération qu'ils tâchent d'affecter se dément bien vite, s'ils n'ont pas besoin de masque pour assouvir leur passion. Si la haine de l'homme

---

(1) C'est ce qu'il m'est impossible de vérifier, parce que ces messieurs ne laissent parvenir jusqu'à moi aucun exemplaire des écrits qu'ils fabriquent ou font fabriquer sous mon nom.

n'était que celle du vice, la proportion se renverserait; la haine des gens de bien serait plus marquée, les méchants seraient plus indifférents. L'observation contraire est générale, frappante, incontestable, et pourrait fournir bien des conséquences : contentons-nous ici de la confirmation que j'en tire de la justesse de mon explication.

Cette aversion, une fois inspirée, s'étend, se communique de proche en proche dans les familles, dans les sociétés, et devient en quelque sorte un sentiment inné qui s'affermit dans les enfants par l'éducation, et dans les jeunes gens par l'opinion publique. C'est encore une remarque à faire, qu'excepté la confédération secrète de vos dames et de vos messieurs, ce qui reste de la génération dans laquelle il a vécu n'a pas pour lui une haine aussi envenimée que celle qui se propage dans la génération qui suit. Toute la jeunesse est nourrie dans ce sentiment par un soin particulier de vos messieurs, dont les plus adroits se sont chargés de ce département. C'est d'eux que tous les apprentis philosophes prennent l'attache; c'est de leurs mains que sont placés les gouverneurs des enfants, les secrétaires des pères, les confidents des mères; rien dans l'intérieur des familles ne se fait que par leur direction, sans qu'ils paraissent se mêler de rien; ils ont trouvé l'art de faire circuler leur doctrine et leur animosité dans les séminaires, dans les collèges, et toute la génération naissante leur est dévouée dès le berceau. Grands imitateurs de la marche des jésuites, ils furent leurs plus ardents ennemis, sans doute par jalousie de métier; et maintenant gouvernant les esprits avec le même empire, avec la même dextérité que les autres gouvernaient les consciences, plus fins qu'eux en ce qu'ils savent mieux se cacher en agissant, et substituant peu à peu l'intolérance philosophique à l'autre, ils deviennent, sans qu'on s'en aperçoive, aussi dangereux que leurs prédécesseurs. C'est par eux que cette génération nouvelle qui doit certainement à Jean-Jacques d'être moins tourmentée dans son enfance, plus saine et mieux constituée dans tous les âges, loin de lui en savoir gré, est nourrie dans les plus odieux préjugés et dans les plus cruels sentiments à son égard. Le venin d'animosité qu'elle a sucé presque avec le lait lui fait chercher à l'avilir et le déprimer avec plus de zèle encore que ceux mêmes qui l'ont élevée dans ces dispositions haineuses. Voyez dans les rues et aux promenades l'infortuné Jean-Jacques entouré de gens qui, moins par curiosité que par dérision, puisque la plupart l'ont déjà vu cent fois, se détournent, s'arrêtent pour le fixer d'un œil qui n'a rien assurément de l'urbanité française : vous trouverez toujours que les plus insultants, les plus moqueurs, les plus acharnés sont de jeunes gens qui, d'un air ironiquement poli, s'amusent à lui donner tous les signes d'outrage et de haine qui peuvent l'affliger, sans les compromettre.

Tout cela eût été moins facile à faire dans tout autre siècle. Mais celui-ci est particulièrement un siècle haineux et malveillant par caractère(1). Cet esprit cruel et méchant se fait sentir dans toutes les sociétés, dans toutes les affaires publiques; il suffit seul pour mettre à la mode et faire briller dans le monde

---

(1) Fréron vient de mourir. On demandait qui ferait son épitaphe. « Le premier qui crachera sur sa tombe, » répondit à l'instant M. M***. Quand on ne m'aurait pas nommé l'auteur de ce mot, j'aurais deviné qu'il partait d'une bouche philosophique, et qu'il était de ce siècle-ci.

ceux qui se distinguent par là. L'orgueilleux despotisme de la philosophie moderne a porté l'égoïsme de l'amour-propre à son dernier terme. Le goût qu'a pris toute la jeunesse pour une doctrine si commode la lui a fait adopter avec fureur et prêcher avec la plus vive intolérance. Ils se sont accoutumés à porter dans la société ce même ton de maître sur lequel ils prononcent les oracles de leur secte, et à traiter avec un mépris apparent, qui n'est qu'une haine plus insolente, tout ce qui ose hésiter à se soumettre à leurs décisions. Ce goût de domination n'a pu manquer d'animer toutes les passions irascibles qui tiennent à l'amour-propre Le même fiel qui coule avec l'encre dans les écrits des maîtres abreuve les cœurs des disciples. Devenus esclaves pour être tyrans, ils ont fini par prescrire, en leur propre nom, les lois que ceux-là leur avaient dictées, et à voir dans toute résistance la plus coupable rébellion. Une génération de despotes ne peut être ni fort douce ni fort paisible, et une doctrine si hautaine, qui d'ailleurs n'admet ni vice ni vertu dans le cœur de l'homme, n'est pas propre à contenir, par une morale indulgente pour les autres et réprimante pour soi, l'orgueil de ses sectateurs. De là les inclinations haineuses qui distinguent cette génération. Il n'y a plus ni modération dans les âmes, ni vérité dans les attachements. Chacun hait tout ce qui n'est pas lui plutôt qu'il ne s'aime lui-même. On s'occupe trop d'autrui pour savoir s'occuper de soi; on ne sait plus que haïr, et l'on ne tient point à son propre parti par attachement, encore moins par estime, mais uniquement par haine du parti contraire. Voilà les dispositions générales dans lesquelles vos messieurs ont trouvé ou mis leurs contemporains, et qu'ils n'ont eu qu'à tourner ensuite contre Jean-Jacques (1), qui, tout aussi peu propre à recevoir la loi qu'à la faire, ne pouvait par cela seul manquer dans ce nouveau système d'être l'objet de la haine des chefs et du dépit des disciples : la foule, empressée à suivre une route qui l'égare, ne voit pas avec plaisir ceux qui, prenant une route contraire, semblent par là lui reprocher son erreur (2).

Qui connaîtrait bien toutes les causes concourantes, tous les différents ressorts mis en œuvre pour exciter dans tous les états cet engourdissement haineux, serait moins surpris de le voir de proche en proche devenir une contagion générale. Quand une fois le branle est donné, chacun suivant le torrent en augmente l'impulsion. Comment se défier de son sentiment quand on le voit être celui de tout le monde? Comment douter que l'objet d'une haine aussi universelle soit réellement un homme odieux? alors plus les choses qu'on lui attribue sont absurdes et incroyables, plus on est prêt à les admettre. Tout fait qui le rend odieux ou ridicule est par cela seul assez prouvé. S'il s'agissait d'une bonne action qu'il eût faite, nul n'en croirait à

(1) Dans cette génération, nourrie de philosophie et de fiel, rien n'est si facile aux intrigants que de faire tomber sur qui il leur plaît cet appétit général de haïr. Leurs succès prodigieux en ce point prouvent encore moins leurs talents que la disposition du public, dont les apparents témoignages d'estime et d'attachement pour les uns ne sont en effet que des actes de haine pour d'autres.

(2) J'aurais dû peut-être insister ici sur la ruse favorite de mes persécuteurs, qui est de satisfaire à mes dépens leurs passions haineuses, de faire le mal par leurs satellites, et de faire en sorte qu'il me soit imputé. C'est ainsi qu'ils m'ont successivement attribué le *Système de la Nature*, la *Philosophie de la Nature*, la note du roman de madame d'Ormoy, etc. C'est ainsi qu'ils tâchaient de faire croire au peuple que c'était moi qui ameutais les bandits qu'ils tenaient à leur solde lors de la cherté du pain.

ses propres yeux, ou bientôt une interprétation subite la changerait du blanc au noir. Les méchants ne croient ni à la vertu, ni même à la bonté; il faut être déjà bon soi-même pour croire d'autres hommes meilleurs que soi, et il est presque impossible qu'un homme réellement bon demeure ou soit reconnu tel dans une génération méchante.

Les cœurs ainsi disposés, tout le reste devient facile. Dès lors vos messieurs auraient pu, sans aucun détour, persécuter ouvertement Jean-Jacques avec l'approbation publique, mais ils n'auraient assouvi qu'à demi leur vengeance; et se compromettre vis-à-vis de lui était risquer d'être découverts. Le système qu'ils ont adopté remplit mieux toutes leurs vues et prévient tous les inconvénients. Le chef-d'œuvre de leur art a été de transformer en ménagements pour leur victime les précautions qu'ils ont prises pour leur sûreté. Un vernis d'humanité, couvrant la noirceur du complot, acheva de séduire le public, et chacun s'empressa de concourir à cette bonne œuvre : il est si doux d'assouvir saintement une passion et de joindre au venin de l'animosité le mérite de la vertu! Chacun se glorifiant en lui-même de trahir un infortuné se disait avec complaisance : « Ah! que je suis généreux! C'est pour son bien que je le diffame, c'est pour le protéger que je l'avilis; et l'ingrat, loin de sentir mon bienfait, s'en offense! mais cela ne m'empêchera pas d'aller mon train et de le servir de la sorte en dépit de lui. » Voilà comment, sous le prétexte de pourvoir à sa sûreté, tous, en s'admirant eux-mêmes, se font contre lui les satellites de vos messieurs, et, comme écrivait Jean-Jacques à M***, *sont si fiers d'être des traîtres*. Concevez-vous qu'avec une pareille disposition d'esprit on puisse être équitable et voir les choses comme elles sont? On verrait Socrate, Aristide, on verrait un ange, on verrait Dieu même avec des yeux ainsi fascinés qu'on croirait toujours voir un monstre infernal.

Mais quelque facile que soit cette pente, il est toujours bien étonnant, dites-vous, qu'elle soit universelle, que tous la suivent sans exception, que pas un seul n'y résiste et ne proteste, que la même passion entraîne en aveugle une génération tout entière, et que le consentement soit unanime dans un tel renversement du droit de la nature et des gens.

Je conviens que le fait est très extraordinaire; mais, en le supposant très certain, je le trouverais bien plus extraordinaire encore, s'il avait la vertu pour principe, car il faudrait que toute la génération présente se fût élevée par cette unique vertu à une sublimité qu'elle ne montre assurément en nulle autre chose, et que, parmi tant d'ennemis qu'à Jean-Jacques, il ne s'en trouvât pas un seul qui eût la maligne franchise de gâter le merveilleuse œuvre de tous les autres. Dans mon explication, un petit nombre de gens adroits, puissants, intrigants, concertés de longue main, abusant les uns par de fausses apparences, et animant les autres par des passions auxquelles ils n'ont déjà que trop de pente, fait tout concourir contre un innocent qu'on a pris soin de charger de crimes, en lui ôtant tout moyen de s'en laver. Dans l'autre explication, il faut que de toutes les générations la plus haineuse se transforme tout d'un coup tout entière, et sans aucune exception, en autant d'anges célestes en faveur du dernier des scélérats qu'on s'obstine à protéger et à laisser libre, malgré les attentats et les crimes qu'il continue de commettre tout à son aise, sans que personne au monde ose, tant on craint de lui déplaire, songer à l'en empêcher, ni même à les lui reprocher. Laquelle de ces deux suppositions vous paraît la plus raisonnable et la plus admissible?

Au reste, cette objection, tirée du concours unanime de tout le monde à l'exécution d'un complot abominable, a peut-être plus d'apparence que de réalité. Premièrement, l'art des moteurs de toute la trame a été de ne la pas dévoiler également à tous les yeux. Ils en ont gardé le principal secret entre un petit nombre de conjurés; ils n'ont laissé voir au reste des hommes que ce qu'il fallait pour les y faire concourir. Chacun n'a vu l'objet que par le côté qui pouvait l'émouvoir, et n'a été initié dans le complot qu'autant que l'exigeait la partie de l'exécution qui lui était confiée. Il n'y a peut-être pas dix personnes qui sachent à quoi tient le fond de la trame; et, de ces dix, il n'y en a peut-être pas trois qui connaissent assez leur victime pour être sûrs qu'ils noircissent un innocent. Le secret du premier complot est concentré entre deux hommes qui n'iront pas le révéler. Tout le reste des complices, plus ou moins coupables, se fait illusion sur des manœuvres qui, selon eux, tendent moins à persécuter l'innocence qu'à s'assurer d'un méchant. On a pris chacun par son caractère particulier, par sa passion favorite. S'il était possible que cette multitude de coopérateurs se ressemblât et s'éclairât par des confidences réciproques, ils seraient frappés eux-mêmes des contradictions absurdes qu'ils trouveraient dans les faits qu'on a prouvés à chacun d'eux, et des motifs non-seulement différents, mais souvent contraires, par lesquels on les a fait concourir tous à l'œuvre commune, sans qu'aucun d'eux en vît le vrai but. Jean-Jacques lui-même sait bien distinguer d'avec la canaille à laquelle il a été livré à Motiers, à Trye, à Monquin, des personnes d'un vrai mérite, qui, trompées plutôt que séduites, et, sans être exemptes de blâme, à plaindre dans leur erreur, n'ont pas laissé, malgré l'opinion qu'elles avaient de lui, de le rechercher avec le même empressement que les autres, quoique dans de moins cruelles intentions. Les trois quarts peut-être de ceux qu'on a fait entrer dans le complot n'y restent que parce qu'ils n'en ont pas vu toute la noirceur. Il y a même plus de bassesse que de malice dans les indignités dont le grand nombre l'accable; et l'on voit à leur air, à leur ton, dans leurs manières, qu'ils l'ont bien moins en horreur comme objet de haine, qu'en dérision comme infortuné.

De plus, quoique personne ne combatte ouvertement l'opinion générale, ce qui serait se compromettre à pure perte, pensez-vous que tout le monde y acquiesce réellement? Combien de particuliers peut-être, voyant tant de manœuvres et de mines souterraines, s'en indignent, refusent d'y concourir, et gémissent en secret sur l'innocence opprimée! combien d'autres, ne sachant à quoi s'en tenir sur le compte d'un homme enlacé dans tant de pièges, refusent de le juger sans l'avoir entendu; et, jugeant seulement ses adroits persécuteurs, pensent que des gens à qui la ruse, la fausseté, la trahison, coûtent si peu, pourraient bien n'être pas plus scrupuleux sur l'imposture! Suspendus entre la force des preuves qu'on leur allègue, et celles de la malignité des accusateurs, ils ne peuvent accorder tant de zèle pour la vérité, avec tant d'aversion pour la justice, ni tant de générosité pour celui qu'ils accusent, avec tant d'art à gauchir devant lui et se soustraire à ses défenses. On peut s'abstenir de l'iniquité, sans avoir le courage de la combattre. On peut refuser d'être complice d'une trahison, sans oser démasquer les traîtres. Un homme juste, mais faible, se retire alors de la foule, reste dans son coin; et, n'osant s'exposer, plaint tout bas l'opprimé, craint l'oppresseur, et se tait. Qui peut savoir combien d'honnêtes gens sont dans ce cas? Ils ne se font ni voir ni sentir : ils laissent le champ libre à vos messieurs jusqu'à ce que le moment de parler sans danger arrive. Fondé sur l'opinion que j'eus toujours de la droiture naturelle du cœur humain, je crois que cela doit être. Sur quel fondement raisonnable peut-on soutenir que ce n'est pas? Voilà, monsieur, tout ce que je puis répondre à l'unique objection à laquelle vous vous réduisez, et qu'au reste je ne me charge pas de résoudre à votre gré, ni même au mien, quoiqu'elle ne puisse ébranler la persuasion directe qu'ont produit en moi mes recherches.

Je vous ai vu prêt à m'interrompre, et j'ai compris que c'était pour me reprocher le soin superflu de vous établir un fait dont vous convenez si bien vous-même que vous le tournez en objection contre moi, savoir qu'il n'est pas vrai que tout le monde soit entré dans le complot. Mais remarquez qu'en paraissant nous accorder sur ce point nous sommes néanmoins de sentiments tout contraires, en ce que, selon vous, ceux qui ne sont pas du complot pensent sur Jean-Jacques tout comme ceux qui en sont, et que, selon moi, ils doivent penser tout autrement. Ainsi votre exception, que je n'admets pas, et la mienne, que vous n'admettez pas non plus, tombant sur des personnes différentes, s'excluent mutuellement, ou du moins ne s'accordent pas. Je viens de vous dire sur quoi je fonde la mienne; examinons la vôtre à présent.

D'honnêtes gens, que vous dites ne pas entrer dans le complot et ne pas haïr Jean-Jacques, voient cependant en lui tout ce que disent y voir ses plus mortels ennemis; comme s'il en avait qui convinssent de l'être et ne se vantassent pas de l'aimer! En me faisant cette objection, vous ne vous êtes pas rappelé celle-ci qui la prévient et la détruit. S'il y a complot, tout par son effet devient facile à prouver à ceux même qui ne sont pas du complot; et, quand ils croient voir par leurs yeux, ils voient, sans s'en douter, par les yeux d'autrui.

Si ces personnes dont vous parlez ne sont pas de mauvaise foi, du moins elles sont certainement prévenues comme tout le public, et doivent par cela seul voir et juger comme lui. Et comment vos messieurs, ayant une fois la facilité de faire tout croire, auraient-ils négligé de porter cet avantage aussi loin qu'il pouvait aller? Ceux qui, dans cette persuasion générale, ont écarté la plus sûre épreuve pour distinguer le vrai du faux, ont beau n'être pas à vos yeux du complot, par cela seul ils en sont aux miens; et moi, qui sens dans ma conscience qu'où ils croient voir la certitude et la vérité, il n'y a qu'erreur, mensonge, imposture, puis-je douter qu'il n'y ait de leur faute dans leur persuasion, et que, s'ils avaient aimé sincèrement la vérité, ils ne l'eussent bientôt démêlée à travers les artifices des fourbes qui les ont abusés? Mais ceux qui ont d'avance irrévocablement jugé l'objet de leur haine, et qui n'en veulent pas démordre, ne voyant en lui que ce qu'ils y veulent voir, tordent et détournent tout au gré de leur passion, et, à force de subtilités, donnent aux choses les plus contraires à leurs idées l'interprétation qui les y peut ramener. Les personnes que vous croyez impartiales ont-elles pris les précautions nécessaires pour surmonter ces illusions?

Le Fr. Mais, monsieur Rousseau, y pensez-vous, et qu'exigez-vous là du public? Avez-vous pu croire qu'il examinerait la chose aussi scrupuleusement que vous?

Rouss. Il en eût été dispensé sans doute, s'il se fût abstenu d'une décision si cruelle. Mais en prononçant souverainement sur l'honneur et sur la destinée d'un homme, il n'a pu sans crime négliger aucun des moyens essentiels et possibles de s'assurer qu'il prononçait justement.

Vous méprisez, dites-vous, un homme abject, et ne croirez jamais que les heureux penchants que j'ai cru voir dans Jean-Jacques puissent compatir avec des vices aussi bas que ceux dont il est accusé. Je pense exactement comme vous sur cet article; mais je suis aussi certain que d'aucune vérité qui me soit connue que cette abjection, que vous lui reprochez, est de tous les vices le plus éloigné de son naturel. Bien plus près de l'extrémité contraire, il a trop de hauteur dans l'âme pour pouvoir tendre à l'abjection. Jean-Jacques est faible, sans doute, et peu capable de vaincre ses passions; mais il ne peut avoir que les passions relatives à son caractère, et des tentations basses ne sauraient approcher de son cœur. La source de toutes ses consolations est dans l'estime de lui-même. Il serait le plus vertueux des hommes si sa force répondait à sa volonté. Mais avec toute sa faiblesse il ne peut être un homme vil, parce qu'il n'y a pas dans son âme un penchant ignoble auquel il fût honteux de céder. Le seul qui l'eût pu mener au mal est la mauvaise honte, contre laquelle il a lutté toute sa vie avec des efforts aussi grands qu'inutiles, parce qu'elle tient à son humeur timide qui présente un obstacle invincible aux ardents désirs de son cœur, et le force à leur donner le change en mille façons souvent blâmables. Voilà l'unique source de tout le mal qu'il a pu faire, mais dont rien ne peut sortir de semblable aux indignités dont vous l'accusez. Eh! comment ne voyez-vous pas combien vos messieurs eux-mêmes sont éloignés de ce mépris qu'ils veulent vous inspirer pour lui? Comment ne voyez-vous pas que ce mépris qu'ils affectent n'est point réel, qu'il n'est que le voile bien transparent d'une estime qui les déchire, et d'une rage qu'ils cachent très mal? La preuve en est manifeste. On ne s'inquiète point ainsi des gens qu'on méprise. On en détourne les yeux, on les laisse pour ce qu'ils sont, on fait à leur égard, non pas ce que font vos messieurs à l'égard de Jean-Jacques, mais ce que lui-même fait au leur. Il n'est pas étonnant qu'après l'avoir chargé de pierres ils le couvrent aussi de boue : tous ces procédés sont très concordants de leur part; mais ceux qu'ils lui imputent ne le sont guère de la sienne, et ces indignités auxquelles vous revenez sont-elles mieux prouvées que les crimes sur lesquels vous n'insistez plus? Non, monsieur; après nos discussions précédentes je ne vois plus de milieu possible entre tout admettre et tout rejeter.

Des témoignages que vous supposez impartiaux, les uns portent sur des faits absurdes et faux, mais rendus croyables à force de prévention, tels que le viol, la brutalité, la débauche, la cynique impudence, les basses friponneries; les autres, sur des faits vrais, mais faussement interprétés, tels que sa dureté, son dédain, son humeur colère et repoussante, l'obstination de fermer sa porte aux nouveaux visages, surtout aux quidams cajoleurs et pleureux, et aux arrogants mal appris.

Comme je ne défendrai jamais Jean-Jacques accusé d'assassinat et d'empoisonnement, je n'entends pas non plus le justifier d'être un violateur de filles, un monstre de débauche, un petit filou. Si vous pouvez adopter sérieusement de pareilles opinions sur son compte, je ne puis que le plaindre, et vous plaindre aussi, vous qui caressez des idées dont vous rougiriez comme ami de la justice, en y regardant de plus près, et faisant ce que j'ai fait. Lui débauché, brutal, impudent, cynique auprès du sexe ! Eh ! j'ai grand'peur que ce ne soit l'excès contraire qui l'a perdu, et que, s'il eût été ce que vous dites, il ne fût aujourd'hui bien moins malheureux. Il est bien aisé de faire, à son arrivée, retirer les filles de la maison ; mais qu'est-ce que cela prouve, sinon la maligne disposition des parents envers lui?

A-t-on l'exemple de quelque fait qui ait rendu nécessaire une précaution si bizarre et si affectée? et qu'en dut-il penser à son arrivée à Paris, lui qui venait de vivre à Lyon très familièrement dans une maison très estimable, où la mère et trois filles charmantes, toutes trois dans la fleur de l'âge et de la beauté, l'accablaient à l'envi d'amitiés et de caresses ? Est-ce en abusant de cette familiarité près de ces jeunes personnes, est-ce par des manières ou des propos libres avec elles qu'il mérita l'indigne et nouvel accueil qui l'attendait à Paris en les quittant? et même encore aujourd'hui, des mères très sages craignent-elles de mener leurs filles chez ce terrible satyre, devant lequel ces autres-là n'osent laisser un moment les leurs, chez elles, en leurs présence ? En vérité, que des farces aussi grossières puissent abuser un moment des gens sensés, il faut en être témoin pour le croire.

Supposons un moment qu'on eût osé publier tout cela dix ans plus tôt, et lorsque l'estime des honnêtes gens, qu'il eut toujours dès sa jeunesse, était montée au plus haut degré : ces opinions, quoique soutenues des mêmes preuves, auraient-elles acquis le même crédit chez ceux qui maintenant s'empressent de les adopter?

Non, sans doute, ils les auraient rejetées avec indignation. Ils auraient tous dit : « Quand un homme est parvenu jusqu'à cet âge avec l'estime publique,
« quand sans patrie, sans fortune et sans asile, dans une situation gênée, et
« forcé, pour subsister, de recourir sans cesse aux expédients, on n'en a
« jamais employé que d'honorables, et qu'on s'est fait toujours considérer et
« bien vouloir dans sa détresse, on ne commence pas après l'âge mûr, et
« quand tous les yeux sont ouverts sur nous, à se dévoyer de la droite route,
« pour s'enfoncer dans les sentiers bourbeux du vice; on n'associe point la
« bassesse des plus vils fripons avec le courage et l'élévation des âmes fières,
« ni l'amour de la gloire aux manœuvres des filous; et si quarante ans d'hon-
« neur permettaient à quelqu'un de se démentir si tard à ce point, il perdrait
« bientôt cette vigueur de sentiment, ce ressort, cette franchise intrépide
« qu'on n'a point avec des passions basses, et qui jamais ne survit à l'honneur.
« Un fripon peut être lâche, un méchant peut être arrogant; mais la douceur
« de l'innocence, et la fierté de la vertu, ne peuvent s'unir que dans une
« belle âme. »

Voilà ce qu'ils auraient tous dit ou pensé, et ils auraient certainement refusé de le croire atteint de vices aussi bas, à moins qu'il n'en eût été convaincu sous leurs yeux. Ils auraient du moins voulu l'étudier eux-mêmes avant de le juger si décidément et si cruellement. Ils auraient fait ce que j'ai fait; et, avec l'impartialité que vous leur supposez, ils auraient tiré de leurs recherches la même conclusion que je tire des miennes. Ils n'ont rien fait de tout cela; les preuves les plus ténébreuses, les témoignages les plus suspects, leur ont suffi pour se décider en mal sans autre vérification, et ils ont soigneusement évité tout éclaircissement qui pouvait leur montrer leur erreur. Donc, quoi que vous en puissiez dire, ils sont du complot; car ce que j'appelle en être n'est pas seulement être dans le secret de vos messieurs, je présume que peu de gens y sont admis; mais c'est adopter leur unique principe, c'est se faire, comme eux, une loi de dire à tout le monde, et de cacher au seul accusé le mal qu'on pense ou qu'on feint de penser de lui, et les raisons sur lesquelles on fonde ce jugement, afin de le mettre hors d'état d'y répondre, et de faire entendre les siennes; car, sitôt qu'on s'est laissé persuader qu'il faut le juger, non-seulement sans l'entendre, mais sans en être entendu, tout le reste est forcé, et il n'est pas possible qu'on résiste à tant de témoignages si bien arrangés, et mis à l'abri de l'inquiétante épreuve des réponses de l'accusé. Comme tout le succès de la trame dépendait de cette importante précaution, son auteur aura mis toute la sagacité de son esprit à donner à cette injustice le tour le plus spécieux, et à la couvrir même d'un vernis de bénéficence et de générosité, qui n'eût ébloui nul esprit impartial, mais qu'on s'est empressé d'admirer, à l'égard d'un homme qu'on n'estimait que par force, et dont les singularités n'étaient vues de bon œil par qui que ce fût.

Tout tient à la première accusation qui l'a fait déchoir, tout d'un coup, du titre d'honnête homme qu'il avait porté jusqu'alors, pour y substituer celui du plus affreux scélérat. Quiconque a l'âme saine et croit vraiment à la probité ne se départ pas aisément de l'estime fondée qu'il a conçue pour un homme de bien. Je verrais commettre un crime, s'il était possible, ou faire une action basse à mylord-maréchal (1), que je n'en croirais pas à mes yeux. Quand j'ai cru de Jean-Jacques tout ce que vous m'avez prouvé, c'était en le supposant convaincu. Changer à ce point, sur le compte d'un homme estimé durant toute sa vie, n'est pas une chose facile. Mais aussi ce premier pas fait, tout le reste va de lui-même. De crime en crime, un homme coupable d'un seul devient, comme vous l'avez dit, capable de tous. Rien n'est moins surprenant que le passage de la méchanceté à l'abjection, et ce n'est pas la peine de mesurer si soigneusement l'intervalle qui peut quelquefois séparer un scélérat d'un fripon. On peut donc avilir tout à son aise l'homme qu'on a commencé par noircir. Quand on croit qu'il n'y a dans lui que du mal, on n'y voit plus que cela; ses actions bonnes ou indifférentes changent bientôt d'apparence avec beaucoup de préjugés et un peu d'interprétation, et l'on rétracte alors ses jugements avec autant d'assurance que si ceux qu'on leur substitue étaient mieux fondés. L'amour-propre fait qu'on veut toujours avoir vu soi-

(1) Il est vrai que mylord-maréchal est d'une illustre naissance, et Jean-Jacques un homme du peuple; mais il faut penser que Rousseau, qui parle ici, n'a pas, en général, une opinion bien sublime de la haute vertu des gens de qualité, et que l'histoire de Jean-Jacques ne doit pas naturellement agrandir cette opinion.

même ce qu'on sait, ou qu'on croit savoir d'ailleurs. Rien n'est si manifeste aussitôt qu'on y regarde, on a honte de ne l'avoir pas aperçu plus tôt : mais c'est qu'on était si distrait ou si prévenu qu'on ne portait pas son attention de ce côté; c'est qu'on est si bon soi-même qu'on ne peut supposer la méchanceté dans autrui.

Quand enfin l'engouement, devenu général, parvient à l'excès, on ne se contente plus de tout croire; chacun, pour prendre part à la fête, cherche à renchérir, et tout le monde, s'affectionnant à ce système, se pique d'y apporter du sien pour l'orner ou pour l'affermir. Les uns ne se sont pas plus empressés d'inventer que les autres de croire. Toute imputation passe en preuve invincible; et si l'on apprenait aujourd'hui qu'il s'est commis un crime dans la lune, il serait prouvé demain, plus clair que le jour, à tout le monde, que c'est Jean-Jacques qui en est l'auteur.

La réputation qu'on lui a donnée, une fois établie, il est donc très naturel qu'il en résulte, même chez les gens de bonne foi, les effets que vous m'avez détaillés. S'il fait une erreur de compte, ce sera toujours à dessein; est-elle à son avantage, c'est une friponnerie : est-elle à son préjudice, c'est une ruse. Un homme ainsi vu, quelque sujet qu'il soit aux oublis, aux distractions, aux balourdises, ne peut plus rien avoir de tout cela : tout ce qu'il fait par inadvertance est toujours vu comme fait exprès. Au contraire, les oublis, les omissions, les bévues des autres à son égard, ne trouvent plus créance dans l'esprit de personne; s'il les relève, il ment; s'il les endure, c'est à pure perte. Des femmes étourdies, de jeunes gens évaporés, feront des quiproquo dont il restera chargé; et ce sera beaucoup si les laquais gagnés ou peu fidèles, trop instruits des sentiments des maîtres à son égard, ne sont pas quelquefois tentés d'en tirer avantage à ses dépens, bien sûrs que l'affaire ne s'éclaircira pas en sa présence, et que, quand cela arriverait, un peu d'effronterie, aidée des préjugés des maîtres, les tirerait d'affaire aisément.

J'ai supposé, comme vous, ceux qui traitent avec lui, tous sincères et de bonne foi; mais si l'on cherchait à le tromper pour le prendre en faute, quelle facilité sa vivacité, son étourderie, ses distractions, sa mauvaise mémoire, ne donneraient-elles pas pour cela!

D'autres causes encore ont pu concourir à ces faux jugements. Cet homme a donné à vos messieurs, par ses *Confessions*, qu'ils appellent ses Mémoires, une prise sur lui qu'ils n'ont eu garde de négliger. Cette lecture qu'il a prodiguée à tant de gens, mais dont si peu d'hommes étaient capables, et dont bien moins encore étaient dignes, a initié le public dans toutes ses faiblesses, dans toutes ses fautes les plus secrètes. L'espoir que ces *Confessions* ne seraient vues qu'après sa mort lui avait donné le courage de tout dire et de se traiter avec une justice souvent même trop rigoureuse. Quand il se vit défiguré parmi les hommes, au point d'y passer pour un monstre, la conscience, qui lui faisait sentir en lui plus de bien que de mal, lui donna le courage que lui seul peut-être eut, et aura jamais, de se montrer tel qu'il était; il crut qu'en manifestant à plein l'intérieur de son âme, et révélant ses *Confessions*, l'explication si franche, si simple, si naturelle, de tout ce qu'on a pu trouver de bizarre dans sa conduite, portant avec elle son propre témoignage, ferait sentir la vérité de ses déclarations, et la fausseté des idées horribles et fantastiques qu'il voyait répandre de lui, sans en pouvoir découvrir la source. Bien loin de soupçonner alors vos messieurs, la confiance en eux de cet homme si défiant alla, non-seulement jusqu'à leur lire cette histoire de son âme, mais jusqu'à leur en laisser le dépôt assez longtemps. L'usage qu'ils ont fait de cette imprudence a été d'en tirer parti pour diffamer celui qui l'avait commise; et le plus sacré dépôt de l'amitié est devenu, dans leurs mains, l'instrument de la trahison. Ils ont travesti ses défauts en vices, ses fautes en crimes, les faiblesses de sa jeunesse en noirceurs de son âge mûr; ils ont dénaturé les effets, quelquefois ridicules, de tout ce que la nature a mis d'aimable et de bon dans son âme, et ce qui n'est que des singularités d'un tempérament ardent, retenu par un naturel timide, est devenu par leurs soins une horrible dépravation de cœur et de goût. Enfin, toutes leurs manières de procéder à son égard, et des allures dont le vent m'est parvenu, me portent à croire que pour décrier ses *Confessions*, après en avoir tiré contre lui tous les avantages possibles, ils ont intrigué, manœuvré, dans tous les lieux où il a vécu, et dont il leur a fourni les renseignements, pour défigurer toute sa vie, pour fabriquer avec art des mensonges, qui en donnent l'air à ses *Confessions*, et pour lui ôter le mérite de la franchise, même dans les aveux qu'il fait contre lui. Eh! puisqu'ils savent empoisonner ses écrits, qui sont sous les yeux de tout le monde, comment n'empoisonneraient-ils pas sa vie, que le public ne connaît que sur leur rapport?

L'*Héloïse* avait tourné sur lui les regards des femmes; elles avaient des droits assez naturels sur un homme qui décrivait ainsi l'amour; mais n'en connaissant guère que le physique, elles crurent qu'il n'y avait que des sens très vifs qui pussent inspirer des sentiments si tendres, et cela put leur donner de celui qui les exprimait plus grande opinion qu'il ne la méritait peut-être. Supposez cette opinion, portée chez quelques-unes jusqu'à la curiosité, et que cette curiosité ne fût pas assez tôt devinée ou satisfaite par celui qui en était l'objet, vous concevez aisément dans sa destinée les conséquences de cette balourdise.

Quant à l'accueil sec et dur qu'il fait aux quidams arrogants ou pleureux qui viennent à lui, j'en ai souvent été le témoin moi-même, et je conviens qu'en pareille situation cette conduite serait fort imprudente dans un hypocrite démasqué, qui, trop heureux qu'on voulût bien feindre de prendre le change, devrait se prêter, avec une dissimulation pareille, à cette feinte, et aux apparents ménagements qu'on ferait semblant d'avoir pour lui. Mais osez-vous reprocher à un homme d'honneur outragé de ne pas se conduire en coupable, et de n'avoir pas, dans ses infortunes, la lâcheté d'un vil scélérat? De quel œil voulez-vous qu'il envisage les perfides empressements des traîtres qui l'obsèdent, et qui, tout en affectant le plus pur zèle, n'ont en effet d'autre but que de l'enlacer de plus en plus dans les pièges de ceux qui les emploient? Il faudrait, pour les accueillir, qu'il fût en effet tel qu'ils le supposent; il faudrait, qu'aussi fourbe qu'eux, et feignant de ne les pas pénétrer, il leur rendît trahison pour trahison. Tout son crime est d'être aussi franc qu'ils sont faux: mais après tout, que leur importe qu'il les reçoive bien ou mal? Les signes les plus manifestes de son impatience ou de son dédain n'ont rien qui les rebute. Il les outragerait ouvertement qu'ils ne s'en iraient pas pour cela. Tous de concert laissant à sa porte les sentiments d'honneur qu'ils peuvent avoir, ne lui montrent qu'insensibilité, duplicité, lâcheté, perfidie, et sont auprès de lui comme il devrait être auprès d'eux, s'il était tel qu'ils le représentent; et comment voulez-vous qu'il leur montre une estime qu'ils ont pris si grand soin de ne lui pas laisser? Je conviens que le mépris d'un homme qu'on méprise soi-même est facile à supporter ; mais encore n'est-ce pas chez lui qu'il faut aller en chercher les marques. Malgré tout ce patelinage insidieux, pour peu qu'il croie apercevoir, au fond des âmes, des sentiments naturellement honnêtes, et quelques bonnes dispositions, il se laisse encore subjuguer. Je ris de sa simplicité, et je l'en fais rire lui-même. Il espère toujours qu'en le voyant tel qu'il est quelques-uns du moins n'auront plus le courage de le haïr, et croit, à force de franchise, toucher enfin ces cœurs de bronze. Vous concevez comment cela lui réussit; il le voit lui-même, et, après tant de tristes expériences, il doit enfin savoir à quoi s'en tenir.

Si vous eussiez fait une fois les réflexions que la raison suggère, et les perquisitions que la justice exige, avant de juger si sévèrement un infortuné, vous auriez senti que dans une situation pareille à la sienne, et victime d'aussi détestables complots, il ne peut plus, il ne doit plus du moins se livrer, pour ce qui l'entoure, à ses penchants naturels, dont vos messieurs se sont servis si longtemps et avec tant de succès pour le prendre dans leurs filets. Il ne peut plus, sans s'y précipiter lui-même, agir en rien dans la simplicité de son cœur. Ainsi ce n'est plus sur ses œuvres présentes qu'il faut le juger, même quand on pourrait en avoir le narré fidèle. Il faut rétrograder vers le temps ou rien ne l'empêchait d'être lui-même, ou bien le pénétrer plus intimement, *intus et in cute*, pour y lire immédiatement les véritables dispositions de son âme, que tant de malheurs n'ont pu aigrir. En le suivant dans les temps heureux de sa vie, et dans ceux même où, déjà la proie de vos messieurs, il ne s'en doutait pas encore, vous eussiez trouvé l'homme bienfaisant et doux qu'il était et passait pour être avant qu'on l'eût défiguré. Dans tous les lieux où il a vécu jadis, dans les habitations où on lui a laissé faire assez de séjour pour y laisser les traces de son caractère, les regrets des habitants l'ont toujours suivi dans sa retraite; et seul peut-être de tous les étrangers qui vécurent jamais en Angleterre, il a vu le peuple de Wootton pleurer à son départ. Mais vos dames et vos messieurs ont pris un tel soin d'effacer toutes ces traces, que c'est seulement tandis qu'elles étaient encore fraîches qu'on a pu les distinguer. Montmorency, plus près de nous, offre un exemple frappant de ces différences. Grâce à des personnes que je ne veux pas nommer, et aux oratoriens devenus, je ne sais comment, les plus ardents satellites de la ligue, vous n'y retrouverez plus aucun vestige de l'attachement, et j'ose dire de la vénération qu'on y eut jadis pour Jean-Jacques, et tant qu'il y vécut, et après qu'il en fut parti : mais les traditions du moins en restent encore dans la mémoire des honnêtes gens qui fréquentaient alors ce pays-là.

Dans ces épanchements auxquels il aime encore à se livrer, et souvent avec plus de plaisir que de prudence, il m'a quelquefois confié ses peines, et j'ai vu que la patience avec laquelle il les supporte n'ôtait rien à l'impression qu'elles font sur son cœur. Celles que le temps adoucit le moins se réduisent à deux principales, qu'il compte sur les seuls vrais maux que lui aient faits ses ennemis. La première est de lui avoir ôté la douceur d'être utile aux hommes, et secourable aux malheureux, soit en lui en ôtant les moyens, soit en ne laissant plus approcher de lui, sous ce passeport, que des fourbes qui ne cherchent à l'intéresser pour eux qu'afin de s'insinuer dans sa confiance, l'épier et le trahir. La façon dont ils se présentent, le ton qu'ils prennent en lui parlant, les fades louanges qu'ils lui donnent, le patelinage qu'ils y joignent, le fiel qu'ils ne peuvent s'abstenir d'y mêler, tout décèle en eux de petits histrions grimaciers qui ne savent ou ne daignent pas mieux jouer leur rôle. Les lettres qu'il reçoit ne sont, avec des lieux communs de collége, et des leçons bien magistrales sur ses devoirs envers ceux qui les écrivent, que de sottes déclamations contre les grands et les riches, par lesquelles on croit bien le leurrer ; d'amers sarcasmes sur tous les états ; d'aigres reproches à la fortune, de priver un grand homme comme l'auteur de la lettre, et, par compagnie, l'autre grand homme à qui elle s'adresse, des honneurs et des biens qui leur étaient dus, pour les prodiguer aux indignes ; des preuves tirées de là, qu'il n'existe point de Providence ; de pathétiques déclarations de la prompte assistance dont on a besoin, suivies de fières protestations de n'en vouloir néanmoins aucune. Le tout finit d'ordinaire par la confidence de la ferme résolution où l'on est de se tuer, et par l'avis que cette résolution sera mise en exécution *sonica* si l'on ne reçoit bien vite une réponse satisfaisante à la lettre.

Après avoir été plusieurs fois très sottement la dupe de ces menaçants suicides, il a fini par se moquer, et d'eux, et de sa propre bêtise. Mais quand ils n'ont plus trouvé la facilité de s'introduire avec ce pathos, ils ont bientôt repris leur allure naturelle, et substitué, pour forcer sa porte, la férocité des tigres à la flexibilité des serpents. Il faut avoir vu les assauts que sa femme est forcée de soutenir sans cesse, les injures et les outrages qu'elle essuie journellement de tous ces humbles admirateurs, de tous ces vertueux infortunés, à la moindre résistance qu'ils trouvent, pour juger du motif qui les amène, et des gens qui les envoient. Croyez-vous qu'il ait tort d'éconduire toute cette canaille, et de ne vouloir pas s'en laisser subjuguer ? Il lui faudrait vingt ans d'application pour lire seulement tous les manuscrits qu'on le vient prier de revoir, de corriger, de refondre, car son temps et sa peine ne coûtent rien à vos messieurs (1) ; il lui faudrait dix mains et dix secrétaires pour écrire les requêtes, placets, lettres, mémoires, compliments, vers, bouquets, dont on vient à l'envi le charger, vu la grande éloquence de sa plume, et la grande bonté de son cœur ; car c'est toujours là l'ordinaire refrain de ces personnages sincères. Au mot d'humanité, qu'ont appris à bourdonner autour de lui des essaims de guêpes, elles prétendent le cribler de leurs aiguillons bien à leur aise, sans qu'il ose s'y dérober, et tout ce qui lui peut arriver de plus heu-

---

(1) Je dois pourtant rendre justice à ceux qui m'offrent de payer mes peines, et qui sont en assez grand nombre. Au moment même où j'écris ceci, une dame de province vient de me proposer douze francs, en attendant mieux, pour lui écrire une belle lettre à un prince. C'est dommage que je ne me sois pas avisé de lever boutique sous les charniers des Innocents ; j'y aurais pu faire assez bien mes affaires.

reux est de s'en délivrer avec de l'argent, dont ils le remercient ensuite par des injures.

Après avoir tant réchauffé de serpents dans son sein, il s'est enfin déterminé, par une réflexion très simple, à se conduire comme il fait avec tous ces nouveaux venus. A force de bontés et de soins généreux, vos messieurs, parvenus à le rendre exécrable à tout le monde, ne lui ont plus laissé l'es-

Il lui faudrait vingt ans d'application pour lire seulement tous les manuscrits qu'on le vient prier de revoir, de corriger. — Page 159.

time de personne. Tout homme ayant de la droiture et de l'honneur ne peut plus qu'abhorrer et fuir un être aussi défiguré; nul homme sensé n'en peut rien espérer de bon. Dans cet état, que peut-il donc penser de ceux qui s'adressent à lui par préférence, le recherchent, le comblent d'éloges, lui demandent, ou des services, ou son amitié; qui, dans l'opinion qu'ils ont de lui, désirent néanmoins d'être liés ou redevables au dernier des scélérats? Peuvent-ils même ignorer que, loin qu'il ait ni crédit, ni pouvoir, ni faveur auprès de personne, l'intérêt qu'il pourrait prendre à eux ne ferait que leur nuire aussi bien qu'à lui, que tout l'effet de sa recommandation serait, ou de les perdre s'ils avaient eu recours à lui de bonne foi, ou d'en faire de nouveaux traîtres destinés à l'enlacer par ses propres bienfaits? En toute supposition possible, avec les jugements portés de lui dans le monde, quiconque ne laisse pas de recourir à lui, n'est-il pas lui-même un homme jugé? et quel honnête homme peut prendre intérêt à de pareils misérables? S'ils n'étaient pas des fourbes, ne seraient-ils pas toujours des infâmes; et qui peut implorer des bienfaits d'un homme qu'il méprise n'est-il pas lui-même encore plus méprisable que lui?

Si tous ces empressés ne venaient que pour voir et chercher ce qui est, sans doute il aurait tort de les éconduire; mais pas un seul n'a cet objet, et il faudrait bien peu connaître les hommes et la situation de Jean-Jacques pour espérer de tous ces gens-là ni vérité ni fidélité. Ceux qui sont payés veulent gagner leur argent, et ils savent bien qu'ils n'ont qu'un seul moyen pour cela, qui est de dire, non ce qui est, mais ce qui plaît, et qu'ils seraient mal venus à dire du bien de lui. Ceux qui l'épient de leur propre mouvement, mus par leur passion, ne verront jamais que ce qui la flatte; aucun ne vient pour voir ce qu'il voit, mais pour l'interpréter à sa mode. Le blanc et le noir, le pour et le contre, leur servent également. Donne-t-il l'aumône, ah! le caffard! La refuse-t-il, voilà cet homme si charitable! S'il s'enflamme en parlant de la vertu, c'est un tartufe; s'il s'anime en parlant de l'amour, c'est un satyre; s'il lit la gazette (1), il médite une conspiration; s'il cueille une rose, on cherche quel poison la rose contient. Trouvez à un homme ainsi vu quelque propos qui soit innocent, quelque action qui ne soit pas un crime, je vous en défie.

Si l'administration publique elle-même eût été moins prévenue ou de bonne foi, la constante uniformité de sa vie, égale et simple, l'eût bientôt désabusée; elle aurait compris qu'elle ne verrait jamais que les mêmes choses, et que c'était bien perdre son argent, son temps et ses peines, que d'espionner un homme qui vivait ainsi. Mais comme ce n'est pas la vérité qu'on cherche, qu'on ne veut que noircir la victime, et qu'au lieu d'étudier son caractère on ne veut que le diffamer, peu importe qu'il se conduise bien ou mal, et qu'il soit innocent ou coupable. Tout ce qui importe est d'être assez au fait de sa conduite pour avoir des points fixes sur lesquels on puisse appuyer le système d'imposture dont il est l'objet, sans s'exposer à être convaincu de mensonge, et voilà à quoi l'espionnage est uniquement destiné. Si vous me reprochez ici de rendre à ses accusateurs les imputations dont ils le chargent, j'en conviendrai sans peine, mais avec cette différence qu'en parlant d'eux Rousseau ne s'en cache pas. Je ne pense même, et ne dis tout ceci qu'avec la plus grande

(1) A la grande satisfaction de mes très inquiets patrons, je renonce à cette triste lecture, devenue indifférente à un homme qu'on a rendu tout-à-fait étranger sur la terre. Je n'y ai plus ni patrie, ni frères. Habitée par des êtres qui ne me sont rien, elle est pour moi comme une autre sphère; et je suis aussi peu curieux désormais d'apprendre ce qui se fait dans le monde que ce qui se passe à Bicêtre ou aux Petites-Maisons.

répugnance. Je voudrais de tout mon cœur pouvoir croire que le gouvernement est à son égard dans l'erreur de bonne foi, mais c'est ce qui m'est impossible. Quand je n'aurais nulle autre preuve du contraire, la méthode qu'on suit avec lui m'en fournirait une invincible. Ce n'est point aux méchants qu'on fait toutes ces choses-là, ce sont eux qui les font aux autres.

Pesez la conséquence qui suit de là. Si l'administration, si la police elle-même trempe dans le complot pour abuser le public sur le compte de Jean-Jacques, quel homme au monde, quelque sage qu'il puisse être, pourra se garantir de l'erreur à son égard?

Que de raisons nous font sentir que, dans l'étrange position de cet homme infortuné, personne ne peut plus juger de lui avec certitude, ni sur le rapport d'autrui, ni sur aucune espèce de preuve! Il ne suffit pas même de voir, il faut vérifier, comparer, approfondir tout par soi-même, ou s'abstenir de juger. Ici, par exemple, il est clair comme le jour qu'à s'en tenir au témoignage des autres le reproche de dureté et d'incommisération, mérité ou non, lui serait toujours également inévitable : car, supposé un moment qu'il remplît de toutes ses forces les devoirs d'humanité, de charité, de bienfaisance, dont tout homme est sans cesse entouré, qui est-ce qui lui rendrait dans le public la justice de les avoir remplis? Ce ne serait pas lui-même; à moins qu'il n'y mît cette ostentation philosophique qui gâte l'œuvre par le motif. Ce ne serait pas ceux envers qui il les aurait remplis, qui deviennent, sitôt qu'ils l'approchent, ministres et créatures de vos messieurs; ce serait encore moins vos messieurs eux-mêmes, non moins zélés à cacher le bien qu'il pourrait chercher à faire, qu'à publier à grand bruit celui qu'ils disent lui faire en secret. En lui faisant des devoirs à leur mode pour le blâmer de ne les pas remplir, ils tairaient les véritables qu'il aurait remplis de tout son cœur, et lui feraient le même reproche avec le même succès; ce reproche ne prouve donc rien. Je remarque seulement qu'il était bienfaisant et bon, quand, livré sans gêne à son naturel, il suivait en toute liberté ses penchants; et maintenant qu'il se sent entravé de mille pièges, entouré d'espions, de mouches, de surveillants; maintenant qu'il sait ne pas dire un mot qui ne soit recueilli, ne pas faire un mouvement qui ne soit noté, c'est ce temps qu'il choisit pour lever le masque de l'hypocrisie, et se livrer à cette dureté tardive, à tous ces petits larcins de bandits dont l'accuse aujourd'hui le public! Convenez que voilà un hypocrite bien bête, et un trompeur bien maladroit. Quand je n'aurais rien vu par moi-même, cette seule réflexion me rendrait suspecte la réputation qu'on lui donne à présent. Il en est de tout ceci comme des revenus qu'on lui prodigue avec tant de magnificence. Ne faudrait-il pas dans sa position qu'il fût plus qu'imbécile, pour tenter, s'ils étaient réels, d'en dérober un moment la connaissance au public?

Ces réflexions sur les friponneries qu'il s'est mis à faire, et sur les bonnes œuvres qu'il ne fait plus, peuvent s'étendre aux livres qu'il fait et publie encore, et dont il se cache si heureusement, que tout le monde, aussitôt qu'ils paraissent, est instruit qu'il en est l'auteur. Quoi! monsieur, ce mortel si ombrageux, si farouche, qui voit à peine approcher de lui un seul homme qu'il ne sache ou ne croie être un traître; qui sait ou qui croit que le vigilant magistrat chargé des deux départements de la police et de la librairie le tient enlacé dans d'inextricables filets, ne laisse pas d'aller barbouillant éternellement des livres à la douzaine, et de les confier sans crainte au tiers et au quart pour les faire imprimer en grand secret? Ces livres s'impriment, se publient, se débitent hautement sous son nom, même avec une affectation ridicule, comme s'il avait peur de n'être pas connu; et mon butor, sans voir, sans soupçonner même cette manœuvre si publique, sans jamais croire être découvert, va toujours prudemment son train, toujours barbouillant, toujours imprimant, toujours se confiant à des confidents si discrets, et toujours ignorant qu'ils se moquent de lui! Que de stupidité pour tant de finesse! que de confiance pour un homme aussi soupçonneux! Tout cela vous paraît-il donc si bien arrangé, si naturel, si croyable? Pour moi je n'ai vu dans Jean-Jacques aucun de ces deux extrêmes. Il n'est pas aussi fin que vos messieurs, mais il n'est pas non plus aussi bête que le public, et ne se paierait pas comme lui de pareilles bourdes. Quand un libraire vient en grand appareil s'établir à sa porte, que d'autres lui écrivent des lettres bien amicales, lui proposent de belles éditions, affectent d'avoir avec lui des relations bien étroites, il n'ignore pas que ce voisinage, ces visites, ces lettres lui viennent de plus loin; et tandis que tant de gens se tourmentent à lui faire des livres dont le dernier cuistre rougirait d'être l'auteur, il pleure amèrement les dix ans de sa vie employés à en faire d'un peu moins plats.

Voilà, monsieur, les raisons qui l'ont forcé de changer de conduite avec ceux qui l'approchent, et de résister aux penchants de son cœur, pour ne pas s'enlacer lui-même dans les pièges tendus autour de lui. J'ajoute à cela que son naturel timide et son goût éloigné de toute ostentation ne sont pas propres à mettre en évidence son penchant à faire du bien, et peuvent même, dans une situation si triste, l'arrêter quand il aurait l'air de se mettre en scène. Je l'ai vu, dans un quartier très vivant de Paris, s'abstenir malgré lui d'une bonne œuvre qui se présentait, ne pouvant se résoudre à fixer sur lui les regards malveillants de deux cents personnes; et, dans un quartier peu éloigné, mais moins fréquenté, je l'ai vu se conduire différemment dans une occasion pareille. Cette mauvaise honte ou cette blâmable fierté me semble bien naturelle à un infortuné sûr d'avance que tout ce qu'il pourra faire de bien sera mal interprété. Il vaudrait mieux sans doute braver l'injustice du public : mais avec une âme haute et un naturel timide, qui peut se résoudre, en faisant une bonne action qu'on accusera d'hypocrisie, de lire dans les yeux des spectateurs l'indigne jugement qu'ils en portent? Dans une pareille situation, celui qui voudrait faire encore du bien s'en cacherait comme d'une mauvaise œuvre, et ce ne serait pas ce secret-là qu'on irait épiant pour le publier.

Quant à la seconde et la plus sensible des peines que lui ont faites les barbares qui le tourmentent, il la dévore en secret, elle reste en réserve au fond de son cœur, il ne s'en est ouvert à personne, et je ne la saurais pas moi-même s'il eût pu me la cacher. C'est par elle que, lui ôtant toutes les consolations qui restaient à sa portée, ils lui ont rendu la vie à charge, autant qu'elle peut l'être à un innocent. A juger du vrai but de vos messieurs pour toute leur conduite à son égard, ce but paraît être de l'amener par degrés, et toujours sans qu'il y paraisse, jusqu'au plus violent désespoir, et, sous l'air de l'intérêt et de la commisération, de le contraindre, à force de secrètes angoisses, à finir par les délivrer de lui. Jamais, tant qu'il vivra, ils ne seront, malgré toute leur vigilance, sans inquiétude de se voir découverts. Malgré la triple enceinte de ténèbres qu'ils renforcent sans cesse autour de lui, toujours ils trembleront qu'un trait de lumière ne perce par quelque fissure, et n'éclaire leurs travaux souterrains. Ils espèrent, quand il n'y sera plus, jouir plus tranquillement de leur œuvre; mais ils se sont abstenus jusqu'ici de disposer tout-à-fait de lui, soit qu'ils craignent de ne pouvoir tenir cet attentat aussi caché que les autres, soit qu'ils se fassent encore un scrupule d'opérer par eux-mêmes l'acte auquel il ne s'en font aucun de le forcer, soit enfin qu'attachés au plaisir de le tourmenter encore ils aiment mieux attendre de sa main la preuve complète de sa misère. Quel que soit leur vrai motif, ils ont pris tous les moyens possibles pour le rendre, à force de déchirements, le ministre de la haine dont il est l'objet. Ils se sont singulièrement appliqués à le navrer de profondes et continuelles blessures, par tous les endroits sensibles de son cœur. Ils savaient combien il était ardent et sincère dans tous ses attachements; ils se sont appliqués sans relâche à ne lui pas laisser un seul ami. Ils savaient que, sensible à l'honneur et à l'estime des honnêtes gens, il faisait un cas très médiocre de la réputation qu'on n'acquiert que par des talents; ils ont affecté de prôner les siens, en couvrant d'opprobre son caractère. Ils ont vanté son esprit pour déshonorer son cœur. Ils le connaissaient ouvert et franc jusqu'à l'imprudence, détestant le mystère et la fausseté; ils l'ont entouré de trahisons, de mensonges, de ténèbres, de duplicité. Ils savaient combien il chérissait sa patrie; ils n'ont rien épargné pour l'y rendre méprisable, et pour l'y faire haïr. Ils connaissaient son dédain pour le métier d'auteur, combien il déplorait le court temps de sa vie qu'il perdit à ce triste métier, et parmi les brigands qui l'exercent; ils lui font incessamment barbouiller des livres, et ils ont grand soin que ces livres, très dignes des plumes dont ils sortent, déshonorent le nom qu'ils leur font porter. Ils l'ont fait abhorrer du peuple dont il déplore la misère, des bons dont il honora les vertus, des femmes dont il fut idolâtre, de tous ceux dont la haine pouvait le plus l'affliger. A force d'outrages sanglants, mais tacites, à force d'attroupements, de chuchotements de ricanements, de regards cruels et farouches, ou insultants et moqueurs, ils sont parvenus à le chasser de toute assemblée, de tout spectacle, des cafés, des promenades publiques : leur projet est de le chasser enfin des rues, de le renfermer chez lui, de l'y tenir investi par leurs satellites, et de lui rendre enfin la vie si douloureuse qu'il ne la puisse plus endurer. En un mot, en lui portant à la fois toutes les atteintes qu'ils savaient lui être les plus sensibles, sans qu'il puisse en parer aucune, et ne lui laissant qu'un seul moyen de s'y dérober, il est clair qu'ils l'ont voulu forcer à le prendre. Mais ils ont tout calculé sans doute, hors la ressource de l'innocence et de la résignation. Malgré l'âge et l'adversité, sa santé s'est raffermie et se maintient : le calme de son âme semble le rajeunir; et, quoiqu'il ne lui reste plus d'espérance parmi les hommes, il ne fut jamais plus loin du désespoir.

J'ai jeté sur vos objections et vos doutes l'éclaircissement qui dépendait de moi. Cet éclaircissement, je le répète, n'en peut dissiper l'obscurité, même à mes yeux; car la réunion de toutes ces causes est trop au-dessous de l'effet, pour qu'il n'ait pas quelque autre cause encore plus puissante, qu'il m'est impossible d'imaginer. Mais je ne trouverais rien du tout à vous répondre, que je n'en resterais pas moins dans mon sentiment, non par un entêtement ridicule, mais parce que j'y vois moins d'intermédiaires entre moi et le personnage jugé, et que, de tous les yeux auxquels il faut que je m'en rapporte, ceux dont j'ai le moins à me défier sont les miens. On nous prouve, j'en conviens, des choses que je n'ai pu vérifier, et qui me tiendraient peut-être encore en doute, si l'on me prouvait, tout aussi bien, beaucoup d'autres choses que je sais très certainement être fausses; et quelle autorité peut rester pour être crus en aucune chose à ceux qui savent donner au mensonge tous les signes de la vérité? Au reste, souvenez-vous que je ne prétends point ici que mon jugement fasse autorité pour vous; mais après les détails dans lesquels je viens d'entrer, vous ne sauriez blâmer qu'il la fasse pour moi, et quelque appareil de preuves qu'on m'étale en se cachant de l'accusé, tant qu'il ne sera pas convaincu en personne, et moi présent, d'être tel que l'ont peint vos messieurs, je me croirai bien fondé à le juger tel que je l'ai vu moi-même.

A présent que j'ai fait ce que vous avez désiré, il est temps de vous expliquer à votre tour, et de m'apprendre, d'après vos lectures, comment vous l'avez vu dans ses écrits.

Le Fr. Il est tard pour aujourd'hui; je pars demain pour la campagne : nous nous verrons à mon retour.

TROISIÈME DIALOGUE.

De l'esprit de ses livres. Conclusion.

Rousseau. Vous avez fait un long séjour en campagne.

Le François. Le temps ne m'y durait pas. Je le passais avec votre ami.

Rouss. Oh! s'il se pouvait qu'un jour il devînt le vôtre!

Le Fr. Vous jugerez de cette possibilité par l'effet de votre conseil. Je les ai lus enfin, ces livres si justement détestés.

Rouss. Monsieur!...

Le Fr. Je les ai lus, non pas assez encore pour les bien entendre, mais assez pour y avoir trouvé, nombré, recueilli, des crimes irrémissibles, qui n'ont pu manquer de faire de leur auteur le plus odieux de tous les monstres, et l'horreur du genre humain.

Rouss. Que dites-vous? Est-ce bien vous qui parlez, et faites-vous à votre tour des énigmes? De grâce, expliquez-vous promptement.

Le Fr. La liste que je vous présente vous servira de réponse et d'explication. En la lisant nul homme raisonnable ne sera surpris de la destinée de l'auteur.

Rouss. Voyons donc cette étrange liste.

Le Fr. La voilà. J'aurais pu la rendre aisément dix fois plus ample, surtout si j'y avais fait entrer les nombreux articles qui regardent le métier d'auteur et le corps des gens de lettres ; mais ils sont si connus qu'il suffit d'en donner un ou deux pour exemple. Dans ceux de toute espèce auxquels je me suis borné, et que j'ai notés sans ordre comme ils se sont présentés, je n'ai fait qu'extraire et transcrire fidèlement les passages. Vous jugerez vous-même des effets qu'ils ont dû produire, et des qualifications que dut espérer leur auteur sitôt qu'on put l'en charger impunément.

EXTRAITS.

LES GENS DE LETTRES.

1. « Qui est-ce qui nie que les savants sachent mille choses vraies, que les ignorants ne sauront jamais? Les savants sont-ils pour cela plus près de la vérité? Tout au contraire, ils s'en éloignent en avançant, parce que, la vanité de juger faisant encore plus de progrès que les lumières, chaque vérité qu'ils apprennent ne vient qu'avec cent jugements faux. Il est de la dernière évidence que les compagnies savantes de l'Europe ne sont que des écoles publiques de mensonge ; et très sûrement il y a plus d'erreur dans l'académie des sciences, que dans tout un peuple de Hurons. » (*Emile*, liv. III.)

2. « Tel fait aujourd'hui l'esprit fort et le philosophe, qui, par la même raison, n'eût été qu'un fanatique du temps de la ligue. » (*Préface du Discours sur les Sciences.*)

3. « Les hommes ne doivent point être instruits à demi. S'ils doivent rester dans l'erreur, que ne les laissez-vous dans l'ignorance ? A quoi bon tant d'écoles et d'universités pour ne leur apprendre rien de ce qui leur importe à savoir? Quel est donc l'objet de vos collèges, de vos académies, de toutes vos fondations savantes ? Est-ce de donner le change au peuple, d'altérer sa raison d'avance, et de l'empêcher d'aller au vrai? Professeurs de mensonge, c'est pour l'égarer que vous feignez de l'instruire, et, comme ces brigands qui mettent des fanaux sur les écueils, vous l'éclairez pour le perdre. » (*Lettre à M. de Beaumont.*)

4. « On lisait ces mots gravés sur un marbre aux Thermopyles : « Passant, « va dire à Sparte que nous sommes morts ici pour obéir à ses saintes lois. » On voit bien que ce n'est pas l'Académie des Inscriptions qui a composé celle-là. » (*Emile*, liv. IV.)

LES MÉDECINS.

5. « Un corps débile affaiblit l'âme. De là l'empire de la médecine ; art plus pernicieux aux hommes que tous les maux qu'il prétend guérir. Je ne sais pour moi de quelle maladie nous guérissent les médecins ; mais je sais qu'ils

nous en donnent de bien funestes : la lâcheté, la pusillanimité, la terreur de la mort; s'ils guérissent le corps, ils tuent le courage. Que nous importe qu'ils fassent marcher des cadavres? Ce sont des hommes qu'il nous faut, et l'on n'en voit point sortir de leurs mains.

« La médecine est à la mode parmi nous ; elle doit l'être. C'est l'amusement des gens oisifs et désœuvrés, qui, ne sachant que faire de leur temps, le passent à se conserver. S'ils avaient eu le malheur de naître immortels, ils seraient les plus misérables des êtres. Une vie qu'ils n'auraient jamais peur de perdre ne serait pour eux d'aucun prix. Il faut à ces gens-là des médecins qui les menacent pour les flatter, et qui leur donnent chaque jour le seul plaisir dont ils soient susceptibles, celui de n'être pas morts.

« Je n'ai nul dessein de m'étendre ici sur la vanité de la médecine. Mon objet n'est que de la considérer par le côté moral. Je ne puis pourtant m'empêcher d'observer que les hommes font sur son usage les mêmes sophismes que sur la recherche de la vérité : ils supposent toujours qu'en traitant un malade on le guérit, et qu'en cherchant une vérité on la trouve. Ils ne voient pas qu'il faut balancer l'avantage d'une guérison que le médecin opère par la mort de cent malades qu'il a tués, et l'utilité d'une vérité découverte par le tort que font les erreurs qui passent en même temps. La science qui instruit, et la médecine qui guérit, sont fort bonnes sans doute; mais la science qui trompe, et la médecine qui tue, sont mauvaises. Apprenez-nous donc à les distinguer. Voilà le nœud de la question. Si nous savions ignorer la vérité, nous ne serions jamais les dupes du mensonge; si nous savions ne vouloir pas guérir malgré la nature, nous ne mourrions jamais par la main du médecin. Ces deux abstinences seraient sages; on gagnerait évidemment à s'y soumettre. Je ne dispute donc pas que la médecine ne soit utile à quelques hommes, mais je dis qu'elle est funeste au genre humain.

« On me dira, comme on fait sans cesse, que les fautes sont du médecin, mais que la médecine en elle-même est infaillible. A la bonne heure; mais qu'elle vienne donc sans le médecin; car, tant qu'ils viendront ensemble, il y aura cent fois plus à craindre des erreurs de l'artiste, qu'à espérer du secours de l'art. » (*Emile*, liv. I.)

6. « Vis selon la nature, sois patient, et chasse les médecins. Tu n'éviteras pas la mort, mais tu ne la sentiras qu'une fois, au lieu qu'ils la portent chaque jour dans ton imagination troublée, et que leur art mensonger, au lieu de prolonger tes jours, t'en ôte la jouissance. Je demanderai toujours quel vrai bien cet art a fait aux hommes. Quelques-uns de ceux qu'il guérit mourraient, il est vrai, mais des millions qu'il tue resteraient en vie. Homme sensé, ne mets point à cette loterie, où trop de chances sont contre toi. Souffre, meurs ou guéris, mais surtout vis jusqu'à ta dernière heure. » (*Emile*, liv. II.)

7. « Inoculerons-nous notre élève? Oui et non, selon l'occasion, les temps, les lieux, les circonstances. Si on lui donne la petite-vérole, on aura l'avantage de prévoir et connaître son mal d'avance; c'est quelque chose; mais s'il la prend naturellement, nous l'aurons préservé du médecin; c'est encore plus. » (*Emile*, liv. II.)

8. « S'agit-il de chercher une nourrice, on la fait choisir par l'accoucheur. Qu'arrive-t-il de là? que la meilleure est toujours celle qui l'a le mieux payé.

Je n'irai donc point consulter un accoucheur pour celle d'Émile; j'aurai soin de la choisir moi-même. Je ne raisonnerai pas là-dessus si disertement qu'un chirurgien, mais à coup sûr je serai de meilleure foi, et mon zèle me trompera moins que son avarice. » (*Emile*, liv. I.)

LES ROIS, LES GRANDS, LES RICHES.

9. « Nous étions faits pour être hommes, les lois et la société nous ont replongés dans l'enfance. Les riches, les grands, les rois, sont tous des enfants, qui, voyant qu'on s'empresse à soulager leur misère, tirent de cela même une vanité puérile, et sont tout fiers de soins qu'on ne leur rendrait pas s'ils étaient hommes faits. (*Emile*, liv. II.)

10. « C'est ainsi qu'il dut venir un temps où les yeux du peuple furent fascinés à tel point, que ses conducteurs n'avaient qu'à dire au plus petit des hommes : Sois grand, toi et toute ta race; aussitôt il paraissait grand à tout le monde ainsi qu'à ses propres yeux, et ses descendants s'élevaient encore à mesure qu'ils s'éloignaient de lui; plus la cause était reculée et incertaine, plus l'effet l'augmentait; plus on pouvait compter de fainéants dans une famille, et plus elle devenait illustre. » (*Disc. sur l'Inégalité.*)

11. « Les peuples une fois accoutumés à des maîtres ne sont plus en état de s'en passer. S'ils tentent de secouer le joug, ils s'éloignent d'autant plus de la liberté, que, prenant pour elle une licence effrénée qui lui est opposée, leurs révolutions les livrent presque toujours à des séducteurs qui ne font qu'aggraver leurs chaînes. » (*Epître dédic. du Disc. sur l'Inégalité.*)

12. « Ce petit garçon que vous voyez là, disait Thémistocle à ses amis, est « l'arbitre de la Grèce; car il gouverne sa mère, sa mère me gouverne, je « gouverne les Athéniens, et les Athéniens gouvernent les Grecs. » Oh! quels petits conducteurs on trouverait souvent aux plus grands empires, si du prince on descendait par degré jusqu'à la première main qui donne le branle en secret ! » (*Emile*, liv. II.)

13. « Je me suppose riche. Il me faut donc des plaisirs exclusifs, des plaisirs destructifs; voici de tout autres affaires. Il me faut des terres, des bois, des gardes, des redevances, des honneurs seigneuriaux, surtout de l'encens et de l'eau bénite.

« Fort bien; mais cette terre aura des voisins jaloux de leurs droits, et désireux d'usurper ceux des autres ; nos gardes se chamailleront, et peut-être les maîtres; voilà des altercations, des querelles, des haines, des procès tout au moins; cela n'est déjà pas fort agréable. Mes vassaux ne verront point avec plaisir labourer leurs blés par mes lièvres, et leurs fèves par mes sangliers : chacun n'osant tuer l'ennemi qui détruit son travail voudra du moins le chasser de son champ : après avoir passé le jour à cultiver leurs terres, il faudra qu'ils passent la nuit à les garder, ils auront des mâtins, des tambours, des cornets, des sonnettes. Avec tout ce tintamarre ils troubleront mon sommeil. Je songerai malgré moi à la misère de ces pauvres gens, et ne pourrai m'empêcher de me la reprocher. Si j'avais l'honneur d'être prince, tout cela ne me toucherait guère; mais moi, nouveau parvenu, nouveau riche, j'aurai le cœur encore un peu roturier.

« Ce n'est pas tout : l'abondance du gibier tentera les chasseurs; j'aurai bientôt des braconniers à punir; il me faudra des prisons, des geôliers, des archers, des galères. Tout cela me paraît assez cruel. Les femmes de ces malheureux viendront assiéger ma porte et m'importuner de leurs cris, ou bien il faudra qu'on les chasse, qu'on les maltraite. Les pauvres gens qui n'auront point braconné, et dont mon gibier aura fourragé la récolte, viendront se plaindre de leur côté. Les uns seront punis pour avoir tué le gibier, les autres ruinés pour l'avoir épargné : quelle triste alternative! Je ne verrai de tous côtés qu'objets de misère, je n'entendrai que gémissements : cela doit troubler beaucoup, ce me semble, le plaisir de massacrer à son aise des foules de perdrix et de lièvres presque sous ses pieds.

« Voulez-vous dégager les plaisirs de leurs peines, ôtez-en l'exclusion...... Le plaisir n'est donc pas moindre, et l'inconvénient est ôté quand on n'a ni terre à garder, ni braconnier à punir, ni misérable à tourmenter. Voilà donc une solide raison de préférence. Quoi qu'on fasse, on ne tourmente point sans fin les hommes qu'on n'en reçoive aussi quelque malaise, et les longues malédictions du peuple rendent tôt ou tard le gibier amer. » (*Emile*, liv. IV.)

14. « Tous les avantages de la société ne sont-ils pas pour les puissants et les riches? Tous les emplois lucratifs ne sont-ils pas remplis par eux seuls? Toutes les grâces, toutes les exemptions ne leur sont-elles pas réservées, et l'autorité publique n'est-elle pas toute en leur faveur? Qu'un homme de considération vole ses créanciers ou fasse d'autres friponneries, n'est-il pas toujours sûr de l'impunité? Les coups de bâton qu'il distribue, les violences qu'il commet, les meurtres même et les assassinats dont il se rend coupable, ne sont-ce pas des affaires qu'on assoupit et dont au bout de six mois il n'est plus question ? Que ce même homme soit volé, toute la police est aussitôt en mouvement; et malheur aux innocents qu'il soupçonne! Passe-t-il dans un lieu dangereux, voilà les escortes en campagne; l'essieu de sa chaise vient-il à rompre, tout vole à son secours; fait-on du bruit à sa porte, il dit un mot, et tout se tait; la foule l'incommode-t-elle, il fait un signe et tout se range. Un charretier se trouve-t-il sur son passage, ses gens sont prêts à l'assommer; et cinquante honnêtes piétons, allant à leurs affaires, seraient plutôt écrasés qu'un faquin oisif retardé dans son équipage. Tous ces égards ne lui coûtent pas un sou; ils sont le droit de l'homme riche, et non le prix de la richesse. Que le tableau du pauvre est différent! plus l'humanité lui doit, plus la société lui refuse. Toutes les portes lui sont fermées, même quand il a le droit de les faire ouvrir; et, si quelquefois il obtient justice, c'est avec plus de peine qu'un autre n'obtiendrait grâce. S'il y a des corvées à faire, une milice à tirer, c'est à lui qu'on donne la préférence. Il porte toujours, outre sa charge, celle dont son voisin plus riche a le crédit de se faire exempter. Au moindre accident qui lui arrive, chacun s'éloigne de lui. Si sa pauvre charrette verse, loin d'être aidé par personne, je le tiens heureux s'il évite en passant les avanies des gens lestes d'un jeune duc. En un mot, toute assistance gratuite le fuit au besoin, précisément parce qu'il n'a pas de quoi payer; mais je le tiens pour un homme perdu s'il a le malheur d'avoir l'âme honnête, une fille aimable et un puissant voisin. » (*De l'Economie politique.*)

LES FEMMES.

15. « Femmes de Paris et de Londres, pardonnez-le-moi ; mais si une seule de vous a l'âme vraiment honnête, je n'entends rien à nos institutions. (*Emile*, liv. v.)

16. « Il jouit de l'estime publique, il la mérite. Avec cela, fût-il le dernier des hommes, encore ne faudrait-il pas balancer ; car il vaut mieux déroger à la noblesse qu'à la vertu ; et la femme d'un charbonnier est plus respectable que la maîtresse d'un prince. » (*Nouvelle Héloïse*, part. v, lettre XIII.)

LES ANGLAIS.

17. « Les choses ont changé depuis que j'écrivais ceci (en 1756), mais mon principe sera toujours vrai. Il est par exemple très aisé de prévoir que dans vingt ans d'ici (1) l'Angleterre avec toute sa gloire sera ruinée, et de plus aura perdu toute sa liberté. Tout le monde assure que l'agriculture fleurit dans cette île, et moi je parie qu'elle y dépérit. Londres s'agrandit tous les jours, donc le royaume se dépeuple. Les Anglais veulent être conquérants, donc ils ne tarderont pas d'être esclaves. » (*Projet de paix perpétuelle*. Note.

18. « Je sais que les Anglais vantent beaucoup leur humanité et le bon naturel de leur nation, qu'ils appellent *good natured people*. Mais ils ont beau crier cela tant qu'ils peuvent, personne ne le répète après eux. (*Emile*, liv. II. Note.)

Vous auriez trop à faire s'il fallait achever, et vous voyez que cela n'est pas nécessaire. Je savais que tous les états étaient maltraités dans les écrits de Jean-Jacques ; mais les voyant tous s'intéresser néanmoins si tendrement pour lui, j'étais fort éloigné de comprendre à quel point son crime envers chacun d'eux était irrémissible. Je l'ai compris durant ma lecture, et seulement en lisant ces articles vous devez sentir, comme moi, qu'un homme isolé et sans appui, qui, dans le siècle où nous sommes, ose ainsi parler de la médecine et des médecins, ne peut manquer d'être un empoisonneur ; que celui qui traite ainsi la philosophie moderne ne peut être qu'un abominable impie ; que celui qui paraît estimer si peu les femmes galantes et les maîtresses des princes, ne peut être qu'un monstre de débauche ; que celui qui ne croit pas à l'infaillibilité des livres à la mode, doit voir brûler les siens par la main du bourreau ; que celui qui, rebelle aux nouveaux oracles, ose continuer de croire en Dieu, doit être brûlé lui-même à l'inquisition philosophique, comme un hypocrite et un scélérat ; que celui qui ose réclamer les droits roturiers de la nature, pour ces canailles de paysans contre de si respectables droits de chasse, doit être traité des princes comme les bêtes fauves, qu'ils ne protégent que pour les tuer à leur aise et à leur mode. A l'égard de l'Angleterre, les deux derniers passages expliquent trop bien l'ar-

---

(1) Il est bon de remarquer que ceci fut écrit et publié en 1760, l'époque de la plus grande prospérité de l'Angleterre durant le ministère de M. Pitt, aujourd'hui lord Chatam.

deur des bons amis de Jean-Jacques à l'y envoyer, et celle de David Hume à l'y conduire, pour qu'on puisse douter de la bénignité des protecteurs, et de l'ingratitude du protégé dans toute cette affaire. Tous ces crimes irrémissibles, encore aggravés par les circonstances des temps et des lieux, prouvent qu'il n'y a rien d'étonnant dans le sort du coupable, et qu'il ne se soit bien attiré. Molière, je le sais, plaisantait les médecins; mais outre qu'il ne faisait que plaisanter, il ne les craignait point. Il avait de bons appuis : il était aimé de Louis XIV, et les médecins, qui n'avaient pas encore succédé aux directeurs dans le gouvernement des femmes, n'étaient pas alors versés, comme aujourd'hui, dans l'art des secrètes intrigues. Tout a bien changé pour eux ; et depuis vingt ans ils ont trop d'influence dans les affaires privées et publiques pour qu'il fût prudent, même à des gens en crédit, d'oser parler d'eux librement : jugez comme un Jean-Jacques y dut être bien venu ! Mais sans nous embarquer ici dans d'inutiles et dangereux détails, lisez seulement le dernier article de cette liste, il surpasse seul tous les autres.

19. « Mais s'il est difficile qu'un grand état soit bien gouverné, il l'est beaucoup plus qu'il soit bien gouverné par un seul homme ; et chacun sait ce qui arrive quand le roi se donne des substituts.

« Un défaut essentiel et inévitable qui mettra toujours le gouvernement monarchique au-dessous du républicain, est que dans celui-ci la voix publique n'élève presque jamais aux premières places que des hommes éclairés et capables qui les remplissent avec honneur ; au lieu que ceux qui parviennent dans les monarchies ne sont le plus souvent que de petits brouillons, de petits fripons, de petits intrigants à qui les petits talents, qui font parvenir dans les cours aux grandes places, ne servent qu'à montrer au public leur ineptie aussitôt qu'ils y sont parvenus. Le peuple se trompe bien moins sur ce choix que le prince ; et un homme d'un vrai mérite est presque aussi rare dans le ministère qu'un sot à la tête d'un gouvernement républicain. Aussi, quand, par quelque heureux hasard, un de ces hommes nés pour gouverner prend le timon des affaires dans une monarchie presque abîmée par ce tas de jolis régisseurs, on est tout surpris des ressources qu'il trouve, et cela fait époque dans un pays. » (*Contrat social*, liv. III, ch. VI.)

Je n'ajouterai rien sur ce dernier article : sa seule lecture vous a tout dit. Tenez, monsieur, il n'y a dans tout ceci qu'une chose qui m'étonne ; c'est qu'un étranger isolé, sans parents, sans appui, ne tenant à rien sur la terre, et voulant dire toutes ces choses-là, ait cru les pouvoir dire impunément.

Rouss. Voilà ce qu'il n'a point cru, je vous assure. Il a dû s'attendre aux cruelles vengeances de tous ceux qu'offense la vérité, et il s'y est attendu. Il savait que les grands, les visirs, les robins, les financiers, les médecins, les prêtres, les philosophes, et tous les gens de parti qui font de la société un vrai brigandage, ne lui pardonneraient jamais de les avoir vus et montrés tels qu'ils sont. Il a dû s'attendre à la haine, aux persécutions de toute espèce, non au déshonneur, à l'opprobre, à la diffamation. Il a dû s'attendre à vivre accablé de misères et d'infortunes, mais non d'infamie et de mépris. Il est, je le répète, des genres de malheurs auxquels il n'est pas même permis à un honnête homme d'être préparé, et ce sont ceux-là précisément qu'on a choisis pour l'en accabler. Comme ils l'ont pris au dépourvu, du premier choc il s'est laissé abattre, et ne s'est pas relevé sans peine; il lui a fallu du temps pour reprendre son courage et sa tranquillité. Pour les conserver toujours, il eût eu besoin d'une prévoyance qui n'était pas dans l'ordre des choses, non plus que le sort qu'on lui préparait. Non, monsieur, ne croyez point que la destinée dans laquelle il est enseveli soit le fruit naturel de son zèle à dire sans crainte tout ce qu'il crut être vrai, bon, salutaire, utile; elle a d'autres causes plus secrètes, plus fortuites, plus ridicules, qui ne tiennent en aucune sorte à ses écrits. C'est un plan médité de longue main, et même avant sa célébrité; c'est l'œuvre d'un génie infernal, mais profond, à l'école duquel le persécuteur de Job aurait pu beaucoup apprendre dans l'art de rendre un mortel malheureux. Si cet homme ne fût point né, Jean-Jacques, malgré l'audace de ses censures, eût vécu dans l'infortune et dans la gloire; et les maux dont on n'eût pas manqué de l'accabler, loin de l'avilir l'auraient illustré davantage. Non, jamais un projet aussi exécrable n'eût été inventé par ceux mêmes qui se sont livrés avec le plus d'ardeur à son exécution : c'est une justice que Jean-Jacques aime encore à rendre à la nation qui s'empresse à le couvrir d'approbres. Le complot s'est formé dans le sein de cette nation, mais il n'est pas venu d'elle. Les Français en sont les ardents exécuteurs. C'est trop, sans doute, mais du moins ils n'en sont pas les auteurs. Il a fallu pour l'être une noirceur méditée et réfléchie dont ils ne sont pas capables; au lieu qu'il ne faut pour en être les ministres qu'une animosité qui n'est qu'un effet fortuit de certaines circonstances et de leur penchant à s'engouer tant en mal qu'en bien.

LE FR. Quoi qu'il en soit de la cause et des auteurs du complot, l'effet n'en est plus étonnant pour quiconque a lu les écrits de Jean-Jacques. Les dures vérités qu'il a dites, quoique générales, sont de ces traits dont la blessure ne se ferme jamais dans les cœurs qui s'en sentent atteints. De tous ceux qui se font avec tant d'ostentation ses patrons et ses protecteurs, il n'y en a pas un sur qui quelqu'un de ces traits n'ait porté jusqu'au vif. De quelle trempe sont donc ces divines âmes dont les poignantes atteintes n'ont fait qu'exciter la bienveillance et l'amour, et, par le plus frappant de tous les prodiges, d'un scélérat, qu'elles devaient abhorrer, ont fait l'objet de leur plus tendre sollicitude?

Si c'est là de la vertu, elle est bizarre, mais elle est magnanime, et ne peut appartenir qu'à des âmes fort au-dessus des petites passions vulgaires; mais comment accorder des motifs si sublimes avec les indignes moyens employés par ceux qui s'en disent animés? Vous le savez, quelque prévenu, quelque irrité que je fusse contre Jean-Jacques, quelque mauvaise opinion que j'eusse de son caractère et de ses mœurs, je n'ai jamais pu goûter le système de nos messieurs, ni me résoudre à pratiquer leurs maximes. J'ai toujours trouvé autant de bassesse que de fausseté dans cette maligne ostentation de bienfaisance, qui n'avait pour but que d'en avilir l'objet. Il est vrai que, ne concevant aucun défaut à tant de preuves si claires, je ne doutais pas un moment que Jean-Jacques ne fût un détestable hypocrite et un monstre qui n'eût jamais dû naître; et, cela bien accordé, j'avoue qu'avec tant de facilité qu'ils disaient avoir à le confondre, j'admirais leur patience et leur douceur à se laisser provoquer par ses clameurs sans jamais s'en émouvoir, et sans autre effet que de l'enlacer de plus en plus dans leurs rets pour toute réponse.

Pouvant le convaincre si aisément, je voyais une héroïque modération à n'en rien faire, et même, en blâmant la méthode qu'ils voulaient suivre, je ne pouvais qu'admirer leur flegme stoïque à s'y tenir.

Vous ébranlâtes, dans nos premiers entretiens, la confiance que j'avais dans des preuves si fortes, quoique administrées avec tant de mystère. En y repensant depuis, je fus plus frappé de l'extrême soin qu'on prenait de les cacher à l'accusé que je ne l'avais été de leur force; et je commençais à trouver sophistiques et faibles les motifs qu'on alléguait de cette conduite. Ces doutes étaient augmentés par mes réflexions sur cette affectation d'intérêt et de bienveillance pour un pareil scélérat. La vertu peut ne faire haïr que le vice, mais il est impossible qu'elle fasse aimer le vicieux, et, pour s'obstiner à le laisser en liberté malgré les crimes qu'on le voit continuer de commettre, il faut certainement avoir quelque motif plus fort que la commisération naturelle et l'humanité, qui demanderaient même une conduite contraire. Vous m'aviez dit cela, je le sentais; et le zèle très singulier de nos messieurs pour l'impunité du coupable, ainsi que pour sa diffamation, me présentait des foules de contradictions et d'inconséquences qui commençaient à troubler ma première sécurité.

J'étais dans ces dispositions quand, sur les exhortations que vous m'aviez faites, commençant à parcourir les livres de Jean-Jacques, je tombai successivement sur les passages que j'ai transcrits, et dont je n'avais auparavant nulle idée; car, en me parlant de ses durs sarcasmes, nos messieurs m'avaient fait un secret de ceux qui les regardaient, et, à la manière dont ils s'intéressaient à l'auteur, je n'aurais jamais pensé qu'ils eussent des griefs particuliers contre lui. Cette découverte et le mystère qu'ils m'avaient fait, achevèrent de m'éclaircir sur leurs vrais motifs; toute ma confiance en eux s'évanouit, et je ne doutai plus que ce que sur leur parole j'avais pris pour bienfaisance et générosité ne fût l'ouvrage d'une animosité cruelle, masquée avec art par un extérieur de bonté.

Une autre réflexion renforçait les précédentes. De si sublimes vertus ne vont point seules. Elles ne sont que des branches de la vertu : je cherchais le tronc et ne le trouvais point. Comment nos messieurs, d'ailleurs si vains, si haineux, si rancuniers, s'avisaient-ils une seule fois en leur vie d'être humains, généreux, débonnaires, autrement qu'en paroles, et cela précisément pour le mortel, selon eux, le moins digne de cette commisération qu'ils lui prodiguaient malgré lui? Cette vertu si nouvelle et si déplacée eût dû m'être suspecte quand elle eût agi tout à découvert, sans déguisement, sans ténèbres : qu'en devais-je penser en la voyant s'enfoncer avec tant de soin dans des routes obscures et tortueuses, et surprendre en trahison celui qui en était l'objet, pour le charger malgré lui de leurs ignominieux bienfaits?

Plus, ajoutant ainsi mes propres observations aux réflexions que vous m'aviez fait faire, je méditais sur ce même sujet, plus je m'étonnais de l'aveuglement où j'avais été jusqu'alors sur le compte de nos messieurs; et ma confiance en eux s'évanouit au point de ne plus douter de leur fausseté. Mais la duplicité de leur manœuvre et l'adresse avec laquelle ils cachaient leurs vrais motifs n'ébranlèrent pas à mes yeux la certitude de leurs preuves. Je jugeai qu'ils exerçaient dans des vues injustes un acte de justice, et tout ce que je concluais de l'art avec lequel ils enlaçaient leur victime était qu'un méchant était en proie à d'autres méchants.

Ce qui m'avait confirmé dans cette opinion était celle où je vous avais vu vous-même que Jean-Jacques n'était point l'auteur des écrits qui portent son nom. La seule chose qui pût me faire bien penser de lui était ces mêmes écrits dont vous m'aviez fait un si bel éloge, et dont j'avais ouï quelquefois parler avantageusement par d'autres. Mais dès qu'il n'en était pas l'auteur il ne me restait aucune idée favorable qui pût balancer les horribles impressions que j'avais reçues sur son compte, et il n'était pas étonnant qu'un homme aussi abominable en toute chose fût assez impudent et assez vil pour s'attribuer les ouvrages d'autrui.

Telles furent à peu près les réflexions que je fis sur notre premier entretien, et sur la lecture éparse et rapide qui me désabusa sur le compte de nos messieurs. Je n'avais commencé cette lecture que par une espèce de complaisance pour l'intérêt que vous paraissiez y prendre. L'opinion où je continuais d'être que ces livres étaient d'un autre auteur ne me laissait guère pour leur lecture qu'un intérêt de curiosité.

Je n'allai pas loin sans y joindre un autre motif qui répondait mieux à vos vues. Je ne tardai pas à sentir en lisant ces livres qu'on m'avait trompé sur leur contenu, et que ce qu'on m'avait donné pour de fastueuses déclamations, ornées de beau langage, mais décousues et pleines de contradictions, étaient des choses profondément pensées et formant un système lié qui pouvait n'être pas vrai, mais qui n'offrait rien de contradictoire. Pour juger du vrai but de ces livres, je ne m'attachai pas à éplucher çà et là quelques phrases éparses et séparées; mais, me consultant moi-même et durant ces lectures et en les achevant, j'examinais, comme vous l'aviez désiré, dans quelles dispositions d'âme elles me mettaient et me laissaient, jugeant, comme vous, que c'était le meilleur moyen de pénétrer celle où était l'auteur en les écrivant, et l'effet qu'il s'était proposé de produire. Je n'ai pas besoin de vous dire qu'au lieu des mauvaises intentions qu'on lui avait prêtées, je n'y trouvai qu'une doctrine aussi saine que simple, qui, sans épicuréisme, et sans cafardage, ne tendait qu'au bonheur du genre humain. Je sentis qu'un homme bien plein de ces sentiments devait donner peu d'importance à la fortune et aux affaires de cette vie : j'aurais craint moi-même, en m'y livrant trop, de tomber bien plutôt dans l'incurie et le quiétisme, que de devenir factieux, turbulent et brouillon, comme on prétendait qu'était l'auteur et qu'il voulait rendre ses disciples.

S'il ne se fût agi que de cet auteur, j'aurais dès lors été désabusé sur le compte de Jean-Jacques; mais cette lecture, en me pénétrant pour l'un de l'estime la plus sincère, me laissait pour l'autre dans la même situation qu'auparavant, puisqu'en paraissant voir en eux deux hommes différents vous m'aviez inspiré autant de vénération pour l'un que je me sentais d'aversion pour l'autre. La seule chose qui résultât pour moi de cette lecture, comparée à ce que nos messieurs m'en avaient dit, était que, persuadés que ces livres étaient de Jean-Jacques, et les interprétant dans un tout autre esprit que celui dans lequel ils étaient écrits, ils m'en avaient imposé sur leur contenu. Ma lecture ne fit donc qu'achever ce qu'avait commencé notre entretien, savoir de m'ôter toute l'estime et la confiance qui m'avaient fait livrer aux impressions de la ligue, mais sans changer de sentiment sur l'homme qu'elle avait diffamé. Les livres qu'on m'avait dit être si dangereux n'étaient rien moins : ils inspiraient des sentiments tout contraires à ceux qu'on prêtait à leur auteur; mais si Jean-Jacques ne l'était pas, de quoi servaient-ils à sa justification? Le soin que vous m'aviez fait prendre était inutile pour me faire changer d'opinion sur son compte; et, restant dans celle que vous m'aviez donnée que ces livres étaient l'ouvrage d'un homme d'un tout autre caractère, je ne pouvais assez m'étonner que jusque-là vous eussiez été le premier et le seul à sentir qu'un cerveau nourri de pareilles idées était inalliable avec un cœur plein de noirceurs.

J'attendais avec empressement l'histoire de vos observations pour savoir à quoi m'en tenir sur le compte de notre homme; car, déjà flottant sur le jugement que, fondé sur tant de preuves, j'en portais auparavant, inquiet depuis notre entretien, je l'étais devenu davantage encore depuis que mes lectures m'avaient convaincu de la mauvaise foi de nos messieurs. Ne pouvant plus les estimer, fallait-il donc n'estimer personne et ne trouver partout que des méchants? Je sentais peu à peu germer en moi le désir que Jean-Jacques n'en fût pas un. Se sentir seul plein de bons sentiments et ne trouver personne qui les partage est un état trop cruel. On est alors tenté de se croire la dupe de son propre cœur, et de prendre la vertu pour une chimère.

Le récit de ce que vous aviez vu me frappa. J'y trouvai si peu de rapport avec les relations des autres, que, forcé d'opter pour l'exclusion, je penchais à la donner tout-à-fait à ceux pour qui j'avais déjà perdu toute estime. La force même de leurs preuves me retenait moins. Les ayant trouvés trompeurs en tant de choses, je commençai de croire qu'ils pouvaient bien l'être en tout, et à me familiariser avec l'idée qui m'avait paru jusqu'alors si ridicule de Jean-Jacques innocent et persécuté. Il fallait, il est vrai, supposer dans un pareil tissu d'impostures un art et des prestiges qui me semblaient inconcevables. Mais je trouvais encore plus d'absurdités entassées dans l'obstination de mon premier sentiment.

Avant néanmoins de me décider tout-à-fait, je résolus de relire ses écrits avec plus de suite et d'attention que je n'avais fait jusqu'alors. J'y avais trouvé des idées et des maximes très paradoxes, d'autres que je n'avais pu bien entendre. J'y croyais avoir senti des inégalités, même des contradictions. Je n'en avais pas saisi l'ensemble assez pour juger solidairement d'un système aussi nouveau pour moi. Ces livres-là ne sont pas, comme ceux d'aujourd'hui, des agrégations de pensées détachées, sur chacune desquelles l'esprit du lecteur puisse se reposer. Ce sont les méditations d'un solitaire; elles demandent une attention qui n'est pas trop du goût de notre nation. Quand on s'obstine à vouloir bien en suivre le fil, il y faut revenir avec effort et plus d'une fois. Je l'avais trouvé passionné pour la vertu, pour la liberté, pour l'ordre, mais d'une véhémence qui souvent l'entraînait au-delà du but. En tout, je sentais en lui un homme très-ardent, très-extraordinaire, mais dont le caractère et les principes ne m'étaient pas encore assez développés. Je crus qu'en méditant très-attentivement ses ouvrages, et comparant soigneusement l'auteur avec l'homme que vous m'aviez peint, je parviendrais à éclairer ces deux objets l'un par l'autre, et à m'assurer si tout était bien d'accord et appartenait incontestablement au même individu. Cette question décidée me parut devoir me tirer tout-à-fait de mon irrésolution sur son compte, et prenant un plus vif intérêt à ses recherches que je n'avais fait jusqu'alors, je me fis un devoir, à votre exemple, de parvenir, en joignant mes réflexions aux lumières que je tenais de vous, à me délivrer enfin du doute où vous m'aviez jeté, et à juger l'accusé par moi-même après avoir jugé ses accusateurs. Pour faire cette recherche avec plus de suite et de recueillement, j'allai passer quelques mois à la campagne, et j'y portai les écrits de Jean-Jacques autant que j'en pus faire le discernement parmi les recueils frauduleux publiés sous son nom. J'avais senti dès ma première lecture que ces écrits marchaient dans un certain ordre qu'il fallait trouver pour suivre la chaîne de leur contenu. J'avais cru voir que cet ordre était rétrograde à celui de leur publication, et que l'auteur, remontant de principes en principes, n'avait atteint les premiers que dans ses derniers écrits. Il fallait donc, pour marcher par synthèse, commencer par ceux-ci, et c'est ce que je fis en m'attachant d'abord à l'*Émile*, par lequel il a fini, les deux autres écrits qu'il a publiés depuis ne faisant plus partie de son système, et n'étant destinés qu'à la défense personnelle de sa patrie et de son honneur.

Rouss. Vous ne lui attribuez donc plus ces autres livres qu'on publie journellement sous son nom, et dont on a soin de farcir les recueils de ses écrits, pour qu'on ne puisse plus discerner les véritables?

Le Fr. J'ai pu m'y tromper tant que j'en jugeai sur la parole d'autrui; mais, après l'avoir lu moi-même, j'ai su bientôt à quoi m'en tenir. Après avoir suivi les manœuvres de nos messieurs, je suis surpris, à la facilité qu'ils ont de lui attribuer des livres, qu'ils ne lui en attribuent pas davantage; car, dans la disposition où ils ont mis le public à son égard, il ne s'imprimera plus rien de si plat et de si punissable qu'on ne s'empresse à croire être de lui, sitôt qu'ils voudront l'affirmer.

Pour moi, quand même j'ignorerais que depuis douze ans il a quitté la plume, un coup d'œil sur les écrits qu'ils lui prêtent me suffirait pour sentir qu'ils ne sauraient être de l'auteur des autres : non que je me croie un juge infaillible en matière de style; je sais que fort peu de gens le sont; et j'ignore jusqu'à quel point un auteur adroit peut imiter le style d'un autre, comme Boileau a imité Voiture et Balzac. Mais c'est sur les choses mêmes que je crois ne pouvoir être trompé. J'ai trouvé les écrits de Jean-Jacques pleins d'affections d'âme qui ont pénétré la mienne. J'y ai trouvé des manières de sentir et de voir qui le distinguent aisément de tous les écrivains de son temps, et de la plupart de ceux qui l'ont précédé : c'est, comme vous le disiez, un habitant d'une autre sphère, où rien ne ressemble à celle-ci. Son système peut être faux; mais en le développant il s'est peint lui-même au vrai, d'une façon si caractéristique et si sûre, qu'il m'est impossible de m'y tromper. Je ne suis pas à la seconde page de ses sots et malins imitateurs que je sens la singerie (1), et combien, croyant dire comme lui, ils

(1) Voyez, par exemple, la *Philosophie de la Nature*, qu'on a brûlée au Châtelet, livre exécrable, et couteau à deux tranchants, fait tout exprès pour me l'attribuer, du moins en province et chez l'étranger, pour agir en conséquence, et propager, à mes dépens, la

sont loin de sentir et penser comme lui; en le copiant même, ils le dénaturent par la manière de l'encadrer. Il est bien aisé de contrefaire le tour de ses phrases; ce qui est difficile à tout autre est de saisir ses idées, et d'exprimer ses sentiments. Rien n'est si contraire à l'esprit philosophique de ce siècle, dans lequel ses faux imitateurs retombent toujours.

Dans cette seconde lecture, mieux ordonnée et plus réfléchie que la première, suivant de mon mieux le fil de ses méditations, j'y vis partout le développement de son grand principe, que la nature a fait l'homme heureux et bon, mais que la société le déprave et le rend misérable. L'*Émile*, en particulier, ce livre tant lu, si peu entendu, et si mal apprécié, n'est qu'un traité de la bonté originelle de l'homme, destiné à montrer comment le vice et l'erreur, étrangers à sa constitution, s'y introduisent du dehors, et l'altèrent insensiblement. Dans ses premiers écrits, il s'attache davantage à détruire ce prestige d'illusion qui nous donne une admiration stupide pour les instruments de nos misères, et à corriger cette estimation trompeuse qui nous fait honorer des talents pernicieux, et mépriser des vertus utiles. Partout il nous fait voir l'espèce humaine meilleure, plus sage et plus heureuse dans sa constitution primitive; aveugle, misérable et méchante, à mesure qu'elle s'en éloigne. Son but est de redresser l'erreur de nos jugements, pour retarder le progrès de nos vices, et de nous montrer que, là où nous cherchons la gloire et l'éclat, nous ne trouvons en effet qu'erreurs et misères.

Mais la nature humaine ne rétrograde pas, et jamais on ne remonte vers les temps d'innocence et d'égalité quand une fois on s'en est éloigné; c'est encore un des principes sur lesquels il a le plus insisté. Ainsi son objet ne pouvait être de ramener les peuples nombreux, ni les grands états à leur première simplicité, mais seulement d'arrêter, s'il était possible, le progrès de ceux dont la petitesse et la situation les ont préservés d'une marche aussi rapide vers la perfection de la société, et vers la détérioration de l'espèce. Ces distinctions méritaient d'être faites et ne l'ont point été. On s'est obstiné à l'accuser de vouloir détruire les sciences, les arts, les théâtres, les académies, et replonger l'univers dans sa première barbarie, et il a toujours insisté, au contraire, sur la conservation des institutions existantes, soutenant que leur destruction ne ferait qu'ôter les palliatifs en laissant les vices, et substituer le brigandage à la corruption. Il avait travaillé pour sa patrie et pour les petits états constitués comme elle. Si sa doctrine pouvait être aux autres de quelque utilité, c'était en changeant les objets de leur estime, et retardant peut-être ainsi leur décadence qu'ils accélèrent par leurs fausses appréciations. Mais malgré ces distinctions si souvent et si fortement répétées, la mauvaise foi des gens de lettres, et la sottise de l'amour-propre, qui persuade à chacun que c'est toujours de lui qu'on s'occupe, lors même qu'on n'y pense pas, ont fait que les grandes nations ont pris pour elles ce

---

doctrine de ces messieurs sous le masque de la mienne. Je n'ai point vu ce livre, et, j'espère, ne le verrai jamais; mais j'ai lu tout cela dans le réquisitoire trop clairement pour pouvoir m'y tromper, et je suis certain qu'il ne peut y avoir aucune vraie ressemblance entre ce livre et les miens, parce qu'il n'y en a aucune entre les âmes qui les ont dictés. Notez que, depuis qu'on a su que j'avais vu ce réquisitoire, on a pris de nouvelles mesures pour qu'il ne me parvînt rien de pareil à l'avenir.

qui n'avait pour objet que les petites républiques ; et l'on s'est obstiné à voir un promoteur de bouleversement et de troubles dans l'homme du monde qui porte un vrai respect aux lois et aux constitutions nationales, et qui a le plus d'aversion pour les révolutions et pour les ligueurs de toute espèce, qui la lui rendent bien.

En saisissant peu à peu ce système par toutes ses branches dans une lecture plus réfléchie, je m'arrêtai pourtant moins d'abord à l'examen direct de cette doctrine, qu'à son rapport avec le caractère de celui dont elle portait le nom ; et, sur le portrait que vous m'aviez fait de lui, ce rapport me parut si frappant, que je ne pus refuser mon assentiment à son évidence. D'où le peintre et l'apologiste de la nature, aujourd'hui si défigurée et si calomniée, peut-il avoir tiré son modèle, si ce n'est de son propre cœur ? Il l'a décrite comme il se sentait lui-même. Les préjugés dont il n'était pas la proie, n'offusquaient point à ses yeux comme à ceux des autres, ces premiers traits si généralement oubliés ou méconnus. Ces traits si nouveaux pour nous et si vrais, une fois tracés, trouvaient bien encore au fond des cœurs l'attestation de leur justesse, mais jamais ils ne s'y seraient remontrés d'eux-mêmes, si l'historien de la nature n'eût commencé par ôter la rouille qui les cachait. Une vie retirée et solitaire, un goût vif de rêverie et de contemplation, l'habitude de rentrer en soi, et d'y rechercher dans le calme des passions ces premiers traits disparus chez la multitude, pouvaient seuls les lui faire retrouver. En un mot, il fallait qu'un homme se fût peint lui-même pour nous montrer ainsi l'homme primitif, et si l'auteur n'eût été tout aussi singulier que ses livres, jamais il ne les eût écrits. Mais où est-il cet homme de la nature qui vit vraiment de la vie humaine, qui, comptant pour rien l'opinion d'autrui, se conduit uniquement d'après ses penchants et sa raison, sans égard à ce que le public approuve ou blâme ? On le chercherait en vain parmi nous. Tous, avec un beau vernis de paroles, tâchent en vain de donner le change sur leur vrai but ; aucun ne s'y trompe, et pas un n'est la dupe des autres, quoique tous parlent comme lui. Tous cherchent leur bonheur dans l'apparence, nul ne se soucie de la réalité. Tous mettent leur être dans le paraître : tous, esclaves et dupes de l'amour-propre, ne vivent point pour vivre, mais pour faire croire qu'ils ont vécu. Si vous ne m'eussiez dépeint votre Jean-Jacques, j'aurais cru que l'homme naturel n'existait plus ; mais le rapport frappant de celui que vous m'avez peint avec l'auteur dont j'ai lu les livres ne me laisserait pas douter que l'un ne fût l'autre, quand je n'aurais nulle autre raison de le croire. Ce rapport marqué me décide, et sans m'embarrasser du Jean-Jacques de nos messieurs, plus monstrueux encore par son éloignement de la nature que le vôtre n'est singulier pour en être resté si près, j'adopte pleinement les idées que vous m'en avez données ; et si votre Jean-Jacques n'est pas tout-à-fait devenu le mien, il a l'honneur de plus d'avoir arraché mon estime sans que mon penchant ait rien fait pour lui. Je ne l'aimerai peut-être jamais, parce que cela ne dépend pas de moi : mais je l'honore, parce que je veux être juste, que je le crois innocent et que je le vois opprimé. Le tort que je lui ai fait, en pensant si mal de lui, était l'effet d'une erreur presque invincible, dont je n'ai nul reproche à faire à ma volonté. Quand l'aversion que j'eus pour lui durerait dans toute sa force, je n'en serais pas moins disposé à l'estimer et à le plaindre. Sa destinée est un exemple peut-être unique de toutes les humiliations possibles, et d'une patience presque invincible à les supporter. Enfin le souvenir de l'illusion dont je sors sur son compte me laisse un grand préservatif contre une orgueilleuse confiance en mes lumières, et contre la suffisance du faux savoir.

Rouss. C'est vraiment mettre à profit l'expérience, et rendre utile l'erreur même, que d'apprendre ainsi, de celle où l'on a pu tomber, à compter moins sur les oracles de nos jugements, et à ne négliger jamais, quand on veut disposer arbitrairement de l'honneur et du sort d'un homme, aucun des moyens prescrits par la justice et par la raison pour constater la vérité. Si, malgré toutes ces précautions, nous nous trompons encore, c'est un effet de la misère humaine, et nous n'aurons pas du moins à nous reprocher d'avoir failli par notre faute. Mais rien peut-il excuser ceux qui, rejetant obstinément et sans raison les formes les plus inviolables, et tout fiers de partager avec des grands et des princes une œuvre d'iniquité, condamnent sans crainte un accusé, et disposent en maîtres de sa destinée et de sa réputation, uniquement parce qu'ils aiment à le trouver coupable, et qu'il leur plaît de voir la justice et l'évidence, où la fraude et l'imposture sauteraient à des yeux non prévenus !

Je n'aurai point un pareil reproche à me faire à l'égard de Jean-Jacques; et si je m'abuse en le jugeant innocent, ce n'est du moins qu'après avoir pris toutes les mesures qui étaient en ma puissance pour me garantir de l'erreur. Vous n'en pouvez pas tout-à-fait dire autant encore, puisque vous ne l'avez ni vu, ni étudié par vous-même, et qu'au milieu de tant de prestiges, d'illusions, de préjugés, de mensonges et de faux témoignages, ce soit, selon moi, le seul moyen sûr de le connaître. Ce moyen en amène un autre non moins indispensable, et qui devrait être le premier s'il était permis de suivre ici l'ordre naturel ; c'est la discussion contradictoire des faits par les parties elles-mêmes, en sorte que les accusateurs et l'accusé soient mis en confrontation, et qu'on l'entende dans ses réponses. L'effroi que cette forme si sacrée paraît faire aux premiers, et leur obstination à s'y refuser, font contre eux, je l'avoue, un préjugé très fort, très raisonnable, et qui suffirait seul pour leur condamnation, si la foule et la force de leurs preuves si frappantes, si éblouissantes, n'arrêtait en quelque sorte l'effet de ce refus. On ne conçoit pas ce que l'accusé peut répondre ; mais enfin jusqu'à ce qu'il ait donné ou refusé ses réponses, nul n'a droit de prononcer pour lui qu'il n'a rien à répondre, ni, se supposant parfaitement instruit de ce qu'il peut ou ne peut pas dire, de le tenir, ou pour convaincu tant qu'il ne l'a pas été, ou pour tout-à-fait justifié tant qu'il n'a pas confondu ses accusateurs.

Voilà, monsieur, ce qui manque encore à la certitude de nos jugements sur cette affaire. Hommes et sujets à l'erreur, nous pouvons nous tromper en jugeant innocent un coupable, comme en jugeant coupable un innocent. La première erreur semble, il est vrai, plus excusable ; mais peut-on l'être dans une erreur qui peut nuire, et dont on s'est pu garantir ? Non, tant qu'il reste un moyen possible d'éclaircir la vérité, et qu'on le néglige, l'erreur n'est point involontaire, et doit être imputée à celui qui veut y rester. Si donc vous prenez assez d'intérêt aux livres que vous avez lus pour vouloir vous décider sur l'auteur, et si vous haïssez assez l'injustice pour vouloir réparer celle que, d'une façon si cruelle, vous avez pu commettre à son égard, je vous propose premièrement de voir l'homme : venez, je vous introduirai chez lui sans peine. Il est déjà prévenu ; je lui ai dit tout ce que j'ai pu dire à votre égard sans blesser mes engagements. Il sait d'avance que si jamais vous vous présentez à sa porte, ce sera pour le connaître, et non pas pour le tromper. Après avoir refusé de le voir, tant que vous l'avez jugé, comme a fait tout le monde, votre première visite sera pour lui la consolante preuve que vous ne désespérez plus de lui devoir votre estime, et d'avoir des torts à réparer envers lui.

Sitôt que, cessant de le voir par les yeux de vos messieurs, vous le verrez par les vôtres, je ne doute point que vos jugements ne confirment les miens, et que, retrouvant en lui l'auteur de ses livres, vous ne restiez persuadé, comme moi, qu'il est l'homme de la nature, et point du tout le monstre qu'on vous a peint sous son nom. Mais enfin, pouvant nous abuser l'un et l'autre dans des jugements destitués de preuves positives et régulières, il nous restera toujours une juste crainte fondée sur la possibilité d'être dans l'erreur, et sur la difficulté d'expliquer d'une manière satisfaisante les faits allégués contre lui. Un seul pas alors nous reste à faire pour constater la vérité, pour lui rendre hommage et la manifester à tous les yeux : c'est de nous réunir pour forcer enfin vos messieurs à s'expliquer hautement en sa présence, et à confondre un coupable aussi impudent, ou du moins à nous dégager du secret qu'ils ont exigé de nous, en nous permettant de le confondre nous-mêmes. Une instance aussi légitime sera le premier pas.

LE FR. Arrêtez... Je frémis seulement à vous entendre. Je vous ai fait, sans détour, l'aveu que j'ai cru devoir à la justice et à la vérité. Je veux être juste, mais sans témérité. Je ne veux point me perdre inutilement, sans sauver l'innocent auquel je me sacrifie ; et c'est ce que je ferais en suivant votre conseil : c'est ce que vous feriez vous-même en voulant le pratiquer. Apprenez ce que je puis et veux faire, et n'attendez de moi rien au-delà.

Vous prétendez que je dois aller voir Jean-Jacques pour vérifier, par mes yeux, ce que vous m'en avez dit et ce que j'infère moi-même de la lecture de ses écrits. Cette confirmation m'est superflue, et sans y recourir, je sais d'avance à quoi m'en tenir sur ce point. Il est singulier que je sois maintenant plus décidé que vous sur les sentiments que vous avez eu tant de peine à me faire adopter ; mais cela est fondé en raison. Vous insistez encore sur la force des preuves alléguées contre lui par nos messieurs. Cette force est désormais nulle pour moi, qui en ai démêlé tout l'artifice depuis que j'y ai regardé de plus près. J'ai là-dessus tant de faits que vous ignorez ; j'ai lu si clairement dans les cœurs, avec la plus vive inquiétude sur ce que peut dire l'accusé, le désir le plus ardent de lui ôter tout moyen de se défendre ; j'ai vu tant de concert, de soin, d'activité, de chaleur, dans les mesures prises pour cet effet, que des preuves administrées de cette manière, par des gens si passionnés, perdent toute autorité dans mon esprit vis-à-vis de vos observations. Le public est trompé, je le vois, je le sais ; mais il se plaît à l'être, et n'aimerait pas à se voir désabuser. J'ai moi-même été dans ce cas et ne m'en suis pas tiré sans peine. Nos messieurs avaient ma confiance, parce qu'ils flattaient le penchant qu'ils m'avaient donné, mais jamais ils n'ont eu pleinement mon estime; et, quand je vous vantais leurs vertus, je n'ai pu me résoudre à les imiter. Je n'ai voulu jamais approcher de leur proie pour la cajoler, la tromper, la circonvenir, à leur exemple; et la même répugnance que je voyais dans votre cœur était dans le mien quand je cherchais à la combattre. J'approuvais leurs manœuvres sans vouloir les adopter. Leur fausseté, qu'ils appelaient bienveillance, ne pouvait me séduire, parce qu'au lieu de cette bienveillance dont ils se vantaient, je ne sentais pour celui qui en était l'objet qu'antipathie, répugnance, aversion. J'étais bien aise de les voir nourrir pour lui une sorte d'affection méprisante et dérisoire, qui avait tous les effets de la plus mortelle haine; mais je ne pouvais ainsi me donner le change à moi-même, et ils me l'avaient rendu si odieux, que je le haïssais de tout mon cœur, sans feinte et tout à découvert. J'aurais craint d'approcher de lui comme d'un monstre effroyable, et j'aimais mieux n'avoir pas le plaisir de lui nuire, pour n'avoir pas l'horreur de le voir.

En me ramenant par degrés à la raison, vous m'avez inspiré autant d'estime pour sa patience et sa douceur que de compassion pour ses infortunes. Ses livres ont achevé l'ouvrage que vous aviez commencé. J'ai senti, en les lisant, que la passion donnait tant d'énergie à son âme et de véhémence à sa diction. Ce n'est pas une explosion passagère, c'est un sentiment dominant et permanent qui peut se soutenir ainsi durant dix ans, et produire douze volumes toujours pleins du même zèle, toujours arrachés par la même persuasion. Oui, je le sens, et le soutiens comme vous, dès qu'il est auteur des écrits qui portent son nom, il ne peut avoir que le cœur d'un homme de bien.

Cette lecture attentive et réfléchie a pleinement achevé dans mon esprit la révolution que vous aviez commencée. C'est en faisant cette lecture avec le soin qu'elle exige que j'ai senti toute la malignité, toute la détestable adresse de ses amers commentateurs. Dans tout ce que je lisais de l'original, je sentais la sincérité, la droiture d'une âme haute et fière, mais franche et sans fiel, qui se montre sans précaution, sans crainte, qui censure à découvert, qui loue sans réticence, et qui n'a point de sentiment à cacher. Au contraire, tout ce que je lisais dans les réponses montrait une brutalité féroce, ou une politesse insidieuse, traîtresse, et couvrait du miel des éloges le fiel de la satire et le poison de la calomnie. Qu'on lise avec soin la lettre honnête, mais franche, à M. d'Alembert sur les spectacles, et qu'on la compare avec la réponse de celui-ci, cette réponse si soigneusement mesurée, si pleine de circonspection affectée, de compliments aigre-doux, si propre à faire penser le mal, en feignant de ne le pas dire; qu'on cherche ensuite sur ces lectures à découvrir lequel des deux auteurs est le méchant. Croyez-vous qu'il se trouve dans l'univers un mortel assez impudent pour dire que c'est Jean-Jacques?

Cette différence s'annonce dès l'abord par leurs épigraphes. Celle de votre ami, tirée de l'*Énéïde*, est une prière au ciel de garantir les bons d'une erreur si funeste, et de la laisser aux ennemis. Voici celle de M. d'Alembert, tirée de La Fontaine :

Quittez-moi votre serpe, instrument de dommage.

L'un ne songe qu'à prévenir un mal; l'autre, dès l'abord, oublie la question pour ne songer qu'à nuire à son adversaire; et, dans l'examen de l'utilité des théâtres, adresse très à propos à Jean-Jacques ce même vers que, dans La Fontaine, le serpent adresse à l'homme.

Ah! subtil et rusé d'Alembert! si vous n'avez pas une serpe, instrument très utile, quoiqu'en dise le serpent, vous avez en revanche un stylet bien affilé, qui n'est guère, surtout dans vos mains, un outil de bienfaisance.

Vous voyez que je suis plus avancé que vous dans votre recherche, puisqu'il vous reste à cet égard des scrupules que je n'ai plus. Non, monsieur, je n'ai pas même besoin de voir Jean-Jacques pour savoir à quoi m'en tenir sur son compte. J'ai vu de trop près les manœuvres dont il est la victime pour laisser dans mon esprit la moindre autorité à tout ce qui peut en résulter. Ce qu'il était aux yeux du public lors de la publication de son premier ouvrage, il le redevient aux miens, parce que le prestige de tout ce qu'on a fait dès lors pour le défigurer est détruit, et que je ne vois plus dans toutes les preuves qui vous frappent encore, que fraude, mensonge, illusion.

Vous demandiez s'il existait un complot. Oui, sans doute, il en existe un, et tel qu'il n'y en eut et n'y en aura jamais de semblable. Cela n'était-il pas clair, dès l'année du décret, par la brusque et incroyable sortie de tous les imprimés, de tous les journaux, de toutes les gazettes, de toutes les brochures, contre cet infortuné? Ce décret fut le tocsin de toutes ces fureurs. Pouvez-vous croire que les auteurs de tout cela, quelque jaloux, quelque méchants, quelque vils qu'ils puissent être, se fussent ainsi déchaînés de concert en loups enragés contre un homme alors et dès lors en proie aux plus cruelles adversités? Pouvez-vous croire qu'on eût insolemment farci les recueils de ses propres écrits de tous ces noirs libelles, si ceux qui les écrivaient et ceux qui les employaient n'eussent été inspirés par cette ligue, qui, depuis longtemps, graduait sa marche en silence, et prit alors en public son premier essor. La lecture des écrits de Jean-Jacques m'a fait faire en même temps celle de ces venimeuses productions qu'on a pris grand soin d'y mêler. Si j'avais fait plus tôt ces lectures, j'aurais compris dès lors tout le reste. Cela n'est pas difficile à qui peut les parcourir de sangfroid. Les ligueurs eux-mêmes l'ont senti, et bientôt ils ont pris une autre méthode qui leur a beaucoup mieux réussi; c'est de n'attaquer Jean-Jacques en public qu'à mots couverts, et le plus souvent sans nommer ni lui ni ses livres; mais de faire en sorte que l'application de ce qu'on en dirait fût claire, que chacun la fît sur-le-champ. Depuis dix ans que l'on suit cette méthode, elle a produit plus d'effet que des outrages trop grossiers, qui, par cela seul, peuvent déplaire au public ou lui devenir suspects. C'est dans les entretiens particuliers, dans les cercles, dans les petits comités secrets, dans tous ces petits tribunaux littéraires dont les femmes sont les présidents, que s'affilent les poignards dont on le crible sous le manteau.

On ne conçoit pas comment la diffamation d'un particulier sans emploi, sans projet, sans parti, sans crédit, a pu faire une affaire aussi importante et aussi universelle. On conçoit beaucoup moins comment une pareille entreprise a pu paraître assez belle pour que tous les rangs, sans exception, se soient empressés d'y concourir *per fas et nefas*, comme à l'œuvre la plus glorieuse. Si les auteurs de cet étonnant complot, si les chefs qui en ont pris la direction, avaient mis à quelque honorable entreprise la moitié des soins, des peines, du travail, du temps, de la dépense, qu'ils ont prodigués à l'exécution de ce beau projet, ils auraient pu se couronner d'une gloire immortelle à beaucoup moins de frais (1) qu'il ne leur en a coûté pour accomplir cette œuvre de ténèbres, dont il ne peut résulter pour eux ni bien ni honneur, mais seulement le plaisir d'assouvir en secret la plus lâche de toutes les passions, et dont encore la patience et la douceur de leur victime ne les laissera jamais jouir pleinement.

Il est impossible que vous ayez une juste idée de la position de votre Jean-Jacques ni de la manière dont il est enlacé. Tout est si bien concerté à son égard, qu'un ange descendrait du ciel pour le défendre sans y pouvoir parvenir. Le complot dont il est le sujet n'est pas de ces impostures jetées au hasard qui font un effet rapide, mais passager, et qu'un instant découvre et détruit. C'est, comme il l'a senti lui-même, un projet médité de longue main, dont l'exécution lente et graduée ne s'opère qu'avec autant de précaution que de méthode, effaçant à mesure qu'elle avance et les traces des routes qu'elle a suivies et les vestiges de la vérité qu'elle a fait disparaître. Pouvez-vous croire qu'évitant avec tant de soin toute espèce d'explication, les auteurs et les chefs de ce complot négligent de détruire et dénaturer tout ce qui pourrait un jour servir à les confondre? et, depuis plus de quinze ans qu'il est en pleine exécution, n'ont-ils pas eu tout le temps qu'il leur fallait pour y réussir? Plus ils avancent dans l'avenir, plus il leur est facile d'oblitérer le passé, ou de lui donner la tournure qui leur convient. Le moment doit venir où, tous les témoignages étant à leur disposition, ils pourraient sans risque lever le voile impénétrable qu'ils ont mis sur les yeux de leur victime. Qui sait si ce moment n'est pas déjà venu? si, par les mesures qu'ils ont eu tout le temps de prendre, ils ne pourraient pas dès à présent s'exposer à des confrontations qui confondraient l'innocence et feraient triompher l'imposture? Peut-être ne les évitent-ils encore que pour ne pas paraître changer de maximes, et, si vous voulez, par un reste de crainte attachée au mensonge de n'avoir jamais assez tout prévu. Je vous le répète, ils ont travaillé sans relâche à disposer toutes choses pour n'avoir rien à craindre d'une discussion régulière, si jamais ils étaient forcés d'y acquiescer; et il me paraît qu'ils ont eu tout le temps et tous les moyens de mettre le succès de leur entreprise à l'abri de tout événement imprévu. Eh! quelles seraient désormais les ressources de Jean-Jacques et de ses défenseurs, s'il s'en osait présenter? Où trouverait-il des juges qui ne fussent pas du complot, des témoins qui ne fussent pas subornés, des conseils fidèles qui ne l'égarassent pas? Seul, contre toute une génération liguée, d'où réclamerait-il la vérité que le mensonge ne répondît à sa place? Quelle protection, quel appui trouverait-il pour résister à cette conspiration générale? Existe-t-il, peut-il même exister, parmi les gens en place, un seul homme assez intègre pour se condamner lui-même, assez courageux pour oser défendre

(1) On me reprochera, j'en suis très sûr, de me donner une importance prodigieuse. Ah! si je n'en avais pas plus aux yeux d'autrui qu'aux miens, que mon sort serait moins à plaindre!

un opprimé dévoué depuis longtemps à la haine publique, assez généreux pour s'animer d'un pareil zèle, sans autre intérêt que celui de l'équité? Soyez sûr que, quelque crédit, quelque autorité que pût avoir celui qui oserait élever la voix en sa faveur, et réclamer pour lui les premières lois de la justice, il se perdrait sans sauver son client, et que toute la ligue, réunie contre ce protecteur téméraire, commençant par l'écarter de manière ou d'autre, finirait par tenir, comme auparavant, sa victime à sa merci. Rien ne peut plus la soustraire à sa destinée, et tout ce que peut faire un homme sage qui s'intéresse à son sort, est de rechercher en silence les vestiges de la vérité pour diriger son propre jugement, mais jamais pour le faire adopter par la multitude, incapable de renoncer par raison au parti que la passion lui a fait prendre.

Pour moi, je veux vous faire ici ma confession sans détour. Je crois Jean-Jacques innocent et vertueux; et cette croyance est telle au fond de mon âme, qu'elle n'a pas besoin d'autre confirmation. Bien persuadé de son innocence, je n'aurai jamais l'indignité de parler là-dessus contre ma pensée, ni de joindre contre lui ma voix à la voix publique, comme j'ai fait jusqu'ici dans une autre opinion. Mais ne vous attendez pas non plus que j'aille étourdiment me porter à découvert pour son défenseur, et forcer ses délateurs à quitter leur masque pour l'accuser hautement en face. Je ferais en cela une démarche aussi imprudente qu'inutile, à laquelle je ne veux point m'exposer. J'ai un état, des amis à conserver, une famille à soutenir, des patrons à ménager. Je ne veux point faire ici le don Quichotte, et lutter contre les puissances, pour faire un moment parler de moi, et me perdre pour le reste de ma vie. Si je puis réparer mes torts envers l'infortuné Jean-Jacques, et lui être utile sans m'exposer, à la bonne heure; je le ferai de tout mon cœur. Mais si vous attendez de moi quelque démarche d'éclat qui me compromette, et m'expose au blâme des miens, détrompez-vous, je n'irai jamais jusque-là. Vous ne pouvez vous-même aller plus loin que vous n'avez fait, sans manquer à votre parole, et me mettre avec vous dans un embarras dont nous ne sortirions ni l'un ni l'autre aussi aisément que vous l'avez présumé.

Rouss. Rassurez-vous, je vous prie, je veux bien plutôt me conformer moi-même à vos résolutions, que d'exiger de vous rien qui vous déplaise. Dans la démarche que j'aurais désiré de faire, j'avais plus pour objet notre entière et commune satisfaction, que de ramener ni le public, ni vos messieurs, aux sentiments de la justice et au chemin de la vérité. Quoique intérieurement aussi persuadé que vous de l'innocence de Jean-Jacques, je n'en suis pas régulièrement convaincu, puisque, n'ayant pu l'instruire des choses qu'on lui impute, je n'ai pu ni le confondre par son silence, ni l'absoudre par ses réponses. A cet égard, je me tiens au jugement immédiat que j'ai porté sur l'homme, sans prononcer sur les faits qui combattent ce jugement, puisqu'ils manquent du caractère qui peut seul les constater ou les détruire à mes yeux.

Je n'ai pas assez de confiance en mes propres lumières pour croire qu'elles ne peuvent me tromper; et je resterais peut-être encore ici dans le doute, si le plus légitime et le plus fort des préjugés ne venait à l'appui de mes propres remarques, et ne me montrait le mensonge du côté qui se refuse à l'épreuve de la vérité. Loin de craindre une discussion contradictoire, Jean-Jacques n'a cessé de la rechercher, de provoquer à grands cris ses accusateurs, et de dire hautement ce qu'il avait à dire. Eux, au contraire, ont toujours esquivé, fait le plongeon, parlé toujours entre eux à voix basse, lui

Il reste tranquille, en attendant avec la mort la fin de ses peines. — Page 187.

cachant avec le plus grand soin leurs accusations, leurs témoins, leurs preuves, surtout leurs personnes, et fuyant avec le plus évident effroi toute espèce de confrontation. Donc ils ont de fortes raisons pour la craindre, celles qu'ils allèguent pour cela étant ineptes au point d'être même outrageantes pour ceux qu'ils en veulent payer, et qui, je ne sais comment, ne laissent pas de s'en contenter : mais pour moi je ne m'en contenterai jamais, et dès là toutes les preuves clandestines sont sans autorité pour moi. Vous voilà dans le même cas où je suis, mais avec un moindre degré de certitude sur l'innocence de l'accusé, puisque, ne l'ayant point examiné par vos propres yeux, vous ne jugez de lui que par ses écrits et sur mon témoignage. Donc, vos scrupules devraient être plus grands que les miens, si les manœuvres de ses persécuteurs, que vous avez mieux suivies, ne faisaient pour vous une espèce de compensation. Dans cette position, j'ai pensé que ce que nous avions de mieux à faire pour nous assurer de la vérité, était de la mettre à sa dernière et plus sûre épreuve, celle précisément qu'éludent si soigneusement vos messieurs. Il me semblait que, sans trop nous compromettre, nous aurions pu leur dire : Nous ne saurions approuver qu'aux dépens de la justice et de la sûreté publique vous fassiez à un scélérat une grâce tacite qu'il n'accepte point, et qu'il dit n'être qu'une horrible barbarie que vous couvrez d'un beau nom. Quand cette grâce en serait réellement une, étant faite par force, elle change de nature; au lieu d'être un bienfait, elle devient un cruel outrage; et rien n'est plus injuste et plus tyrannique que de forcer un homme à nous être obligé malgré lui. C'est sans doute un des crimes de Jean-Jacques de n'avoir, au lieu de la reconnaissance qu'il vous doit, qu'un dédain plus que méprisant pour vous et pour vos manœuvres. Cette impudence de sa part mérite en particulier une punition sortable, et cette punition que vous lui devez et à vous-mêmes, est de le confondre, afin que, forcé de reconnaître enfin votre indulgence, il ne jette plus des nuages sur les motifs qui vous font agir. Que la confusion d'un hypocrite aussi arrogant soit, si vous voulez, sa seule peine, mais qu'il la sente pour l'édification, pour la sûreté publique, et pour l'honneur de la génération présente qu'il paraît dédaigner si fort. Alors seulement on pourra, sans risque, le laisser errer parmi nous avec honte, quand il sera bien authentiquement convaincu et démasqué. Jusques à quand souffrirez-vous cet odieux scandale, qu'avec la sécurité de l'innocence le crime ose insolemment provoquer la vertu, qui gauchit devant lui et se cache dans l'obscurité? C'est lui qu'il faut réduire à cet indigne silence que vous gardez, lui présent : sans quoi l'avenir ne voudra jamais croire que celui qui se montre seul et sans crainte est le coupable, et que celui qui, bien escorté, n'ose l'attendre est l'innocent. »

En leur parlant ainsi, nous les aurions forcés à s'expliquer ouvertement, ou à convenir tacitement de leur imposture, et, par la discussion contradictoire des faits, nous aurions pu porter un jugement certain sur les accusateurs et sur l'accusé, et prononcer définitivement entre eux et lui. Vous dites que les juges et les témoins entrant tous dans la ligue auraient rendu la prévarication très facile à exécuter, très difficile à découvrir, et cela doit être : mais il n'est pas impossible aussi que l'accusé n'eût trouvé quelque réponse imprévue et péremptoire qui eût démonté toutes leurs batteries, et manifesté le complot. Tout est contre lui, je le sais, le pouvoir, la ruse, l'argent, l'intrigue, le temps, les préjugés, son ineptie, ses distractions, son défaut de mémoire, son embarras de s'énoncer, tout enfin, hors l'innocence et la vérité, qui seules lui ont donné l'assurance de rechercher, de demander, de provoquer avec ardeur ces explications qu'il aurait tant de raison de craindre si sa conscience déposait contre lui. Mais ses désirs attiédis ne sont plus animés, ni par l'espoir d'un succès qu'il ne peut plus attendre que d'un miracle, ni par l'idée d'une réparation qui pût flatter son cœur. Mettez vous un moment à sa place et sentez ce qu'il doit penser de la génération présente et de sa conduite à son égard. Après le plaisir qu'elle a pris à le diffamer en le cajolant, quel cas pourrait-il faire du retour de son estime, et de quel prix pourraient être à ses yeux les caresses sincères des mêmes gens qui lui en prodiguèrent de si fausses, avec des cœurs pleins d'aversion pour lui? Leur duplicité, leur trahison, leur perfidie, ont-elles pu laisser pour eux le moindre sentiment favorable? et ne serait-il pas plus indigné que flatté de s'en voir fêté sincèrement avec les mêmes démonstrations qu'ils employèrent si longtemps en dérision à faire de lui le jouet de la canaille.

Non, monsieur, quand ses contemporains, aussi repentants et vrais qu'ils ont été jusqu'ici faux et cruels à son égard, reviendraient enfin de leur erreur, ou plutôt de leur haine, et que, réparant leur longue injustice, ils tâcheraient, à force d'honneurs, de lui faire oublier leurs outrages, pourrait-il oublier la bassesse et l'indignité de leur conduite? pourrait-il cesser de se dire que, quand même il eût été le scélérat qu'ils se plaisent à voir en lui, leur manière de procéder avec ce prétendu scélérat, moins inique, n'en serait que plus abjecte, et que s'avilir autour d'un monstre à tant de manèges insidieux était se mettre soi-même au-dessous de lui? Non, il n'est plus au pouvoir de ses contemporains de lui ôter le dédain qu'ils ont tant pris de peine à lui inspirer. Devenu même insensible à leurs insultes, comment pourrait-il être touché de leurs éloges? Comment pourrait-il agréer le retour tardif et forcé de leur estime, ne pouvant plus lui-même en avoir pour eux? Non, ce retour de la part d'un public si méprisable ne pourrait plus lui donner aucun plaisir, ni lui rendre aucun honneur. Il en serait plus importuné sans en être plus satisfait. Ainsi l'explication juridique et décisive qu'il n'a pu jamais obtenir, et qu'il a cessé de désirer, était plus pour nous que pour lui. Elle ne pourrait plus même, avec la plus éclatante justification, jeter aucune véritable douceur dans sa vieillesse. Il est désormais trop étranger ici-bas pour prendre à ce qui s'y fait aucun intérêt qui lui soit personnel. N'ayant plus de suffisante raison pour agir, il reste tranquille, en attendant avec la mort la fin de ses peines, et ne voit plus qu'avec indifférence le sort du peu de jours qui lui restent à passer sur la terre.

Quelque consolation néanmoins est encore à sa portée; je consacre ma vie à la lui donner, et je vous exhorte d'y concourir. Nous ne sommes entrés ni l'un ni l'autre dans les secrets de la ligue dont il est l'objet; nous n'avons point partagé la fausseté de ceux qui la composent; nous n'avons point cherché à le surprendre par des caresses perfides. Tant que vous l'avez haï, vous l'avez fui, et moi je ne l'ai recherché que dans l'espoir de le trouver digne de mon amitié; et l'épreuve nécessaire pour porter un jugement éclairé sur son compte, ayant été longtemps autant recherchée par lui qu'écartée par vos messieurs, forme un préjugé qui supplée, autant qu'il se peut, à cette épreuve, et confirme ce que j'ai pensé de lui après un examen aussi long qu'impartial. Il m'a dit cent fois qu'il serait consolé de l'injustice publique, s'il eût trouvé un seul cœur d'homme qui s'ouvrît au sien, qui sentît ses peines, et qui les plaignît; l'estime franche et pleine d'un seul l'eût dédommagé du mépris de tous les autres. Je puis lui donner ce dédommagement, et je le lui voue. Si vous vous joignez à moi pour cette bonne œuvre, nous pouvons lui rendre dans ses vieux jours la douceur d'une société véritable qu'il a perdue depuis si longtemps, et qu'il n'espérait plus retrouver ici-bas. Laissons le public dans l'erreur où il se complaît, et dont il est digne, et montrons seulement à celui qui en est la victime que nous ne la partageons pas. Il ne s'y trompe déjà plus à mon égard, il ne s'y trompera point au vôtre; et, si vous venez à lui avec les sentiments qui lui sont dus, vous le trouverez prêt à vous les rendre. Les nôtres lui seront d'autant plus sensibles, qu'il ne les attendait plus de personne; et, avec le cœur que je lui connais, il n'avait pas besoin d'une si longue privation pour lui en faire sentir le prix.

Que ses persécuteurs continuent de triompher, il verra leur prospérité sans peine; le désir de la vengeance ne le tourmenta jamais. Au milieu de tous leurs succès, il les plaint encore, et les croit bien plus malheureux que lui. En effet, quand la triste jouissance des maux qu'ils lui ont faits pourrait remplir leurs cœurs d'un contentement véritable, peut-elle jamais les garantir de la crainte d'être un jour découverts et démasqués? Tant de soins qu'ils se donnent, tant de mesures qu'ils prennent sans relâche depuis tant d'années, ne marquent-ils pas la frayeur de n'en avoir jamais pris assez? Ils ont beau renfermer la vérité dans de triples murs de mensonges et d'impostures qu'ils renforcent continuellement, ils tremblent toujours qu'elle ne s'échappe par quelque fissure. L'immense édifice de ténèbres qu'ils ont élevé autour de lui ne suffit pas pour les rassurer. Tant qu'il vit, un accident imprévu peut lui dévoiler leur mystère et les exposer à se voir confondus. Sa mort même, loin de les tranquilliser, doit augmenter leurs alarmes. Qui sait s'il n'a point trouvé quelque confident discret qui, lorsque l'animosité du public cessera d'être attisée par la présence du condamné, saisira pour se faire écouter le moment où les yeux commenceront à s'ouvrir? Qui sait si quelque dépositaire fidèle ne produira pas en temps et lieu de telles preuves de son innocence que le public, forcé de s'y rendre, sente et déplore sa longue erreur? Qui sait si, dans le nombre infini de leurs complices, il ne s'en trouvera pas quelqu'un que le repentir, que le remords fasse parler? On a beau prévoir ou arranger toutes les combinaisons imaginables, on craint toujours qu'il n'en reste quelqu'une qu'on n'a pas prévue, et qui fasse découvrir la vérité quand on y pensera le moins. La prévoyance a beau travailler, la crainte est encore plus active; et les auteurs d'un pareil projet ont, sans y penser, sacrifié à leur haine le repos du reste de leurs jours.

Si leurs accusations étaient véritables, et que Jean-Jacques fût tel qu'ils l'ont peint, l'ayant une fois démasqué pour l'acquit de leur conscience, et déposé leur secret chez ceux qui doivent veiller à l'ordre public, ils se reposeraient sur eux du reste, cesseraient de s'occuper du coupable, et ne penseraient plus à lui. Mais l'œil inquiet et vigilant qu'ils ont sans cesse attaché sur lui, les émissaires dont ils l'entourent, les mesures qu'ils ne cessent de prendre pour lui fermer toute voie à toute explication, pour qu'il ne puisse leur échapper en aucune sorte, décèlent avec leurs alarmes la cause qui les entretient et les perpétue: elles ne peuvent plus cesser, quoi qu'ils fassent; vivant ou mort, il les inquiétera toujours; et s'il aimait la vengeance, il en aurait une bien assurée dans la frayeur dont, malgré tant de précautions entassées, ils ne cesseront plus d'être agités.

Voilà le contre-poids de leurs succès et de toutes leurs prospérités. Ils ont employé toutes les ressources de leur art pour faire de lui le plus malheureux des êtres; à force d'ajouter moyens sur moyens, ils les ont tous épuisés; et, loin de parvenir à leurs fins, ils ont produit l'effet contraire. Ils ont fait trouver à Jean-Jacques des ressources en lui-même, qu'il ne connaîtrait pas sans eux. Après lui avoir fait le pis qu'ils pouvaient lui faire, ils l'ont mis en état de n'avoir plus rien à craindre, ni d'eux, ni de personne, et de voir avec la plus profonde indifférence tous les événements humains. Il n'y a point d'atteinte sensible à son âme qu'ils ne lui aient portée; mais, en lui faisant tout le mal qu'ils lui pouvaient faire, ils l'ont forcé de se réfugier dans des asiles où il n'est plus en leur pouvoir de pénétrer. Il peut maintenant les défier et se moquer de leur impuissance. Hors d'état de le rendre plus malheureux, ils le deviennent chaque jour davantage, en voyant que tant d'efforts n'ont abouti qu'à empirer leur situation et adoucir la sienne. Leur rage, devenue impuissante, n'a fait que s'irriter en voulant s'assouvir.

Au reste, il ne doute point que, malgré tant d'efforts, le temps ne lève enfin le voile de l'imposture, et ne découvre son innocence. La certitude qu'un jour on sentira le prix de sa patience contribue à la soutenir; et, en lui tout ôtant, ses persécuteurs n'ont pu lui ôter la confiance et l'espoir. « Si ma mémoire devait, dit-il, s'éteindre avec moi, je me consolerais d'avoir été si mal connu des hommes, dont je serais bientôt oublié; mais puisque mon existence doit être connue après moi par mes livres, et bien plus par mes malheurs, je ne me trouve point, je l'avoue, assez de résignation pour penser sans impatience, moi qui me sens meilleur et plus juste qu'aucun homme qui me soit connu, qu'on ne se souviendra de moi que comme d'un monstre, et que mes écrits, où le cœur qui les dicta est empreint à chaque page, passeront pour les déclamations d'un tartufe qui ne cherchait qu'à tromper le public. Qu'auront donc servi mon courage et mon zèle, si leurs monuments, loin d'être utiles aux bons (1), ne font qu'aigrir et fomenter l'animosité des méchants, si tout ce que l'amour de la vertu m'a fait dire sans crainte et sans intérêt ne fait à l'avenir, comme aujourd'hui, qu'exciter contre moi la prévention et la haine, et ne produit jamais aucun bien; si, au lieu des bénédictions qui m'étaient dues, mon nom, que tout devait rendre honorable, n'est prononcé dans l'avenir qu'avec imprécation! Non, je ne supporterais jamais une si cruelle idée; elle absorberait tout ce qui m'est resté de courage et de constance. Je consentirais sans peine à ne point exister dans la mémoire des hommes, mais je ne puis consentir, je l'avoue, à y rester diffamé; non, le Ciel ne le permettra point, et, dans quelque état que m'ait réduit la destinée, je ne désespérerai jamais de la Providence, sachant bien qu'elle choisit son heure et non pas la nôtre, et qu'elle aime à frapper son coup au moment qu'on ne l'attend plus. Ce n'est pas que je donne encore aucune importance, et surtout par rapport à moi, au peu de jours qui me restent à vivre, quand même j'y pourrais voir renaître pour moi toutes les douceurs

---

(1) Jamais les discours d'un homme qu'on croit parler contre sa pensée ne toucheront ceux qui ont cette opinion. Tous ceux qui, pensant mal de moi, disent avoir profité dans la vertu par la lecture de mes livres, mentent, et même très sottement. Ce sont ceux-là qui sont vraiment des tartufes.

dont on a pris peine à tarir le cours. J'ai trop connu la misère des prospérités humaines, pour être sensible, à mon âge, à leur tardif et vain retour; et quelque peu croyable qu'il soit, il leur serait encore plus aisé de revenir, qu'à moi d'en reprendre le goût. Je n'espère plus, et je désire très peu de voir de mon vivant la révolution qui doit désabuser le public sur mon compte. Que mes persécuteurs jouissent en paix, s'ils peuvent, toute leur vie, du bonheur qu'ils se sont fait des misères de la mienne. Je ne désire de les voir ni confondus ni punis; et pourvu qu'enfin la vérité soit connue, je ne demande point que ce soit à leurs dépens : mais je ne puis regarder comme une chose indifférente aux hommes le rétablissement de ma mémoire, et le retour de l'estime publique qui m'était due. Ce serait un trop grand malheur pour le genre humain que la manière dont on a procédé à mon égard servît de modèle et d'exemple, que l'honneur des particuliers dépendît de tout imposteur adroit, et que la société, foulant aux pieds les plus saintes lois de la justice, ne fût plus qu'un ténébreux brigandage de trahisons secrètes et d'impostures adoptées sans confrontation, sans contradiction, sans vérification, et sans aucune défense laissée aux accusés. Bientôt les hommes, à la merci les uns des autres, n'auraient de force et d'action que pour s'entre-déchirer entre eux, sans en avoir aucune pour la résistance; les bons, livrés tout-à-fait aux méchants, deviendraient d'abord leur proie, enfin leurs disciples; l'innocence n'aurait plus d'asile, et la terre, devenue un enfer, ne serait couverte que de démons occupés à se tourmenter les uns et les autres. Non, le Ciel ne laissera point un exemple aussi funeste ouvrir au crime une route nouvelle, inconnue jusqu'à ce jour; il découvrira la noirceur d'une trame aussi cruelle. Un jour viendra, j'en ai la juste confiance, que les honnêtes gens béniront ma mémoire, et pleureront sur mon sort. Je suis sûr de la chose, quoique j'en ignore le temps. Voilà le fondement de ma patience et de mes consolations. L'ordre sera rétabli tôt ou tard, même sur la terre, je n'en doute pas. Mes oppresseurs peuvent reculer le moment de ma justification, mais ils ne sauraient empêcher qu'il ne vienne. Cela me suffit pour être tranquille au milieu de leurs œuvres : qu'ils continuent à disposer de moi durant ma vie, mais qu'ils se pressent; je vais bientôt leur échapper. »

Tels sont sur ce point les sentiments de Jean-Jacques, et tels sont aussi les miens. Par un décret dont il ne m'appartient pas de sonder la profondeur, il doit passer le reste de ses jours dans le mépris et l'humiliation : mais j'ai le plus vif pressentiment qu'après sa mort et celle de ses persécuteurs, leurs trames seront découvertes, et sa mémoire justifiée. Ce sentiment me paraît si bien fondé, que, pour peu qu'on y réfléchisse, je ne vois pas qu'on puisse en douter. C'est un axiome généralement admis, que tôt ou tard la vérité se découvre; et tant d'exemples l'ont confirmé, que l'expérience ne permet plus qu'on en doute. Ici du moins il n'est pas concevable qu'une trame aussi compliquée reste cachée aux âges futurs; il n'est pas même à présumer qu'elle le soit longtemps dans le nôtre. Trop de signes la décèlent pour qu'elle échappe au premier qui voudra bien y regarder, et cette volonté viendra sûrement à plusieurs sitôt que Jean-Jacques aura cessé de vivre. De tant de gens employés à fasciner les yeux du public, il n'est pas possible qu'un grand nombre n'aperçoive la mauvaise foi de ceux qui les dirigent, et qu'ils ne sentent que, si cet homme était réellement tel qu'il le font, il serait superflu d'en imposer au public sur son compte, et d'employer tant d'impostures pour le charger de choses qu'il ne fait pas, et déguiser celles qu'il fait. Si l'intérêt, l'animosité, la crainte, les font concourir aujourd'hui sans peine à ces manœuvres, un temps peut venir où leur passion calmée, et leur intérêt changé, leur feront voir sous un jour bien différent les œuvres sourdes dont ils sont aujourd'hui témoins et complices. Est-il croyable alors qu'aucun de ces cooperateurs subalternes ne parlera confidemment à personne de ce qu'il a vu, de ce qu'on lui a fait faire, et de l'effet de tout cela pour abuser le public; que, trouvant d'honnêtes gens empressés à la recherche de la vérité défigurée, ils ne seront point tentés de se rendre encore nécessaires en la découvrant, comme ils le sont maintenant pour la cacher, de se donner quelque importance en montrant qu'ils furent admis dans la confidence des grands, et qu'ils savent des anecdotes ignorées du public? Et pourquoi ne croirais-je pas que le regret d'avoir contribué à noircir un innocent en rendra quelques-uns indiscrets ou véridiques, surtout à l'heure où, prêts à sortir de cette vie, ils seront sollicités par leur conscience à ne pas emporter leur couple avec eux? Enfin, pourquoi les réflexions que vous et moi faisions aujourd'hui ne viendront-elles pas alors dans l'esprit de plusieurs personnes, quand elles examineront de sangfroid la conduite qu'on a tenue, et la facilité qu'on eut par elle de peindre cet homme comme on a voulu? On sentira qu'il est beaucoup plus incroyable qu'un pareil homme ait existé réellement, qu'il ne l'est que la crédulité publique enhardissant les imposteurs, les ait portés à le peindre ainsi successivement, et en enchérissant toujours, sans s'apercevoir qu'ils passaient même la mesure du possible. Cette marche, très-naturelle à la passion, est un piége qui la décèle, et dont elle se garantit rarement. Celui qui voudrait tenir un registre exact de ce que, selon vos messieurs, il a fait, dit, écrit, imprimé, depuis qu'ils se sont emparés de sa personne, joint à tout ce qu'il a fait réellement, trouverait qu'en cent ans il n'aurait pu suffire à tant de choses. Tous les livres qu'on lui attribue, tous les propos qu'on lui fait tenir, sont aussi concordants et aussi naturels que les faits qu'on lui impute, et tout cela toujours si bien prouvé, qu'en admettant un seul de ces faits on n'a plus droit d'en rejeter aucun autre.

Cependant, avec un peu de calcul et de bon sens, on verra que tant de choses sont incompatibles, que jamais il n'a pu faire tout cela, ni se trouver en tant de lieux différents en si peu de temps; qu'il y a par conséquent plus de fictions que de vérités dans toutes ces anecdotes entassées, et qu'enfin les mêmes preuves qui n'empêchent pas les unes d'être des mensonges ne sauraient établir que les autres sont des vérités. La force même et le nombre de toutes ces preuves suffiront pour faire soupçonner le complot : et dès lors toutes celles qui n'auront pas subi l'épreuve légale perdront leur force, tous les témoins qui n'auront pas été confrontés à l'accusé perdront leur autorité, et il ne restera contre lui de charges solides que celles qui lui auront été connues, et dont il n'aura pu se justifier; c'est-à-dire qu'aux fautes près qu'il a déclarées le premier, et dont vos messieurs ont tiré un si grand parti, on n'aura rien du tout à lui reprocher.

C'est dans cette persuasion qu'il me paraît raisonnable qu'il se console des outrages de ses contemporains et de leur injustice. Quoi qu'ils puissent faire, ses livres, transmis à la postérité, montreront que leur auteur ne fut point tel qu'on s'efforce de le peindre; et sa vie réglée, simple, uniforme, et la même depuis tant d'années, ne s'accordera jamais avec le caractère affreux qu'on veut lui donner. Il en sera de ce ténébreux complot, formé dans un si profond secret, développé avec de si grandes précautions, et suivi avec tant de zèle, comme de tous les ouvrages des passions des hommes, qui sont passagers et périssables comme eux. Un temps viendra qu'on aura pour le siècle où vécut Jean-Jacques la même horreur que ce siècle marque pour lui, et que ce complot, immortalisant son auteur, comme Erostrate, passera pour un chef-d'œuvre de génie, et plus encore de méchanceté.

Le Fr. Je joins de bon cœur mes vœux aux vôtres pour l'accomplissement de cette prédiction, mais j'avoue que je n'y ai pas autant de confiance; et à voir le tour qu'a pris cette affaire, je jugerais que des multitudes de caractères et d'événements décrits dans l'histoire n'ont peut-être d'autre fondement que l'invention de ceux qui se sont avisés de les affirmer. Que le temps fasse triompher la vérité, c'est ce qui doit arriver très-souvent; mais que cela arrive toujours, comment le sait-on, et sur quelle preuve peut-on l'assurer? Des vérités longtemps cachées se découvrent enfin par quelques circonstances fortuites. Cent mille autres peut-être resteront à jamais offusquées par le mensonge, sans que nous ayons aucun moyen de les reconnaître et de les manifester; car, tant qu'elles restent cachées, elles sont pour nous comme n'existant pas. Otez le hasard qui en fait découvrir quelqu'une, elle continuerait d'être cachée; et qui sait combien il en reste pour qui ce hasard ne viendra jamais? Ne disons donc pas que le temps fait toujours triompher la vérité, car c'est ce qu'il nous est impossible de savoir, et il est bien plus croyable qu'effaçant pas à pas toutes ses traces, il fait plus souvent triompher le mensonge, surtout quand les hommes ont intérêt à le soutenir. Les conjectures sur lesquelles vous croyez que le mystère de ce complot sera dévoilé, me paraissent, à moi qui l'ai vu de plus prêt, beaucoup moins plausibles qu'à vous. La ligue est trop forte, trop nombreuse, trop bien liée, pour pouvoir se dissoudre aisément; et, tant qu'elle durera comme elle est, il est trop périlleux de s'en détacher, pour que personne s'y hasarde sans autre intérêt que celui de la justice. De tant de fils divers qui composent cette trame, chacun de ceux qui la conduisent ne voit que celui qu'il doit gouverner, et tout au plus ceux qui l'avoisinent. Le concours général du tout n'est aperçu que des directeurs, qui travaillent sans relâche à démêler ce qui s'embrouille, à ôter les tiraillements, les contradictions, et à faire jouer le tout d'une manière uniforme. La multitude des choses incompatibles entre elles, qu'on fait dire et faire à Jean-Jacques, n'est, pour ainsi dire, que le magasin des matériaux dans lequel les entrepreneurs, faisant un triage, choisiront à loisir les choses assortissantes qui peuvent s'accorder, et rejetant celles qui tranchent, répugnent, et se contredisent, parviendront bientôt à les faire oublier, après qu'elles auront produit leur effet. *Inventez toujours*, disent-ils aux ligueurs subalternes, *nous nous chargeons de choisir et d'arranger après.* Leur projet est, comme je vous l'ai dit, de faire une refonte générale de toutes les anecdotes recueillies ou fabriquées par leurs satellites, et de les arranger en un corps d'histoire disposée avec tant d'art, et travaillée avec tant de soin, que tout ce qui est absurde et contradictoire, loin de paraître un tissu de fables grossières, paraîtra l'effet de l'inconséquence de l'homme, qui, avec des passions diverses et monstrueuses, voulait le blanc et le noir, et passait sa vie à faire et défaire, faute de pouvoir accomplir ses mauvais desseins.

Cet ouvrage, qu'on prépare de longue main, pour le publier d'abord après sa mort, doit, par les pièces et les preuves dont il sera muni, fixer si bien le jugement du public sur sa mémoire, que personne ne s'avise même de former là-dessus le moindre doute. On y affectera pour lui le même intérêt, à même affection dont l'apparence bien ménagée a eu tant d'effet de son lvivant; et pour marquer plus d'impartialité, pour lui donner, comme à regret, un caractère affreux, on y joindra les éloges les plus outrés de sa plume et de ses talents, mais tournés de façon à le rendre odieux encore par là, comme si dire et prouver également le pour et le contre, tout persuader et ne rien croire, eût été le jeu favori de son esprit. En un mot, l'écrivain de cette vie, admirablement choisi pour cela, saura, comme l'*Aletès* du Tasse :

> ..... Menteur adroit, savant dans l'art de nuire,
> Sous la forme d'éloge habiller la satire.

Ses livres, dites-vous, transmis à la postérité déposeront en faveur de leur auteur. Ce sera, je l'avoue, un argument bien fort pour ceux qui penseront comme vous et moi sur ces livres. Mais savez-vous à quel point on peut les défigurer? et tout ce qui a déjà été fait pour cela avec le plus grand succès ne prouve-t-il pas qu'on peut tout faire sans que le public le croie ou le trouve mauvais? Cet argument tiré de ses livres a toujours inquiété nos messieurs. Ne pouvant les anéantir, et leurs plus malignes interprétations ne suffisant pas encore pour les décrier à leur gré, ils en ont entrepris la falsification; et cette entreprise, qui semblait d'abord presque impossible, est devenue, par la connivence du public, de la plus facile exécution. L'auteur n'a fait qu'une seule édition de chaque pièce. Ces impressions éparses ont disparu depuis longtemps, et le peu d'exemplaires qui peuvent rester, cachés dans quelques cabinets, n'ont excité la curiosité de personne pour les comparer avec les recueils dont on affecte d'inonder le public. Tous ces recueils, grossis de critiques outrageantes, de libelles venimeux, et faits avec l'unique projet de défigurer les productions de l'auteur, d'en altérer les maximes, et d'en changer peu à peu l'esprit, ont été, dans cette vue, arrangés et falsifiés avec beaucoup d'art, d'abord seulement par des retranchements, qui, supprimant les éclaircissements nécessaires, altéraient le sens de ce qu'on laissait, puis par d'apparentes négligences qu'on pouvait faire passer pour des fautes d'impression, mais qui produisaient des contre-sens terribles, et qui, fidèlement transcrites à chaque impression nouvelle, ont enfin substitué, par tradition, ces fausses leçons aux véritables. Pour mieux réussir dans ce projet, on a imaginé de faire de belles éditions, qui, par leur perfection typographique, fissent tomber les précédentes et restassent dans les bibliothèques; et, pour leur donner un plus grand crédit, on a tâché d'y intéresser l'auteur même par l'appât du gain, et on lui a fait pour cela, par le libraire chargé de ces manœuvres, des propositions assez magnifiques pour devoir naturellement le tenter. Le projet était d'établir ainsi la confiance du public, de ne faire passer sous les yeux de l'auteur que des épreuves correctes, et de tirer à son insu les feuilles destinées pour le public, et où le texte eût été accommodé selon les vues de nos messieurs. Rien n'eût été si facile par la manière dont il est enlacé, que de lui cacher ce petit manège, et de le faire ainsi servir lui-même à autoriser la fraude dont il devait être la victime, et qu'il eût ignorée, croyant transmettre à la postérité une édition fidèle de ses écrits. Mais, soit dégoût, soit paresse, soit qu'il ait eu quelque vent du projet, non content de s'être refusé à la proposition, il a désavoué dans une protestation signée tout ce qui s'imprimerait désormais sous son nom. L'on a donc pris le parti de se passer de lui, et d'aller en avant comme s'il participait à l'entreprise. L'édition se fait par souscription et s'imprime, dit-on, à Bruxelles, en beau papier, beau caractère, belles estampes. On n'épargnera rien pour la prôner dans toute l'Europe, et pour en vanter surtout l'exactitude et la fidélité, dont on ne doutera pas plus que de la ressemblance du portrait publié par l'ami Hume. Comme elle contiendra beaucoup de nouvelles pièces refondues ou fabriquées par nos messieurs, on aura grand soin de les munir de titres plus que suffisants auprès d'un public qui ne demande pas mieux que de tout croire, et qui ne s'avisera pas si tard de faire le difficile sur leur authenticité.

Rouss. Mais, comment? cette déclaration de Jean-Jacques, dont vous venez de parler, ne lui servira donc de rien pour se garantir de toutes ces fraudes? et, quoi qu'il puisse dire, vos messieurs feront passer sans obstacle tout ce qu'il leur plaira d'imprimer sous son nom?

Le Fr. Bien plus; ils ont su tourner contre lui jusqu'à son désaveu. En le faisant imprimer eux-mêmes, ils en ont tiré pour eux un nouvel avantage, en publiant que, voyant ses mauvais principes mis à découvert et consignés dans ses écrits, il tâchait de se disculper en rendant leur fidélité suspecte. Passant habilement sous silence les falsifications réelles, ils ont fait entendre qu'il accusait d'être falsifiés des passages que tout le monde sait bien ne l'être pas; et, fixant toute l'attention du public sur ces passages, ils l'ont ainsi détourné de vérifier leurs infidélités. Supposez qu'un homme vous dise: Jean-Jacques dit qu'on lui a volé des poires, et il ment, car il a son compte de pommes : donc on ne lui a point volé de poires. Ils ont exactement raisonné comme cet homme-là, et c'est sur ce raisonnement qu'ils ont persifflé sa déclaration. Ils étaient si sûrs de son peu d'effet qu'en même temps qu'ils la faisaient imprimer, ils imprimaient aussi cette prétendue traduction du Tasse tout exprès pour la lui attribuer, et qu'ils lui ont en effet attribuée, sans la moindre objection de la part du public; comme si cette manière d'écrire aride et sautillante, sans liaison, sans harmonie et sans grâce, était en effet la sienne. De sorte que, selon eux, tout en protestant contre tout ce qui paraîtrait désormais sous son nom, et qui lui serait attribué, il publiait néanmoins ce barbouillage, non-seulement sans s'en cacher, mais ayant grand'peur de n'en être pas cru l'auteur, comme il paraît par la préface singeresse qu'ils ont mise à la tête du livre.

Vous croyez qu'une balourdise aussi grossière, une aussi extravagante contradiction devait ouvrir les yeux à tout le monde et révolter contre l'impudence de nos messieurs, poussée ici jusqu'à la bêtise? Point du tout : en réglant leurs manœuvres sur la disposition où ils ont mis le public, sur la crédulité qu'ils lui ont donnée, ils sont bien plus sûrs de réussir que s'ils agissaient avec plus de finesse. Dès qu'il s'agit de Jean-Jacques, il n'est besoin de mettre ni bon sens, ni vraisemblance, dans les choses qu'on en débite; plus elles sont absurdes et ridicules, plus on s'empresse à n'en pas douter. Si d'Alembert ou Diderot s'avisaient d'affirmer aujourd'hui qu'il a deux têtes, en le voyant passer demain dans la rue, tout le monde lui verrait deux têtes très distinctement, et chacun serait très surpris de n'avoir pas aperçu plus tôt cette monstruosité.

Nos messieurs sentent si bien cet avantage et savent si bien s'en prévaloir, qu'il entre dans leurs plus efficaces ruses d'employer des manœuvres pleines d'audace et d'impudence au point d'en être incroyables, afin que, s'il les apprend et s'en plaint, personne n'y veuille ajouter foi. Quand, par exemple, un honnête imprimeur, Simon, dira publiquement à tout le monde que Jean-Jacques vient souvent chez lui voir et corriger les épreuves de ces éditions frauduleuses qu'ils font de ses écrits, qui est-ce qui croira que Jean-Jacques ne connaît pas l'imprimeur Simon, et n'avait pas même ouï parler de ces éditions quand ce discours lui revint? Quand encore on verra son nom pompeusement étalé dans les listes des souscripteurs de livres de prix, qui est-ce qui, dès à présent et dans l'avenir, ira s'imaginer que toutes ces souscriptions prétendues sont là mises à son insu, ou malgré lui, seulement pour lui donner un air d'opulence et de prétention qui démente le ton qu'il a pris. Et cependant.....

Rouss. Je sais ce qu'il en est, car il m'a protesté n'avoir fait en sa vie qu'une seule souscription, savoir celle pour la statue de M. de Voltaire.

Le Fr. Hé bien, monsieur, cette seule souscription qu'il a faite est la seule dont on ne sait rien; car le discret d'Alembert, qui l'a reçue, n'en a pas fait beaucoup de bruit. Je comprends bien que cette souscription est moins une générosité qu'une vengeance; mais c'est une vengeance à la Jean-Jacques, que Voltaire ne lui rendra pas.

Vous devez sentir, par ces exemples, que, de quelque façon qu'il s'y prenne, et dans aucun temps, il ne peut raisonnablement espérer que la vérité perce à son égard à travers les filets tendus autour de lui, et dans lesquels, en s'y débattant, il ne fait que s'enlacer davantage. Tout ce qui lui arrive est trop hors de l'ordre commun des choses pour pouvoir jamais être cru; et ses protestations mêmes ne feront qu'attirer sur lui les reproches d'impudence et de mensonge que méritent ses ennemis.

Donnez à Jean-Jacques un conseil, le meilleur peut-être pour lui à suivre, environné comme il est d'embûches et de pièges où chaque pas ne peut manquer de l'attirer : c'est de rester, s'il se peut, immobile, de ne point agir du tout (1), de n'acquiescer à rien de ce qu'on lui propose, sous quelque pré-

---

(1) Il ne m'est pas permis de suivre ce conseil en ce qui regarde la juste défense de mon honneur. Je dois, jusqu'à la fin, faire tout ce qui dépend de moi, sinon pour ouvrir les yeux à cette aveugle génération, du moins pour en éclairer une plus équitable. Tous

texte que ce soit, et de résister même à ses propres mouvements tant qu'il peut s'abstenir de les suivre. Sous quelque face avantageuse qu'une chose à faire ou à dire se présente à son esprit, il doit compter que dès qu'on lui laisse le pouvoir de l'exécuter, c'est qu'on est sûr d'en tourner l'effet contre lui, et de la rendre funeste. Par exemple, pour tenir le public en garde contre la falsification de ses livres, et contre tous les écrits pseudonymes qu'on fait courir journellement sous son nom, qu'y avait-il de meilleur en apparence et dont on pût moins abuser pour lui nuire que la déclaration dont nous venons de parler? Et cependant vous seriez étonné du parti qu'on a tiré de cette déclaration pour un effet tout contraire, et il a dû sentir cela de lui-même par le soin qu'on a pris de la faire imprimer à son insu : car il n'a sûrement pas pu croire qu'on ait pris ce soin pour lui faire plaisir. L'écrit sur le gouvernement de Pologne (1), qu'il n'a fait que sur les plus touchantes instances, avec le plus parfait désintéressement, et par les seuls motifs de la plus pure vertu, semblait ne pouvoir qu'honorer son auteur et le rendre respectable, quand même cet écrit n'eût été qu'un tissu d'erreurs. Si vous saviez par qui, pour qui, pourquoi cet écrit était sollicité, l'usage qu'on s'est empressé d'en faire, et le tour qu'on a su lui donner, vous sentiriez parfaitement combien il eût été à désirer pour l'auteur que, résistant à toute cajolerie, il se refusât à l'appât de cette bonne œuvre, qui, de la part de ceux qui la sollicitaient avec tant d'instance, n'avait pour but que de la rendre pernicieuse pour lui. En un mot, s'il connaît sa situation, il doit comprendre, pour peu qu'il y réfléchisse, que toute proposition qu'on lui fait, et quelque couleur qu'on y donne, a toujours un but qu'on lui cache, et qui l'empêcherait d'y consentir si ce but lui était connu. Il doit sentir surtout que le motif de faire du bien ne peut être qu'un piége pour lui de la part de ceux qui le lui proposent, et pour eux un moyen réel de faire du mal à lui ou par lui, pour le lui imputer dans la suite; qu'après l'avoir mis hors d'état de rien faire d'utile aux autres ni à lui-même, on ne peut plus lui présenter un pareil motif que pour le tromper; qu'enfin, n'étant plus, dans sa position, en puissance de faire aucun bien, tout ce qu'il peut désormais faire de mieux est de s'abstenir tout-à-fait d'agir, de peur de malfaire, sans le savoir ni le

---

les moyens pour cela me sont ôtés, je le sais; mais, aucun espoir de succès, tous les efforts possibles, quoique inutiles, n'en sont pas moins dans mon devoir, et je ne cesserai de les faire jusqu'à mon dernier soupir. *Fay ce que doy, arrive que pourra.*

(1) Cet écrit est tombé dans les mains de M. d'Alembert, peut-être aussitôt qu'il est sorti des miennes, et Dieu sait quel usage il en a su faire. M. le comte Wielhorski m'apprit, en venant me dire adieu, à son départ de Paris, qu'on avait mis des horreurs de lui dans la gazette de Hollande. A l'air dont il me dit cela, j'ai jugé, en y repensant, qu'il me croyait l'auteur de l'article, et je ne doute pas qu'il n'y ait du d'Alembert dans cette affaire, aussi bien que dans celle d'un certain comte Zanowisch, Dalmate, et d'un prêtre aventurier, Polonais, qui a fait mille efforts pour pénétrer chez moi. Les manœuvres de ce M. d'Alembert ne me surprennent plus : j'y suis tout accoutumé. Je ne puis assurément approuver la conduite du comte Wielhorski à mon égard. Mais, cet article à part, que je n'entreprends pas d'expliquer, j'ai toujours regardé et je regarde encore ce seigneur polonais comme un honnête homme et un bon patriote; et, si j'avais la fantaisie et les moyens de faire insérer des articles dans les gazettes, j'aurais assurément des choses plus pressées à dire, et plus importantes pour moi, que des satires du comte Wielhorski. Le succès de toutes ces menées est un effet nécessaire du système de conduite que l'on suit à mon égard. Qu'est-ce qui pourrait empêcher de réussir tout ce qu'on entreprend contre moi, dont je ne sais rien, à quoi je ne peux rien, et que tout le monde favorise?

vouloir, comme cela lui arrivera infailliblement chaque fois qu'il cédera aux instances des gens qui l'environnent, et qui ont toujours leur leçon toute faite sur les choses qu'ils doivent lui proposer. Surtout qu'il ne se laisse point émouvoir par le reproche de se refuser à quelque bonne œuvre; sûr au au contraire que si c'était réellement une bonne œuvre, loin de l'exhorter à y concourir, tout se réunirait pour l'en empêcher, de peur qu'il n'en eût le mérite, et qu'il n'en résultât quelque effet en sa faveur.

Par les mesures extraordinaires qu'on prend pour altérer et défigurer ses écrits et pour lui en attribuer auxquels il n'a jamais songé, vous devez juger que l'objet de la ligue ne se borne pas à la génération présente, pour qui ces soins ne sont plus nécessaires; et puisque ayant sous les yeux ses livres, tels à peu près qu'il les a composés, on n'en a pas tiré l'objection qui nous paraît si forte à l'un et à l'autre contre l'affreux caractère qu'on prête à l'auteur, puisqu'au contraire on les a su mettre au rang de ses crimes, que la Profession de foi du Vicaire est devenue un écrit impie, l'*Héloïse* un roman obscène, le *Contrat social* un livre séditieux; puisqu'on vient de mettre à Paris *Pygmalion*, malgré lui, sur la scène, tout exprès pour exciter ce risible scandale qui n'a fait rire personne, et dont nul n'a senti la comique absurdité; puisque enfin ces écrits tels qu'ils existent n'ont pas garanti leur auteur de la diffamation de son vivant, l'en garantiront-ils mieux après sa mort, quand on les aura mis dans l'état projeté pour rendre sa mémoire odieuse, et quand les auteurs du complot auront eu tout le temps d'effacer toutes les traces de son innocence et de leur imposture? Ayant pris toutes leurs mesures en gens prévoyants et pourvoyants qui songent à tout, auront-ils oublié la supposition que vous faites du repentir de quelque complice, du moins à l'heure de la mort, et les déclarations incommodes qui pourraient en résulter s'ils n'y mettaient ordre?

Non, monsieur, comptez que toutes leurs mesures sont si bien prises, qu'il leur reste peu de chose à craindre de ce côté-là.

Parmi les singularités qui distinguent le siècle où nous vivons de tous les autres, est l'esprit méthodique et conséquent qui, depuis vingt ans, dirige les opinions publiques. Jusqu'ici ces opinions erraient sans suite et sans règle au gré des passions des hommes, et ces passions, s'entrechoquant sans cesse, faisaient flotter le public de l'une à l'autre sans aucune direction constante. Il n'en est plus de même aujourd'hui. Les préjugés eux-mêmes ont leur marche et leurs règles, et ces règles, auxquelles le public est asservi sans qu'il s'en doute, s'établissent uniquement sur les vues de ceux qui le dirigent. Depuis que la secte philosophique s'est réunie en un corps sous des chefs, ces chefs, par l'art de l'intrigue auquel ils se sont appliqués, devenus les arbitres de l'opinion publique, le sont par elle de la réputation, même de la destinée des particuliers, et, par eux, de celle de l'état. Leur essai fut fait sur Jean-Jacques, et la grandeur du succès qui dut les étonner eux-mêmes leur fit sentir jusqu'où leur crédit pouvait s'étendre. Alors ils songèrent à s'associer des hommes puissants, pour devenir avec eux les arbitres de la société, ceux surtout qui, disposés comme eux aux secrètes intrigues et aux mines souterraines, ne pouvaient manquer de rencontrer et d'éventer souvent les leurs. Ils leur firent sentir que, travaillant de concert, ils pouvaient étendre tellement leurs rameaux sous les pas des hommes, que nul ne trouvât plus d'assiette solide et ne pût marcher que sur des terrains contreminés. Ils se donnèrent des chefs principaux qui, de leur côté, dirigeant sourdement toutes les forces publiques sur les plans convenus entre eux, rendent infaillible l'exécution de tous leurs projets. Ces chefs de la ligue philosophique la méprisent et n'en sont pas estimés, mais l'intérêt commun les tient étroitement unis les uns aux autres, parce que la haine ardente et cachée est la grande passion de tous, et que, par une rencontre assez naturelle, cette haine commune est tombée sur les mêmes objets. Voilà comment le siècle où nous vivons est devenu le siècle de la haine et des complots, siècle où tout agit de concert sans affection pour personne; où nul ne tient à son parti par attachement, mais par aversion pour le parti contraire; où, pourvu qu'on fasse le mal d'autrui, nul ne se soucie de son propre bien.

Rouss. C'était pourtant chez tous ces gens si haineux que vous trouviez pour Jean-Jacques une affection si tendre.

Le Fr. Ne me rappelez pas mes torts; ils étaient moins réels qu'apparents. Quoique tous ces ligueurs m'eussent fasciné l'esprit par un certain jargon papilloté, toutes ces ridicules vertus, si pompeusement étalées, étaient presque aussi choquantes à mes yeux qu'aux vôtres. J'y sentais une forfanterie que je ne savais pas démêler; et mon jugement, subjugué mais non satisfait, cherchait les éclaircissements que vous m'avez donné, sans savoir les trouver de lui-même.

Les complots ainsi arrangés, rien n'a été plus facile que de les mettre à exécution par des moyens assortis à cet effet. Les oracles des grands ont toujours un grand crédit sur le peuple. On n'a fait qu'y ajouter un air de mystère pour les faire mieux circuler. Les philosophes, pour conserver une certaine gravité, se sont donné, en se faisant chef de parti, des multitudes de petits élèves qu'ils ont initiés aux secrets de la secte, et dont ils ont fait autant d'émissaires et d'opérateurs de sourdes iniquités; et, répandant par eux les noirceurs qu'ils inventaient et qu'ils feignaient eux de vouloir cacher, ils étendaient ainsi leur cruelle influence dans tous les rangs, sans excepter les plus élevés. Pour s'attacher inviolablement leurs créatures, les chefs ont commencé par les employer à malfaire, comme Catilina fit boire à ses conjurés le sang d'un homme, sûrs que, par ce mal où ils les avaient fait tremper, il les tenaient liés pour le reste de leur vie. Vous avez dit que la vertu n'unit les hommes que par des liens fragiles, au lieu que les chaînes du crime sont impossibles à rompre. L'expérience en est sensible dans l'histoire de Jean-Jacques. Tout ce qui tenait à lui par l'estime et la bienveillance, que sa droiture et la douceur de son commerce devaient naturellement inspirer, s'est éparpillé, sans retour, à la première épreuve, ou n'est resté que pour le trahir. Mais les complices de nos messieurs n'oseront jamais ni les démasquer, quoi qu'il arrive, de peur d'être démasqués eux-mêmes; ni se détacher d'eux, de peur de leur vengeance, trop bien instruits de ce qu'ils savent faire pour l'exercer. Demeurant ainsi tous unis par la crainte plus que les bons ne le sont par l'amour, ils forment un corps indissoluble dont chaque membre ne peut plus être séparé.

Dans l'objet de disposer, par leurs disciples, de l'opinion publique et de la réputation des hommes, ils ont assorti leur doctrine à leurs vues : ils ont fait adopter à leurs sectateurs les principes les plus propres à se les tenir inviolablement attachés, quelque usage qu'ils en veuillent faire; et, pour empêcher que les directions d'une importune morale ne vinssent contrarier les leurs, ils l'ont sapée par la base en détruisant toute religion, tout libre-arbitre, par conséquent tout remords, d'abord avec quelque précaution, par la secrète prédication de leur doctrine, et ensuite tout ouvertement, lorsqu'ils n'ont plus eu de puissance réprimante à craindre. En paraissant prendre le contre-pied des jésuites, ils ont tendu néanmoins au même but par des routes détournées, en se faisant comme eux chefs de parti. Les jésuites se rendaient tout-puissants en exerçant l'autorité divine sur les consciences, et se faisant, au nom de Dieu, les arbitres du bien et du mal. Les philosophes, ne pouvant usurper la même autorité, se sont appliqués à la détruire; et puis, en paraissant expliquer la nature (1) à leurs dociles sectateurs, et s'en faisant les suprêmes interprètes, ils se sont établis en son nom une autorité non moins absolue que celle de leurs ennemis, quoiqu'elle paraisse libre et ne régner sur les volontés que par la raison. Cette haine mutuelle était au fond une rivalité de puissance comme celle de Carthage et de Rome. Ces deux corps, tous deux impérieux, tous deux intolérants, étaient par conséquent incompatibles, puisque le système fondamental de l'un et de l'autre était de régner despotiquement. Chacun voulant régner seul, ils ne pouvaient partager l'empire et régner ensemble; ils s'excluaient mutuellement. Le nouveau, suivant plus adroitement les errements de l'autre, l'a supplanté en lui débauchant ses appuis, et, par eux, est venu à bout de le détruire. Mais on le voit déjà marcher sur ses traces avec autant d'audace et plus de succès, puisque l'autre a toujours éprouvé de la résistance, et que celui-ci n'en éprouve plus. Son intolérance, plus cachée et non moins cruelle, ne paraît pas exercer la même rigueur, parce qu'elle n'éprouve plus de rebelles; mais, s'il renaissait quelques vrais défenseurs du théisme, de la tolérance et de la morale, on verrait bientôt s'élever contre eux les plus terribles persécutions; bientôt une inquisition philosophique, plus cauteleuse et non moins sanguinaire que l'autre, ferait brûler sans miséricorde quiconque oserait croire en Dieu. Je ne vous déguiserai point qu'au fond du cœur je suis resté croyant moi-même aussi bien que vous. Je pense là-dessus, ainsi que Jean-Jacques, que chacun est porté naturellement à croire ce qu'il désire, et que celui qui se sent digne du prix des âmes justes ne peut s'empêcher de l'espérer. Mais, sur ce point comme sur Jean-Jacques lui-même, je ne veux point professer hautement et inutilement des sentiments qui me perdraient. Je veux tâcher d'allier la prudence avec la droiture, et ne faire ma véritable profession de foi que quand j'y serai forcé sous peine de mensonge.

Or cette doctrine de matérialisme et d'athéisme, prêchée et propagée avec toute l'ardeur des plus zélés missionnaires, n'a pas seulement pour objet de faire dominer les chefs sur leurs prosélytes, mais, dans les mystères secrets où ils les emploient, de n'en craindre aucune indiscrétion durant leur vie,

(1) Nos philosophes ne manquent pas d'étaler pompeusement ce mot de *nature* à la tête de tous leurs écrits. Mais ouvrez le livre, vous verrez quel jargon métaphysique ils ont décoré de ce beau nom.

ni aucune repentance à leur mort. Leurs trames, après le succès, meurent avec leurs complices, auxquels ils n'ont rien tant appris qu'à ne pas craindre dans l'autre vie ce *Poul-Serrho* des Persans, objecté par Jean-Jacques à ceux qui disent que la religion ne fait aucun bien. Le dogme de l'ordre moral, rétabli dans l'autre vie, a fait jadis réparer bien des torts dans celle-ci; et les imposteurs ont eu, dans les derniers moments de leurs complices, un danger à courir qui souvent leur servit de frein. Mais notre philosophie, en délivrant ses prédicateurs de cette crainte, et leurs disciples de cette obligation, a détruit pour jamais tout retour au repentir. A quoi bon des révélations non moins dangereuses qu'inutiles? Si l'on meurt, on ne risque rien, selon eux, à se taire; et l'on risque tout à parler, si l'on en revient. Ne voyez-vous pas que, depuis longtemps, on n'entend plus parler de restitutions, de réparations, de réconciliations au lit de la mort; que tous les mourants, sans repentir, sans remords, emportent sans effroi dans leur conscience le bien d'autrui, le mensonge et la fraude dont ils la chargèrent pendant leur vie? Et que servirait même à Jean-Jacques ce repentir supposé d'un mourant dont les tardives déclarations, étouffées par ceux qui l'entourent, ne transpireraient jamais au dehors, et ne parviendraient à la connaissance de personne? Ignorez-vous que tous les ligueurs, surveillants les uns des autres, forcent et sont forcés de rester fidèles au complot, et qu'entourés, surtout à leur mort, aucun d'eux ne trouverait pour recevoir sa confession, au moins à l'égard de Jean-Jacques, que de faux dépositaires qui ne s'en chargeraient que pour l'ensevelir dans un secret éternel? Ainsi toutes les bouches sont ouvertes au mensonge, sans que parmi les vivants et les mourants il s'en trouve désormais aucune qui s'ouvre à la vérité. Dites-moi donc quelle ressource lui reste pour triompher, même à force de temps, de l'imposture, et se manifester au public, quand tous les intérêts concourent à la tenir cachée, et qu'aucun ne porte à la révéler?

Rouss. Non, ce n'est pas à moi à vous dire cela, c'est à vous-même, et ma réponse est écrite dans votre cœur. Eh! dites-moi donc à votre tour quel intérêt, quel motif vous ramène de l'aversion, de l'animosité même qu'on vous inspira pour Jean-Jacques, à des sentiments si différents? Après l'avoir si cruellement haï quand vous l'avez cru méchant et coupable, pourquoi le plaignez-vous si sincèrement aujourd'hui que vous le jugez innocent? Croyez-vous donc être le seul homme au cœur duquel parle encore la justice indépendamment de tout autre intérêt? Non, monsieur, il en est encore, et peut-être plus qu'on ne pense, qui sont plutôt abusés que séduits, qui font aujourd'hui par faiblesse et par imitation ce qu'ils voient faire à tout le monde, mais qui, rendus à eux-mêmes, agiraient tout différemment. Jean-Jacques lui-même pense plus favorablement que vous de plusieurs de ceux qui l'approchent; il les voit, trompés par ses soi-disant patrons, suivre sans le savoir les impressions de la haine, croyant de bonne foi suivre celles de la pitié. Il y a dans la disposition publique un prestige entretenu par les chefs de la ligue. S'ils se relâchaient un moment de leur vigilance, les idées dévoyées par leurs artifices ne tarderaient pas à reprendre leurs cours naturel, et la tourbe elle-même, ouvrant enfin les yeux, et voyant où l'on l'a conduite, s'étonnerait de son propre égarement. Cela, quoi que vous en disiez, arrivera tôt ou tard. La question, si cavalièrement décidée dans notre siècle, sera mieux discutée dans un autre, quand la haine dans laquelle on entretient le public cessera d'être fomentée ; et quand dans des générations meilleures celle-ci aura été mise à son prix, ses jugements formeront des préjugés contraires ; ce sera une honte d'en avoir été loué, et une gloire d'en avoir été haï. Dans cette génération même il faut distinguer encore et les auteurs du complot, et ses directeurs des deux sexes, et leurs confidents en très petit nombre initiés peut-être dans le secret de l'imposture, d'avec le public, qui, trompé par eux, et le croyant réellement coupable, se prête sans scrupule à tout ce qu'ils inventent pour le rendre plus odieux de jour en jour. La conscience éteinte dans les premiers n'y laisse plus de prise au repentir ; mais l'égarement des autres est l'effet d'un prestige qui peut s'évanouir, et leur conscience rendue à elle-même peut leur faire sentir cette vérité si pure et si simple, que la méchanceté qu'on emploie à diffamer un homme prouve que ce n'est point pour sa méchanceté qu'il est diffamé. Sitôt que la passion et la prévention cesseront d'être entretenues, mille choses qu'on ne remarque pas aujourd'hui frapperont tous les yeux. Ces éditions frauduleuses de ses écrits, dont vos messieurs attendent un si grand effet, en produiront alors un tout contraire, et serviront à les déceler, en manifestant aux plus stupides les perfides intentions des éditeurs. Sa vie, écrite de son vivant par des traîtres, en se cachant très soigneusement de lui, portera tous les caractères des plus noirs libelles ; enfin, tous les manéges dont il est l'objet paraîtront alors ce qu'ils sont ; c'est tout dire.

Que les nouveaux philosophes aient voulu prévenir les remords des mourants par une doctrine qui mît leur conscience à son aise, de quelque poids qu'ils aient pu la charger, c'est de quoi je ne doute pas plus que vous, remarquant surtout que la prédication passionnée de cette doctrine a commencé précisément avec l'exécution du complot, et paraît tenir à d'autres complots dont celui-ci ne fait que partie. Mais cet engouement d'athéisme est un fanatisme, éphémère ouvrage de la mode, et qui se détruira par elle ; et l'on voit, par l'emportement avec lequel le peuple s'y livre, que ce n'est qu'une mutinerie contre sa conscience, dont il sent le murmure avec dépit. Cette commode philosophie des heureux et des riches, qui font leur paradis en ce monde, ne saurait être longtemps celle de la multitude victime de leurs passions, et qui, faute de bonheur en cette vie, a besoin d'y trouver au moins l'espérance et les consolations que cette barbare doctrine leur ôte. Des hommes nourris dès l'enfance dans une intolérante impiété poussée jusqu'au fanatisme, dans un libertinage sans crainte et sans honte ; une jeunesse sans discipline, des femmes sans mœurs (1), des peuples sans foi, des rois sans loi, sans supérieur qu'ils craignent, et délivrés de toute espèce de frein ; tous les devoirs de la conscience anéantis, l'amour de la patrie et

(1) Je viens d'apprendre que la génération présente se vante singulièrement de bonnes mœurs. J'aurais dû deviner cela. Je ne doute pas qu'elle ne se vante aussi de désintéressement, de droiture, de franchise et de loyauté. C'est être aussi loin des vertus qu'il est possible, que d'en perdre l'idée au point de prendre pour elles les vices contraires. Au reste, il est très naturel qu'à force de sourdes intrigues et de noirs complots, à force de se nourrir de bile et de fiel, on perde enfin le goût des vrais plaisirs. Celui de nuire, une fois goûté, rend insensible à tous les autres : c'est une des punitions des méchants.

l'attachement au prince éteints dans tous les cœurs; enfin, nul autre lien social que la force : on peut prévoir aisément, ce me semble, ce qui doit bientôt résulter de tout cela. L'Europe, en proie à des maîtres instruits, par leurs instituteurs même, à n'avoir d'autres guides que leur intérêt, ni d'autre dieu que leurs passions; tantôt sourdement affamée, tantôt ouvertement dévastée, partout inondée de soldats (1), de comédiens, de filles publiques, de livres corrupteurs et de vices destructeurs, voyant naître et périr dans son sein des races indignes de vivre, sentira tôt ou tard, dans ses calamités, le fruit des nouvelles instructions; et jugeant d'elles par leurs funestes effets, prendra dans la même horreur et les professeurs et les disciples, et toutes ces doctrines cruelles qui, laissant l'empire absolu de l'homme à ses sens, et bornant tout à la jouissance de cette courte vie, rendent le siècle où elles règnent aussi méprisable que malheureux.

Ces sentiments innés, que la nature a gravés dans tous les cœurs pour consoler l'homme dans ses misères et l'encourager à la vertu, peuvent bien, à force d'art, d'intrigue et de sophisme, être étouffés dans les individus; mais, prompts à renaître dans les générations suivantes, ils ramèneront toujours l'homme à ses dispositions primitives, comme la semence d'un arbre greffé redonne toujours le sauvageon. Ce sentiment intérieur, que nos philosophes admettent quand il leur est commode et rejettent quand il leur est importun, perce à travers les écarts de la raison, et crie à tous les cœurs que la justice a une autre base que l'intérêt de cette vie, et que l'ordre moral, dont rien ici-bas ne nous donne l'idée, a son siége dans un système différent, qu'on cherche en vain sur la terre, mais où tout doit être un jour ramené (2). La voix de la conscience ne peut pas plus être étouffée dans le cœur humain, que celle de la raison dans l'entendement; et l'insensibilité morale est tout aussi peu naturelle que la folie.

Ne croyez donc pas que tous les complices d'une trame exécrable puissent vivre et mourir toujours en repos dans leur crime. Quand ceux qui les dirigent n'attiseront plus la passion qui les anima, quand cette passion se sera suffisamment assouvie, quand ils en auront fait périr l'objet dans les ennuis, la nature insensiblement reprendra son empire : ceux qui commirent l'iniquité en sentiront l'insupportable poids, quand son souvenir ne sera plus accompagné d'aucune jouissance. Ceux qui en furent les témoins sans y tremper, mais sans la connaître, revenus de l'illusion qui les abuse, attesteront ce qu'ils ont vu, ce qu'ils ont entendu, ce qu'ils savent, et rendront hommage à la vérité. Tout a été mis en œuvre pour prévenir et empêcher ce retour : mais on a beau faire, l'ordre naturel se rétablit tôt ou tard, et le premier qui soupçonnera que Jean-Jacques pourrait bien n'avoir pas été coupable, sera bien près de s'en convaincre, et d'en convaincre, s'il veut, ses contemporains, qui, le complot et ses auteurs n'existant plus, n'auront

---

(1) Si j'ai le bonheur de trouver enfin un lecteur équitable quoique Français, j'espère qu'il pourra comprendre, au moins cette fois, qu'*Europe* et *France* ne sont pas pour moi des mots synonymes.

(2) *De l'utilité de la Religion.* Titre d'un beau livre à faire et bien nécessaire. Mais ce titre ne peut être dignement rempli ni par un homme d'église, ni par un auteur de profession. Il faudrait un homme tel qu'il n'en existe plus de nos jours et qu'il n'en renaîtra de longtemps.

d'autre intérêt que celui d'être justes, et de connaître la vérité. C'est alors que tous ces monuments seront précieux, et que tel fait qui peut n'être aujourd'hui qu'un indice incertain, conduira peut-être jusqu'à l'évidence.

Voilà, monsieur, à quoi tout ami de la justice et de la vérité peut, sans se compromettre, et doit consacrer tous les soins qui sont en son pouvoir. Transmettre à la postérité des éclaircissements sur ce point, c'est préparer et remplir peut-être l'œuvre de la Providence. Le ciel bénira, n'en doutez pas, une si juste entreprise. Il en résultera pour le public deux grandes leçons, et dont il avait grand besoin; l'une, d'avoir, et surtout aux dépens d'autrui, une confiance moins téméraire dans l'orgueil du savoir humain; l'autre, d'apprendre, par un exemple aussi mémorable, à respecter en tout et toujours le droit naturel, et à sentir que toute vertu qui se fonde sur une violation de ce droit est une vertu qui fausse, qui couvre infailliblement quelque iniquité. Je me dévoue donc à cette œuvre de justice en tout ce qui dépend de moi, et je vous exhorte à y concourir, puisque vous le pouvez faire sans risque, et que vous avez vu de plus près des multitudes de faits qui peuvent éclairer ceux qui voudront un jour examiner cette affaire. Nous pouvons, à loisir et sans bruit, faire nos recherches, les recueillir, y joindre nos réflexions; et, reprenant autant qu'il se peut la trace de toutes ces manœuvres, dont nous découvrons déjà les vestiges, fournir à ceux qui viendront après nous un fil qui les guide dans ce labyrinthe. Si nous pouvions conférer avec Jean-Jacques sur tout cela, je ne doute point que nous ne tirassions de lui beaucoup de lumières qui resteront à jamais éteintes, et que nous ne fussions surpris nous-même de la facilité avec laquelle quelques mots de sa part expliqueraient des énigmes qui, sans cela, demeureront peut-être impénétrables par l'adresse de ses ennemis. Souvent, dans mes entretiens avec lui, j'en ai reçu de son propre mouvement des éclaircissements inattendus sur des objets que j'avais vus bien différents, faute d'une circonstance que je n'avais pu deviner, et qui leur donnait un tout autre aspect. Mais, gêné par mes engagements, et forcé de supprimer mes objections, je me suis souvent refusé malgré moi aux solutions qu'il semblait m'offrir, pour ne pas paraître instruit de ce que j'étais contraint de lui taire.

Si nous nous unissons pour former avec lui une société sincère et sans fraude, une fois sûr de notre droiture et d'être estimé de nous, il nous ouvrira son cœur sans peine, et, recevant dans les nôtres les épanchements auxquels il est naturellement si disposé, nous en pourrons tirer de quoi former de précieux mémoires dont d'autres générations sentiront la valeur, et qui du moins les mettront à portée de discuter contradictoirement des questions aujourd'hui décidées sur le seul rapport de ses ennemis. Le moment viendra, mon cœur me l'assure, où sa défense, aussi périlleuse aujourd'hui qu'inutile, honorera ceux qui s'en voudront charger, et les couvrira, sans aucun risque, d'une gloire aussi belle, aussi pure, que la vertu généreuse en puisse obtenir ici-bas.

Le Fr. Cette proposition est tout-à-fait de mon goût, et j'y consens avec d'autant plus de plaisir que c'est peut-être le seul moyen qui soit en mon pouvoir de réparer mes torts envers un innocent persécuté, sans risque de m'en faire à moi-même. Ce n'est pas que la société que vous me proposez soit tout-à-fait sans péril. L'extrême attention qu'on a sur tous ceux qui lui parlent, même une seule fois, ne s'oubliera pas pour nous. Nos messieurs ont trop vu ma répugnance à suivre leurs errements et à circonvenir comme eux un homme dont ils m'avaient fait de si affreux portraits, pour qu'ils ne soupçonnent pas tout au moins qu'ayant changé de langage à son égard, j'ai vraisemblablement aussi changé d'opinion. Depuis longtemps déjà, malgré vos précautions et les siennes, vous êtes inscrit comme suspect sur leurs registres, et je vous préviens que, de manière ou d'autre, vous ne tarderez pas à sentir qu'ils se sont occupés de vous : ils sont trop attentifs à tout ce qui approche de Jean-Jacques, pour que personne leur puisse échapper; moi surtout qu'ils ont admis dans leur demi-confidence, je suis sûr de ne pouvoir approcher de celui qui en fut l'objet, sans les inquiéter beaucoup. Mais je tâcherai de me conduire sans fausseté, de manière à leur donner le moins d'ombrage qu'il sera possible. S'ils ont quelque sujet de me craindre, ils en ont aussi de me ménager, et je me flatte qu'ils me connaissent trop d'honneur pour craindre des trahisons d'un homme qui n'a jamais voulu tremper dans les leurs.

Je ne refuse donc pas de le voir quelquefois avec prudence et précaution: il ne tiendra qu'à lui de connaître que je partage vos sentiments à son égard, et que si je ne puis lui révéler les mystères de ses ennemis, il verra du moins que, forcé de me taire, je ne cherche pas à le tromper. Je concourrai de bon cœur avec vous pour dérober à leur vigilance et transmettre à de meilleurs temps les faits qu'on travaille à faire disparaître, et qui fourniront un jour de puissants indices pour parvenir à la connaissance de la vérité. Je sais que ses papiers, déposés en divers temps avec plus de confiance que de choix en des mains qu'il crut fidèles, sont tous passés dans celles de ses persécuteurs, qui n'ont pas manqué d'anéantir ceux qui pouvaient ne leur pas convenir, et d'accommoder à leur gré les autres; ce qu'ils ont pu faire à discrétion, ne craignant ni examen, ni vérification de la part de qui que ce fût, ni surtout de gens intéressés à découvrir et à manifester leur fraude. Si, depuis lors, il lui reste quelques papiers encore, on les guette pour s'en emparer au plus tard à sa mort; et, par les mesures prises, il est bien difficile qu'il en échappe aucun aux mains commises pour tout saisir. Le seul moyen qu'il ait de les conserver est de les déposer secrètement, s'il est possible, en des mains vraiment fidèles et sûres. Je m'offre à partager avec vous les risques de ce dépôt, et je m'engage à n'épargner aucun soin pour qu'il paraisse un jour aux yeux du public tel que je l'aurai reçu, augmenté de toutes les observations que j'aurai pu recueillir, tendantes à dévoiler la vérité. Voilà tout ce que la prudence me permet de faire pour l'acquit de ma conscience, pour l'intérêt de la justice, et pour le service de la vérité.

Rouss. Et c'est aussi tout ce qu'il désire lui-même. L'espoir que sa mémoire soit rétablie un jour dans l'honneur qu'elle mérite, et que ses livres deviennent utiles pour l'estime due à leur auteur, est désormais le seul qui peut le flatter en ce monde. Ajoutons-y de plus la douceur de voir encor deux cœurs honnêtes et vrais s'ouvrir au sien. Tempérons ainsi l'horreur de cette solitude, où l'on le force de vivre au milieu du genre humain. Enfin, sans faire en sa faveur d'inutiles efforts, qui pourraient causer de grands désordres, et dont le succès même ne le toucherait plus, ménageons-lui cette consolation, pour sa dernière heure, que des mains amies lui ferment les yeux.

HISTOIRE DU PRÉCÉDENT ÉCRIT.

Je ne parlerai point ici du sujet, ni de l'objet, ni de la forme de cet écrit. C'est ce que j'ai fait dans l'avant-propos qui le précède. Mais je dirai quelle était sa destination, quelle a été sa destinée, et pourquoi cette copie se trouve ici.

Je m'étais occupé, durant quatre ans, de ces dialogues, malgré le serrement de cœur qui ne me quittait point en y travaillant; et je touchais à la fin de cette douloureuse tâche, sans savoir, sans imaginer comment en pouvoir faire usage, et sans me résoudre sur ce que je tenterais du moins pour cela. Vingt ans d'expérience m'avaient appris quelle droiture et quelle fidélité je pouvais attendre de ceux qui m'entouraient sous le nom d'amis. Frappé surtout de l'insigne duplicité de Duclos, que j'avais estimé au point de lui confier mes Confessions, et qui, du plus sacré dépôt de l'amitié, n'avait fait qu'un instrument d'imposture et de trahison, que pouvais-je attendre des gens qu'on avait mis autour de moi depuis ce temps-là, et dont toutes les manœuvres m'annonçaient si clairement les intentions? Leur confier mon manuscrit n'était autre chose que vouloir le remettre moi-même à mes persécuteurs; et la manière dont j'étais enlacé ne me laissait plus le moyen d'aborder personne autre.

Dans cette situation, trompé dans tous mes choix, et ne trouvant plus que perfidie et fausseté parmi les hommes, mon âme, exaltée par le sentiment de son innocence et par celui de leur iniquité, s'éleva par un élan jusqu'au siège de tout ordre et de toute vérité, pour y chercher les ressources que je n'avais plus ici-bas. Ne pouvant plus me confier à aucun homme qui ne me trahît, je résolus de me confier uniquement à la Providence, et de remettre à elle seule l'entière disposition du dépôt que je désirais laisser en de sûres mains.

J'imaginai pour cela de faire une copie au net de cet écrit, et de la déposer dans une église sur un autel; et, pour rendre cette démarche aussi solennelle qu'il était possible, je choisis le plus grand autel de l'église de Notre-Dame, jugeant que partout ailleurs mon dépôt serait plus aisément caché ou détourné par les curés ou par les moines, et tomberait infailliblement dans les mains de mes ennemis; au lieu qu'il pouvait arriver que le bruit de cette action fît parvenir mon manuscrit jusque sous les yeux du roi; ce qui était tout ce que j'avais à désirer de plus favorable, et qui ne pouvait jamais arriver en m'y prenant de toute autre façon.

Tandis que je travaillais à transcrire au net mon écrit, je méditais sur les moyens d'exécuter mon projet, ce qui n'était pas fort facile, et surtout pour un homme aussi timide que moi. Je pensai qu'un samedi, jour auquel toutes les semaines on va chanter devant l'autel de Notre-Dame un motet, durant lequel le chœur reste vide, serait le jour où j'aurais le plus de facilité d'y entrer, d'arriver jusqu'à l'autel et d'y placer mon dépôt. Pour combiner plus sûrement ma démarche, j'allai plusieurs fois de loin en loin examiner l'état des choses, et la disposition du chœur et de ses avenues; car ce que j'avais à redouter, c'était d'être retenu au passage, sûr que dès lors mon projet était manqué. Enfin, mon manuscrit étant prêt, je l'enveloppai, et j'y mis la suscription suivante :

DÉPOT REMIS A LA PROVIDENCE.

« Protecteur des opprimés, Dieu de justice et de vérité, reçois ce dépôt que remet sur ton autel et confie à ta providence un étranger infortuné, seul, sans appui, sans défenseur sur la terre, outragé, moqué, diffamé, trahi de toute une génération, chargé depuis quinze ans, à l'envi, de traitements pires que la mort, et d'indignités inouïes jusqu'ici parmi les humains, sans avoir pu jamais en apprendre au moins la cause. Toute explication m'est refusée, toute communication m'est ôtée; je n'attends plus des hommes aigris par leur propre injustice qu'affronts, mensonges et trahisons. Providence éternelle, mon seul espoir est en toi; daigne prendre mon dépôt sous ta garde, et le faire tomber dans des mains jeunes et fidèles, qui le transmettent exempt de fraude à une meilleure génération; qu'elle apprenne, en déplorant mon sort, comment fut traité par celle-ci un homme sans fiel et sans fard, ennemi de l'injustice, mais patient à l'endurer, et qui jamais n'a fait, ni voulu, ni rendu de mal à personne. Nul n'a droit, je le sais, d'espérer un miracle, pas même l'innocence opprimée et méconnue. Puisque tout doit rentrer dans l'ordre un jour, il suffit d'attendre. Si donc mon travail est perdu, s'il doit être livré à mes ennemis, et par eux détruit ou défiguré, comme cela paraît inévitable, je n'en compterai pas moins sur ton œuvre, quoique j'en ignore l'heure et les moyens; et après avoir fait, comme je l'ai dû, mes efforts pour y concourir, j'attends avec confiance, je me repose sur ta justice, et me résigne à ta volonté. »

Au verso du titre, et avant la première page, était écrit ce qui suit :

« Qui que vous soyez, que le ciel a fait l'arbitre de cet écrit, quelque usage que vous ayez résolu d'en faire, et quelque opinion que vous ayez de l'auteur, cet auteur infortuné vous conjure, par vos entrailles humaines et par les angoisses qu'il a souffertes en l'écrivant, de n'en disposer qu'après l'avoir lu tout entier. Songez que cette grâce, que vous demande un cœur brisé de douleur, est un devoir d'équité que le ciel vous impose. »

Tout cela fait, je pris sur moi mon paquet, et je me rendis, le samedi 24 février 1776, sur les deux heures, à Notre-Dame, dans l'intention d'y présenter le même jour mon offrande.

Je voulus entrer par une des portes latérales, par laquelle je comptais pénétrer dans le chœur. Surpris de la trouver fermée, j'allais passer plus bas par l'autre porte latérale qui donne dans la nef. En entrant, mes yeux furent frappés d'une grille que je n'avais jamais remarquée, et qui séparait de la nef la partie des bas-côtés qui entoure le chœur. Les portes de cette grille étaient fermées, de sorte que cette partie des bas-côtés, dont je viens de parler, était vide, et qu'il m'était impossible d'y pénétrer. Au moment où j'aperçus cette grille, je fus saisi d'un vertige comme un homme qui tombe en apoplexie, et ce vertige fut suivi d'un bouleversement dans tout mon être, tel que je ne me souviens pas d'en avoir éprouvé jamais un pareil. L'église me parut tellement avoir changé de face, que doutant si j'étais bien dans Notre-Dame, je cherchais avec effort à me reconnaître et à mieux discerner ce que je voyais. Depuis trente-six ans que je suis à Paris, j'étais venu fort souvent et en divers temps à Notre-Dame; j'avais toujours vu le passage autour du chœur ouvert et libre, et je n'y avais même jamais remarqué ni grille, ni porte, autant qu'il put m'en souvenir. D'autant plus frappé de cet obstacle imprévu, que je n'avais dit mon projet à personne, je crus, dans mon premier transport, voir concourir le ciel même à l'œuvre d'iniquité des hommes; et le murmure d'indignation qui m'échappa ne peut être conçu que par celui qui saurait se mettre à ma place, ni excusé que par celui qui sait lire au fond des cœurs.

Je sortis rapidement de l'église, résolu de n'y rentrer de mes jours; et, me livrant à toute mon agitation, je courus tout le reste du jour, errant de toutes parts, sans savoir ni où j'étais, ni où j'allais, jusqu'à ce que, n'en pouvant plus, la lassitude et la nuit me forcèrent de rentrer chez moi, rendu de fatigue et presque hébété de douleur.

Revenu peu à peu de ce premier saisissement, je recommençai à réfléchir plus posément à ce qui m'était arrivé; et par ce tour d'esprit qui m'est propre, aussi prompt à me consoler d'un malheur arrivé qu'à m'effrayer d'un malheur à craindre, je ne tardai pas d'envisager d'un autre œil le mauvais succès de ma tentative. J'avais dit dans ma suscription que je n'attendais pas un miracle, et il était clair néanmoins qu'il en aurait fallu un pour faire réussir mon projet : car l'idée que mon manuscrit parviendrait directement au roi, et que ce jeune prince prendrait lui-même la peine de lire ce long écrit; cette idée, dis-je, était si folle, que je m'étonnais moi-même d'avoir pu m'en bercer un moment. Avais-je pu douter que, quand même l'éclat de cette démarche aurait fait arriver mon dépôt jusqu'à la cour, ce n'eût été que pour y tomber, non dans les mains du roi, mais dans celles de mes plus malins persécuteurs ou de leurs amis, et par conséquent pour être tout-à-fait supprimé, ou défiguré selon leurs vues, pour le rendre funeste à ma mémoire? Enfin le mauvais succès de mon projet, dont je m'étais si fort affecté, me parut, à force d'y réfléchir, un bienfait du ciel, qui m'avait empêché d'accomplir un dessein si contraire à mes intérêts; je trouvai que c'était un grand avantage que mon manuscrit me fût resté pour en disposer plus sagement; et voici l'usage que je résolus d'en faire.

Je venais d'apprendre qu'un homme de lettres de ma plus ancienne connaissance, avec lequel j'avais eu quelque liaison, que je n'avais point cessé d'estimer et qui passait une grande partie de l'année à la campagne, était à Paris depuis peu de jours. Je regardai la nouvelle de son retour comme une direction de la Providence, qui m'indiquait le vrai dépositaire de mon manus-

Au moment où j'aperçus cette grille, je fus saisi d'un vertige comme un homme qui tombe en apoplexie. — Page 207.

crit. Cet homme était, il est vrai, philosophe, auteur, académicien, et d'une province dont les habitants n'ont pas une grande réputation de droiture(1):

(1) M. de Musset dit ici dans une note (édition in-12, tome III) que cet homme de lettres était *Saint-Lambert, né en Lorraine;* mais du Peyrou, dans le Discours préliminaire de son édition des *Confessions*, nous apprend que c'est à l'abbé de Condillac que le manuscrit fut remis. Condillac en effet était Dauphinois, étant né à Grenoble. On sait quelle idée Rousseau avait des habitants de cette province, et toutes les autres circonstances qu'il énonce se rapportent beaucoup mieux à Condillac qu'à Saint-Lambert.

mais que faisaient tous ces préjugés contre un point aussi bien établi que sa probité l'était dans mon esprit? L'exception, d'autant plus honorable qu'elle était rare, ne faisait qu'augmenter ma confiance en lui; et quel plus digne instrument le ciel pouvait-il choisir pour son œuvre que la main d'un homme vertueux?

Je me détermine donc; je cherche sa demeure : enfin je la trouve, et non sans peine. Je lui porte mon manuscrit, et je le lui remets avec un transport de joie, avec un battement de cœur, qui fut peut-être le plus digne hommage qu'un mortel ait pu rendre à la vertu. Sans savoir encore de quoi il s'agissait, il me dit en le recevant qu'il ne ferait qu'un bon et honnête usage de mon dépôt. L'opinion que j'avais de lui me rendait cette assurance très superflue.

Quinze jours après je retourne chez lui, fortement persuadé que le moment était venu où le voile des ténèbres qu'on tient depuis vingt ans sur mes yeux allait tomber, et que, de manière ou d'autre, j'aurais de mon dépositaire des éclaircissements qui me paraissaient devoir nécessairement suivre de la lecture de mon manuscrit. Rien de ce que j'avois prévu n'arriva. Il me parla de cet écrit, comme il m'aurait parlé d'un ouvrage de littérature que je l'aurais prié d'examiner pour m'en dire son sentiment. Il me parla de transpositions à faire pour donner un meilleur ordre à mes matières; mais il ne me dit rien de l'effet qu'avait fait sur lui mon écrit, ni ce qu'il pensait de l'auteur. Il me proposa seulement de faire une édition correcte de mes œuvres, en me demandant pour cela mes directions. Cette même proposition qui m'avait été faite, et même avec opiniâtreté, par tous ceux qui m'ont entouré, me fit penser que leurs dispositions et les siennes étaient les mêmes. Voyant ensuite que sa proposition ne me plaisait point, il offrit de me rendre mon dépôt. Sans accepter cette offre, je le priai seulement de le remettre à quelqu'un plus jeune que lui, qui pût survivre assez, et à moi et à mes persécuteurs, pour pouvoir le publier un jour sans crainte d'offenser personne. Il s'attacha singulièrement à cette dernière idée; et il m'a paru par la suscription qu'il a faite pour l'enveloppe du paquet, et qu'il m'a communiquée, qu'il portait tous ses soins à faire en sorte, comme je l'en ai prié, que le manuscrit ne fût point imprimé ni connu avant la fin du siècle présent. Quant à l'autre partie de mon intention, qui était qu'après ce terme l'écrit fût fidèlement imprimé et publié, j'ignore ce qu'il a fait pour la remplir.

Depuis lors j'ai cessé d'aller chez lui. Il m'a fait deux ou trois visites, que nous avons eu bien de la peine à remplir de quelques mots indifférents, moi n'ayant plus rien à lui dire, et lui ne voulant me rien dire du tout.

Sans porter un jugement décisif sur mon dépositaire, je sentis que j'avais manqué mon but, et que vraisemblablement j'avais perdu mes peines et mon dépôt : mais je ne perdis point encore courage. Je me dis que mon mauvais succès venait de mon mauvais choix; qu'il fallait être bien aveugle et bien prévenu pour me confier à un Français, trop jaloux de l'honneur de sa nation pour en manifester l'iniquité; à un homme âgé, trop prudent, trop circonspect, pour s'échauffer pour la justice et pour la défense d'un opprimé. Quand j'aurais cherché tout exprès le dépositaire le moins propre à remplir mes vues, je n'aurais pas pu mieux choisir. C'est donc ma faute si j'ai mal réussi; mon succès ne dépend que d'un meilleur choix.

Bercé de cette nouvelle espérance, je me remis à transcrire et mettre au net avec une nouvelle ardeur : tandis que je vaquais à ce travail, un jeune Anglais, que j'avais eu pour voisin à Wootton, passa par Paris, revenant d'Italie, et me vint voir. Je fis comme tous les malheureux, qui croient voir dans tout ce qui leur arrive une expresse direction du sort. Je me dis : Voilà le dépositaire que la Providence m'a choisi ; c'est elle qui me l'envoie ; elle n'a rebuté mon choix que pour m'amener au sien. Comment avais-je pu ne pas voir que c'était un jeune homme, un étranger qu'il me fallait, hors du tripot des auteurs, loin des intrigants de ce pays, sans intérêt de me nuire, et sans passion contre moi ? Tout cela me parut si clair que, croyant voir le doigt de Dieu dans cette occasion fortuite, je me pressai de la saisir. Malheureusement ma nouvelle copie n'était pas avancée, mais je me hâtai de lui remettre ce qui était fait, renvoyant à l'année prochaine à lui remettre le reste, si, comme je n'en doutais pas, l'amour de la vérité lui donnait le zèle de revenir le chercher.

Depuis son départ, de nouvelles réflexions ont jeté dans mon esprit des doutes sur la sagesse de tous ces choix ; je ne pouvais ignorer que depuis longtemps nul ne m'approche qui ne me soit expressément envoyé, et que me confier aux gens qui m'entourent c'est me livrer à mes ennemis. Pour trouver un confident fidèle, il aurait fallu l'aller chercher loin de moi parmi ceux dont je ne pouvais approcher. Mon espérance était donc vaine, toutes mes mesures étaient fausses, tous mes soins étaient inutiles, et je devais être sûr que l'usage le moins criminel que feraient de mon dépôt ceux à qui je l'allais ainsi confiant, serait de l'anéantir.

Cette idée me suggéra une nouvelle tentative, dont j'attendis plus d'effet. Ce fut d'écrire une espèce de billet circulaire adressé à la nation française, d'en faire plusieurs copies, et de les distribuer, aux promenades et dans les rues, aux inconnus dont la physionomie me plairait le plus. Je ne manquai pas d'argumenter à ma manière ordinaire en faveur de cette nouvelle résolution. On ne me laisse de communication, me disais-je, qu'avec des gens apostés par mes persécuteurs. Me confier à quelqu'un qui m'approche n'est autre chose que me confier à eux. Du moins parmi les inconnus il s'en peut trouver qui soient de bonne foi : mais quiconque vient chez moi n'y vient qu'à mauvaise intention ; je dois être sûr de cela.

Je fis donc mon petit écrit en forme de billet, et j'eus la patience d'en tirer un grand nombre de copies. Mais, pour en faire la distribution, j'éprouvai un obstacle que je n'avais pas prévu, dans le refus de le recevoir par ceux à qui je le présentais. La suscription était : « A tout Français aimant encore la justice et la vérité. » Je n'imaginais pas que, sur cette adresse, aucun ne l'osât refuser ; presque aucun ne l'accepta. Tous, après avoir lu l'adresse, me déclarèrent, avec une ingénuité qui me fit rire au milieu de ma douleur, qu'il ne s'adressait pas à eux. Vous avez raison, leur disais-je en le reprenant, je vois bien que je m'étais trompé. Voilà la seule parole franche que depuis quinze ans j'aie obtenue d'aucune bouche française.

Econduit aussi par ce côté, je ne me rebutai pas encore. J'envoyai des copies de ce billet en réponse à quelques lettres d'inconnus qui voulaient à toute force venir chez moi, et je crus faire merveille en mettant au prix d'une réponse décisive à ce même billet l'acquiescement à leur fantaisie. J'en remis deux ou trois autres aux personnes qui m'accostaient ou qui me venaient voir. Mais tout ne produisit que des réponses amphigouriques et normandes qui m'attestaient dans leurs auteurs une fausseté à toute épreuve.

Ce dernier mauvais succès, qui devait mettre le comble à mon désespoir, ne m'affecta point comme les précédents. En m'apprenant que mon sort était sans ressource, il m'apprit à ne plus lutter contre la nécessité. Un passage de l'*Emile*, que je me rappelai, me fit rentrer en moi-même et m'y fit trouver ce que j'avais cherché vainement au dehors. Quel mal t'a fait ce complot? que t'a-t-il ôté de toi? quel membre t'a-t-il mutilé? quel crime t'a-t-il fait commettre? Tant que les hommes n'arracheront pas de ma poitrine le cœur qu'elle renferme, pour y substituer, moi vivant, celui d'un malhonnête homme, en quoi pourront-ils altérer, changer, détériorer mon être? Ils auront beau faire un Jean-Jacques à leur mode, Rousseau restera toujours le même en dépit d'eux.

N'ai-je donc connu la vanité de l'opinion que pour me mettre sous son joug aux dépens de la paix de mon âme et du repos de mon cœur? Si les hommes veulent me voir autre que je suis, que m'importe? L'essence de mon être est-elle dans leurs regards? S'ils abusent et trompent sur mon compte les générations suivantes, que m'importe encore? Je n'y serai plus pour être victime de leur erreur. S'ils empoisonnent et tournent à mal ce que le désir de leur bonheur m'a fait dire et faire d'utile, c'est à leur dam et non pas au mien. Emportant avec moi le témoignage de ma conscience, je trouverai, en dépit d'eux, le dédommagement de toutes leurs indignités. S'ils étaient dans l'erreur de bonne foi, je pourrais en me plaignant les plaindre encore et gémir sur eux et sur moi; mais quelle erreur peut excuser un système aussi exécrable que celui qu'ils suivent à mon égard avec un zèle impossible à qualifier? Quelle erreur peut faire traiter publiquement en scélérat convaincu le même homme qu'on empêche avec tant de soin d'apprendre au moins de quoi on l'accuse? Dans le raffinement de leur barbarie, ils ont trouvé l'art de me faire souffrir une longue mort en me tenant enterré tout vif. S'ils trouvent ce traitement doux, il faut qu'ils aient des âmes de fange; s'ils le trouvent aussi cruel qu'il l'est, les Phalaris, les Agathocles, ont été plus débonnaires qu'eux. J'ai donc eu tort d'espérer les ramener en leur montrant qu'ils se trompent : ce n'est pas de cela qu'il s'agit ; et, quand ils se tromperaient sur mon compte, ils ne peuvent ignorer leur propre iniquité. Ils ne sont pas injustes et méchants envers moi par erreur, mais par volonté : ils le sont parce qu'ils veulent l'être; et ce n'est pas à leur raison qu'il faudrait parler, c'est à leurs cœurs dépravés par la haine. Toutes les preuves de leur injustice ne feront que l'augmenter; elle est un grief de plus qu'ils ne me pardonneront jamais.

Mais c'est encore plus à tort que je me suis affecté de leurs outrages au point d'en tomber dans l'abattement et presque dans le désespoir. Comme s'il était au pouvoir des hommes de changer la nature des choses, et de m'ôter les consolations dont rien ne peut dépouiller l'innocent ! Et pourquoi donc est-il nécessaire à mon bonheur éternel qu'ils me connaissent et me rendent justice? Le Ciel n'a-t-il donc nul autre moyen de rendre mon âme heureuse et de la dédommager des maux qu'ils m'ont fait souffrir injustement? Quand la mort m'aura tiré de leurs mains, saurai-je et m'inquiéterai-je de savoir ce qui se passe à mon égard sur la terre ? A l'instant que la barrière de l'éternité s'ouvrira devant moi, tout ce qui est en deçà disparaîtra pour jamais, et si je me souviens alors de l'existence du genre humain, il ne sera pour moi dès cet instant même que comme n'existant déjà plus.

J'ai donc pris enfin mon parti tout-à-fait; détaché de tout ce qui tient à la terre et des insensés jugements des hommes, je me résigne à être à jamais défiguré parmi eux, sans en moins compter sur le prix de mon innocence et de ma souffrance. Ma félicité doit être d'un autre ordre; ce n'est plus chez eux que je dois la chercher, et il n'est pas plus en leur pouvoir de l'empêcher que de la connaître. Destiné à être dans cette vie la proie de l'erreur et du mensonge, j'attends l'heure de ma délivrance et le triomphe de la vérité sans les plus chercher parmi les mortels. Détaché de toute affection terrestre, et délivré même de l'inquiétude de l'espérance ici-bas, je ne vois plus de prise par laquelle ils puissent encore troubler le repos de mon cœur. Je ne réprimerai jamais le premier mouvement d'indignation, d'emportement, de colère, et même je n'y tâche plus; mais le calme qui succède à cette agitation passagère est un état permanent dont rien ne peut plus me tirer.

L'espérance éteinte étouffe bien le désir, mais elle n'anéantit pas le devoir, et je veux jusqu'à la fin remplir le mien dans ma conduite avec les hommes. Je suis dispensé désormais de vains efforts pour leur faire connaître la vérité, qu'ils sont déterminés à rejeter toujours; mais je ne le suis pas de leur laisser les moyens d'y revenir autant qu'il dépend de moi, et c'est le dernier usage qui me reste à faire de cet écrit. En multiplier incessamment les copies, pour les déposer ainsi çà et là dans les mains des gens qui m'approchent, serait excéder inutilement mes forces, et je ne puis raisonnablement espérer que de toutes ces copies ainsi dispersées une seule parvienne entière à sa destination. Je vais donc me borner à une, dont j'offrirai la lecture à ceux de ma connaissance que je croirai les moins injustes, les moins prévenus, ou qui, quoique liés avec mes persécuteurs, me paraîtront avoir néanmoins encore du ressort dans l'âme et pouvoir être quelque chose par eux-mêmes. Tous, je n'en doute pas, resteront sourds à mes raisons, insensibles à ma destinée, aussi cachés et faux qu'auparavant. C'est un parti pris universellement et sans retour, surtout par ceux qui m'approchent. Je sais tout cela d'avance, et je ne m'en tiens pas moins à cette dernière résolution, parce qu'elle est le seul moyen qui reste en mon pouvoir de concourir à l'œuvre de la Providence, et d'y mettre la possibilité qui dépend de moi. Nul ne l'écoutera, l'expérience m'en avertit; mais il n'est pas impossible qu'il s'en trouve un qui m'écoute, et il est désormais impossible que les yeux des hommes s'ouvrent d'eux-mêmes à la vérité. C'en est assez pour m'imposer l'obligation de la tentative, sans en espérer aucun succès. Si je me contente de laisser cet écrit après moi, cette proie n'échappera pas aux mains de rapines qui n'attendent que ma dernière heure pour tout saisir et brûler, ou falsifier. Mais, si parmi ceux qui m'auront lu il se trouvait un seul cœur d'homme, ou seulement un esprit vraiment sensé, mes persécuteurs auraient perdu leur peine, et bientôt la vérité percerait aux yeux du public. La certitude, si ce bonheur inespéré m'arrive, de ne pouvoir m'y tromper un moment, m'encourage à ce nouvel essai. Je sais d'avance quel ton ils tous prendront après m'avoir lu. Ce ton sera le même qu'auparavant, ingénu, patelin, bénévole; ils me plaindront beaucoup de voir si noir ce qui est si blanc, car ils ont tous la candeur des cygnes; mais ils ne comprendront rien à tout ce que j'ai dit là. Ceux-là, jugés à l'instant, ne me surprendront point du tout, et me fâcheront très peu. Mais si, contre toute attente, il s'en trouve un que mes raisons frappent et qui commence à soupçonner la vérité, je ne resterai pas un moment en doute sur cet effet, et j'ai le signe assuré pour le distinguer des autres, quand même il ne voudrait pas s'ouvrir à moi. C'est de celui-là que je ferai mon dépositaire, sans même examiner si je dois compter sur sa probité : car je n'ai besoin que de son jugement pour l'intéresser à m'être fidèle. Il sentira qu'en supprimant mon dépôt il n'en tire aucun avantage; qu'en le livrant à mes ennemis il ne leur livre que ce qu'ils ont déjà; qu'il ne peut par conséquent donner un grand prix à cette trahison, ni éviter, tôt ou tard, par elle le juste reproche d'avoir fait une vilaine action : au lieu qu'en gardant mon dépôt il reste toujours le maître de le supprimer quand il voudra, et peut un jour, si des révolutions assez naturelles changent les dispositions du public, se faire un honneur infini, et tirer de ce même dépôt un grand avantage dont il se prive en le sacrifiant. S'il sait prévoir et s'il peut attendre, il doit, en raisonnant bien, m'être fidèle. Je dis plus : quand même le public persisterait dans les mêmes dispositions où il est à mon égard, encore un mouvement très naturel le portera-t-il, tôt ou tard, à désirer de savoir au moins ce que Jean-Jacques aurait pu dire si on lui eût laissé la liberté de parler. Que mon dépositaire se montrant leur dise alors : Vous voulez donc savoir ce qu'il aurait dit? Eh bien! le voilà. Sans prendre mon parti, sans vouloir défendre ma cause ni ma mémoire, il peut, en se faisant mon simple rapporteur, et restant au surplus, s'il peut, dans l'opinion de tout le monde, jeter cependant un nouveau jour sur le caractère de l'homme jugé : car c'est toujours un trait de plus à son portrait de savoir comment un pareil homme osa parler de lui-même.

Si parmi mes lecteurs je trouve cet homme sensé disposé, pour son propre avantage, à m'être fidèle, je suis déterminé à lui remettre non-seulement cet écrit, mais aussi tous les papiers qui restent entre mes mains, et desquels on peut tirer un jour de grandes lumières sur ma destinée, puisqu'ils contiennent des anecdotes, des explications et des faits que nul autre que moi ne peut donner, et qui sont les seules clefs de beaucoup d'énigmes qui, sans cela, resteront à jamais inexplicables.

Si cet homme ne se trouve point, il est possible au moins que la mémoire de cette lecture, restée dans l'esprit de ceux qui l'auront faite, réveille un jour en quelqu'un d'eux quelque sentiment de justice et de commisération, quand, longtemps après ma mort, le délire public commencera à s'affaiblir. Alors ce souvenir peut produire en son âme quelque heureux effet que la passion qui les anime arrête de mon vivant, et il n'en faut pas davantage pour commencer l'œuvre de la Providence. Je profiterai donc des occasions de faire connaître cet écrit, si je les trouve, sans en attendre aucun succès.

Si je trouve un dépositaire que je puisse raisonnablement charger, je le ferai, regardant néanmoins mon dépôt comme perdu et m'en consolant d'avance. Si je n'en trouve point, comme je m'y attends, je continuerai de garder ce que je lui aurais remis, jusqu'à ce qu'à ma mort, si ce n'est plus tôt, mes persécuteurs s'en saisissent. Ce destin de mes papiers, que je vois inévitable, ne m'alarme plus. Quoi que fassent les hommes, le ciel à son tour fera son œuvre. J'en ignore le temps, les moyens, l'espèce. Ce que je sais, c'est que l'arbitre suprême est puissant et juste, que mon âme est innocente, et que je n'ai pas mérité mon sort. Cela me suffit. Céder désormais à ma destinée, ne plus m'obstiner à lutter contre elle, laisser mes persécuteurs disposer à leur gré de leur proie, rester leur jouet sans aucune résistance durant le reste de mes vieux et tristes jours, leur abandonner même l'honneur de mon nom et ma réputation dans l'avenir, s'il plaît au ciel qu'ils en disposent, sans plus m'affecter de rien, quoi qu'il arrive; c'est ma dernière résolution. Que les hommes fassent désormais tout ce qu'ils voudront; après avoir fait, moi, ce que j'ai dû, ils auront beau tourmenter ma vie, ils ne m'empêcheront pas de mourir en paix.

ESSAI SUR L'ORIGINE DES LANGUES

OU IL EST PARLÉ

DE LA MÉLODIE ET DE L'IMITATION MUSICALE.

CHAPITRE PREMIER.

Des divers moyens de communiquer nos pensées

La parole distingue l'homme entre les animaux : le langage distingue les nations entre elles; on ne connaît d'où est un homme qu'après qu'il a parlé. L'usage et le besoin font apprendre à chacun la langue de son pays ; mais qu'est-ce qui fait que cette langue est celle de son pays et non pas d'un autre? Il faut bien remonter, pour le dire, à quelque raison qui tienne au local, et qui soit antérieure aux mœurs même : la parole, étant la première institution sociale, ne doit sa forme qu'à des causes naturelles.

Sitôt qu'un homme fut reconnu par un autre pour un être sentant, pensant, et semblable à lui, le désir ou le besoin de lui communiquer ses sentiments et ses pensées lui en fit chercher les moyens. Ces moyens ne peuvent se tirer que des sens, les seuls instruments par lesquels un homme puisse agir sur un autre. Voilà donc l'institution des signes sensibles pour exprimer la pensée. Les inventeurs du langage ne firent pas ce raisonnement, mais l'instinct leur en suggéra la conséquence.

Les moyens généraux par lesquels nous pouvons agir sur les sens d'autrui se bornent à deux, savoir, le mouvement et la voix. L'action du mouvement est immédiate par le toucher ou immédiate par le geste ; la première ayant pour terme la longueur du bras, ne peut se transmettre à distance; mais l'autre atteint aussi loin que le rayon visuel. Ainsi restent seulement la vue et l'ouïe pour organes passifs du langage entre des hommes dispersés.

Quoique la langue du geste et celle de la voix soient également naturelles, toutefois la première est plus facile et dépend moins des conventions : car plus d'objets frappent nos yeux que nos oreilles, et les figures ont plus de variété que les sons ; elles sont aussi plus expressives et disent plus en moins de temps. L'amour, dit-on, fut l'inventeur du dessin; il put inventer aussi la parole, mais moins heureusement. Peu content d'elle, il la dédaigne; il a des manières plus vives de s'exprimer. Que celle qui traçait avec tant de plaisir l'ombre de son amant lui disait de choses! Quels sont eût-elle employés pour rendre ce mouvement de baguette?

Nos gestes ne signifient rien que notre inquiétude naturelle; ce n'est pas de ceux-là que je veux parler. Il n'y a que les Européens qui gesticulent en parlant : on dirait que toute la force de leur langue est dans leurs bras; ils y ajoutent encore celle des poumons, et tout cela ne leur sert de guère. Quand un Franc s'est bien démené, s'est bien tourmenté le corps à dire beaucoup de paroles, un Turc ôte un moment sa pipe de sa bouche, dit deux mots à demi-voix, et l'écrase d'une sentence.

Depuis que nous avons appris à gesticuler, nous avons oublié l'art des pantomimes, par la même raison qu'avec beaucoup de belles grammaires nous n'entendons plus les symboles des Egyptiens. Ce que les anciens disaient le plus vivement, ils ne l'exprimaient pas par des mots, mais par des signes; ils ne le disaient pas, ils le montraient.

Ouvrez l'histoire ancienne: vous la trouverez pleine de ces manières d'argumenter aux yeux, et jamais elles ne manquent de produire un effet plus assuré que tous les discours qu'on aurait pu mettre à la place. L'objet offert avant de parler ébranle l'imagination, excite la curiosité, tient l'esprit en suspens et dans l'attente de ce qu'on va dire. J'ai remarqué que les Italiens et les Provençaux, chez qui pour l'ordinaire le geste précède le discours, trouvent ainsi le moyen de se faire mieux écouter, et même avec plus de plaisir. Mais le langage le plus énergique est celui où le signe a tout dit avant qu'on parle. Tarquin, Thrasybule, abattant les têtes de pavots, Alexandre appliquant son cachet sur la bouche de son favori, Diogène se promenant devant Zénon, ne parlaient-ils pas mieux qu'avec des mots? Quel circuit de paroles eût aussi bien exprimé les mêmes idées? Darius, engagé dans la Scythie avec son armée, reçoit de la part du roi des Scythes une grenouille, un oiseau, une souris, et cinq flèches : le héraut remet son présent en silence, et part. Cette terrible harangue fut entendue, et Darius n'eut plus grande hâte que de regagner son pays comme il put. Substituez une lettre à ces signes : plus elle sera menaçante, moins elle effraiera; ce ne sera plus qu'une gasconnade dont Darius n'aurait fait que rire.

Quand le Lévite d'Ephraïm voulut venger la mort de sa femme, il n'écrivit point aux tribus d'Israël; il divisa le corps en douze pièces, et les leur envoya. A cet horrible aspect, ils courent aux armes en criant tout d'une voix : « Non, jamais rien de tel n'est arrivé dans Israël, depuis le jour que nos pères sortirent d'Égypte jusqu'à ce jour! » Et la tribu de Benjamin fut exterminée (1). De nos jours, l'affaire, tournée en plaidoyers, en discussions, peut-être en plaisanteries, eût traîné en longueur, et le plus horrible des crimes fût enfin demeuré impuni. Le roi Saül, revenant du labourage, dépeça de même les bœufs de sa charrue, et usa d'un signe semblable pour faire marcher Israël au secours de la ville de Jabès. Les prophètes des Juifs, les législateurs des Grecs, offrant souvent au peuple des objets sensibles, lui parlaient mieux par ces objets qu'ils n'eussent fait par de longs discours; et la manière dont Athénée rapporte que l'orateur Hypéride fit absoudre la courtisane Phryné, sans alléguer un seul mot pour sa défense, est encore une éloquence muette, dont l'effet n'est pas rare dans tous les temps.

Ainsi l'on parle aux yeux bien mieux qu'aux oreilles. Il n'y a personne qui ne sente la vérité du jugement d'Horace à cet égard. On voit même que les discours les plus éloquents sont ceux ou l'on enchâsse le plus d'images; et les sons n'ont jamais plus d'énergie que quand ils font l'effet des couleurs.

Mais lorsqu'il est question d'émouvoir le cœur et d'enflammer les passions, c'est tout autre chose. L'impression successive du discours, qui frappe à coups redoublés, vous donne bien une autre émotion que la présence de l'objet même, où d'un coup d'œil vous avez tout vu. Supposez une situation de douleur parfaitement connue; en voyant la personne affligée vous serez difficilement ému jusqu'à pleurer : mais laissez-lui le temps de vous dire tout ce qu'elle sent, et bientôt vous allez fondre en larmes. Ce n'est qu'ainsi que ces scènes de tragédie font leur effet (2). La seule pantomime sans discours

---

(1) Il n'en resta que six cents hommes, sans femmes ni enfants.

(2) J'ai dit ailleurs pourquoi les malheurs feints nous touchent bien plus que les vé-

vous laissera presque tranquille; le discours sans geste vous arrachera des pleurs. Les passions ont leurs gestes, mais elles ont aussi leurs accents; et ces accents qui nous font tressaillir, ces accents auxquels on ne peut dérober son organe, pénètrent par lui jusqu'au fond du cœur, y portent malgré nous les mouvements qui les arrachent, et nous font sentir ce que nous entendons. Concluons que les signes visibles rendent l'imitation plus exacte, mais que l'intérêt s'excite mieux par les sons.

Ceci me fait penser que si nous n'avions jamais eu que des besoins physiques, nous aurions fort bien pu ne parler jamais, et nous entendre parfaitement par la seule langue du geste. Nous aurions pu établir des sociétés peu différentes de ce qu'elles sont aujourd'hui, ou qui même auraient marché mieux à leur but. Nous aurions pu instituer des lois, choisir des chefs, inventer des arts, établir le commerce, et faire, en un mot, presque autant de choses que nous en faisons par le secours de la parole. La langue épistolaire des salams (1) transmet, sans crainte des jaloux, les secrets de la galanterie orientale à travers les harems les mieux gardés. Les muets du grand-seigneur s'entendent entre eux, et entendent tout ce qu'on leur dit par signes, tout aussi bien qu'on peut le dire par le discours. Le sieur Pereyre, et ceux qui, comme lui, apprennent aux muets non-seulement à parler, mais à savoir ce qu'ils disent, sont bien forcés de leur apprendre auparavant une autre langue non moins compliquée, à l'aide de laquelle ils puissent leur faire entendre celle-là.

Chardin dit qu'aux Indes les facteurs se prenant la main l'un à l'autre, et modifiant leurs attouchements d'une manière que personne ne peut apercevoir, traitent ainsi publiquement, mais en secret, toutes leurs affaires sans s'être dit un seul mot. Supposez ces facteurs aveugles, sourds et muets, ils ne s'entendront pas moins entre eux; ce qui montre que des deux sens par lesquels nous sommes actifs, un seul suffirait pour nous former un langage.

Il paraît encore par les mêmes observations que l'invention de l'art de communiquer nos idées dépend moins des organes qui nous servent à cette communication, que d'une faculté propre à l'homme, qui lui fait employer ses organes à cet usage, et qui, si ceux-là lui manquaient, lui en feraient employer d'autres à la même fin. Donnez à l'homme une organisation tout aussi grossière qu'il vous plaira : sans doute il acquerra moins d'idées; mais pourvu seulement qu'il y ait entre lui et ses semblables quelque moyen de communication par lequel l'un puisse agir et l'autre sentir, ils parviendront à se communiquer enfin tout autant d'idées qu'ils en auront.

Les animaux ont pour cette communication une organisation plus que suffisante, et jamais aucun d'eux n'en a fait usage. Voilà, ce me semble, une différence bien caractéristique. Ceux d'entre eux qui travaillent et vivent en commun, les castors, les fourmis, les abeilles, ont quelque langue naturelle pour s'entre-communiquer, je n'en fais aucun doute. Il y a même lieu de croire que la langue des castors et celle des fourmis sont dans le geste et parlent seulement aux yeux. Quoi qu'il en soit, par cela même que les unes et les autres de ces langues sont naturelles, elles ne sont pas acquises; les animaux qui les parlent les ont en naissant : ils les ont tous, et partout la même, ils n'en changent point, ils n'y font pas le moindre progrès. La langue de convention n'appartient qu'à l'homme. Voilà pourquoi l'homme fait des progrès, soit en bien, soit en mal, et pourquoi les animaux n'en

---

ritables. Tel sanglote à la tragédie, qui n'eut de ses jours pitié d'aucun malheureux. L'invention du théâtre est admirable pour enorgueillir notre amour-propre de toutes les vertus que nous n'avons point.

(1) Les salams sont des multitudes de choses les plus communes, comme une orange, un ruban, du charbon, etc., dont l'envoi forme un sens connu de tous les amants dans le pays où cette langue est en usage.

font point. Cette seule distinction paraît mener loin : on l'explique, dit-on, par la différence des organes. Je serais curieux de voir cette explication.

CHAPITRE II.

Que la première invention de la parole ne vient pas des besoins, mais des passions.

Il est donc à croire que les besoins dictèrent les premiers gestes, et que les passions arrachèrent les premières voix. En suivant avec ces dictinctions la trace des faits, peut-être faudrait-il raisonner sur l'origine des langues tout autrement qu'on a fait jusqu'ici. Le génie des langues orientales, les plus anciennes qui nous soient connues, dément absolument la marche didactique qu'on imagine dans leur composition. Ces langues n'ont rien de méthodique et de raisonné ; elles sont vives et figurées. On nous fait du langage des premiers hommes des langues de géomètre, et nous voyons que ce furent des langues de poète.

Cela dut être. On ne commença pas par raisonner, mais par sentir. On prétend que les hommes inventèrent la parole pour exprimer leurs besoins : cette opinion me paraît insoutenable. L'effet naturel des premiers besoins fut d'écarter les hommes et non de les rapprocher. Il le fallait ainsi pour que l'espèce vînt à s'étendre, et que la terre se peuplât promptement, sans quoi le genre humain se fût entassé dans un coin du monde, et tout le reste fût demeuré désert.

De cela seul il suit avec évidence que l'origine des langues n'est point due aux premiers besoins des hommes ; il serait absurde que de la cause qui les écarte vînt le moyen qui les unit. D'où peut donc venir cette origine ? Des besoins moraux, des passions. Toutes les passions rapprochent les hommes, que la nécessité de chercher à vivre force à se fuir. Ce n'est ni la faim, ni la soif, mais l'amour, la haine, la pitié, la colère, qui leur ont arraché les premières voix. Les fruits ne se dérobent point à nos mains, on peut s'en nourrir sans parler ; on poursuit en silence la proie dont on veut se repaître : mais pour émouvoir un jeune cœur, pour repousser un agresseur injuste, la nature dicte des accents, des cris, des plaintes. Voilà les plus anciens mots inventés, et voilà pourquoi les premières langues furent chantantes et passionnées avant d'être simples et méthodiques. Tout ceci n'est pas vrai sans distinction ; mais j'y reviendrai ci-après.

CHAPITRE III.

Que le premier langage dut être figuré.

Comme les premiers motifs qui firent parler l'homme furent des passions, ses premières expressions furent des tropes. Le langage figuré fut le premier à naître ; le sens propre fut trouvé le dernier. On n'appela les choses de leur vrai nom que quand on les vit sous leur véritable forme. D'abord on ne parla qu'en poésie ; on ne s'avisa de raisonner que longtemps après.

Or, je sens bien qu'ici le lecteur m'arrête, et me demande comment une expression peut être figurée avant d'avoir un sens propre ; puisque ce n'est que dans la translation du sens que consiste la figure. Je conviens de cela ; mais pour m'entendre il faut substituer l'idée que la passion nous présente au mot que nous transposons ; car on ne transpose les mots que parce qu'on transpose les idées : autrement le langage figuré ne signifierait rien. Je réponds donc par un exemple.

Un homme sauvage en rencontrant d'autres se sera d'abord effrayé. Sa frayeur lui aura fait voir ces hommes plus grands et plus forts que lui-même ;

il leur aura donné le nom de *géants*. Après beaucoup d'expériences, il aura reconnu que ces prétendus géants n'étant ni plus grands ni plus forts que lui, leur stature ne convenait point à l'idée qu'il avait d'abord attachée au mot de géant. Il inventera donc un autre nom commun à eux et à lui, tel par exemple que le nom d'*homme*, et laissera celui de *géant* à l'objet faux qui l'avait frappé durant son illusion. Voilà comment le mot figuré naît avant le mot propre, lorsque la passion nous fascine les yeux, et que la première idée qu'elle nous offre n'est pas celle de la vérité.

Ce que j'ai dit des mots et des noms est sans difficulté pour les tours de phrases. L'image illusoire offerte par la passion se montrant la première, le langage qui lui répondait fut aussi le premier inventé; il devint ensuite métaphorique, quand l'esprit éclairé, reconnaissant sa première erreur, n'en employa les expressions que dans les mêmes passions qui l'avaient produite.

CHAPITRE IV.
Des caractères distinctifs de la première langue, et des changements qu'elle dut éprouver.

Les simples sons sortent naturellement du gosier, la bouche est naturellement plus ou moins ouverte; mais les modifications de la langue et du palais, qui font articuler, exigent de l'attention, de l'exercice; on ne les fait point sans vouloir les faire; tous les enfants ont besoin de les apprendre, et plusieurs n'y parviennent pas aisément. Dans toutes les langues, les exclamations les plus vives sont inarticulées : les cris, les gémissements sont de simples voix; les muets, c'est-à-dire les sourds, ne poussent que des sons inarticulés. Le père Lamy ne conçoit pas même que les hommes en eussent pu jamais inventer d'autres, si Dieu ne leur eût expressément appris à parler. Les articulations sont en petit nombre; les sons sont en nombre infini; les accents qui les marquent peuvent se multiplier de même. Toutes les notes de la musique sont autant d'accents. Nous n'en avons, il est vrai, que trois ou quatre dans la parole; mais les Chinois en ont beaucoup davantage : en revanche, ils ont moins de consonnes. A cette source de combinaisons, ajoutez celle des temps ou de la quantité, et vous aurez non-seulement plus de mots, mais plus de syllabes diversifiées que la plus riche des langues n'en a besoin.

Je ne doute point qu'indépendamment du vocabulaire et de la syntaxe, la première langue, si elle existait encore, n'eût gardé des caractères originaux qui la distingueraient de toutes les autres. Non-seulement tous les tours de cette langue devaient être en images, en sentiments, en figures; mais dans sa partie mécanique elle devrait répondre à son premier objet, et présenter aux sens, ainsi qu'à l'entendement, les impressions presque inévitables de la passion qui cherche à se communiquer.

Comme les voix naturelles sont inarticulées, les mots auraient peu d'articulations; quelques consonnes interposées, effaçant l'hiatus des voyelles, suffiraient pour les rendre coulantes et faciles à prononcer. En revanche, les sons seraient très variés, et la diversité des accents multiplierait les mêmes voix; la quantité, le rhythme, seraient de nouvelles sources de combinaisons; en sorte que les voix, les sons, l'accent, le nombre, qui sont de la nature, laissant peu de chose à faire aux articulations, qui sont de convention, l'on chanterait au lieu de parler; la plupart de nos radicaux seraient des sons imitatifs ou de l'accent des passions, ou de l'effet des objets sensibles : l'onomatopée s'y ferait sentir continuellement.

Cette langue aurait beaucoup de synonymes pour exprimer le **même être** par ses différents rapports (1); elle aurait peu d'adverbes et de noms abstraits pour exprimer ces mêmes rapports. Elle aurait beaucoup d'augmentatifs, de diminutifs, de mots composés, de particules explétives pour donner de la cadence aux périodes et de la rondeur aux phrases; elle aurait beaucoup d'irrégularités et d'anomalies; elle négligerait l'analogie grammaticale pour s'attacher à l'euphonie, au nombre, à l'harmonie et à la beauté des sons. Au lieu d'arguments, elle aurait des sentences; elle persuaderait sans convaincre, et peindrait sans raisonner; elle ressemblerait à la langue chinoise à certains égards; à la grecque, à d'autres; à l'arabe, à d'autres. Etendez ces idées dans toutes leurs branches, et vous trouverez que le Cratyle de Platon n'est pas si ridicule qu'il paraît l'être.

CHAPITRE V.

De l'Écriture.

Quiconque étudiera l'histoire et le progrès des langues verra que plus les voix deviennent monotones, plus les consonnes se multiplient, et qu'aux accents qui s'effacent, aux quantités qui s'égalisent, on supplée par des combinaisons grammaticales et par de nouvelles articulations; mais ce n'est qu'à force de temps que se font ces changements. A mesure que les besoins croissent, que les affaires s'embrouillent, que les lumières s'étendent, le langage change de caractère; il devient plus juste et moins passionné; il substitue aux sentiments les idées; il ne parle plus au cœur, mais à la raison. Par là même l'accent s'éteint, l'articulation s'étend; la langue devient plus exacte, plus claire, mais plus traînante, plus sourde et plus froide. Ce progrès me paraît tout-à-fait naturel.

Un autre moyen de comparer les langues et de juger de leur ancienneté se tire de l'écriture, et cela en raison inverse de la perfection de cet art. Plus l'écriture est grossière, plus la langue est antique. La première manière d'écrire n'est pas de peindre les sons, mais les objets mêmes, soit directement, comme faisaient les Mexicains, soit par des figures allégoriques, comme firent autrefois les Egyptiens. Cet état répond à la langue passionnée, et suppose déjà quelque société et des besoins que les passions ont fait naître.

La seconde manière est de représenter les mots et les propositions par des caractères conventionnels; ce qui ne peut se faire que quand la langue est tout-à-fait formée et qu'un peuple entier est uni par des lois communes, car il y a déjà ici double convention : telle est l'écriture des Chinois; c'est là véritablement peindre les sons et parler aux yeux.

La troisième est de décomposer la voix parlante à un certain nombre de parties élémentaires, soit vocales, soit articulées, avec lesquelles on puisse former tous les mots et toutes les syllabes imaginables. Cette manière d'écrire, qui est la nôtre, a dû être imaginée par des peuples commerçants, qui, voyageant en plusieurs pays et ayant à parler plusieurs langues, furent forcés d'inventer des caractères qui pussent être communs à toutes. Ce n'est pas précisément peindre la parole, c'est l'analyser.

Ces trois manières d'écrire répondent assez exactement aux trois divers états sous lesquels on peut considérer les hommes rassemblés en nation. La peinture des objets convient aux peuples sauvages; les signes des mots et des propositions, aux peuples barbares, et l'alphabet, aux peuples policés.

Il ne faut donc pas penser que cette dernière invention soit une preuve de la haute antiquité du peuple inventeur. Au contraire, il est probable que

---

(1) On dit que l'arabe a plus de mille mots différents pour dire un *chameau*, plus de cent pour dire un glaive, etc.

le peuple qui l'a trouvée avait en vue une communication plus facile avec d'autres peuples parlant d'autres langues, lesquels du moins étaient ses contemporains et pouvaient être plus anciens que lui. On ne peut pas dire la même chose des deux autres méthodes. J'avoue cependant que, si l'on s'en tient à l'histoire et aux faits connus, l'écriture par alphabet paraît remonter aussi haut qu'aucune autre. Mais il n'est pas surprenant que nous manquions de monuments des temps où l'on n'écrivait pas.

Il est peu vraisemblable que les premiers qui s'avisèrent de résoudre la parole en signes élémentaires aient fait d'abord des divisions bien exactes. Quand ils s'aperçurent ensuite de l'insuffisance de leur analyse, les uns, comme les Grecs, multiplièrent les caractères de leur alphabet; les autres se contentèrent d'en varier le sens ou le son par des positions ou combinaisons différentes. Ainsi paraissent écrites les inscriptions des ruines de Tchelminar, dont Chardin nous a tracé des ectypes. On n'y distingue que deux figures ou caractères (1), mais de diverses grandeurs et posés en différents sens. Cette langue inconnue, et d'une antiquité presque effrayante, devait pourtant être alors bien formée, à en juger par la perfection des arts qu'annonce la beauté des caractères (2) et les monuments admirables où se trouvent ces inscriptions. Je ne sais pourquoi l'on parle si peu de ces étonnantes ruines : quand j'en lis la description dans Chardin, je me crois transporté dans un autre monde. Il me semble que tout cela donne furieusement à penser.

L'art d'écrire ne tient point à celui de parler. Il tient à des besoins d'une autre nature, qui naissent plus tôt ou plus tard, selon des circonstances tout-à-fait indépendantes de la durée des peuples, et qui pourraient n'avoir jamais eu lieu chez des nations très anciennes. On ignore durant combien de siècles l'art des hiéroglyphes fut peut-être la seule écriture des Egyptiens; et il est prouvé qu'une telle écriture peut suffire à un peuple policé, par l'exemple des Mexicains, qui en avaient une encore moins commode.

En comparant l'alphabet cophte à l'alphabet syriaque ou phénicien, on juge aisément que l'un vient de l'autre; et il ne serait pas étonnant que ce dernier fût l'original, ni que le peuple le plus moderne eût à cet égard instruit le plus ancien. Il est clair aussi que l'alphabet grec vient de l'alphabet phénicien; l'on voit même qu'il en doit venir. Que Cadmus ou quelque autre l'ait apporté de Phénicie, toujours paraît-il certain que les Grecs ne l'allèrent pas chercher et que les Phéniciens l'apportèrent eux-mêmes; car, des peuples de

---

(1) « Des gens s'étonnent, dit Chardin, que deux figures puissent faire tant de lettres : mais, pour moi, je ne vois pas là de quoi s'étonner si fort, puisque les lettres de notre alphabet, qui sont au nombre de vingt-trois, ne sont pourtant composées que de deux lignes, la droite et la circulaire ; c'est-à-dire qu'avec un C et un I on fait toutes les lettres qui composent nos mots. »

(2) « Ce caractère paraît fort beau, et n'a rien de confus ni de barbare. L'on dirait que les lettres auraient été dorées; car il y en a plusieurs, et surtout des majuscules, où il paraît encor de l'or : et c'est assurément quelque chose d'admirable et d'inconcevable que l'air n'ait pu manger cette dorure durant tant de siècles. Du reste, ce n'est pas merveilleux qu'aucun de tous les savants du monde n'ait jamais rien compris à cette écriture, puisqu'elle n'approche en aucune manière d'aucune écriture qui soit venue à notre connaissance; au lieu que toutes les écritures connues aujourd'hui, excepté le chinois, ont beaucoup d'affinité entre elles et paraissent venir de la même source. Ce qu'il y a en ceci de plus merveilleux est que les Guèbres, qui sont les restes des anciens Perses, et qui en conservent et perpétuent la religion, non-seulement ne connaissent pas mieux ces caractères que nous, mais que leurs caractères n'y ressemblent pas plus que les nôtres. D'où il s'ensuit, ou que c'est un caractère de cabale, ce qui n'est pas vraisemblable, puisque ce caractère est le commun et naturel de l'édifice en tous endroits, et qu'il n'y en a pas d'autre du même ciseau, ou qu'il est d'une si grande antiquité que nous n'oserions presque le dire. » En effet, Chardin ferait présumer sur ce passage, que, du temps de Cyrus et des mages, ce caractère était déjà oublié, et tout aussi peu connu qu'aujourd'hui.

l'Asie et de l'Afrique, ils furent les premiers et presque les seuls (1) qui commencèrent en Europe, et ils vinrent bien plus tôt chez les Grecs que les Grecs n'allèrent chez eux : ce qui ne prouve nullement que le peuple grec ne soit pas aussi ancien que le peuple de Phénicie.

D'abord les Grecs n'adoptèrent pas seulement les caractères des Phéniciens, mais même la direction de leurs lignes de droite à gauche. Ensuite ils s'avisèrent d'écrire par sillons, c'est-à-dire en retournant de la gauche à la droite, puis de la droite à la gauche, alternativement (2). Enfin ils écrivirent, comme nous faisons aujourd'hui, en recommençant toutes les lignes de gauche à droite. Ce progrès n'a rien que de naturel : l'écriture par sillons est, sans contredit, la plus commode à lire. Je suis même étonné qu'elle ne se soit pas établie avec l'impression ; mais étant difficile à écrire à la main, elle dut s'abolir quand les manuscrits se multiplièrent.

Mais bien que l'alphabet grec vienne de l'alphabet phénicien, il ne s'ensuit point que la langue grecque vienne de la phénicienne. Une de ces propositions ne tient point à l'autre, et il paraît que la langue grecque était déjà fort ancienne, que l'art d'écrire était récent et même imparfait chez les Grecs. Jusqu'au siége de Troie, ils n'eurent que seize lettres, si toutefois ils les eurent. On dit que Palamède en ajouta quatre, et Simonide les quatre autres. Tout cela est pris d'un peu loin. Au contraire, le latin, langue plus moderne, eut, presque dès sa naissance, un alphabet complet, dont cependant les premiers Romains ne se servaient guère, puisqu'ils commencèrent si tard d'écrire leur histoire, et que les lustres ne se marquaient qu'avec des clous.

Du reste, il n'y a pas une quantité de lettres ou éléments de la parole absolument déterminée ; les uns en ont plus, les autres moins, selon les langues et selon les diverses modifications qu'on donne aux voix et aux consonnes. Ceux qui ne comptent que cinq voyelles se trompent fort : les Grecs en écrivaient sept, les premiers Romains six (3) ; MM. de Port-Royal en comptent dix, M. Duclos dix-sept ; et je ne doute pas qu'on n'en trouvât beaucoup davantage, si l'habitude avait rendu l'oreille plus sensible et la bouche plus exercée aux diverses modifications dont elles sont susceptibles. A proportion de la délicatesse de l'organe, on trouvera plus ou moins de modifications, entre l'*a* aigu et l'*a* grave, entre l'*i* et l'*e* ouvert, etc. C'est ce que chacun peut éprouver, en passant d'une voyelle à l'autre par une voix continue et nuancée ; car on peut fixer plus ou moins de ces nuances et les marquer par des caractères particuliers, selon qu'à force d'habitude on s'y est rendu plus ou moins sensible ; et cette habitude dépend des sortes de voix usitées dans le langage, auxquelles l'organe se forme insensiblement. La même chose peut se dire à peu près des lettres articulées ou consonnes. Mais la plupart des nations n'ont pas fait ainsi ; elles ont pris l'alphabet les unes des autres, et représenté, par les mêmes caractères, des voix et des articulations très différentes : ce qui fait que, quelque exacte que soit l'orthographe, on lit toujours ridiculement une autre langue que la sienne, à moins qu'on n'y soit extrêmement exercé.

L'écriture, qui semble devoir fixer la langue, est précisément ce qui l'altère : elle n'en change pas les mots, mais le génie ; elle substitue l'exactitude à l'expression. L'on rend ses sentiments quand on parle, et ses idées quand on écrit. En écrivant, on est forcé de prendre tous les mots dans leur acception commune ; mais celui qui parle varie les acceptions par les tons, il les détermine comme il lui plaît ; moins gêné pour être clair, il donne plus

---

(1) Je compte les Carthaginois pour Phéniciens puisqu'ils étaient une colonie de Tyr.
(2) Voy. Pausanias, Arcad. Les Latins, dans les commencements, écrivirent de même ; et de là, selon Marius Victorinus, est venu le mot de *versus*.
(3) « Vocales quas græce septem, Romulus sex, usus posterior quinque commemorat, Y velut græca rejecta. » *Mart. Capel.*, lib. III.

à la force; et il n'est pas possible qu'une langue qu'on écrit garde longtemps la vivacité de celle qui n'est que parlée. On écrit les voix et non pas les sons : or, dans une langue accentuée, ce sont les sons, les accents, les inflexions de toute espèce qui font la plus grande énergie du langage, et rendent une phrase, d'ailleurs commune, propre seulement au lieu où elle est. Les moyens qu'on prend pour suppléer à celui-là étendent, allongent la langue écrite, et passant des livres dans le discours, énervent la parole même (1). En disant tout comme on l'écrirait, on ne fait plus que lire en parlant.

CHAPITRE VI.

S'il est probable qu'Homère ait su écrire.

Quoi qu'on nous dise de l'invention de l'alphabet grec, je la crois beaucoup plus moderne qu'on ne la fait, et je fonde principalement cette opinion sur le caractère de la langue. Il m'est venu bien souvent dans l'esprit de douter non-seulement qu'Homère sût écrire, mais même qu'on écrivît de son temps. J'ai grand regret que ce doute soit si formellement démenti par l'histoire de Bellérophon dans l'*Iliade;* comme j'ai le malheur, aussi bien que le P. Hardouin, d'être un peu obstiné dans mes paradoxes, si j'étais moins ignorant, je serais bien tenté d'étendre mes doutes sur cette histoire même, et de l'accuser d'avoir été, sans beaucoup d'examen, interpolée par les compilateurs d'Homère. Non-seulement, dans le reste de l'*Iliade*, on voit peu de traces de cet art, mais j'ose avancer que toute l'*Odysée* n'est qu'un tissu de bêtises et d'inepties qu'une lettre ou deux eussent réduit en fumée, au lieu qu'on rend ce poème raisonnable et même assez bien conduit, en supposant que ces héros aient ignoré l'écriture. Si l'*Iliade* eût été écrite, elle eût été beaucoup moins chantée, les rapsodes eussent été moins recherchés et se seraient moins multipliés. Aucun autre poète n'a été chanté, si ce n'est le Tasse à Venise; encore n'est-ce que par les gondoliers, qui ne sont pas grands lecteurs. La diversité des dialectes employés par Homère forme encore un préjugé très fort. Les dialectes distingués par la parole se rapprochent et se confondent par l'écriture; tout se rapporte insensiblement à un modèle commun. Plus une nation lit et s'instruit, plus ses dialectes s'effacent; et enfin ils ne restent plus qu'en forme de jargon chez le peuple, qui lit peu et qui n'écrit point.

Or, ces deux poèmes étant postérieurs au siège de Troie, il n'est guère apparent que les Grecs qui firent ce siège connussent l'écriture, et que le poète qui le chanta ne la connût pas. Ces poèmes restèrent longtemps écrits seulement dans la mémoire des hommes; ils furent rassemblés par écrit assez tard et avec beaucoup de peine. Ce fut quand la Grèce commença d'abonder en livres et en poésie écrite, que tout le charme de celle d'Homère se fit sentir par comparaison. Les autres poètes écrivaient, Homère seul avait chanté : et ces chants n'ont cessé d'être écoutés avec ravissement, que quand l'Europe s'est couverte de barbares qui se sont mêlés de juger ce qu'ils ne pouvaient sentir.

CHAPITRE VII.

De la Prosodie moderne.

Nous n'avons aucune idée d'une langue sonore et harmonieuse, qui parle

---

(1) Le meilleur de ces moyens, et qui n'aurait pas ce défaut, serait la ponctuation, si on l'eût laissée moins imparfaite. Pourquoi, par exemple, n'avons-nous pas de point

autant par les sons que par les voix. Si l'on croit suppléer à l'accent par les accents, on se trompe; on n'invente les accents que quand l'accent est déjà perdu (1). Il y a plus; nous croyons avoir des accents dans notre langue, et nous n'en avons point : nos prétendus accents ne sont que des voyelles, ou des signes de quantité; ils ne marquent aucune variété de sons. La preuve est que ces accents se rendent tous, ou par des temps inégaux, ou par des modifications des lèvres, de la langue, ou du palais, qui font la diversité des voix; aucun par des modifications de la glotte, qui font la diversité des sons. Ainsi, quand notre circonflexe n'est pas une simple voix, il est une longue, ou il n'est rien. Voyons à présent ce qu'il était chez les Grecs.

Denys d'Halicarnasse dit que l'élévation du ton dans l'accent aigu et l'abaissement dans le grave étaient une quinte : ainsi l'accent prosodique était aussi musical, surtout le circonflexe, où la voix, après avoir monté d'une quinte, descendait d'une autre quinte sur la même syllabe (1). On voit assez par ce passage et par ce qui s'y rapporte, que M. Duclos ne reconnaît point l'accent musical dans notre langue, mais seulement l'accent prosodique et l'accent vocal. On y ajoute un accent orthographique, qui ne change rien à la voix, ni au son, ni à la quantité, mais qui tantôt indique une lettre supprimée, comme le circonflexe, et tantôt fixe le sens équivoque d'un monosyllabe, tel que l'accent prétendu grave qui distingue *où* adverbe de lieu de *ou* particule disjonctive, et *à* pris pour article du même *a* pris pour verbe; cet accent distingue à l'œil seulement ces monosyllabes, rien ne les distingue à la pronon-

vocatif? Le point interrogant, que nous avons, était beaucoup moins nécessaire; car, par la seule construction, on voit si l'on interroge ou si l'on n'interroge pas, au moins dans notre langue. *Venez-vous* et *vous venez* ne sont pas la même chose. Mais comment distinguer par écrit un homme qu'on nomme d'un homme qu'on appelle? C'est là vraiment une équivoque qu'eût levée le point vocatif. La même équivoque se trouve dans l'ironie, quand l'accent ne la fait pas sentir.

(1) Quelques savants prétendent, contre l'opinion commune et contre la preuve tirée de tous les anciens manuscrits, que les Grecs ont connu et pratiqué dans l'écriture les signes appelés accents, et ils fondent cette opinion sur deux passages que je vais transcrire l'un et l'autre, afin que le lecteur puisse juger de leur vrai sens.

Voici le premier, tiré de Cicéron, dans son *Traité de l'Orateur*, liv. III, n. 44.

« Hanc diligentiam subsequitur modus etiam et forma verborum, quod jam vereor ne huic Catulo videatur esse puerile. Versus enim veteres illi in hac soluta oratione propemodum, hoc est, numeros quosdam nobis esse adhibendos putaverunt. Interspirationis enim non defatigationis nostræ, neque librariorum notis, sed verborum et sententiarum modo, interpunctas clausulas in orationibus esse voluerunt; idque princeps Isocrates instituisse fertur, ut incondita antiquorum dicendi consuetudinem, delectationis atque aurium causa (quemadmodum scribit discipulus ejus Naucrates), numeris adstringeret.

« Namque hæc duo musici, qui erant quondam iidem poetæ, machinati ad voluptatem sunt, versum atque cantum, ut et verborum numero, et vocum modo, delectatione vincerent aurium satietatem. Hæc igitur duo, vocis dico moderationem, et verborum conclusionem, quoad orationis severitas pati possit, à poetica ad eloquentiam traducenda duxerunt. »

Voici le second, tiré d'Isidore, dans ses *Origines*, liv. I, chap. xx.

« Præterea quædam sententiarum notæ apud celeberrimos auctores fuerunt, quasque antiqui ad distinctionem scripturarum carminibus et historiis apposuerunt. Nota est figura propria in litteræ modum posita, ad demonstrandum unamquamque verbi sententiarumque ac versuum rationem. Notæ autem versibus apponuntur numero XXVI, quæ sunt nominibus infra scriptis, etc. »

Pour moi, je vois là que du temps de Cicéron les bons copistes pratiquaient la séparation des mots et certains signes équivalents à notre ponctuation. J'y vois encore l'invention du nombre et de la déclamation de la prose, attribuée à Isocrate. Mais je n'y vois point du tout les signes écrits, les accents : et quand je les y verrais, on n'en pourrait conclure qu'une chose que je ne dispute pas et qui rentre tout-à-fait dans mes principes, savoir, que, quand les Romains commencèrent à étudier le grec, les copistes, pour leur en indiquer la prononciation, inventèrent les signes des accents, des esprits, et de la prosodie; mais il ne s'ensuivait nullement que des signes fussent en usage parmi les Grecs, qui n'en avaient aucun besoin.

(2) M. Duclos, *Remarques sur la grammaire générale raisonnée*, page 30.

ciation (1). Ainsi la définition de l'accent que les Français ont généralement adoptée ne convient à aucun des accents de leur langue.

Je m'attends bien que plusieurs de leurs grammairiens, prévenus que les accents marquent élévation ou abaissement de voix, se récrieront encore ici au paradoxe; et, faute de mettre assez de soins à l'expérience, ils croiront rendre par les modifications de la glotte ces mêmes accents qu'ils rendent uniquement en variant les ouvertures de la bouche ou les positions de la langue. Mais voici ce que j'ai à leur dire pour constater l'expérience et rendre ma preuve sans réplique.

Prenez exactement avec la voix l'unisson de quelque instrument de musique; et, sur cet unisson, prononcez de suite tous les mots français les plus diversement accentués que vous pourrez rassembler : comme il n'est pas ici question de l'accent grammatical, il n'est pas même nécessaire que ces divers mots aient un sens suivi. Observez, en parlant ainsi, si vous ne marquez pas sur ce même son tous les accents aussi sensiblement, aussi nettement, que si vous prononciez sans gêne en variant votre ton de voix. Or, ce fait supposé, et il est incontestable, je dis que, puisque tous vos accents s'expriment sur le même ton, ils ne marquent donc pas des sons différents. Je n'imagine pas ce qu'on peut répondre à cela.

Toute langue où l'on peut mettre plusieurs airs de musique sur les mêmes paroles n'a point d'accent musical déterminé. Si l'accent était déterminé, l'air le serait aussi; dès que le chant est arbitraire, l'accent est compté pour rien.

Les langues modernes de l'Europe sont toutes du plus au moins dans le même cas. Je n'en excepte pas même l'italienne. La langue italienne, non plus que la française, n'est point par elle-même une langue musicale. La différence est seulement que l'une se prête à la musique, et que l'autre ne s'y prête pas.

Tout ceci mène à la confirmation de ce principe, que, par un progrès naturel, toutes les langues lettrées doivent changer de caractère, et perdre de la force en gagnant de la clarté; que, plus on s'attache à perfectionner la grammaire et la logique, plus on accélère ce progrès, et que, pour rendre bientôt une langue froide et monotone, il ne faut qu'établir des académies chez le peuple qui la parle.

On connaît les langues dérivées par la différence de l'orthographe à la prononciation. Plus les langues sont antiques et originales, moins il y a d'arbitraire dans la manière de les prononcer, par conséquent moins de complication de caractères pour déterminer cette prononciation. *Tous les signes prosodiques des anciens*, dit M. Duclos, *supposé que l'emploi en fût bien fixé, ne valaient pas encore l'usage.* Je dirai plus, ils y furent substitués. Les anciens Hébreux n'avaient ni points, ni accents; ils n'avaient pas même de voyelles. Quand les autres nations ont voulu se mêler de parler en hébreu, et que les Juifs ont parlé d'autres langues, la leur a perdu son accent; il a fallu des points, des signes pour le régler; et cela a bien plus rétabli le sens des mots que la prononciation de la langue. Les Juifs de nos jours, parlant hébreu, ne seraient plus entendus de leurs ancêtres.

Pour savoir l'anglais, il faut l'apprendre deux fois; l'une à le lire, et l'autre à le parler. Si un Anglais lit à haute voix, et qu'un étranger jette les yeux sur le livre, l'étranger n'aperçoit aucun rapport entre ce qu'il voit et ce qu'il entend. Pourquoi cela? parce que l'Angleterre ayant été successivement conquise par divers peuples, les mots se sont toujours écrits de même, tandis que la

(1) On pourrait croire que c'est par ce même accent que les Italiens distinguent, par exemple, *è* verbe de *e* conjonction; mais le premier se distingue à l'oreille par un son plus fort et plus appuyé, ce qui rend vocal l'accent dont il est marqué : observation que le Buonmattei a eu tort de ne pas faire.

manière de les prononcer a souvent changé. Il y a bien de la différence entre les signes qui déterminent le sens de l'écriture et ceux qui règlent la prononciation. Il serait aisé de faire avec les seules consonnes une langue fort claire par écrit, mais qu'on ne saurait parler. L'algèbre a quelque chose de cette langue-là. Quand une langue est plus claire par son orthographe que par sa prononciation, c'est un signe qu'elle est plus écrite que parlée : telle pouvait être la langue savante des Égyptiens; telles sont pour nous les langues mortes. Dans celles qu'on charge de consonnes inutiles, l'écriture semble même avoir précédé la parole : et qui ne croirait la polonaise dans ce cas-là? Si cela était, le polonais devrait être la plus froide de toutes les langues.

CHAPITRE VIII.

Différence générale et locale dans l'origine des langues.

Tout ce que j'ai dit jusqu'ici convient aux langues primitives en général, et aux progrès qui résultent de leur durée, mais n'explique ni leur origine, ni leurs différences. La principale cause qui les distingue est locale, elle vient des climats où elles naissent, et de la manière dont elles se forment, c'est à cette cause qu'il faut remonter pour concevoir la différence générale et caractéristique qu'on remarque entre les langues du midi et celles du nord. Le grand défaut des Européens est de philosopher toujours sur les origines des choses d'après ce qui se passe autour d'eux. Ils ne manquent point de nous montrer les premiers hommes, habitant une terre ingrate et rude, mourant de froid et de faim, empressés à se faire un couvert et des habits; ils ne voient partout que la neige et les glaces de l'Europe, sans songer que l'espèce humaine, ainsi que toutes les autres, a pris naissance dans les pays chauds, et que sur les deux tiers du globe l'hiver est à peine connu. Quand on veut étudier les hommes, il faut regarder près de soi; mais, pour étudier l'homme, il faut apprendre à porter sa vue au loin; il faut d'abord observer les différences, pour découvrir les propriétés.

Le genre humain, né dans les pays chauds, s'étend de là dans les pays froids; c'est dans ceux-ci qu'il se multiplie, et reflue ensuite dans les pays chauds. De cette action et réaction viennent les révolutions de la terre et l'agitation continuelle de ses habitants. Tâchons de suivre dans nos recherches l'ordre même de la nature. J'entre dans une longue digression sur un sujet si rebattu qu'il en est trivial, mais auquel il faut toujours revenir, malgré qu'on en ait, pour trouver l'origine des institutions humaines.

CHAPITRE IX.

Formation des langues méridionales.

Dans les premiers temps (1), les hommes épars sur la face de la terre n'avaient de société que celle de la famille, de lois que celles de la nature, de langue que le geste et quelques sons inarticulés. (2). Ils n'étaient liés par aucune idée de fraternité commune; et n'ayant aucun arbitre que la force,

---

(1) J'appelle les premiers temps ceux de la dispersion des hommes, à quelque âge du genre humain qu'on veuille en fixer l'époque.

(2) Les véritables langues n'ont point une origine domestique, il n'y a qu'une convention plus générale et plus durable qui les puisse établir. Les sauvages de l'Amérique ne parlent presque jamais que hors de chez eux; chacun garde le silence dans sa cabane, il parle par signes à sa famille; et ces signes sont peu fréquents, parce qu'un sauvage est moins inquiet, moins impatient qu'un Européen, qu'il n'a pas tant de besoins, et qu'il prend soin d'y pourvoir lui-même.

ils se croyaient ennemis les uns des autres. C'étaient leur faiblesse et leur ignorance qui leur donnaient cette opinion. Ne connaissant rien, ils craignaient tout; ils attaquaient pour se défendre. Un homme abandonné seul sur la face de la terre, à la merci du genre humain, devait être un animal féroce. Il était prêt à faire aux autres tout le mal qu'il craignait d'eux. La crainte et la faiblesse sont les sources de la cruauté.

Les affections sociales ne se développent en nous qu'avec nos lumières. La pitié, bien que naturelle au cœur de l'homme, resterait éternellement inactive sans l'imagination qui la met en jeu. Comment nous laissons-nous émouvoir à la pitié? En nous transportant hors de nous-mêmes; en nous identifiant avec l'être souffrant. Nous ne souffrons qu'autant que nous jugeons qu'il souffre; ce n'est pas dans nous, c'est dans lui que nous souffrons. Qu'on songe combien ce transport suppose de connaissances acquises. Comment imaginerais-je des maux dont je n'ai nulle idée? Comment souffrirais-je en voyant souffrir un autre, si je ne sais pas même qu'il souffre, si j'ignore ce qu'il y a de commun entre lui et moi? Celui qui n'a jamais réfléchi ne peut être ni clément, ni juste, ni pitoyable; il ne peut pas non plus être méchant et vindicatif. Celui qui n'imagine rien ne sent que lui-même; il est seul au milieu du genre humain.

La réflexion naît des idées comparées, et c'est la pluralité des idées qui porte à les comparer. Celui qui ne voit qu'un seul objet n'a point de comparaison à faire. Celui qui n'en voit qu'un petit nombre, et toujours les mêmes dès son enfance, ne les compare point encore, parce que l'habitude de les voir lui ôte l'attention nécessaire pour les examiner : mais à mesure qu'un objet nouveau nous frappe, nous voulons le connaître; dans ceux qui nous sont connus nous lui cherchons des rapports. C'est ainsi que nous apprenons à considérer ce qui est sous nos yeux, et que ce qui nous est étranger nous porte à l'examen de ce qui nous touche.

Appliquez ces idées aux premiers hommes, vous verrez la raison de leur barbarie. N'ayant jamais rien vu que ce qui était autour d'eux, cela même ils ne le connaissaient pas; ils ne se connaissaient pas eux-mêmes. Ils avaient l'idée d'un père, d'un fils, d'un frère, et non pas d'un homme. Leur cabane contenait tous leurs semblables; un étranger, une bête, un monstre, étaient pour eux la même chose : hors eux et leur famille, l'univers entier ne leur était rien.

De là les contradictions apparentes qu'on voit entre les pères des nations : tant de naturel et tant d'inhumanité; des mœurs si féroces et des cœurs si tendres; tant d'amour pour leur famille et d'aversion pour leur espèce. Tous leurs sentiments, concentrés entre leurs proches, en avaient plus d'énergie. Tout ce qu'ils connaissaient leur était cher. Ennemis du reste du monde, qu'ils ne voyaient point et qu'ils ignoraient, ils ne haïssaient que ce qu'ils ne pouvaient connaître.

Ces temps de barbarie étaient le siècle d'or, non parce que les hommes étaient unis, mais parce qu'ils étaient séparés. Chacun, dit-on, s'estimait le maître de tout; cela peut être : mais nul ne connaissait et ne désirait que ce qui était sous sa main; ses besoins, loin de le rapprocher de ses semblables, l'en éloignaient. Les hommes, si l'on veut, s'attaquaient dans la rencontre, mais ils se rencontraient rarement. Partout régnait l'état de guerre, et toute la terre était en paix.

Les premiers hommes furent chasseurs ou bergers, et non pas laboureurs; les premiers biens furent des troupeaux, et non pas des champs. Avant que la propriété de la terre fût partagée, nul ne pensait à la cultiver. L'agriculture est un art qui demande des instruments; semer pour recueillir est une précaution qui demande de la prévoyance. L'homme en société cherche à s'étendre; l'homme isolé se resserre. Hors de la portée où son œil peut voir et où son bras peut atteindre, il n'y a plus pour lui ni droit ni propriété. Quand le cyclope a roulé la pierre à l'entrée de sa caverne, ses troupeaux et lui sont en sûreté. Mais qui garderait les moissons de celui pour qui les lois ne veillent pas?

On me dira que Caïn fut laboureur, et que Noé planta la vigne. Pourquoi non? Ils étaient seuls; qu'avaient-ils à craindre? D'ailleurs ceci ne fait rien contre moi; j'ai dit ci-devant ce que j'entendais par les premiers temps. En devenant fugitif, Caïn fut bien forcé d'abandonner l'agriculture; la vie errante des descendants de Noé dut aussi la leur faire oublier. Il fallut peupler la terre avant de la cultiver : ces deux choses se font mal ensemble. Durant la première dispersion du genre humain, jusqu'à ce que la famille fût arrêtée, et que l'homme eût une habitation fixe, il n'y eut plus d'agriculture. Les peuples qui ne se fixent point ne sauraient cultiver la terre : tels furent autrefois les Nomades, tels furent les Arabes vivant sous des tentes, les Scythes dans leurs chariots; tels sont encore aujourd'hui les Tartares errants, et les sauvages de l'Amérique.

Généralement, chez tous les peuples dont l'origine nous est connue, on trouve les premiers barbares voraces et carnassiers plutôt qu'agriculteurs et granivores. Les Grecs nomment le premier qui leur apprit à labourer la terre, et il paraît qu'ils ne connurent cet art que fort tard. Mais quand ils ajoutent qu'avant Triptolème ils ne vivaient que de gland, ils disent une chose sans vraisemblance et que leur propre histoire dément : car ils mangeaient de la chair avant Triptolème, puisqu'il leur défendit d'en manger. On ne voit pas au reste qu'ils aient tenu grand compte de cette défense.

Dans les festins d'Homère on tue un bœuf pour régaler ses hôtes, comme on tuerait de nos jours un cochon de lait. En disant qu'Abraham servit un veau à trois personnes, qu'Eumée fit rôtir deux chevreaux pour le dîner d'Ulysse, et qu'autant en fit Rébecca pour celui de son mari, on peut juger quels terribles dévoreurs de viande étaient les hommes de ces temps-là. Pour concevoir les repas des anciens, on n'a qu'à voir aujourd'hui ceux des sauvages : j'ai failli dire ceux des Anglais.

Le premier gâteau qui fut mangé fut la communion du genre humain. Quand les hommes commencèrent à se fixer, ils défrichaient quelque peu de terre autour de leur cabane; c'était un jardin plutôt qu'un champ. Le peu de grain qu'on recueillait se broyait entre deux pierres; on en faisait quelques gâteaux qu'on cuisait sous la cendre, ou sur la braise, ou sur une pierre ardente, dont on ne mangeait que dans les festins. Cet antique usage, qui fut consacré chez les Juifs par la Pâque, se conserve encore aujourd'hui dans la Perse et dans les Indes. On n'y mange que des pains sans levain, et ces pains en feuilles minces se cuisent et se consomment à chaque repas. On ne s'est avisé de faire fermenter le pain que quand il en a fallu davantage : car la fermentation se fait mal sur une petite quantité.

Je sais qu'on trouve déjà l'agriculture en grand dès le temps des patriarches. Le voisinage de l'Egypte avait dû la porter de bonne heure en Palestine. Le livre de Job, le plus ancien peut-être de tous les livres qui existent, parle de la culture des champs; il compte cinq cents paires de bœufs parmi les richesses de Job : ce mot de paires montre ces bœufs accouplés pour le travail. Il est dit positivement que ces bœufs labouraient quand les Sabéens les enlevèrent, et l'on peut juger quelle étendue de pays devaient labourer cinq cents paires de bœufs.

Tout cela est vrai; mais ne confondons point les temps. L'âge patriarcal que nous connaissons est bien loin du premier âge. L'Ecriture compte dix générations de l'un à l'autre dans ces siècles où les hommes vivaient longtemps. Qu'ont-ils fait durant ces dix générations? nous n'en savons rien. Vivant épars et presque sans société, à peine parlaient-ils : comment pouvaient-ils écrire? et, dans l'uniformité de leur vie isolée, quels événements nous auraient-ils transmis?

Adam parlait, Noé parlait; soit : Adam avait été instruit par Dieu même. En se divisant, les enfants de Noé abandonnèrent l'agriculture; et la langue commune périt avec la première société. Cela serait arrivé quand il n'y aurait jamais eu de tour de Babel. On a vu dans des îles désertes des solitaires oublier leur propre langue. Rarement, après plusieurs générations, des hommes hors de leurs pays conservent leur premier langage, même ayant des travaux communs et vivant entre eux en société.

Epars dans ce vaste désert du monde, les hommes retombèrent dans la stupide barbarie où ils se seraient trouvés s'ils étaient nés de la terre. En suivant ces idées si naturelles, il est aisé de concilier l'autorité de l'Ecriture avec les monuments antiques, et l'on n'est pas réduit à traiter de fables des traditions aussi anciennes que les peuples qui nous les ont transmises.

Dans cet état d'abrutissement il fallait vivre. Les plus actifs, les plus robustes, ceux qui allaient toujours en avant, ne pouvaient vivre que de fruits et de chasse : ils devinrent donc chasseurs, violents, sanguinaires; puis, avec le temps, guerriers, conquérants, usurpateurs. L'histoire a souillé ses monuments des crimes de ces premiers rois; la guerre et les conquêtes ne sont que des chasses d'hommes. Après les avoir conquis, il ne leur manquait que de les dévorer : c'est ce que leurs successeurs ont appris à faire.

Le plus grand nombre, moins actif et plus paisible, s'arrêta le plus tôt qu'il put, assembla du bétail, l'apprivoisa, le rendit docile à la voix de l'homme; pour s'en nourrir, apprit à le garder, à le multiplier; et ainsi commença la vie pastorale.

L'industrie humaine s'étend avec les besoins qui la font naître. Des trois manières de vivre possibles à l'homme, savoir la chasse, le soin des troupeaux, et l'agriculture, la première exerce le corps à la force, à l'adresse, à la course; l'âme, au courage, à la ruse : elle endurcit l'homme et le rend féroce. Le pays des chasseurs n'est pas longtemps celui de la chasse (1). Il faut poursuivre au loin le gibier; de là l'équitation. Il faut atteindre le même gibier qui fuit; de là les armes légères, la fronde, la flèche, le javelot. L'art pastoral, père du repos et des passions oiseuses, est celui qui se suffit le plus à lui-même. Il fournit à l'homme, presque sans peine, la vie et le vêtement; il lui fournit même sa demeure. Les tentes des premiers bergers étaient faites de peaux de bêtes : le toit de l'arche et du tabernacle de Moïse n'était pas d'une autre étoffe. A l'égard de l'agriculture, plus lente à naître, elle tient à tous les arts; elle amène la propriété, le gouvernement, les lois, et par degré, la misère et les crimes, inséparables pour notre espèce de la science du bien et du mal. Aussi les Grecs ne regardaient-ils pas seulement Triptolème comme l'inventeur d'un art utile, mais comme un instituteur et un sage, duquel ils tenaient leur première discipline et leurs premières lois. Au contraire, Moïse semble porter un jugement d'improbation sur l'agriculture, en lui donnant un méchant pour inventeur, et faisant rejeter de Dieu ses offrandes. On dirait que le premier laboureur annonçait dans son caractère les mauvais effets de son art. L'auteur de la *Genèse* avait vu plus loin qu'Hérodote.

A la division précédente se rapportent les trois états de l'homme considéré

---

(1) Le métier de chasseur n'est point favorable à la population. Cette observation, qu'on a faite quand les îles de Saint-Domingue et de la Tortue étaient habitées par les boucaniers, se confirme par l'état de l'Amérique septentrionale. On ne voit point que les pères d'aucune nation nombreuse aient été chasseurs par état; ils ont tous été agriculteurs ou bergers. La chasse doit donc être moins considérée ici comme ressource de subsistance, que comme un accessoire de l'état pastoral.

par rapport à la société. Le sauvage est chasseur, le barbare est berger, l'homme civil est laboureur.

Soit donc qu'on recherche l'origine des arts, soit qu'on observe les premières mœurs, on voit que tout se rapporte dans son principe aux moyens de pourvoir à la subsistance; et quant à ceux de ces moyens qui rassemblent les hommes, ils sont déterminés par le climat et par la nature du sol. C'est donc aussi par les mêmes causes qu'il faut expliquer la diversité des langues et l'opposition de leurs caractères.

Les climats doux, les pays gras et fertiles, ont été les premiers peuplés et les derniers où les nations se sont formées, parce que les hommes s'y pouvaient passer plus aisément les uns des autres, et que les besoins qui font naître la société s'y sont fait sentir plus tard.

Supposez un printemps perpétuel sur la terre; supposez partout de l'eau, du bétail, des pâturages; supposez les hommes, sortant des mains de la nature, une fois dispersés parmi tout cela, je n'imagine pas comment ils auraient jamais renoncé à leur liberté primitive, et quitté la vie isolée pastorale, si convenable à leur indolence naturelle (1), pour s'imposer sans nécessité l'esclavage, les travaux, les misères inséparables de l'état social.

Celui qui voulut que l'homme fût sociable toucha du doigt l'axe du globe et l'inclina sur l'axe de l'univers. A ce léger mouvement, je vois changer la face de la terre et décider la vocation du genre humain : j'entends au loin les cris de joie d'une multitude insensée; je vois édifier les palais et les villes; je vois naître les arts, les lois, le commerce; je vois les peuples se former, s'étendre, se dissoudre, se succéder comme les flots de la mer; je vois les hommes, rassemblés sur quelques points de leur demeure pour s'y dévorer mutuellement, faire un affreux désert du reste du monde, digne monument de l'union sociale et de l'utilité des arts.

La terre nourrit les hommes; mais quand les premiers besoins les ont dispersés, d'autres besoins les rassemblent, et c'est alors seulement qu'ils parlent et qu'ils font parler d'eux. Pour ne pas me trouver en contradiction avec moi-même, il faut me laisser le temps de m'expliquer.

Si l'on cherche en quels lieux sont nés les pères du genre humain, d'où sortirent les premières colonies, d'où vinrent les premières émigrations, vous ne nommerez pas les heureux climats de l'Asie-Mineure, ni de la Sicile, ni de l'Afrique, pas même de l'Egypte : vous nommerez les sables de la Chaldée, les rochers de la Phénicie. Vous trouverez la même chose dans tous les temps. La Chine a beau se peupler de Chinois, elle se peuple aussi de Tartares : les Scythes ont inondé l'Europe et l'Asie; les montagnes de Suisse versent actuellement dans nos régions fertiles une colonie perpétuelle qui promet de ne point tarir.

Il est naturel, dit-on, que les habitants d'un pays ingrat le quittent pour en occuper un meilleur. Fort bien; mais pourquoi ce meilleur pays, au lieu de fourmiller de ses propres habitants, fait-il place à d'autres? Pour sortir d'un pays ingrat il y faut être : pourquoi donc tant d'hommes y naissent-ils par préférence? On croirait que les pays ingrats ne devraient se peupler que de l'excédant des pays fertiles, et nous voyons que c'est le contraire. La plu-

---

(1) Il est inconcevable à quel point l'homme est naturellement paresseux. On dirait qu'il ne vit que pour dormir, végéter, rester immobile; à peine peut-il se résoudre à se donner les mouvements nécessaires pour s'empêcher de mourir de faim. Rien ne maintient tant les sauvages dans l'amour de leur état que cette délicieuse indolence. Les passions qui rendent l'homme inquiet, prévoyant, actif, ne naissent que dans la société. Ne rien faire est la première et la plus forte passion de l'homme après celle de se conserver. Si l'on y regardait bien, l'on verrait que, même parmi nous, c'est pour parvenir au repos que chacun travaille; c'est encore la paresse qui nous rend laborieux.

part des peuples latins se disaient aborigènes (1), tandis que la grande Grèce, beaucoup plus fertile, n'était peuplée que d'étrangers : tous les peuples grec, avouaient tirer leur origine de diverses colonies, hors celui dont le sol était le plus mauvais, savoir, le peuple attique, lequel se disait autochthone ou né de lui-même. Enfin, sans percer la nuit des temps, les siècles modernes offrent une observation décisive; car quel climat au monde est plus triste que celui qu'on nomma la fabrique du genre humain?

Les associations d'hommes sont en grande partie l'ouvrage des accidents de la nature : les déluges particuliers, les mers extravasées, les éruptions des volcans, les grands tremblements de terre, les incendies allumés par la foudre et qui détruisaient les forêts, tout ce qui dut effrayer et disperser les sauvages habitants d'un pays, dut ensuite les rassembler pour réparer en commun les pertes communes : les traditions des malheurs de la terre, si fréquents dans les anciens temps, montrent de quels instruments se servit la Providence pour former les humains à se rapprocher. Depuis que les sociétés sont établies, ces grands accidents ont cessé ou sont devenus plus rares : il semble que cela doit encore être; les mêmes malheurs qui rassemblèrent les hommes épars disperseraient ceux qui sont réunis.

Les révolutions des saisons sont une autre cause plus générale et plus permanente, qui dut produire le même effet dans les climats exposés à cette variété. Forcés de s'approvisionner pour l'hiver, voilà les habitants dans le cas de s'entr'aider, les voilà contraints d'établir entre eux quelque sorte de convention. Quand les courses deviennent impossibles, et que la rigueur du froid les arrête, l'ennui les lie autant que le besoin : les Lapons, ensevelis dans leurs glaces; les Esquimaux, les plus sauvages de tous les peuples, se rassemblent l'hiver dans leurs cavernes, et l'été ne se connaissent plus. Augmentez d'un degré leur développement et leurs lumières, les voilà réunis pour toujours.

L'estomac ni les intestins de l'homme ne sont pas faits pour digérer la chair crue : en général son goût ne la supporte pas. A l'exception peut-être des seuls Esquimaux dont je viens de parler, les sauvages mêmes grillent leurs viandes. A l'usage du feu, nécessaire pour les cuire, se joint le plaisir qu'il donne à la vue, et sa chaleur agréable au corps : l'aspect de la flamme, qui fait fuir les animaux, attire l'homme (2). On se rassemble autour d'un foyer commun, on y fait des festins, on y danse : les doux liens de l'habitude y rapprochent insensiblement l'homme de ses semblables, et sur ce foyer rustique brûle le feu sacré qui porte au fond des cœurs le premier sentiment de l'humanité.

Dans les pays chauds, les sources et les rivières, inégalement dispersées, sont d'autres points de réunion d'autant plus nécessaires que les hommes peuvent moins se passer d'eau que de feu : les barbares surtout, qui vivent de leurs troupeaux, ont besoin d'abreuvoirs communs, et l'histoire des plus anciens temps nous apprend qu'en effet c'est là que commencèrent et leurs

(1) Ces noms d'*autochthones* et d'*aborigènes* signifient seulement que les premiers habitants du pays étaient sauvages, sans sociétés, sans lois, sans traditions, et qu'ils peuplèrent avant de parler.

(2) Le feu fait grand plaisir aux animaux, ainsi qu'à l'homme, lorsqu'ils sont accoutumés à sa vue et qu'ils ont senti sa douce chaleur. Souvent même il ne leur serait guère moins utile qu'à nous, au moins pour réchauffer leurs petits. Cependant on n'a jamais ouï dire qu'aucune bête, ni sauvage ni domestique, ait acquis assez d'industrie pour faire du feu, même à notre exemple. Voilà donc ces êtres raisonneurs qui forment, dit-on, devant l'homme une société fugitive, dont cependant l'intelligence n'a pu s'élever jusqu'à tirer d'un caillou des étincelles, et les recueillir, ou conserver au moins quelques feux abandonnés! Par ma foi, les philosophes se moquent de nous tout ouvertement. On voit bien par leurs écrits qu'en effet ils nous prennent pour des bêtes.

traités et leurs querelles (1). La facilité des eaux peut retarder la société des habitants dans les lieux bien arrosés. Au contraire, dans les lieux arides il fallut concourir à creuser des puits, à tirer des canaux pour abreuver le bétail : on y voit des hommes associés de temps immémorial, car il fallait que le pays restât désert ou que le travail humain le rendît habitable. Mais le penchant que nous avons à tout rapporter à nos usages rend sur ceci quelques réflexions nécessaires.

Le premier état de la terre différait beaucoup de celui où elle est aujourd'hui, qu'on la voit parée ou défigurée par la main des hommes. Le chaos, que les poètes ont feint dans les éléments, régnait dans ses productions. Dans ces temps reculés, où les révolutions étaient fréquentes, où mille accidents changeaient la nature du sol et les aspects du terrain, tout croissait confusément, arbres, légumes, arbrisseaux, herbages : nulle espèce n'avait le temps de s'emparer du terrain qui lui convenait le mieux et d'y étouffer les autres : elles se séparaient lentement peu à peu ; et puis un bouleversement survenait qui confondait tout.

Il y a un tel rapport entre les besoins de l'homme et les productions de la terre, qu'il suffit qu'elle soit peuplée, et tout subsiste : mais avant que les hommes réunis missent par leurs travaux communs une balance entre ses productions, il fallait pour qu'elles subsistassent toutes que la nature se chargeât seule de l'équilibre que la main des hommes conserve aujourd'hui : elle maintenait ou rétablissait cet équilibre par des révolutions, comme ils le maintiennent ou rétablissent par leur inconstance. La guerre, qui ne régnait pas encore entre eux, semblait régner entre les éléments : les hommes ne brûlaient point de villes, ne creusaient point de mines, n'abattaient point d'arbres, mais la nature allumait des volcans, excitait des tremblements de terre, le feu du ciel consumait des forêts. Un coup de foudre, un déluge, une exhalaison, faisaient alors en peu d'heures ce que cent mille bras d'hommes font aujourd'hui dans un siècle. Sans cela je ne vois pas comment le système eût pu subsister, et l'équilibre se maintenir. Dans les deux règnes organisés, les grandes espèces eussent, à la longue, absorbé les petites (2) : toute la terre n'eût bientôt été couverte que d'arbres et de bêtes féroces ; à la fin tout eût péri.

Les eaux auraient perdu peu à peu la circulation qui vivifie la terre. Les montagnes se dégradent et s'abaissent, les fleuves charrient, la mer se comble et s'étend, tout tend insensiblement au niveau : la main des hommes retient cette pente et retarde ce progrès ; sans eux il serait plus rapide, et la terre serait peut-être déjà sous les eaux. Avant le travail humain, les sources, mal distribuées, se répandaient plus inégalement, fertilisaient moins la terre, en abreuvaient plus difficilement les habitants. Les rivières étaient souvent inaccessibles, leurs bords escarpés ou marécageux : l'art humain ne les retenant point dans leurs lits, elles en sortaient fréquemment, s'extravasaient à droite ou à gauche, changeaient leurs directions et leurs cours, se partageaient en diverses branches ; tantôt on les trouvait à sec, tantôt des sables mouvants

(1) Voyez l'exemple de l'un et de l'autre au chapitre XXI de la *Genèse*, entre Abraham et Abimelec, au sujet du puits du Serment.
(2) On prétend que, par une sorte d'action et de réaction naturelle, les diverses espèces du règne animal se maintiendraient d'elles-mêmes dans un balancement perpétuel qui leur tiendrait lieu d'équilibre. Quand l'espèce dévorante se sera, dit-on, trop multipliée aux dépens de l'espèce dévorée, alors, ne trouvant plus de subsistance, il faudra que la première diminue et laisse à la seconde le temps de se repeupler, jusqu'à ce que, fournissant de nouveau une subsistance abondante à l'autre, celle-ci diminue encore, tandis que l'espèce dévorante se repeuple de nouveau. Mais une telle oscillation ne me paraît point vraisemblable : car, dans ce système, il faut qu'il y ait un temps où l'espèce qui sert de proie augmente, et où celle qui s'en nourrit diminue ; ce qui me semble contre toute raison.

en défendaient l'approche; elles étaient comme n'existant pas, et l'on mourait de soif au milieu des eaux.

Combien de pays arides ne sont habitables que par les saignées et par les canaux que les hommes ont tirés des fleuves! La Perse presque entière ne subsiste que par cet artifice : la Chine fourmille de peuple à l'aide de ses nombreux canaux; sans ceux des Pays-Bas, ils seraient inondés par les fleuves, comme ils le seraient par la mer sans leurs digues. L'Égypte, le plus fertile pays de la terre, n'est habitable que par le travail humain : dans les grandes plaines dépourvues de rivières et dont le sol n'a pas assez de pente, on n'a d'autre ressource que les puits. Si donc les premiers peuples dont il soit fait mention dans l'histoire n'habitaient pas dans les pays gras ou sur de faciles rivages, ce n'est pas que ces climats heureux fussent déserts; mais c'est que leurs nombreux habitants, pouvant se passer les uns des autres, vécurent plus longtemps isolés dans leurs familles et sans communication : mais dans les lieux arides où l'on ne pouvait avoir de l'eau que par des puits, il fallut bien se réunir pour les creuser, ou du moins s'accorder pour leur usage. Telle dut être l'origine des sociétés et des langues dans les pays chauds.

Là se formèrent les premiers liens des familles; là furent les premiers rendez-vous des deux sexes. Les jeunes filles venaient chercher de l'eau pour le ménage, les jeunes hommes venaient abreuver leurs troupeaux. Là, des yeux accoutumés aux mêmes objets dès l'enfance commencèrent d'en voir de plus doux. Le cœur s'émut à ces nouveaux objets, un attrait inconnu le rendit moins sauvage, il sentit le plaisir de n'être pas seul. L'eau devint insensiblement plus nécessaire, le bétail eut soif plus souvent : on arrivait en hâte, et l'on partait à regret. Dans cet âge heureux où rien ne marquait les heures, rien n'obligeait à les compter, le temps n'avait d'autre mesure que l'amusement et l'ennui. Sous de vieux chênes, vainqueurs des ans, une ardente jeunesse oubliait par degré sa férocité; en s'efforçant de se faire entendre, on apprit à s'expliquer. Là se firent les premières fêtes : les pieds bondissaient de joie, le geste empressé ne suffisait plus, la voix l'accompagnait d'accents passionnés; le plaisir et le désir, confondus ensemble, se faisaient sentir à la fois : là fut enfin le vrai berceau des peuples; et du pur cristal des fontaines sortirent les premiers feux de l'amour.

Quoi donc! avant ce temps les hommes naissaient-ils de la terre? les générations se succédaient-elles sans que les deux sexes fussent unis, et sans que personne s'entendît? Non : il y avait des familles, mais il n'y avait point de nations; il y avait des langues domestiques, mais il n'y avait point de langues populaires; il y avait des mariages, mais il n'y avait point d'amour. Chaque famille se suffisait à elle-même et se perpétuait par son seul sang : les enfants, nés des mêmes parents, croissaient ensemble, et trouvaient peu à peu des manières de s'expliquer entre eux : les sexes se distinguaient avec l'âge; le penchant naturel suffisait pour les unir, l'instinct tenait lieu de passion, l'habitude tenait lieu de préférence; on devenait mari et femme sans avoir cessé d'être frère et sœur (1). Il n'y avait là rien d'assez animé pour dénouer la langue, rien qui pût arracher assez fréquemment les accents des

---

(1) Il fallut bien que les premiers hommes épousassent leurs sœurs. Dans la simplicité des premières mœurs, cet usage se perpétua sans inconvénient tant que les familles restèrent isolées, et même après la réunion des plus anciens peuples; mais la loi qui l'abolit n'est pas moins sacrée pour être d'institution humaine. Ceux qui ne la regardent que par la liaison qu'elle forme entre les familles n'en voient pas le côté le plus important. Dans la familiarité que le commerce domestique établit nécessairement entre les deux sexes, du moment qu'une si sainte loi cesserait de parler au cœur et d'en imposer aux sens, il n'y aurait plus d'honnêteté parmi les hommes, et les plus effroyables mœurs causeraient bientôt la destruction du genre humain.

passions ardentes pour les tourner en institutions : et l'on en peut dire autant des besoins rares et peu pressants qui pouvaient porter quelques hommes à concourir à des travaux communs; l'un commençait le bassin de la fontaine, et l'autre l'achevait ensuite, souvent sans avoir eu besoin du moindre accord, et quelquefois même sans s'être vus. En un mot, dans les climats doux, dans les terrains fertiles, il fallut toute la vivacité des passions agréables pour commencer à faire parler les habitants : les premières langues, filles du plaisir et non du besoin, portèrent longtemps l'enseigne de leur père; leur accent séducteur ne s'effaça qu'avec les sentiments qui les avaient fait naître, lorsque de nouveaux besoins, introduits parmi les hommes, forcèrent chacun de ne songer qu'à lui-même et de retirer son cœur au-dedans de lui.

CHAPITRE X.

Formation des langues du Nord.

A la longue tous hommes deviennent semblables, mais l'ordre de leur progrès est différent. Dans les climats méridionaux, où la nature est prodigue, les besoins naissent des passions; dans les pays froids, où elle est avare, les passions naissent des besoins, et les langues, tristes filles de la nécessité, se sentent de leur dure origine.

Quoique l'homme s'accoutume aux intempéries de l'air, au froid, au malaise, même à la faim, il y a pourtant un point où la nature succombe : en proie à ces cruelles épreuves, tout ce qui est débile périt; tout le reste se renforce; et il n'y a point de milieu entre la vigueur et la mort. Voilà d'où vient que les peuples septentrionaux sont si robustes : ce n'est pas d'abord le climat qui les a rendus tels, mais il n'a souffert que ceux qui l'étaient, et il n'est pas étonnant que les enfants gardent la bonne constitution de leurs pères.

On voit déjà que les hommes, plus robustes, doivent avoir des organes moins délicats; leurs voix doivent être plus âpres et plus fortes. D'ailleurs, quelle différence entre les inflexions touchantes qui viennent des mouvements de l'âme aux cris qu'arrachent les besoins physiques! Dans ces affreux climats où tout est mort durant neuf mois de l'année, où le soleil n'échauffe l'air quelques semaines que pour apprendre aux habitants de quels biens ils sont privés et prolonger leur misère; dans ces lieux où la terre ne donne rien qu'à force de travail, et où la source de la vie semble être plus dans les bras que dans le cœur, les hommes, sans cesse occupés à pourvoir à leur subsistance, songeaient à peine à des liens plus doux : tout se bornait à l'impulsion physique; l'occasion faisait le choix, la facilité faisait la préférence. L'oisiveté qui nourrit les passions fit place au travail qui les réprime; avant de songer à vivre heureux, il fallait songer à vivre. Le besoin mutuel unissant les hommes bien mieux que le sentiment n'aurait fait, la société ne se forma que par l'industrie : le continuel danger de périr ne permettait pas de se borner à la langue du geste, et le premier mot ne fut pas chez eux, *aimez-moi*, mais *aidez-moi*.

Ces deux termes, quoique assez semblables, se prononcent d'un ton bien différent : on n'avait rien à faire sentir, on avait tout à faire entendre; il ne s'agissait donc pas d'énergie, mais de clarté. A l'accent que le cœur ne fournissait pas, on substitua des articulations fortes et sensibles; et s'il y eut dans la forme du langage quelque impression naturelle, cette impression contribuait encore à sa dureté.

En effet, les hommes septentrionaux ne sont pas sans passions, mais ils en ont d'une autre espèce. Celles des pays chauds sont des passions voluptueuses, qui tiennent à l'amour et à la mollesse : la nature fait tant pour les habitants, qu'ils n'ont presque rien à faire; pourvu qu'un Asiatique ait des femmes et du repos, il est content. Mais dans le Nord, où les habitants consomment beaucoup sur un sol ingrat, des hommes soumis à tant de besoins sont faciles à irriter; tout ce qu'on fait autour d'eux les inquiète. Comme ils ne subsistent qu'avec peine, plus ils sont pauvres, plus ils tiennent au peu qu'ils ont; les approcher, c'est attenter à leur vie. De là leur vient ce tempérament irascible, si prompt à se tourner en fureur contre tout ce qui les blesse : ainsi leurs voix les plus naturelles sont celles de la colère et des menaces; et ces voix s'accompagnent toujours d'articulations fortes qui les rendent dures et bruyantes.

CHAPITRE XI.

Réflexions sur ces différences.

Voilà, selon mon opinion, les causes physiques les plus générales de la différence caractéristique des primitives langues. Celles du Midi durent être vives, sonores, accentuées, éloquentes, et souvent obscures à force d'énergie; celles du Nord durent être sourdes, rudes, articulées, criardes, monotones, claires à force de mots plutôt que par une bonne construction. Les langues modernes, cent fois mêlées et refondues, gardent encore quelque chose de ces différences : le français, l'anglais, l'allemand, sont le langage privé des hommes qui s'entr'aident, qui raisonnent entre eux de sangfroid, ou de gens emportés qui se fâchent; mais les ministres des dieux annonçant les mystères sacrés, les sages donnant des lois aux peuples, les chefs entraînant la multitude, doivent parler arabe ou persan (1). Nos langues valent mieux écrites que parlées, et l'on nous lit avec plus de plaisir qu'on ne nous écoute. Au contraire, les langues orientales écrites perdent leur vie et leur chaleur : le sens n'est qu'à moitié dans les mots, toute sa force est dans les accents; juger du génie des Orientaux par leurs livres, c'est vouloir peindre un homme sur son cadavre.

Pour bien apprécier les actions des hommes, il faut les prendre dans tous leurs rapports, et c'est ce qu'on ne nous apprend point à faire : quand nous nous mettons à la place des autres, nous nous y mettons toujours tels que nous sommes modifiés, non tels qu'ils doivent l'être; et, quand nous pensons les juger sur la raison, nous ne faisons que comparer leurs préjugés aux nôtres. Tel, pour savoir lire un peu d'arabe, sourit en feuilletant l'*Alcoran*, qui, s'il eût entendu Mahomet l'annoncer en personne dans cette langue éloquente et cadencée, avec cette voix sonore et persuasive qui séduisait l'oreille avant le cœur, et sans cesse animant ses sentences de l'accent de l'enthousiasme, se fût prosterné contre terre en criant : Grand prophète, envoyé de Dieu, menez-nous à la gloire, au martyre; nous voulons vaincre ou mourir pour vous. Le fanatisme nous paraît toujours risible, parce qu'il n'a point de voix parmi nous pour se faire entendre : nos fanatiques mêmes ne sont pas de vrais fanatiques : ce ne sont que des fripons ou des filous. Nos langues, au lieu d'inflexions pour des inspirés, n'ont que des cris pour des possédés du diable.

CHAPITRE XII.

Origine de la musique, et ses rapports.

Avec les premières voix se formèrent les premières articulations ou les

(1) Le turc est une langue septentrionale.

premiers sons, selon le genre de la passion qui dictait les uns ou les autres. La colère arrache des cris menaçants, que la langue et le palais articulent : mais la voix de la tendresse est plus douce, c'est la glotte qui la modifie, et cette voix devient un son; seulement les accents en sont plus fréquents ou plus rares, les inflexions plus ou moins aiguës, selon le sentiment qui s'y joint. Ainsi la cadence et les sons naissent avec les syllabes : la passion fait parler tous les organes et pare la voix de tout leur éclat; ainsi les vers, les chants, la parole, ont une origine commune. Autour des fontaines dont j'ai parlé, les premiers discours furent les premières chansons : les retours périodiques et mesurés du rhythme, les inflexions mélodieuses des accents, firent naître la poésie et la musique avec la langue; ou plutôt tout cela n'était que la langue même pour ces heureux climats et ces heureux temps, où les seuls besoins pressants qui demandaient le concours d'autrui étaient ceux que le cœur faisait naître.

Les premières histoires, les premières harangues, les premières lois furent en vers : la poésie fut trouvée avant la prose; cela devait être, puisque les passions parlèrent avant la raison. Il en fut de même de la musique : il n'y eut d'abord point d'autre musique que la mélodie, ni d'autre mélodie que le son varié de la parole; les accents formaient le chant, les quantités formaient la mesure, et l'on parlait autant par les sons et par le rhythme que par les articulations et les voix. Dire et chanter étaient autrefois la même chose, dit Strabon; ce qui montre, ajoute-t-il, que la poésie est la source de l'éloquence (1). Il fallait dire que l'une et l'autre eurent la même source, et ne furent d'abord que la même chose. Sur la manière dont se lièrent les premières sociétés, était-il étonnant qu'on mît en vers les premières histoires, et qu'on chantât les premières lois? était-il étonnant que les premiers grammairiens soumissent leur art à la musique, et fussent à la fois professeurs de l'un et de l'autre (2)?

Une langue qui n'a que des articulations et des voix n'a donc que la moitié de sa richesse : elle rend des idées, il est vrai; mais pour rendre des sentiments, des images, il lui faut encore un rhythme et des sons, c'est-à-dire une mélodie : voilà ce qu'avait la langue grecque et ce qui manque à la nôtre.

Nous sommes toujours dans l'étonnement sur les effets prodigieux de l'éloquence, de la poésie et de la musique parmi les Grecs : ces effets ne s'arrangent point dans nos têtes, parce que nous n'en éprouvons plus de pareils; et tout ce que nous pouvons gagner sur nous, en les voyant si bien attestés, est de faire semblant de les croire par complaisance pour nos savants (3). Burette, ayant traduit, comme il put, en notes de notre musique

(1) *Géogr.*, liv. I.

(2) « Archytas atque Aristoxenes etiam subjectam grammaticen musicæ putaverunt, et eosdem utriusque rei præceptores fuisse... Tum Eupolis, apud quem Prodamus et musicen et litteras docet. Et Maricas, qui est Hyperbolus, nihil se ex musicis scire nisi litteras confitetur. » Quintil., lib. I, cap. x.

(3) Sans doute il faut faire en toute chose déduction de l'exagération grecque, mais c'est aussi trop donner au préjugé moderne que de pousser ces déductions jusqu'à faire évanouir toutes les différences. Quand la musique des Grecs, dit l'abbé Terrasson, du temps d'Amphion et d'Orphée, en était au point où elle est aujourd'hui dans les villes les plus éloignées de la capitale, c'est alors qu'elle suspendait le cours des fleuves, qu'elle attirait les chênes, et qu'elle faisait mouvoir les rochers. Aujourd'hui qu'elle est arrivée à un très haut point de perfection, on l'aime beaucoup, on en pénètre même les beautés, mais elle laisse tout à sa place. Il en a été ainsi des vers d'Homère, poète né dans les temps qui se ressentaient encore de l'enfance de l'esprit humain, en comparaison de ceux qui l'ont suivi. On s'est extasié sur ses vers, et l'on se contente aujourd'hui de goûter et d'estimer ceux des bons poètes. » On ne peut nier que l'abbé Terrasson n'eût quelquefois de la philosophie, mais ce n'est sûrement pas dans ce passage qu'il en a montré.

certains morceaux de musique grecque, eut la simplicité de faire exécuter ces morceaux à l'Académie des belles-lettres, et les académiciens eurent la patience de les écouter. J'admire cette expérience dans un pays dont la musique est indéchiffrable pour toute une nation. Donnez un monologue d'opéra français à exécuter par tels musiciens étrangers qu'il vous plaira, je vous défie d'y rien reconnaître : ce sont pourtant ces mêmes Français qui prétendaient juger la mélodie d'une ode de Pindare mise en musique il y a deux mille ans !

J'ai lu qu'autrefois en Amérique les Indiens, voyant l'effet étonnant des armes à feu, ramassaient à terre des balles de mousquet; puis, les jetant avec la main en faisant un grand bruit de la bouche, ils étaient tout surpris de n'avoir tué personne. Nos orateurs, nos musiciens, nos savants ressemblent à ces Indiens. Le prodige n'est pas qu'avec notre musique nous ne fassions plus ce que faisaient les Grecs avec la leur; il serait, au contraire, qu'avec des instruments si différents on produisît les mêmes effets.

CHAPITRE XIII.

De la Mélodie.

L'homme est modifié par ses sens, personne n'en doute; mais, faute de distinguer les modifications, nous en confondons les causes; nous donnons trop et trop peu d'empire aux sensations; nous ne voyons pas que souvent elles ne nous affectent point seulement comme sensations, mais comme signes ou images, et que leurs effets moraux ont aussi des causes morales. Comme les sentiments qu'excite en nous la peinture ne viennent point des couleurs, l'empire que la musique a sur nos âmes n'est point l'ouvrage des sons. De belles couleurs bien nuancées plaisent à la vue, mais ce plaisir est purement de sensation. C'est le dessin, c'est l'imitation qui donne à ces couleurs de la vie et de l'âme : ce sont les passions qu'elles expriment qui viennent émouvoir les nôtres ; ce sont les objets qu'elles représentent qui viennent nous affecter. L'intérêt et le sentiment ne tiennent point aux couleurs; les traits d'un tableau touchant nous touchent encore dans une estampe : ôtez ces traits dans le tableau, les couleurs ne feront plus rien.

La mélodie fait précisément dans la musique ce que fait le dessin dans la peinture; c'est elle qui marque les traits et les figures, dont les accords et les sons ne sont que les couleurs. Mais, dira-t-on, la mélodie n'est qu'une succession de sons. Sans doute; mais le dessin n'est aussi qu'un arrangement de couleurs. Un orateur se sert d'encre pour tracer ses écrits : est-ce à dire que l'encre soit une liqueur fort éloquente ?

Supposez un pays où l'on n'aurait aucune idée du dessin, mais où beaucoup de gens, passant leur vie à combiner, mêler, nuer des couleurs, croiraient exceller en peinture. Ces gens-là raisonneraient de la nôtre précisément comme nous raisonnons de la musique des Grecs. Quand on leur parlerait de l'émotion que nous causent de beaux tableaux, et du charme de s'attendrir devant un sujet pathétique, leurs savants approfondiraient aussitôt la matière, compareraient leurs couleurs aux nôtres, examineraient si notre vert est plus tendre, ou notre rouge plus éclatant; ils chercheraient quels accords de couleurs peuvent faire pleurer, quels autres peuvent mettre en colère; les Burettes de ces pays-là rassembleraient sur des guenilles quelques lambeaux défigurés de nos tableaux; puis on demanderait avec surprise ce qu'il y a de si merveilleux dans ce coloris.

Que si, dans quelque nation voisine, on commencerait à former quelque trait, quelque ébauche de dessin, quelque figure encore imparfaite, tout cela passerait pour du barbouillage, pour une peinture capricieuse et baroque;

et l'on s'en tiendrait, pour conserver le goût, à ce beau simple, qui véritablement n'exprime rien, mais qui fait briller de belles nuances, de grandes plaques bien colorées, de longues dégradations de teintes sans aucun trait.

Enfin, peut-être, à force de progrès, on viendrait à l'expérience du prisme. Aussitôt quelque artiste célèbre établirait là-dessus un beau système. Messieurs, leur dirait-il, pour bien philosopher, il faut remonter aux causes physiques. Voilà la décomposition de la lumière; voilà toutes les couleurs primitives; voilà leurs rapports, leurs proportions; voilà les vrais principes du plaisir que vous fait la peinture. Tous ces mots mystérieux de dessin, de représentation, de figure, sont une pure charlatanerie des peintres français, qui, par leurs imitations, pensent donner je ne sais quels mouvements à l'âme, tandis qu'on sait qu'il n'y a que des sensations. On vous dit des merveilles de leurs tableaux; mais voyez mes teintes.

Les peintres français, continuerait-il, ont peut-être observé l'arc-en-ciel; ils ont pu recevoir de la nature quelque goût de nuance et quelque instinct de coloris. Moi, je vous ai montré les grands, les vrais principes de l'art. Que dis-je de l'art! de tous les arts, messieurs, de toutes les sciences. L'analyse des couleurs, le calcul des réfractions du prisme, vous donnent les seuls rapports exacts qui soient dans la nature, la règle de tous les rapports. Or, tout dans l'univers n'est que rapport. On sait donc tout quand on sait peindre; on sait tout quand on sait assortir des couleurs.

Que dirions-nous du peintre assez dépourvu de sentiment et de goût pour raisonner de la sorte, et borner stupidement au physique de son art le plaisir que nous fait la peinture? Que dirions-nous du musicien qui, plein de préjugés semblables, croirait voir dans la seule harmonie la source des grands effets de la musique? Nous enverrions le premier mettre en couleur des boiseries, et nous condamnerions l'autre à faire des opéras français.

Comme donc la peinture n'est pas l'art de combiner des couleurs d'une manière agréable à la vue, la musique n'est pas non plus l'art de combiner des sons d'une manière agréable à l'oreille. S'il n'y avait que cela, l'une et l'autre seraient au nombre des sciences naturelles et non pas des beaux-arts. C'est l'imitation seule qui les élève à ce rang. Or, qu'est-ce qui fait de la peinture un art d'imitation? c'est le dessin. Qu'est-ce qui de la musique en fait un autre? c'est la mélodie.

CHAPITRE XIV.

De l'Harmonie.

La beauté des sons est de la nature; leur effet est purement physique; il résulte du concours des diverses particules d'air mises en mouvement par le corps sonore, et par toutes ses aliquotes, peut-être à l'infini : le tout ensemble donne une sensation agréable. Tous les hommes de l'univers prendront plaisir à écouter de beaux sons; mais si ce plaisir n'est animé par des inflexions mélodieuses qui leur soient familières, il ne sera point délicieux, il ne se changera point en volupté. Les plus beaux chants, à notre gré, toucheront toujours médiocrement une oreille qui n'y sera point accoutumée; c'est une langue dont il faut avoir un dictionnaire.

L'harmonie proprement dite est dans un cas bien moins favorable encore. N'ayant que des beautés de convention, elle ne flatte à nul égard les oreilles qui n'y sont pas exercées; il faut en avoir une longue habitude pour la sentir et pour la goûter. Les oreilles rustiques n'entendent que du bruit dans nos consonnances. Quand les proportions naturelles sont altérées, il n'est pas étonnant que le plaisir naturel n'existe plus.

Un son porte avec lui tous ses sons harmoniques concomitants, dans les rapports de force et d'intervalles qu'ils doivent avoir entre eux pour donner la plus parfaite harmonie de ce même son. Ajoutez-y la tierce ou la quinte, ou quelque autre consonnance; vous ne l'ajoutez pas, vous la redoublez; vous laissez le rapport d'intervalle, mais vous altérez celui de force. En renforçant une consonnance et non pas les autres, vous rompez la proportion; en voulant faire mieux que la nature, vous faites plus mal. Vos oreilles et votre goût sont gâtés par un art mal entendu. Naturellement il n'y a point d'autre harmonie que l'unisson.

M. Rameau prétend que les dessus d'une certaine simplicité suggèrent naturellement leurs basses, et qu'un homme ayant l'oreille juste et non exercée entonnera naturellement cette basse. C'est là un préjugé de musicien, démenti par toute expérience. Non-seulement celui qui n'aura jamais entendu ni basse, ni harmonie, ne trouvera de lui-même ni cette harmonie, ni cette basse; mais même elles lui déplairont si on les lui fait entendre, et il aimera beaucoup mieux le simple unisson.

Quand on calculerait mille ans les rapport des sons et des lois de l'harmonie, comment fera-t-on jamais de cet art un art d'imitation? Où est le principe de cette imitation prétendue? De quoi l'harmonie est-elle signe? Et qu'y a-t-il de commun entre des accords et nos passions?

Qu'on fasse la même question sur la mélodie, la réponse vient d'elle-même : elle est d'avance dans l'esprit des lecteurs. La mélodie, en imitant les inflexions de la voix, exprime les plaintes, les cris de douleur ou de joie, les menaces, les gémissements; tous les signes vocaux des passions sont de son ressort. Elle imite les accents des langues, et les tours affectés dans chaque idiome à certains mouvements de l'âme : elle n'imite pas seulement, elle parle; et son langage inarticulé, mais vif, ardent, passionné, a cent fois plus d'énergie que la parole même. Voilà d'où naît la force des imitations musicales; voilà d'où naît l'empire du chant sur les cœurs sensibles. L'harmonie y peut concourir en certains systèmes, en liant la succession des sons par quelques lois de modulation; en rendant les intonations plus justes; en portant à l'oreille un témoignage assuré de cette justesse; en rapprochant et fixant à des intervalles consonnants et liés des inflexions inappréciables. Mais en donnant aussi des entraves à la mélodie, elle lui ôte l'énergie et l'expression; elle efface l'accent passionné pour y substituer l'intervalle harmonique; elle assujettit à deux seuls modes des chants qui devraient en avoir autant qu'il y a de tons oratoires; elle efface et détruit des multitudes de sons ou d'intervalles qui n'entrent pas dans son système; en un mot, elle sépare tellement le chant de la parole, que ces deux langages se combattent, se contrarient, s'ôtent mutuellement tout caractère de vérité, et ne se peuvent réunir sans absurdité dans un sujet pathétique. De là vient que le peuple trouve toujours ridicule qu'on exprime en chant les passions fortes et sérieuses; car il sait que dans nos langues ces passions n'ont point d'inflexions musicales, et que les hommes du Nord, non plus que les cygnes, ne meurent pas en chantant.

La seule harmonie est même insuffisante pour les expressions qui semblent dépendre uniquement d'elle. Le tonnerre, le murmure des eaux, les vents, les orages, sont mal rendus par de simples accords. Quoi qu'on fasse, le seul bruit ne dit rien à l'esprit; il faut que les objets parlent pour se faire entendre; il faut toujours, dans toute imitation, qu'une espèce de discours supplée à la voix de la nature. Le musicien qui veut rendre du bruit se trompe; il ne connaît ni le faible ni le fort de son art, il en juge sans goût, sans lumières.

Apprenez-lui qu'il doit rendre du bruit par du chant; que, s'il faisait coasser des grenouilles, il faudrait qu'il les fît chanter : car il ne suffit pas qu'il imite, il faut qu'il touche et qu'il plaise; sans quoi sa maussade imitation n'est rien; et, ne donnant d'intérêt à personne, elle ne fait nulle impression.

CHAPITRE XV.

Que nos plus vives sensations agissent souvent par des impressions morales.

Tant qu'on ne voudra considérer les sons que par l'ébranlement qu'ils excitent dans nos nerfs, on n'aura point de vrais principes de la musique et de son pouvoir sur les cœurs. Les sons, dans la mélodie, n'agissent pas seulement sur nous comme sons, mais comme signes de nos affections, de nos sentiments; c'est ainsi qu'ils excitent en nous les mouvements qu'ils expriment, et dont nous y reconnaissons l'image. On aperçoit quelque chose de cet effet moral jusque dans les animaux. L'aboiement d'un chien en attire un autre. Si mon chat m'entend imiter un miaulement, à l'instant je le vois attentif, inquiet, agité. S'aperçoit-il que c'est moi qui contrefais la voix de son semblable, il se rassied et reste en repos. Pourquoi cette différence d'impression, puisqu'il n'y en a point dans l'ébranlement des fibres, et que lui-même y a d'abord été trompé?

Si le plus grand empire qu'ont sur nous nos sensations n'est pas dû à des causes morales, pourquoi donc sommes-nous si sensibles à des impressions qui sont nulles pour des barbares? Pourquoi nos plus touchantes musiques ne sont-elles qu'un vain bruit à l'oreille d'un Caraïbe? Ses nerfs sont-ils d'une autre nature que les nôtres? pourquoi ne sont-ils pas ébranlés de même? ou pourquoi ces mêmes ébranlements affectent-ils tant les uns et si peu les autres?

On cite en preuve du pouvoir physique des sons la guérison des piqûres de tarentules. Cet exemple prouve tout le contraire. Il ne faut ni des sons absolus ni les mêmes airs pour guérir tous ceux qui sont piqués de cet insecte; il faut à chacun d'eux des airs d'une mélodie qui lui soit connue et des phrases qu'il comprenne. Il faut à l'Italien des airs italiens; au Turc, il faudrait des airs turcs. Chacun n'est affecté que des accents qui lui sont familiers; ses nerfs ne s'y prêtent qu'autant que son esprit les y dispose : il faut qu'il entende la langue qu'on lui parle, pour que ce qu'on lui dit puisse le mettre en mouvement. Les cantates de Bernier ont, dit-on, guéri de la fièvre un musicien français; elles l'auraient donnée à un musicien de toute autre nation.

Dans les autres sens, et jusqu'au plus grossier de tous, on peut observer les mêmes différences. Qu'un homme, ayant la main posée et l'œil fixé sur le même objet, le croie successivement animé et inanimé, quoique les sens soient frappés de même, quel changement dans l'impression! La rondeur, la blancheur, la fermeté, la douce chaleur, la résistance élastique, le renflement successif, ne lui donnent plus qu'un toucher doux, mais insipide, s'il ne croit sentir un cœur plein de vie palpiter et battre sous tout cela.

Je ne connais qu'un sens aux affections duquel rien de moral ne se mêle : c'est le goût. Aussi la gourmandise n'est-elle jamais le vice dominant que des gens qui ne sentent rien.

Que celui donc qui veut philosopher sur la force des sensations commence par écarter des impressions purement sensuelles, les impressions intellectuelles et morales que nous recevons par la voie des sens, mais dont ils ne sont que les causes occasionnelles; qu'il évite l'erreur de donner aux objets sensibles un pouvoir qu'ils n'ont pas, ou qu'ils tiennent des affections de l'âme qu'ils nous représentent. Les couleurs et les sons peuvent beaucoup comme représentations et signes, peu de chose comme simples objets des sens. Des suites de sons ou d'accords m'amuseront un moment peut-être;

mais pour me charmer et m'attendrir, il faut que ces suites m'offrent quelque chose qui ne soit ni son ni accord, et qui me vienne émouvoir malgré moi. Les chants mêmes qui ne sont qu'agréables et ne disent rien lassent encore; car ce n'est pas tant l'oreille qui porte le plaisir au cœur, que le cœur qui le porte à l'oreille. Je crois qu'en développant mieux ces idées on se fût épargné bien de sots raisonnements sur la musique ancienne. Mais dans ce siècle où l'on s'efforce de matérialiser toutes les opérations de l'âme, et d'ôter toute moralité aux sentiments humains, je suis trompé si la nouvelle philosophie ne devient aussi funeste au bon goût qu'à la vertu.

CHAPITRE XVI.

Fausse analogie entre les couleurs et les sons.

Il n'y a sortes d'absurdités auxquelles les observations physiques n'aient donné lieu dans la considération des beaux-arts. On a trouvé dans l'analyse du son les mêmes rapports que dans celle de la lumière. Aussitôt on a saisi vivement cette analogie, sans s'embarrasser de l'expérience et de la raison. L'esprit de système a tout confondu; et faute de savoir peindre aux oreilles, on s'est avisé de chanter aux yeux. J'ai vu ce fameux clavecin sur lequel on prétendait faire de la musique avec des couleurs; c'était bien mal connaître les opérations de la nature, de ne pas voir que l'effet des couleurs est dans leur permanence, et celui des sons dans leur succession.

Toutes les richesses du coloris s'étalent à la fois sur la face de la terre; du premier coup d'œil tout est vu. Mais plus on regarde et plus on est enchanté; il ne faut plus qu'admirer et contempler sans cesse.

Il n'en est pas ainsi du son; la nature ne l'analyse point et n'en sépare point les harmoniques : elle les cache, au contraire, sous l'apparence de l'unisson; ou, si quelquefois elle les sépare dans le chant modulé de l'homme et dans le ramage de quelques oiseaux, c'est successivement, et l'un après l'autre; elle inspire des chants et non des accords, elle dicte de la mélodie, et non de l'harmonie. Les couleurs sont la parure des êtres inanimés; toute matière est colorée : mais les sons annoncent le mouvement; la voix annonce un être sensible; il n'y a que des corps animés qui chantent. Ce n'est pas le flûteur automate qui joue de la flûte, c'est le mécanicien qui mesura le vent et fit mouvoir les doigts.

Ainsi chaque sens a son champ qui lui est propre. Le champ de la musique est le temps, celui de la peinture est l'espace. Multiplier les sons entendus à la fois, ou développer les couleurs l'une après l'autre, c'est changer leur économie, c'est mettre l'œil à la place de l'oreille, et l'oreille à la place de l'œil.

Vous dites : Comme chaque couleur est déterminée par l'angle de réfraction du rayon qui la donne, de même chaque son est déterminé par le nombre des vibrations du corps sonore, en un temps donné. Or, les rapports de ces angles et de ces nombres étant les mêmes, l'analogie est évidente. Soit; mais cette analogie est de raison, non de sensation; et ce n'est pas de cela qu'il s'agit. Premièrement l'angle de réfraction est sensible et mesurable, et non pas le nombre des vibrations. Les corps sonores, soumis à l'action de l'air, changent incessamment de dimensions et de sons. Les couleurs sont durables, les sons s'évanouissent, et l'on n'a jamais de certitude que ceux qui renaissent soient les mêmes que ceux qui sont éteints. De plus, chaque couleur est absolue, indépendante; au lieu que chaque son n'est pour nous que relatif, et ne se distingue que par comparaison. Un son n'a par lui-même aucun caractère absolu qui le fasse reconnaître : il est grave ou aigu, fort ou doux, par rapport à un autre; en lui-même il n'est rien de tout cela. Dans le système harmonique, un son quelconque n'est rien non plus naturellement; il n'est ni tonique, ni dominant, ni harmonique, ni fondamental, parce que toutes ces propriétés ne sont que des rapports, et que le système entier pouvant varier du grave à l'aigu, chaque son change d'ordre et de place dans le système, selon que le système change de degré. Mais les propriétés des couleurs ne consistent point en des rapports. Le jaune est jaune, indépendant du rouge et du bleu ; partout il est sensible et reconnaissable ; et sitôt qu'on aura fixé l'angle de réfraction qui le donne, on sera sûr d'avoir le même jaune dans tous les temps.

Les couleurs ne sont pas dans les corps colorés, mais dans la lumière ; pour qu'on voie un objet, il faut qu'il soit éclairé. Les sons ont aussi besoin d'un mobile, et pour qu'ils existent il faut que le corps sonore soit ébranlé. C'est un autre avantage en faveur de la vue, car la perpétuelle émanation des astres est l'instrument naturel qui agit sur elle : au lieu que la nature seule engendre peu de sons ; et à moins qu'on n'admette l'harmonie des sphères célestes, il faut des êtres vivants pour la produire.

On voit par là que la peinture est plus près de la nature, et que la musique tient plus à l'art humain. On sent aussi que l'une intéresse plus que l'autre, précisément parce qu'elle rapproche plus l'homme de l'homme et nous donne toujours quelque idée de nos semblables. La peinture est souvent morte et inanimée ; elle vous peut transporter au fond d'un désert : mais sitôt que des signes vocaux frappent votre oreille, ils vous annoncent un être semblable à vous ; ils sont, pour ainsi dire, les organes de l'âme ; et, s'ils vous peignent aussi la solitude, ils vous disent que vous n'y êtes pas seul. Les oiseaux sifflent, l'homme seul chante ; et l'on ne peut entendre ni chant, ni symphonie, sans se dire à l'instant : Un autre être sensible est ici.

C'est un des grands avantages du musicien, de pouvoir peindre les choses qu'on ne saurait entendre, tandis qu'il est impossible au peintre de représenter celles qu'on ne saurait voir ; et le plus grand prodige d'un art qui n'agit que par le mouvement est d'en pouvoir former jusqu'à l'image du repos. Le sommeil, le calme de la nuit, la solitude, et le silence même, entrent dans les tableaux de la musique. On sait que le bruit peut produire l'effet du silence, et le silence l'effet du bruit, comme quand on s'endort à une lecture égale et monotone, et qu'on s'éveille à l'instant qu'elle cesse. Mais la musique agit plus intimement sur nous, en excitant par un sens des affections semblables à celles qu'on peut exciter par un autre ; et, comme le rapport ne peut être sensible que l'impression ne soit forte, la peinture, dénuée de cette force, ne peut rendre à la musique les imitations que celle-ci tire d'elle. Que toute la nature soit endormie, celui qui la contemple ne dort pas, et l'art du musicien consiste à substituer à l'image insensible de l'objet celle des mouvements que sa présence excite dans le cœur du contemplateur. Non-seulement il agitera la mer, animera les flammes d'un incendie, fera couler les ruisseaux, tomber la pluie et grossir les torrents ; mais il peindra l'horreur d'un désert affreux, rembrunira les murs d'une prison souterraine, calmera la tempête, rendra l'air tranquille et serein, et répandra de l'orchestre une fraîcheur nouvelle sur les bocages. Il ne représentera pas directement ces choses, mais il excitera dans l'âme les mêmes sentiments qu'on éprouve en les voyant.

CHAPITRE XVII.

Erreur des musiciens nuisible à leur art.

Voyez comment tout nous ramène sans cesse aux effets moraux dont j'ai parlé, et combien les musiciens qui ne considèrent la puissance des sons que par l'action de l'air et l'ébranlement des fibres, sont loin de connaître en quoi réside la force de cet art. Plus ils le rapprochent des impressions purement physiques, plus ils l'éloignent de son origine, et plus ils lui ôtent aussi de sa primitive énergie. En quittant l'accent oral et s'attachant aux seules institutions harmoniques, la musique devient plus bruyante à l'oreille et moins douce au cœur. Elle a déjà cessé de parler, bientôt elle ne chantera plus; et alors avec tous ses accords et toute son harmonie elle ne fera plus aucun effet sur nous.

CHAPITRE XVIII.
Que le système musical des Grecs n'avait aucun rapport au nôtre.

Comment ces changements sont-ils arrivés ? Par un changement naturel du caractère des langues. On sait que notre harmonie est une invention gothique. Ceux qui prétendent trouver le système des Grecs dans le nôtre se moquent de nous. Le système des Grecs n'avait absolument d'harmonique dans notre sens que ce qu'il fallait pour fixer l'accord des instruments sur des consonnances parfaites. Tous les peuples qui ont des instruments à cordes sont forcés de les accorder par des consonances; mais ceux qui n'en ont pas ont dans leurs chants des inflexions que nous nommons fausses parce qu'elles n'entrent pas dans notre système et que nous ne pouvons les noter. C'est ce qu'on a remarqué sur les chants des sauvages de l'Amérique, et c'est ce qu'on aurait dû remarquer aussi sur divers intervalles de la musique des Grecs, si l'on eût étudié cette musique avec moins de prévention pour la nôtre.

Les Grecs divisaient leur diagramme par tétracordes, comme nous divisons notre clavier par octaves; et les mêmes divisions se répétaient exactement chez eux à chaque tétracorde, comme elles se répètent chez nous à chaque octave; similitude qu'on n'eût pu conserver dans l'unité du mode harmonique et qu'on n'aurait pas même imaginée. Mais comme on passe par des intervalles moins grands quand on parle que quand on chante, il fut naturel qu'ils regardassent la répétition des tétracordes, dans leur mélodie orale, comme nous regardons la répétition des octaves dans notre mélodie harmonique.

Ils n'ont reconnu pour consonnances que celles que nous appelons consonnances parfaites; ils ont rejeté de ce nombre les tierces et les sixtes. Pourquoi cela ? C'est que l'intervalle du ton mineur étant ignoré d'eux, ou du moins proscrit de la pratique, et leurs consonnances n'étant point tempérées, toutes leurs tierces majeures étaient trop fortes d'un comma, leurs tierces mineures trop faibles d'autant, et par conséquent leurs sixtes majeures et mineures réciproquement altérées de même. Qu'on s'imagine maintenant quelles notions d'harmonie on peut avoir et quels modes harmoniques on peut établir en bannissant les tierces et les sixtes du nombre des consonnances. Si les consonnances mêmes qu'ils admettaient leur eussent été connues par un vrai sentiment d'harmonie, ils les auraient au moins sous-entendues au-dessous de leurs chants, la consonnance tacite des marches fondamentales eût prêté son nom aux marches diatoniques qu'elles leur suggéraient. Loin d'avoir moins de consonnances que nous, ils en auraient eu davantage; et, préoccupés, par exemple, de la basse *ut sol*, ils eussent donné le nom de consonnance à la seconde *ut re*.

Mais, dira-t-on, pourquoi donc des marches diatoniques ? Par un instinct qui dans une langue accentuée et chantante nous porte à choisir les inflexions les plus commodes : car entre les modifications trop fortes qu'il faut donner à la glotte pour entonner continuellement les grands intervalles des consonnances, et la difficulté de régler l'intonation dans les rapports très composés des moindres intervalles, l'organe prit un milieu et tomba naturellement sur des intervalles plus petits que les consonnances, et plus simples que les comma; ce qui n'empêcha pas que de moindres intervalles n'eussent aussi leur emploi dans des genres plus pathétiques.

CHAPITRE XIX.
Comment la musique a dégénéré.

A mesure que la langue se perfectionnait, la mélodie, **en s'imposant de** nouvelles règles, perdait insensiblement de son ancienne énergie, et le calcul des intervalles fut substitué à la finesse des inflexions. C'est ainsi par exemple que la pratique du genre enharmonique s'abolit peu à peu. Quand les théâtres eurent pris une forme régulière, on n'y chantait plus que sur des modes prescrits; et, à mesure qu'on multipliait les règles de l'imitation, la langue imitative s'affaiblissait.

L'étude de la philosophie et le progrès du raisonnement, ayant perfectionné la grammaire, ôtèrent à la langue ce ton vif et passionné qui l'avait d'abord rendue si chantante. Dès le temps de Ménalippide et de Philoxène, les symphonistes, qui d'abord étaient aux gages des poètes et n'exécutaient que sous eux, et pour ainsi dire à leur dictée, en devinrent indépendants; et c'est de cette licence que se plaint si amèrement la Musique dans une comédie de Phérécrate, dont Plutarque nous a conservé le passage. Ainsi la mélodie, commençant à n'être plus si adhérente au discours, prit insensiblement une existence à part, et la musique devint plus indépendante des paroles. Alors aussi cessèrent peu à peu ces prodiges qu'elle avait produits lorsqu'elle n'était que l'accent et l'harmonie de la poésie, et qu'elle lui donnait sur les passions cet empire que la parole n'exerça plus dans la suite que sur la raison. Aussi, dès que la Grèce fut pleine de sophistes et de philosophes, n'y vit-on plus ni poètes ni musiciens célèbres. En cultivant l'art de convaincre on perdit celui d'émouvoir. Platon lui-même, jaloux d'Homère et d'Euripide, décria l'un et ne put imiter l'autre.

Bientôt la servitude ajouta son influence à celle de la philosophie. La Grèce aux fers perdit ce feu qui n'échauffe que les âmes libres, et ne trouva plus pour louer ses tyrans le ton dont elle avait chanté ses héros. Le mélange des Romains affaiblit encore ce qui restait au langage d'harmonie et d'accent. Le latin, langue plus sourde et moins musicale, fit tort à la musique en l'adoptant. Le chant employé dans la capitale altéra peu à peu celui des provinces; les théâtres de Rome nuisirent à ceux d'Athènes. Quand Néron remportait des prix, la Grèce avait cessé d'en mériter; et la même mélodie, partagée à deux langues, convint moins à l'une et à l'autre.

Enfin arriva la catastrophe qui détruisit les progrès de l'esprit humain, sans ôter les vices qui en étaient l'ouvrage. L'Europe, inondée de barbares et asservie par des ignorants, perdit à la fois ses sciences, ses arts, et l'instrument universel des uns et des autres; savoir, la langue harmonieuse perfectionnée. Ces hommes grossiers, que le Nord avait engendrés, accoutumèrent insensiblement toutes les oreilles à la rudesse de leur organe : leur voix dure et dénuée d'accent était bruyante sans être sonore. L'empereur Julien comparait le parler des Gaulois au coassement des grenouilles. Toutes leurs articulations étant aussi âpres que leurs voix étaient nasardes et sourdes, ils ne pouvaient donner qu'une sorte d'éclat à leur chant, qui était de renforcer le son des voyelles pour couvrir l'abondance et la dureté des consonnes.

Ce chant bruyant, joint à l'inflexibilité de l'organe, obligea ces nouveaux venus et les peuples subjugués qui les imitèrent de ralentir tous les sons pour les faire entendre. L'articulation pénible et les sons renforcés concoururent également à chasser de la mélodie tout sentiment de mesure et de rhythme. Comme ce qu'il y avait de plus dur à prononcer était toujours le passage d'un son à l'autre, on n'avait rien de mieux à faire que de s'arrêter sur chacun le plus qu'il était possible, de le renfler, de le faire éclater le plus qu'on pouvait. Le chant ne fut bientôt plus qu'une suite ennuyeuse et lente de sons traînants et criés, sans douceur, sans mesure et sans grâce ; et si quelques savants disaient qu'il fallait observer les longues et les brèves dans le chant latin, il est sûr au moins qu'on chanta les vers comme de la prose, et qu'il ne fut plus question de pieds, de rhythme, ni d'aucune espèce de chant mesuré.

Le chant, ainsi dépouillé de toute mélodie, et consistant uniquement dans la force et la durée des sons, dut suggérer enfin les moyens de le rendre plus sonore encore, à l'aide des consonnances. Plusieurs voix, traînant sans cesse à l'unisson des sons d'une durée illimitée, trouvèrent par hasard quelques accords qui, renforçant le bruit, le leur firent paraître agréable : et ainsi commença la pratique du discant et du contrepoint.

J'ignore combien de siècles les musiciens tournèrent autour des vaines questions que l'effet connu d'un principe ignoré leur fit agiter. Le plus infatigable lecteur ne supporterait pas dans Jean de Muris le verbiage de huit ou dix grands chapitres, pour savoir, dans l'intervalle de l'octave coupée en deux consonnances, si c'est la quinte ou la quarte qui doit être au grave; et quatre cents ans après on trouve encore dans Bontempi des énumérations non moins ennuyeuses de toutes les basses qui doivent porter la sixte au lieu de la quinte. Cependant l'harmonie prit insensiblement la route que lui prescrit l'analyse, jusqu'à ce qu'enfin l'invention du mode mineur et des dissonnances y eût introduit l'arbitraire dont elle est pleine, et que le seul préjugé nous empêche d'apercevoir (1).

La mélodie étant oubliée, et l'attention du musicien s'étant tournée entièrement vers l'harmonie, tout se dirigea peu à peu sur ce nouvel objet ; les genres, les modes, la gamme, tout reçut des faces nouvelles : ce furent les successions harmoniques qui réglèrent la marche des parties. Cette marche ayant usurpé le nom de mélodie, on ne put méconnaître en effet dans cette nouvelle mélodie les traits de sa mère; et notre système musical étant ainsi devenu, par degrés, purement harmonique, il n'est pas étonnant que l'accent oral en ait souffert, et que la musique ait perdu pour nous presque toute son énergie.

Voilà comment le chant devint, par degrés, un art entièrement séparé de la parole, dont il tire son origine; comment les harmoniques des sons firent oublier les inflexions de la voix; et comment enfin, bornée à l'effet purement physique du concours des vibrations, la musique se trouva privée des effets moraux qu'elle avait produits quand elle était doublement la voix de la nature.

CHAPITRE XX.

Rapport des langues au gouvernement.

Ces progrès ne sont ni fortuits, ni arbitraires; ils tiennent aux vicissitudes des choses. Les langues se forment naturellement sur les besoins des hommes, elles changent et s'altèrent selon les changements de ces mêmes besoins. Dans les anciens temps, où la persuasion tenait lieu de force publique, l'éloquence était nécessaire. A quoi servirait-elle aujourd'hui, que la force publique supplée à la persuasion? L'on n'a besoin ni d'art ni de figure pour dire, *tel est mon plaisir*. Quels discours restent donc à faire au peuple

---

(1) Rapportant toute l'harmonie à ce principe très simple de la résonnance des cordes dans leurs aliquotes, M. Rameau fonde le mode mineur et la dissonnance sur sa prétendue expérience qu'une corde sonore en mouvement fait vibrer d'autres cordes plus longues à sa douzième et à sa dix-septième majeure au grave. Ces cordes, selon lui, vibrent et frémissent dans toute leur longueur, mais elle ne résonnent pas. Voilà, ce me semble, une singulière physique ; c'est comme si l'on disait que le soleil luit et qu'on ne voit rien.

Ces cordes plus longues ne rendant que le son de la plus aiguë, parce qu'elles se divisent, vibrent, résonnent à son unisson, confondent le son avec le sien, et paraissent n'en rendre aucun. L'erreur est d'avoir cru les voir vibrer dans toute leur longueur, et d'avoir mal observé les nœuds. Deux cordes sonores formant quelque intervalle harmonique peuvent faire entendre leur son fondamental au grave, même sans une troisième corde; c'est l'expérience connue et confirmée de M. Tartini : mais une corde seule n'a point d'autre son fondamental que le sien ; elle ne fait point résonner ni vibrer ses multiples, mais seulement son unisson et ses aliquotes. Comme le son n'a d'autre cause que les vibrations du corps sonore, et qu'où la cause agit librement l'effet suit toujours, séparer les vibrations de la résonnance, c'est dire une absurdité.

assemblé? des sermons. Et qu'importe à ceux qui les font de persuader le peuple, puisque ce n'est pas lui qui nomme aux bénéfices? Les langues populaires nous sont devenues aussi parfaitement inutiles que l'éloquence. Les sociétés ont pris leur dernière forme : on n'y change plus rien qu'avec du canon et des écus; et comme on n'a plus rien à dire au peuple, sinon, *donnez de l'argent,* on le dit avec des placards au coin des rues, ou des soldats dans les maisons. Il ne faut assembler personne pour cela; au contraire, il faut tenir les sujets épars : c'est la première maxime de la politique moderne.

Il y a des langues favorables à la liberté; ce sont les langues sonores, prosodiques, harmonieuses, dont on distingue le discours de fort loin. Les nôtres sont faites pour le bourdonnement des divans. Nos prédicateurs se tourmentent, se mettent en sueur dans les temples, sans qu'on sache rien de ce qu'ils ont dit. Après s'être épuisés pendant une heure, ils sortent de la chaire à demi-morts. Assurément ce n'était pas la peine de prendre tant de fatigue.

Chez les anciens on se faisait entendre aisément au peuple sur la place publique; on y parlait tout un jour sans s'incommoder. Les généraux haranguaient leurs troupes; on les entendait, et ils ne s'épuisaient point. Les historiens modernes qui ont voulu mettre des harangues dans leurs histoires se sont fait moquer d'eux. Qu'on suppose un homme haranguant en français le peuple de Paris dans la place Vendôme; qu'il crie à pleine tête, on entendra qu'il crie, on ne distinguera pas un mot. Hérodote lisait son histoire aux peuples de la Grèce assemblés en plein air, et tout retentissait d'applaudissements. Aujourd'hui, l'académicien qui lit un mémoire, un jour d'assemblée publique, est à peine entendu au bout de la salle. Si les charlatans des places abondent moins en France qu'en Italie, ce n'est pas qu'en France ils soient moins écoutés, c'est seulement qu'on ne les entend pas si bien. M. d'Alembert croit qu'on pourrait débiter le récitatif français à l'italienne; il faudrait donc le débiter à l'oreille, autrement on n'entendrait rien du tout. Or, je dis que toute langue avec laquelle on ne peut pas se faire entendre au peuple assemblé est une langue servile; il est impossible qu'un peuple demeure libre et qu'il parle cette langue-là.

Je finirai ces réflexions superficielles, mais qui peuvent en faire naître de plus profondes, par le passage qui me les a suggérées.

« Ce serait la matière d'un examen assez philosophique, que d'observer dans le fait, et de montrer par des exemples, combien le caractère, les mœurs et les intérêts d'un peuple influent sur sa langue (1).

LETTRE SUR LA MUSIQUE FRANÇAISE.

AVERTISSEMENT.

La querelle excitée l'année dernière à l'Opéra n'ayant abouti qu'à des injures, dites, d'un côté, avec beaucoup d'esprit, et, de l'autre, avec beaucoup d'animosité, je n'y voulus prendre aucune part; car cette espèce de guerre ne me convenait en aucun sens, et je sentais bien que ce n'était pas le temps de ne dire que des raisons. Maintenant que les bouffons sont congédiés, ou

(1) Remarques sur la Grammaire générale et raisonnée, par M. Duclos, page 2.

près de l'être, et qu'il n'est plus question de cabales, je crois pouvoir hasarder mon sentiment; et je le dirai avec ma franchise ordinaire, sans craindre en cela d'offenser personne : il me semble même que, sur un pareil sujet, toute précaution serait injurieuse pour les lecteurs; car j'avoue que j'aurais fort mauvaise opinion d'un peuple (1) qui donnerait à des chansons une importance ridicule; qui ferait plus de cas de ses musiciens que de ses philosophes, et chez lequel il faudrait parler de musique avec plus de circonspection que des plus graves sujets de morale.

C'est par la raison que je viens d'exposer que, quoique quelques-uns m'accusent, à ce qu'on dit, d'avoir manqué de respect à la musique française dans ma première édition, le respect beaucoup plus grand et l'estime que je dois à la nation m'empêche de rien changer, à cet égard, dans celle-ci.

Une chose presque incroyable, si elle regardait tout autre que moi, c'est qu'on ose m'accuser d'avoir parlé de la langue avec mépris dans un ouvrage où il n'en peut être question que par rapport à la musique. Je n'ai pas changé là-dessus un seul mot dans cette édition; ainsi, en la parcourant de sangfroid, le lecteur pourra voir si cette accusation est juste. Il est vrai que, quoique nous ayons eu d'excellents poètes et même quelques musiciens qui n'étaient pas sans génie, je crois notre langue peu propre à la poésie, et point du tout à la musique. Je ne crains pas de m'en rapporter sur ce point aux poètes mêmes; car, quant aux musiciens, chacun sait qu'on peut se dispenser de les consulter sur toute affaire de raisonnement. En revanche, la langue française me paraît celle des philosophes et des sages (2) : elle semble faite pour être l'organe de la vérité et de la raison. Malheur à quiconque offense l'une ou l'autre dans des écrits qui la déshonorent! Quant à moi, le plus digne hommage que je croie pouvoir rendre à cette belle et sage langue dont j'ai le bonheur de faire usage, est de tâcher de ne la point avilir.

Quoique je ne veuille et ne doive point changer de ton avec le public, que je n'attende rien de lui, et que je me soucie tout aussi peu de ses satires que de ses éloges, je crois le respecter beaucoup plus que cette foule d'écrivains mercenaires et dangereux qui le flattent pour leur intérêt. Ce respect, il est vrai, ne consiste pas dans de vains ménagements qui marquent l'opinion qu'on a de la faiblesse de ses lecteurs, mais à rendre hommage à leur jugement, en appuyant, par des raisons solides, le sentiment qu'on leur propose; et c'est ce que je me suis toujours efforcé de faire. Ainsi, de quelque sens qu'on veuille envisager les choses, en appréciant équitablement toutes les clameurs que cette lettre a excitées, j'ai bien peur qu'à la fin mon plus grand tort ne soit d'avoir raison; car je sais trop que celui-là ne me sera jamais pardonné.

« Sunt verba et voces, præstereaque nihil. »

Vous souvenez-vous, monsieur, de l'histoire de cet enfant de Silésie dont parle M. de Fontenelle, et qui était né avec une dent d'or? Tous les docteurs de l'Allemagne s'épuisèrent d'abord en savantes dissertations pour expliquer comment on pouvait naître avec une dent d'or : la dernière chose dont on s'avisa fut de vérifier le fait, et il se trouva que la dent n'était pas d'or. Pour éviter un semblable inconvénient, avant que de parler de l'excellence de notre musique, il serait peut être bon de s'assurer de son existence, et d'examiner d'abord, non pas si elle est d'or, mais si nous en avons une.

Les Allemands, les Espagnols et les Anglais ont longtemps prétendu posséder une musique propre à leur langue : en effet, ils avaient des opéras na-

(1) De peur que mes lecteurs ne prennent les dernières lignes de cet alinéa pour une satire ajoutée après coup, je dois les avertir qu'elles sont tirées exactement de la première édition de cette Lettre : tout ce qui suit fut ajouté dans la seconde.
(2) C'est le sentiment de l'auteur de la Lettre sur les sourds et les muets, sentiment qu'il soutient très bien dans l'addition à cet ouvrage, et qu'il prouve encore mieux par tous ses écrits.

tionaux qu'ils admiraient de très-bonne foi ; et ils étaient bien persuadés qu'il y allait de leur gloire à laisser abolir ces chefs-d'œuvre insupportables à toutes les oreilles, excepté les leurs. Enfin le plaisir l'a emporté chez eux sur la vanité, ou, du moins, ils s'en sont fait une mieux entendue de sacrifier au goût et à la raison des préjugés qui rendent souvent les nations ridicules par l'honneur même qu'elles y attachent.

Nous sommes encore en France, à l'égard de notre musique, dans les sentiments où ils étaient alors sur la leur : mais qui nous assurera que, pour avoir été plus opiniâtre, notre entêtement en soit mieux fondé? Ignorons-nous combien l'habitude des plus mauvaises choses peut fasciner nos sens en leur faveur, et combien le raisonnement et la réflexion sont nécessaires pour rectifier dans tous tous les beaux-arts l'approbation mal entendue que le peuple donne souvent aux productions du plus mauvais goût, et détruire le faux plaisir qu'il y prend? Ne serait-il donc point à propos, pour bien juger de la musique française, indépendamment de ce qu'en pense la populace de tous les états, qu'on essayât une fois de la soumettre à la coupelle de la raison, et de voir si elle en soutiendra les preuves? « Concedo ipse hoc multis, disait Platon, voluptate musicam judicandam ; sed illam ferme musicam esse dico pulcherrimam, quæ optimos satisque eruditos delectet (1).

Je n'ai pas dessein d'approfondir ici cet examen : ce n'est pas l'affaire d'une lettre, ni peut-être la mienne. Je voudrais seulement tâcher d'établir quelques principes sur lesquels, en attendant qu'on en trouve de meilleurs, les maîtres de l'art, ou plutôt les philosophes, puissent diriger leurs recherches : car, disait autrefois un sage, c'est au poète à faire de la poésie, et au musicien à faire de la musique : mais il n'appartient qu'au philosophe de bien parler de l'une et de l'autre.

Toute musique ne peut être composée que de ces trois choses : mélodie ou chant, harmonie ou acompagnement, mouvement ou mesure.

Quoique le chant tire son principal caractère de la mesure, comme il naît immédiatement de l'harmonie, et qu'il assujettit toujours l'accompagnement à sa marche, j'unirai ces deux parties dans un même article, puis je parlerai de la mesure séparément.

L'harmonie, ayant son principe dans la nature, est la même pour toutes les nations ; ou si elle a quelques différences, elles sont introduites par celles de la mélodie : ainsi, c'est de la mélodie seulement qu'il faut tirer le caractère particulier d'une musique nationale, d'autant plus que ce caractère étant principalement donné par la langue, le chant proprement dit doit ressentir sa plus grande influence.

On peut concevoir les langues plus propres à la musique les unes que les autres : on en peut concevoir qui ne le seraient point du tout. Telle en pourrait être une qui ne serait composée que de sons mixtes, de syllabes muettes, sourdes ou nasales, peu de voyelles sonores, beaucoup de consonnes et d'articulations, et qui manquerait encore d'autres conditititions essentielles dont je parlerai dans l'article de la mesure. Cherchons, par curiosité, ce qui résulterait de la musique appliquée à une telle langue.

Premièrement, le défaut d'éclat dans le son des voyelles obligerait d'en donner beaucoup à celui des notes ; et parce que la langue serait sourde, la musique serait criarde. En second lieu, la dureté et la fréquence des consonnes forceraient à exclure beaucoup de mots, à ne procéder sur les autres que par des intonnations élémentaires; et la musique seroit insipide et monotone : sa marche serait encore lente et ennuyeuse par la même raison ; et quand on voudrait presser un peu le mouvement, sa vitesse ressemblerait à celle d'un corps dur et anguleux qui roule sur le pavé.

Comme une telle musique serait dénuée de toute mélodie agréable, on tâcherait d'y suppléer par des beautés factices et peu naturelles; on la chargerait de modulations fréquentes et régulières, mais froides, sans grâces et sans expression; on inventerait des fredons, des cadences, des ports-de-voix et d'autres agréments postiches, qu'on prodiguerait dans le chant, et qui ne feraient que le rendre plus ridicule sans le rendre moins plat. La musique, avec toute cette maussade parure, resterait languissante et sans expression; et ses images, dénuées de force et d'énergie, peindraient peu d'objets en beaucoup de notes, comme ces écritures gothiques dont les lignes, remplies de traits et de lettres figurées, ne contiennent que deux ou trois mots, et qui renferment très-peu de sens en un grand espace.

L'impossibilité d'inventer des chants agréables obligerait les compositeurs à tourner tous leurs soins du côté de l'harmonie; et, faute de beautés réelles, ils y introduiraient des beautés de convention, qui n'auraient presque d'autre mérite que la difficulté vaincue : au lieu d'une bonne musique, ils imagineraient une musique savante; pour suppléer au chant, ils multiplieraient les accompagnements, il leur en coûterait moins de placer beaucoup de mauvaises parties les unes au-dessus des autres, que d'en faire une qui fût bonne. Pour ôter l'insipidité, ils augmenteraient la confusion; ils croiraient faire de la musique, et ils ne feraient que du bruit.

Un autre effet, qui résulterait du défaut de mélodie, serait que les musiciens, n'en ayant qu'une fausse idée, trouveraient partout une mélodie à leur manière : n'ayant pas de véritable chant, les parties de chant ne leur coûteraient rien à multiplier, parce qu'ils donneraient hardiment ce nom à ce qui n'en serait pas, même jusqu'à la basse continue, à l'unisson de laquelle ils feraient sans façon réciter les basses-tailles; sauf à couvrir le tout d'une sorte d'accompagnement dont la prétendue mélodie n'aurait aucun rapport à celle de la partie vocale. Partout où ils verraient des notes ils trouveraient du chant, attendu qu'en effet leur chant ne serait que des notes, *Voces, prætereaque nihil.*

Passons maintenant à la mesure, dans le sentiment de laquelle consiste en grande partie la beauté et l'expression du chant. La mesure est à peu près à la mélodie ce que la syntaxe est au discours; c'est elle qui fait l'enchaînement des mots, qui distingue les phrases, et qui donne un sens, une liaison au tout. Toute musique dont on ne sent point la mesure ressemble, si la faute vient de celui qui l'exécute, à une écriture en chiffres, dont il faut nécessairement trouver la clef pour en démêler le sens; mais si en effet cette musique n'a pas de mesure sensible, ce n'est alors qu'une collection confuse de mots pris au hasard et écrits sans suite, auxquels le lecteur ne trouve aucun sens, parce que l'auteur n'y en a point mis.

J'ai dit que toute musique nationale tire son principal caractère de la langue qui lui est propre, et je dois ajouter que c'est principalement la prosodie de la langue qui constitue ce caractère. Comme la musique vocale a précédé de beaucoup l'instrumentale, celle-ci a toujours reçu de l'autre ses tours de chant et sa mesure : et les diverses mesures de la musique vocale n'ont pu naître que des diverses manières dont on pouvait scander le discours et placer les brèves et les longues les unes à l'égard des autres; ce qui est très évident dans la musique grecque, dont toutes les mesures n'étaient que les formules d'autant de rhythmes fournis par tous les arrangements de syllabes longues ou brèves, et des pieds dont la langue et la poésie étaient susceptibles. De sorte que, quoiqu'on puisse très bien distinguer dans le rhythme musical la mesure de la prosodie, la mesure du vers et la mesure du chant, il ne faut pas douter que la musique la plus agréable, ou du moins la mieux cadencée, ne soit celle où ces trois mesures concourent ensemble le plus parfaitement qu'il est possible.

Après ces éclaircissements je reviens à mon hypothèse, et je suppose que la même langue dont je viens de parler eût une mauvaise prosodie, peu marquée, sans exactitude et sans précision, que les longues et les brèves n'eussent pas entre elles, en durées et en nombres, des rapports simples et propres à rendre le rhythme agréable, exact, régulier ; qu'elle eût des longues plus ou moins longues les unes que les autres, des brèves plus ou moins brèves, des syllabes ni brèves ni longues, et que les différences des unes et des autres fussent indéterminées et presque incommensurables : il est clair que la musique nationale, étant contrainte de recevoir dans sa mesure les irrégularités de la prosodie, n'en aurait qu'un fort vague, inégal et très peu sensible ; que le récitatif se sentirait surtout de cette irrégularité ; qu'on ne saurait presque comment y faire accorder les valeurs des notes et celles des syllabes ; qu'on serait contraint d'y changer de mesure à tout moment, et qu'on ne pourrait jamais y rendre les vers dans un rhythme exact et cadencé ; que, même dans les airs mesurés, tous les mouvements seraient peu naturels et sans précision ; que, pour peu de lenteur qu'on joignît à ce défaut, l'égalité des temps se perdrait entièrement dans l'esprit du chanteur et de l'auditeur ; et qu'enfin la mesure n'étant plus sensible, ni ses retours égaux, elle ne serait assujettie qu'au caprice du musicien, qui pourrait, à chaque instant, la presser ou ralentir à son gré, de sorte qu'il ne serait pas possible dans un concert de se passer de quelqu'un qui la marquât à tous, selon la fantaisie ou la commodité d'un seul.

C'est ainsi que les acteurs contracteraient tellement l'habitude de s'asservir la mesure, qu'on les entendrait même l'altérer à dessein dans les morceaux où le compositeur serait venu à bout de la rendre sensible. Marquer la mesure serait une faute contre la composition, et la suivre en serait une contre le goût du chant : les défauts passeraient pour des beautés, et les beautés pour des défauts ; les vices seraient établis en règles ; et, pour faire de la musique au goût de la nation, il ne faudrait que s'attacher avec soin à ce qui déplaît à tous les autres.

Aussi, avec quelque art que l'on cherchât à couvrir les défauts d'une pareille musique, il serait impossible qu'elle plût jamais à d'autres oreilles qu'à celles des naturels du pays où elle serait en usage : à force d'essuyer des reproches sur leur mauvais goût, à force d'entendre dans une langue plus favorable de la véritable musique, ils chercheraient à en rapprocher la leur, et ne feraient que lui ôter son caractère et la convenance qu'elle avait avec la langue pour laquelle elle avait été faite. S'ils voulaient dénaturer leur chant, ils le rendraient dur, baroque et presque inchantable ; s'ils se contentaient de l'orner par d'autres accompagnements que ceux qui lui sont propres, ils ne feraient que marquer mieux sa platitude par un contraste inévitable : ils ôteraient à leur musique la seule beauté dont elle était susceptible, en ôtant à toutes ses parties l'uniformité de caractère qui la faisait être une ; et en accoutumant les oreilles à dédaigner le chant pour n'écouter que la symphonie, ils parviendraient enfin à ne faire servir les voix que d'accompagnement à l'accompagnement.

Voilà par quel moyen la musique d'une telle nation se diviserait en musique vocale et musique instrumentale ; voilà comment, en donnant des caractères différents à ces deux espèces, on en ferait un tout monstrueux. La symphonie voudrait aller en mesure ; et le chant, ne pouvant souffrir aucune gêne, on entendrait souvent dans les mêmes morceaux les acteurs et l'orchestre se contrarier et se faire obstacle mutuellement : cette incertitude et le mélange des deux caractères introduiraient dans la manière d'accompagner une froideur et une lâcheté qui se tourneraient tellement en habitude, que les symphonistes ne pourraient pas, même en exécutant de bonne musique, lui laisser de la force et de l'énergie. En la jouant comme la leur, ils l'énerveraient entièrement ; ils feraient fort les *doux*, doux les *fort*, et ne connaîtraient pas une des nuances de ces deux mots. Ces autres mots, *rinforzando, dolce, risoluto, con gusto, spiritoso, sostenuto, con brio*, n'auraient pas même de synonymes dans leur langue, et celui d'*expression* n'y aurait aucun sens : ils substitueraient je ne sais combien de petits ornements froids et maussades à la vigueur du coup d'archet. Quelque nombreux que fût l'orchestre, il ne ferait aucun effet, ou n'en ferait qu'un très désagréable. Comme l'exécution serait toujours lâche, et que les symphonistes aimeraient mieux jouer proprement que d'aller en mesure, ils ne seraient jamais ensemble : ils ne pourraient venir à bout de tirer un son net et juste, ni de rien exécuter dans son caractère; et les étrangers seraient tout surpris que, à quelques-uns près, un orchestre vanté comme le premier du monde serait à peine digne des tréteaux d'une guinguette. Il devrait naturellement arriver que de tels musiciens prissent en haine la musique qui aurait mis leur honte en évidence; et bientôt, joignant la mauvaise volonté au mauvais goût, ils mettraient encore du dessein prémédité dans la ridicule exécution dont ils auraient bien pu se fier à leur maladresse.

D'après une autre supposition contraire à celle que je viens faire, je pourrais déduire aisément toutes les qualités d'une véritable musique, faite pour émouvoir, pour imiter, pour plaire, et pour porter au cœur les plus douces impressions de l'harmonie et du chant; mais, comme ceci nous écarterait trop de notre sujet et surtout des idées qui nous sont connues, j'aime mieux me borner à quelques observations sur la musique italienne, qui puissent nous aider à mieux juger de la nôtre.

Si l'on demandait laquelle de toutes les langues doit avoir une meilleure grammaire, je répondrais que c'est celle du peuple qui raisonne le mieux; et, si l'on demandait lequel de tous les peuples doit avoir une meilleure musique, je dirais que c'est celui dont la langue y est la plus propre. C'est ce que j'ai déjà établi ci-devant, et que j'aurai occasion de confirmer dans la suite de cette lettre. Or, s'il y a en Europe une langue propre à la musique, c'est certainement l'italienne; car cette langue est douce, sonore, harmonieuse et accentuée plus qu'aucune autre, et ces quatre qualités sont précisément les plus convenables au chant.

Elle est douce, parce que les articulations y sont peu composées, que la rencontre des consonnes y est rare et sans rudesse, et qu'un très grand nombre de syllabes n'y étant formées que de voyelles, les fréquentes élisions en rendent la prononciation plus coulante ; elle est sonore, parce que la plupart des voyelles y sont éclatantes, qu'elle n'a pas de diphthongues composées, qu'elle a peu ou point de voyelles nasales, et que les articulations rares et faciles distinguent mieux le son des syllabes, qui en devient plus net et plus plein. A l'égard de l'harmonie, qui dépend du nombre et de la prosodie autant que des sons, l'avantage de la langue italienne est manifeste sur ce point; car il faut remarquer que ce qui rend une langue harmonieuse et pittoresque dépend moins de la force réelle de ses termes, que de la distance qu'il y a du doux au fort entre les sons qu'elle emploie, et du choix qu'on en peut faire pour les tableaux qu'on a à peindre. Ceci supposé, que ceux qui pensent que l'italien n'est que le langage de la douceur et de la tendresse prennent la peine de comparer entre elles ces deux strophes du Tasse :

« Teneri sdegni, e placide et tranquille
Repulse, e cari vezzi, e liete paci,
Sorrisi, parolette, et dolci stille
Di pianto, e sospir tronchi, e molli bacci :
Fuse tai cose tutte, e poscia unille,
Ed al foco tempro di lente faci;
E ne formò quel sì mirabil cinto
Di ch' ella aveva il bel fianco succinto.

« Chiama gli abitator dell' ombre eterne
Il rauco suon della tartarea tromba :
Treman le spaziose atre caverne,
E l'aer cieco a quel romor rimbomba;
Nè si stridendo mai dalle superne
Regioni del cielo il folgor piomba,

> Nè si scossa giammai trema la terra
> Quande i vapori in sen gravida serra.

Et s'ils désespèrent de rendre en français la douce harmonie de l'une, qu'ils essaient d'exprimer la rauque dureté de l'autre. Il n'est pas besoin, pour juger de ceci, d'entendre la langue, il ne faut qu'avoir des oreilles et de la bonne foi. Au reste, vous observerez que cette dureté de la dernière strophe n'est point sourde, mais très sonore, et qu'elle n'est que pour l'oreille et non pour la prononciation; car la langue n'articule pas moins facilement les *r* multipliées qui font la rudesse de cette strophe, que les *l* qui rendent la première si coulante. Au contraire, toutes les fois que nous voulons donner de la dureté à l'harmonie de notre langue, nous sommes forcés d'entasser des consonnes de toute espèce qui forment des articulations difficiles et rudes, ce qui retarde la marche du chant et contraint souvent la musique d'aller plus lentement, précisément quand le sens des paroles exigerait le plus de vitesse.

Si je voulais m'étendre sur cet article, je pourrais peut-être vous faire voir encore que les inversions de la langue italienne sont beaucoup plus favorables à la bonne mélodie que l'ordre didactique de la nôtre, et qu'une phrase musicale se développe d'une manière plus agréable et plus intéressante, quand le sens du discours, longtemps suspendu, se résout sur le verbe avec la cadence, que quand il se développe à mesure, et laisse affaiblir ou satisfaire ainsi par degrés le désir de l'esprit, tandis que celui de l'oreille augmente en raison contraire jusqu'à la fin de la phrase. Je vous prouverais encore que l'art des suspensions et des mots entrecoupés, que l'heureuse constitution de la langue rend si familier à la musique italienne, est entièrement inconnu dans la nôtre, et que nous n'avons d'autre moyen pour y suppler, que des silences qui ne sont jamais du chant, et qui, dans ces occasions, montrent plutôt la pauvreté de la musique que les ressources du musicien.

Il me resterait à parler de l'accent; mais ce point important demande une si profonde discussion, qu'il vaut mieux la réserver à une meilleure main : je vais donc passer aux choses plus essentielles à mon objet, et tâcher d'examiner notre musique en elle-même.

Les Italiens prétendent que notre mélodie est plate et sans aucun chant, et toutes les nations (1) neutres confirment unanimement leur jugement sur ce point; de notre côté, nous accusons la leur d'être bizarre et baroque (2). J'aime mieux croire que les uns ou les autres se trompent, que d'être réduit à dire que, dans des contrées où les sciences et tous les arts sont parvenus à un si haut degré, la musique seule est encore à naître.

Les moins prévenus d'entre nous (3) se contentent de dire que la musique italienne et la française sont toutes deux bonnes, chacune dans son genre, chacune pour la langue qui lui est propre : mais, outre que les autres nations ne conviennent pas de cette parité, il resterait toujours à savoir laquelle des deux langues peut comporter le meilleur genre de musique en soi. Question fort agitée en France, mais qui ne le sera jamais ailleurs; question qui ne peut être décidée que par une oreille parfaitement neutre, et qui, par conséquent, devient tous les jours plus difficile à résoudre dans le seul pays où elle soit en problème. Voici sur ce sujet quelques expériences que chacun est

---

(1) Il a été un temps, dit mylord Schaftesbury, où l'usage de parler français avait mis parmi nous la musique française à la mode. Mais bientôt la musique italienne nous montrant la nature de plus près, nous dégoûta de l'autre, et nous la fit apercevoir aussi lourde, aussi plate, et aussi maussade qu'elle l'est en effet.

(2) Il me semble qu'on n'ose plus tant faire ce reproche à la mélodie italienne, depuis qu'elle s'est fait entendre parmi nous : c'est ainsi que cette musique admirable n'a qu'à se montrer telle qu'elle est, pour se justifier de tous les torts dont on l'accuse.

(3) Plusieurs condamnent l'exclusion totale que les amateurs de musique donnent sans balancer à la musique française; ces modérés conciliateurs ne voudraient pas de goûts exclusifs, comme si l'amour des bonnes choses devait faire aimer les mauvaises.

maître de vérifier, et qui me paraissent pouvoir servir à cette solution, du moins quant à la mélodie, à laquelle seule se réduit presque toute la dispute.

J'ai pris dans les deux musiques des airs également estimés chacun dans son genre, et, les dépouillant les uns de leurs ports-de-voix et de leurs cadences éternelles, les autres des notes sous-entendues que le compositeur ne se donne point la peine d'écrire, et dont il se remet à l'intelligence du chanteur, je les ai solfiés exactement sur la note, sans aucun ornement, et sans rien fournir de moi-même au sens ni à la liaison de la phrase. Je ne vous dirai point quel a été dans mon esprit le résultat de cette comparaison, parce que j'ai le droit de vous proposer mes raisons et non pas mon autorité : je vous rends compte seulement des moyens que j'ai pris pour me déterminer, afin que, si vous les trouvez bons, vous puissiez les employer à votre tour. Je dois vous avertir seulement que cette expérience demande bien plus de précautions qu'il ne semble. La première et la plus difficile de toutes est d'être de bonne foi, et de se rendre également équitable dans le choix et dans le jugement. La seconde est que, pour tenter cet examen, il faut nécessairement être également versé dans les deux styles; autrement celui qui serait le plus familier se présenterait à chaque instant à l'esprit au préjudice de l'autre : et cette deuxième condition n'est guère plus facile que la première; car de tous ceux qui connaissent bien l'une et l'autre musique, nul ne balance sur le choix; et l'on a pu voir, par les plaisants barbouillages de ceux qui se sont mêlés d'attaquer l'italienne, quelle connaissance ils avaient d'elle et de l'art en général.

Je dois ajouter qu'il est essentiel d'aller bien exactement en mesure; mais je prévois que cet avertissement, superflu dans tout autre pays, sera fort inutile dans celui-ci, et cette seule omission entraîne nécessairement l'incompétence du jugement.

Avec toutes ces précautions, le caractère de chaque genre ne tarde pas à se déclarer, et alors il est bien difficile de ne pas revêtir les phrases des idées qui leur conviennent, et de n'y pas ajouter, du moins par l'esprit, les tours et les ornements qu'on a la force de leur refuser par le chant. Il ne faut pas non plus s'en tenir à une seule épreuve, car un air peut plaire plus qu'un autre, sans que cela décide de la préférence du genre; et ce n'est qu'après un grand nombre d'essais qu'on peut établir un jugement raisonnable : d'ailleurs, en s'ôtant la connaissance des paroles, on s'ôte celle de la partie la plus importante de la mélodie, qui est l'expression; et tout ce qu'on peut décider par cette voie, c'est si la modulation est bonne et si le chant a du naturel et de la beauté. Tout cela nous montre combien il est difficile de prendre assez de précautions contre les préjugés, et combien le raisonnement nous est nécessaire pour nous mettre en état de juger sainement des choses de goût.

J'ai fait une autre épreuve qui demande moins de précautions, et qui vous paraîtra peut-être plus décisive. J'ai donné à chanter à des Italiens les plus beaux airs de Lulli, et à des musiciens français des airs de Leo et de Pergolèse; et j'ai remarqué que, quoique ceux-ci fussent fort éloignés de saisir le vrai goût de ces morceaux, ils en sentaient pourtant la mélodie, et en tiraient à leur manière des phrases de musique chantantes, agréables, et bien cadencées. Mais les Italiens, solfiant très exactement nos airs les plus pathétiques, n'ont jamais pu y reconnaître ni phrases ni chant; ce n'était pas pour eux de la musique qui eût du sens, mais seulement des suites de notes placées sans choix, et comme au hasard; ils les chantaient précisément comme vous liriez des mots arabes écrits en caractères français (1).

(1) Nos musiciens prétendent tirer un grand avantage de cette différence : « Nous exécutons la musique italienne, disent-ils avec leur fierté accoutumée, et les Italiens ne peuvent exécuter la nôtre; donc notre musique vaut mieux que la leur. » Ils ne voient pas qu'ils devraient tirer une conséquence toute contraire, et dire, « donc les Italiens ont une mélodie, et nous n'en avons point. »

Troisième expérience. J'ai vu à Venise un Arménien, homme d'esprit, qui n'avait jamais entendu de musique, et devant lequel on exécuta, dans un même concert, un monologue français qui commence par ce vers,

> Temple sacré, séjour tranquille...

et un air de Galuppi, qui commence par celui-ci,

> « Voi che languite senza speranza... »

L'un et l'autre furent chantés, médiocrement pour le français et mal pour l'italien, par un homme accoutumé seulement à la musique française, et alors très enthousiaste de celle de M. Rameau. Je remarquai dans l'Arménien, durant tout le chant français, plus de surprise que de plaisir; mais tout le monde observa, dès les premières mesures de l'air italien, que son visage et ses yeux s'adoucissaient; il était enchanté, il prêtait son âme aux impressions de la musique; et, quoiqu'il entendît peu la langue, les simples sons lui causaient un ravissement sensible. Dès ce moment on ne put plus lui faire écouter aucun air français.

Mais, sans chercher ailleurs des exemples, n'avons-nous pas même parmi nous plusieurs personnes qui, ne connaissant que notre opéra, croyaient de bonne foi n'avoir aucun goût pour le chant, et n'ont été désabusées que par les intermèdes italiens. C'est précisément parce qu'ils n'aimaient que la véritable musique, qu'ils croyaient ne pas aimer la musique.

J'avoue que tant de faits m'ont rendu douteuse l'existence de notre mélodie, et m'ont fait soupçonner qu'elle pourrait bien n'être qu'une sorte de plain-chant modulé, qui n'a rien d'agréable en lui-même, qui ne plaît qu'à l'aide de quelques ornements arbitraires, et seulement à ceux qui sont convenus de les trouver beaux. Aussi à peine notre musique est-elle supportable à nos propres oreilles, lorsqu'elle est exécutée par des voix médiocres qui manquent d'art pour la faire valoir. Il faut des Fel et des Jelyotte pour chanter la musique française; mais toute voix est bonne pour l'italienne, parce que les beautés du chant italien sont dans la musique même, au lieu que celles du chant français, s'il en a, ne sont que dans l'art du chanteur.

Trois choses me paraissent concourir à la perfection de la mélodie italienne. La première est la douceur de la langue, qui, rendant toutes les inflexions faciles, laisse au goût du musicien la liberté d'en faire un choix plus exquis, de varier davantage les combinaisons, et de donner à chaque acteur un tour de chant particulier, de même que chaque homme a son geste et son ton qui lui sont propres et qui le distinguent d'un autre homme.

La deuxième est la hardiesse des modulations, qui, quoique moins servilement préparées que les nôtres, se rendent plus agréables en se rendant plus sensibles, et, sans donner de la dureté au chant, ajoutent une vive énergie à l'expression. C'est par elle que le musicien, passant brusquement d'un ton ou d'un mode à un autre, et supprimant, quand il le faut, les transitions intermédiaires et scolastiques, sait exprimer les réticences, les interruptions, les discours entrecoupés, qui sont le langage des passions impétueuses, que le bouillant Métastase a employé si souvent, que les Porpora, les Galuppi, les Cocchi, les Jomelli, les Perez, les Terradeglias, ont su rendre avec succès, et que nos poètes lyriques connaissaient aussi peu que nos musiciens.

Le troisième avantage, et celui qui prête à la mélodie son plus grand effet, est l'extrême précision de mesure qui s'y fait sentir dans les mouvements les plus lents, ainsi que dans les plus gais, précision qui rend le chant animé et intéressant, les accompagnements vifs et cadencés; qui multiplie réellement les chants, en faisant d'une même combinaison de sons autant de différentes mélodies qu'il y a de manières de les scander; qui porte au cœur tous les sentiments, et à l'esprit tous les tableaux; qui donne au musicien le moyen de mettre en air tous les caractères de paroles imaginables, plusieurs dont nous n'avons pas même l'idée; et qui rend tous les mouvements propres à exprimer tous les caractères, ou un seul mouvement propre à contraster et changer de caractère au gré du compositeur.

Voilà, ce me semble, les sources d'où le chant italien tire ses charmes et son énergie; à quoi l'on peut ajouter une nouvelle et très forte preuve de l'avantage de sa mélodie, en ce qu'elle n'exige pas, autant que la nôtre, de ces fréquents renversements d'harmonie qui donnent à la basse continue le véritable chant d'un dessus. Ceux qui trouvent de si grandes beautés dans la mélodie française devraient bien nous dire à laquelle de ces choses elle en est redevable, ou nous montrer les avantages qu'elle a pour y suppléer.

Quand on commence à connaître la mélodie italienne, on ne lui trouve d'abord que des grâces, et on ne la croit propre qu'à exprimer des sentiments agréables; mais, pour peu qu'on étudie son caractère pathétique et tragique, on est bientôt surpris de la force que lui prête l'art des compositeurs dans les grands morceaux de musique. C'est à l'aide de ces modulations savantes, de cette harmonie simple et pure, de ces accompagnements vifs et brillants, que ces chants divins déchirent ou ravissent l'âme, mettent le spectateur hors de lui-même, et lui arrachent, dans ses transports, des cris dont jamais nos tranquilles opéras ne furent honorés.

Comment le musicien vient-il à bout de produire ces grands effets? Est-ce à force de contraster les mouvements, de multiplier les accords, les notes, les parties? est-ce à force d'entasser dessins sur dessins, instruments sur instruments? Tout ce fatras, qui n'est qu'un mauvais supplément où le génie manque, étoufferait le chant loin de l'animer, et détruirait l'intérêt en partageant l'attention. Quelque harmonie que puissent faire ensemble plusieurs parties toutes bien chantantes, l'effet de ces beaux chants s'évanouit aussitôt qu'ils se font entendre à la fois, et il ne reste que celui d'une suite d'accords, qui, quoi qu'on puisse dire, est toujours froide quand la mélodie ne l'anime pas : de sorte que plus on entasse des chants mal à propos, et moins la musique est agréable et chantante, parce qu'il est impossible à l'oreille de se prêter au même instant à plusieurs mélodies, et que, l'une effaçant l'impression de l'autre, il ne résulte du tout que de la confusion et du bruit. Pour qu'une musique devienne intéressante, pour qu'elle porte à l'âme les sentiments qu'on y veut exciter, il faut que toutes les parties concourent à fortifier l'expression du sujet; que l'harmonie ne serve qu'à le rendre plus énergique; que l'accompagnement l'embellisse sans le couvrir ni le défigurer; que la basse, par une marche uniforme et simple, guide en quelque sorte celui qui chante et celui qui écoute, sans que ni l'un ni l'autre s'en aperçoive : il faut, en un mot, que le tout ensemble ne porte à la fois qu'une mélodie à l'oreille et qu'une idée à l'esprit.

Cette unité de mélodie me paraît une règle indispensable et non moins importante en musique que l'unité d'action dans une tragédie; car elle est fondée sur le même principe, et dirigée vers le même objet. Aussi tous les bons compositeurs italiens s'y conforment-ils avec un soin qui dégénère quelquefois en affectation; et pour peu qu'on y réfléchisse, on sent bientôt que c'est d'elle que leur musique tire son principal effet. C'est dans cette grande règle qu'il faut chercher la cause des fréquents accompagnements à l'unisson qu'on remarque dans la musique italienne, et qui, fortifiant l'idée du chant, en rendent en même temps les sons plus moelleux, plus doux, et moins fatigants pour la voix. Ces unissons ne sont point praticables dans notre musique, si ce n'est sur quelques caractères d'airs choisis et tournés exprès pour cela : jamais un air pathétique français ne serait supportable accompagné de cette manière, parce que, la musique vocale et l'instrumentale ayant parmi nous des caractères différents, on ne peut, sans pécher contre la mélodie et le goût, appliquer à l'une les mêmes tours qui conviennent à l'autre; sans compter que, la mesure étant toujours vague et indeterminée, surtout dans les airs lents, les instruments et la voix ne pourraient jamais s'accorder et ne marcheraient point assez de concert pour produire ensemble un effet agréable. Une beauté qui résulte encore de ces unissons, c'est de donner une expression plus sensible à la mélodie, tantôt en renforçant tout d'un coup les instruments sur un passage, tantôt en les radoucissant, tantôt en leur donnant un trait de chant énergique et saillant que la voix n'aurait pu faire, et que l'auditeur, adroitement trompé, ne laisse pas de lui attribuer quand l'orchestre sait le faire sortir à propos. De là naît encore cette parfaite correspondance de la symphonie et du chant, qui fait que tous les traits qu'on admire dans l'une ne sont que des développements de l'autre; de sorte que c'est toujours dans la partie vocale qu'il faut chercher la source de toutes les beautés de l'accompagnement : cet accompagnement est si bien un avec le chant, et si exactement relatif aux paroles, qu'il semble souvent déterminer le jeu et dicter à l'acteur le geste qu'il doit faire; et tel qui n'aurait pu jouer le rôle sur les paroles seules le jouera très-juste sur la musique, parce qu'elle fait bien sa fonction d'interprète.

Au reste, il s'en faut beaucoup que les accompagnements italiens soient toujours à l'unisson de la voix. Il y a deux cas fréquents où le musicien les en sépare : l'un, quand la voix, roulant avec légèreté sur des cordes d'harmonie, fixe assez l'attention pour que l'accompagnement ne puisse la partager; encore alors donne-t-on tant de simplicité à cet accompagnement, que l'oreille, affectée seulement d'accords agréables, n'y sent aucun chant qui puisse la distraire : l'autre cas demande un peu plus de soin pour le faire entendre.

« Quand le musicien saura son art, dit l'auteur de la *Lettre sur les Sourds et les Muets*, les parties d'accompagnement concourront ou à fortifier l'expression de la partie chantante, ou à ajouter de nouvelles idées que le sujet demandait, et que la partie chantante n'aura pu rendre. » Ce passage me paraît renfermer un précepte très-utile, et voici comment je pense qu'on doit l'entendre.

Si le chant est de nature à exiger quelques additions, ou, comme disaient nos anciens musiciens, quelques *diminution*, qui ajoutent à l'expression ou à l'agrément, sans détruire en cela l'unité de mélodie, de sorte que l'oreille qui blâmerait peut-être ces additions faites par la voix, les approuve dans l'accompagnement, et s'en laisse doucement affecter sans cesser pour cela d'être attentive au chant; alors l'habile musicien, en les ménageant à propos et les employant avec goût, embellira son sujet, et le rendra plus expressif sans le rendre moins un; et quoique l'accompagnement n'y soit pas exactement semblable à la partie chantante, l'un et l'autre ne feront pourtant qu'un chant et qu'une mélodie. Que si le sens des paroles comporte une idée accessoire que le chant n'aura pas pu rendre, le musicien l'enchâssera dans des silences ou dans des tenues, de manière qu'il puisse la présenter à l'auditeur sans le détourner de celle du chant. L'avantage serait encore plus grand si cette idée accessoire pouvait être rendue par un accompagnement contraint et continu, qui fît plutôt un léger murmure qu'un véritable chant, comme serait le bruit d'une rivière ou le gazouillement des oiseaux; car alors le compositeur pourrait séparer tout-à-fait le chant de l'accompagnement; et destinant uniquement ce dernier à rendre l'idée accessoire, il disposera son chant de manière à donner des jours fréquents à l'orchestre, en observant avec soin que la symphonie soit toujours dominée par la partie chantante, ce qui dépend encore plus de l'art du compositeur que de l'exécution des instruments; mais ceci demande une expérience consommée, pour éviter la duplicité de mélodie.

Voilà tout ce que la règle de l'unité peut accorder au goût du musicien pour parer le chant ou le rendre plus expressif, soit en embellissant le sujet principal, soit en y en ajoutant un autre qui lui reste assujetti : mais de faire chanter à part des violons d'un côté, de l'autre des flûtes, de l'autre des bassons, chacun sur un dessin particulier et presque sans rapport entre eux, et d'appeler tout ce chaos de la musique, c'est insulter également l'oreille et le jugement.

Une autre chose qui n'est pas moins contraire que la multiplication des parties à la règle que je viens d'établir, c'est l'abus ou plutôt l'usage des fugues, imitations, doubles dessins, et autres beautés arbitraires et de pure convention, qui n'ont presque de mérite que la difficulté vaincue, et qui toutes ont été inventées dans la naissance de l'art pour faire briller le savoir, en attendant qu'il fût question du génie. Je ne dis pas qu'il soit tout-à-fait impossible de conserver l'unité de mélodie dans une fugue, en conduisant habilement l'attention de l'auditeur d'une partie à l'autre à mesure que le sujet y passe; mais ce travail est si pénible que presque personne n'y réussit, et si ingrat, qu'à peine le succès peut-il dédommager de la fatigue d'un tel ouvrage. Tout cela, n'aboutissant qu'à faire du bruit, ainsi que la plupart de nos chœurs si admirés (1), est également indigne d'occuper la plume d'un homme de goût. A l'égard des contre-fugues, doubles fugues, fugues renversées, basses contraintes, et autres sottises difficiles que l'oreille ne peut souffrir et que la raison ne peut justifier, ce sont évidemment des restes de barbarie et de mauvais goût, qui ne subsistent, comme les portails de nos églises gothiques, que pour la honte de ceux qui ont eu la patience de les faire.

Il a été un temps où l'Italie était barbare : et, même après la renaissance des autres arts que l'Europe lui doit tous, la musique plus tardive n'y a point pris aisément cette pureté de goût qu'on y voit briller aujourd'hui; et l'on ne peut guère donner une plus mauvaise idée de ce qu'elle était alors, qu'en remarquant qu'il n'y a eu pendant longtemps qu'une même musique en France et en Italie (2), et que les musiciens des deux contrées communiquaient familièrement entre eux, non pourtant sans qu'on pût remarquer déjà dans les nôtres le germe de cette jalousie qui est inséparable de l'infériorité. Lulli même, alarmé de l'arrivée de Corelli, se hâta de le faire chasser de France; ce qui lui fut d'autant plus aisé que Corelli était plus grand homme, et, par conséquent, moins courtisan que lui. Dans ces temps où la musique naissait à peine, elle avait en Italie cette ridicule emphase de science harmonique, ces pédantesques prétentions de doctrine qu'elle a chèrement conservées parmi nous, et par lesquelles on distingue aujourd'hui cette musique méthodique, compassée, mais sans génie, sans invention et sans goût, qu'on appelle à Paris *musique écrite* par excellence, et qui, tout au plus, n'est bonne, en effet, qu'à écrire, et jamais à exécuter.

Depuis même que les Italiens ont rendu l'harmonie plus pure, plus simple, et donné tous leurs soins à la perfection de la mélodie, je ne nie pas qu'il ne soit encore demeuré parmi eux quelques légères traces des fugues et dessins

(1) Les Italiens ne sont pas eux-mêmes tout-à-fait revenus de ce préjugé barbare. Ils se piquent encore d'avoir, dans leurs églises, de la musique bruyante; ils ont souvent des messes et des motets à quatre chœurs, chacun sur un dessin différent; mais les grands maîtres ne font que rire de tout ce fatras. Je me souviens que Terradeglias, me parlant de plusieurs motets de sa composition où il avait mis des chœurs travaillés avec un grand soin, était honteux d'en avoir fait de si beaux, et s'en excusait sur sa jeunesse. Autrefois, disait-il, j'aimais à faire du bruit; à présent je tâche de faire de la musique.

(2) L'abbé du Bos se tourmente beaucoup pour faire honneur aux Pays-Bas du renouvellement de la musique, et cela pourrait s'admettre si l'on donnait le nom de musique à un continuel remplissage d'accords; mais si l'harmonie n'est que la base commune, et que la mélodie seule constitue le caractère, non-seulement la musique moderne est née en Italie, mais il y a quelque apparence que, dans toutes nos langues vivantes, la musique italienne est la seule qui puisse réellement exister. Du temps d'Orlande et de Gondimel, on faisait de l'harmonie et des sons; Lulli y a joint un peu de cadence; Corelli, Buononcini, Vinci et Pergolèse, sont les premiers qui ont fait de la musique.

gothiques, et quelquefois de doubles et triples mélodies : c'est de quoi je pourrais citer plusieurs exemples dans les intermèdes qui nous sont connus, et entre autres le mauvais quatuor qui est à la fin de *la Femme orgueilleuse*. Mais outre que ces choses sortent du caractère établi, outre qu'on ne trouve jamais rien de semblable dans les tragédies, et qu'il n'est pas plus juste de juger l'opéra italien sur ces farces, que de juger notre théâtre français sur *l'Impromptu de campagne*, ou le *Baron de la Crasse*; il faut aussi rendre justice à l'art avec lequel les compositeurs ont souvent évité, dans ces intermèdes, les piéges qui leur étaient tendus par les poëtes, et ont fait tourner au profit de la règle des situations qui semblaient les forcer à l'enfreindre.

De toutes les parties de la musique, la plus difficile à traiter, sans sortir de l'unité de mélodie, est le duo; et cet article mérite de nous arrêter un moment. L'auteur de la lettre sur Omphale a déjà remarqué que les duo sont hors de la nature; car rien n'est moins naturel que de voir deux personnes se parler à la fois durant un certain temps, soit pour dire la même chose, soit pour se contredire, sans jamais s'écouter ni se répondre. Et quand cette supposition pourrait s'admettre en certains cas, il est bien certain que ce ne serait jamais dans la tragédie, où cette indécence n'est convenable ni à la dignité des personnages qu'on y fait parler, ni à l'éducation qu'on leur suppose. Or, le meilleur moyen de sauver cette absurdité, c'est de traiter, le plus qu'il est possible, le duo en dialogue, et ce premier soin regarde le poëte : ce qui regarde le musicien, c'est de trouver un chant convenable au sujet, et distribué de telle sorte que, chacun des interlocuteurs parlant alternativement, toute la suite du dialogue ne forme qu'une mélodie, qui, sans changer de sujet, ou du moins sans altérer le mouvement, passe dans son progrès d'une partie à l'autre sans cesser d'être une, et sans enjamber. Quand on joint ensemble les deux parties, ce qui doit se faire rarement et durer peu, il faut trouver un chant susceptible d'une marche par tierces ou par sixtes dans lequel la seconde partie fasse son effet sans distraire l'oreille de la première : il faut garder la dureté des dissonances, les sons perçants et renforcés, le *fortissimo* de l'orchestre, pour des instants de désordre et de transport où les acteurs, semblant s'oublier eux-mêmes, portent leur égarement dans l'âme de tout spectateur sensible, et lui font éprouver le pouvoir de l'harmonie sobrement ménagée. Mais ces instants doivent être rares et amenés avec art. Il faut, par une musique douce et affectueuse, avoir déjà disposé l'oreille et le cœur à l'émotion pour que l'un et l'autre se prêtent à ces ébranlements violents : et il faut qu'ils passent avec la rapidité qui convient à notre faiblesse; car, quand l'agitation est trop forte, elle ne saurait durer; et tout ce qui est au-delà de la nature ne touche plus.

En disant ce que les duo doivent être, j'ai dit précisément ce qu'ils sont dans les opéras italiens. Si quelqu'un a pu entendre sur un théâtre d'Italie un duo tragique chanté par deux bons acteurs, et accompagné par un véritable orchestre, sans en être attendri; s'il a pu d'un œil sec assister aux adieux de Mandane et d'Arbace, je le tiens digne de pleurer à ceux de Libye et d'Epaphus.

Mais, sans insister sur les duo tragiques, genre de musique dont on n'a pas même l'idée à Paris, je puis vous citer un duo comique qui est connu de tout le monde, et je le citerai hardiment comme un modèle de chant, d'unité, de mélodie, de dialogue, et de goût, auquel, selon moi, rien ne manquera, quand il sera bien exécuté, que des auditeurs qui sachent l'entendre : c'est celui du premier acte de la Serva Padrona, *Lo conosco a quegl' occhietti*, etc. J'avoue que peu de musiciens français sont en état d'en sentir les beautés; et je dirais volontiers de Pergolèse, comme Cicéron disait d'Homère, que c'est avoir déjà fait beaucoup de progrès dans l'art, que de se plaire à sa lecture.

J'espère, monsieur, que vous me pardonnerez la longueur de cet article en faveur de sa nouveauté et de l'importance de son objet : j'ai cru devoir m'étendre un peu sur une règle aussi essentielle que celle de l'unité de mélodie ; règle dont aucun théoricien, que je sache, n'a parlé jusqu'à ce jour, que les compositeurs italiens ont seuls sentie et pratiquée, sans se douter peut-être de son existence, et de laquelle dépendent la douceur du chant, la force de l'expression, et presque tout le charme de la bonne musique. Avant que de quitter ce sujet, il me reste à vous montrer qu'il en résulte de nouveaux avantages pour l'harmonie même, aux dépens de laquelle je semblais accorder tout l'avantage à la mélodie, et que l'expression du chant donne lieu à celle des accords en forçant le compositeur à les ménager.

Vous ressouvenez-vous, monsieur, d'avoir entendu quelquefois, dans les intermèdes qu'on nous a donnés cette année, le fils de l'entrepreneur italien, jeune enfant de dix ans au plus, accompagner quelquefois à l'Opéra ? Nous fûmes frappés, dès le premier jour, de l'effet que produisit sous ses petits doigts l'accompagnement du clavecin ; et tout le spectacle s'aperçut, à son jeu précis et brillant, que ce n'était pas l'accompagnateur ordinaire. Je cherchai aussitôt les raisons de cette différence, car je ne doutais pas que le sieur Noblet ne fût bon harmoniste et n'accompagnât très exactement : mais quelle fut ma surprise, en observant les mains du petit bonhomme, de voir qu'il ne remplissait presque jamais les accords, qu'il supprimait beaucoup de sons, et n'employait très souvent que deux doigts, dont l'un sonnait presque toujours l'octave de la basse ! Quoi ! disais-je en moi-même, l'harmonie complète fait moins d'effet que l'harmonie mutilée, et nos accompagnateurs, en rendant tous les accords pleins, ne font qu'un bruit confus, tandis que celui-ci, avec moins de sons, fait plus d'harmonie, ou, du moins, rend son accompagnement plus sensible et plus agréable ! Ceci fut pour moi un problème inquiétant ; et j'en compris encore mieux toute l'importance, quand, après d'autres observations, je vis que les Italiens accompagnaient tous de la même manière que le petit bambin, et que, par conséquent, cette épargne dans leur accompagnement devait tenir au même principe que celle qu'ils affectent dans leur partition.

Je comprenais bien que la basse, étant le fondement de toute l'harmonie, doit toujours dominer sur le reste, et que, quand les autres parties l'étouffent ou la couvrent, il en résulte une confusion qui peut rendre l'harmonie plus sourde ; et je m'expliquais ainsi pourquoi les Italiens, si économes de leur main droite dans l'accompagnement, redoublent ordinairement à la gauche l'octave de la basse, pourquoi ils mettent tant de contre-basses dans leurs orchestres, et pourquoi ils font si souvent marcher leurs quintes avec la basse, au lieu de leur donner une autre partie, comme les Français ne manquent jamais de faire. Mais ceci, qui pouvait rendre raison de la netteté des accords, n'en rendait pas de leur énergie, et je vis bientôt qu'il devait y avoir quelque principe plus caché et plus fin de l'expression que je remarquais dans la simplicité de l'harmonie italienne, tandis que je trouvais la nôtre si composée, si froide et si languissante.

Je me souvins alors d'avoir lu dans quelque ouvrage de M. Rameau que chaque consonnance a son caractère particulier, c'est-à-dire une manière d'affecter l'âme qui lui est propre : que l'effet de la tierce n'est pas le même que celui de la quinte, ni l'effet de la quarte le même que celui de la sixte : de même les tierces et les sixtes mineures doivent produire des affections différentes de celles que produisent les tierces et les sixtes majeures. Et ces faits une fois accordés, il s'ensuit assez évidemment que les dissonances et tous les intervalles possibles seront aussi dans le même cas ; expérience que la raison confirme, puisque toutes les fois que les rapports sont différents, l'impression ne saurait être la même.

Or, me disais-je à moi-même en raisonnant d'après cette supposition, je vois clairement que deux consonnances ajoutées l'une à l'autre mal à propos, quoique selon les règles des accords, pourront, même en augmentant l'harmonie, affaiblir mutuellement leur effet, le combattre ou le partager. Si tout l'effet d'une quinte m'est nécessaire pour l'expression dont j'ai besoin, je peux risquer d'affaiblir cette expression par un troisième son, qui, divisant cette quinte en deux autres intervalles, en modifiera nécessairement l'effet par celui des deux tierces dans lesquelles je la résous; et ces tierces mêmes, quoique le tout ensemble fasse une fort bonne harmonie, étant de différente espèce, peuvent encore nuire mutuellement à l'impression l'une de l'autre. De même si l'impression simultanée de la quinte et des deux tierces m'était nécessaire, j'affaiblirais et j'altérerais mal à propos cette impression en retranchant un des trois sons qui en forment l'accord. Ce raisonnement devient encore plus sensible appliqué à la dissonance. Supposons que j'aie besoin de toute la dureté du triton, ou de toute la fadeur de la fausse quinte, opposition, pour le dire en passant, qui prouve combien les divers renversements des accords en peuvent changer l'effet : si dans une telle circonstance, au lieu de porter à l'oreille les deux uniques sons qui forment la dissonance, je m'avise de remplir l'accord de tous ceux qui lui conviennent, alors j'ajoute au triton la seconde et la sixte, et à la fausse quinte la sixte et la tierce, c'est-à-dire qu'introduisant dans chacun de ces accords une nouvelle dissonance, j'y introduis en même temps trois consonnances, qui doivent nécessairement en tempérer et affaiblir l'effet, en rendant un de ces accords moins fade et l'autre moins dur. C'est donc un principe certain et fondé dans la nature, que toute musique où l'harmonie est scrupuleusement remplie, tout accompagnement où tous les accords sont complets, doit faire beaucoup de bruit, mais avoir très peu d'expression : ce qui est précisément le caractère de la musique française. Il est vrai qu'en ménageant les accords et les parties, le choix devient difficile et demande beaucoup d'expérience et de goût pour le faire toujours à propos; mais s'il y a une règle pour aider au compositeur à se bien conduire en pareille occasion, c'est certainement celle de l'unité de mélodie que j'ai tâché d'établir, ce qui se rapporte au caractère de la musique italienne, et rend raison de la douceur du chant, jointe à la force d'expression qui y règne.

Il suit de tout ceci qu'après avoir bien étudié les règles élémentaires de l'harmonie, le musicien ne doit point se hâter de la prodiguer inconsidérément, ni se croire en état de composer parce qu'il sait remplir des accords, mais qu'il doit, avant que de mettre la main à l'œuvre, s'appliquer à l'étude beaucoup plus longue et plus difficile des impressions diverses que les consonnances, les dissonances et tous les accords font sur les oreilles sensibles, et se dire souvent à lui-même que le grand art du compositeur ne consiste pas moins à savoir discerner dans l'occasion les sons qu'on doit supprimer, que ceux dont il faut faire usage. C'est en étudiant et feuilletant sans cesse les chefs-d'œuvre de l'Italie qu'il apprendra à faire ce choix exquis, si la nature lui a donné assez de génie et de goût pour en sentir la nécessité. Car les difficultés de l'art ne se laissent apercevoir qu'à ceux qui sont faits pour les vaincre : et ceux-là ne s'aviseront pas de compter avec mépris les portées vides d'une partition; mais voyant la facilité qu'un écolier aurait eue à les remplir, ils soupçonneront et chercheront les raisons de cette simplicité trompeuse, d'autant plus admirable qu'elle cache des prodiges sous une feinte négligence, et que l'*arte che tutto fa, nulla si scuopre*.

Voilà, à ce qu'il me semble, la cause des effets surprenants que produit l'harmonie de la musique italienne, quoique beaucoup moins chargée que la nôtre qui en produit si peu : ce qui ne signifie pas qu'il ne faille jamais remplir l'harmonie, mais qu'il ne faut la remplir qu'avec choix et discernement. Ce n'est pas non plus à dire que pour ce choix le musicien soit obligé de faire tous ces raisonnements, mais qu'il en doit sentir le résultat. C'est à lui d'avoir du génie et du goût pour trouver les choses d'effet; c'est au théoricien à en chercher les causes, et à dire pourquoi ce sont des choses d'effet.

Si vous jetez les yeux sur nos compositions modernes, surtout si vous les écoutez, vous reconnaîtrez bientôt que nos musiciens ont si mal compris tout ceci, que, s'efforçant d'arriver au même but, ils ont directement suivi la route opposée ; et, s'il m'est permis de vous dire naturellement ma pensée, je trouve que plus notre musique se perfectionne en apparence, et plus elle se gâte en effet. Il était peut-être nécessaire qu'elle vînt au point où elle est, pour accoutumer insensiblement nos oreilles à rejeter les préjugés de l'habitude, et à goûter d'autres airs que ceux dont nos nourrices nous ont endormis, mais je prévois que pour la porter au très médiocre degré de bonté dont elle est susceptible, il faudra tôt ou tard commencer par redescendre ou remonter au point où Lulli l'avait mise. Convenons que l'harmonie de ce célèbre musicien est plus pure et moins renversée, que ses basses sont plus naturelles et marchent plus rondement ; que son chant est mieux suivi, que ses accompagnements, moins chargés, naissent mieux du sujet et en sortent moins ; que son récitatif est beaucoup moins maniéré, et par conséquent beaucoup meilleur que le nôtre ; ce qui se confirme par le goût de l'exécution ; car l'ancien récitatif était rendu par les acteurs de ce temps-là tout autrement que nous ne faisons aujourd'hui. Il était plus vif et moins traînant ; on le chantait moins et on le déclamait davantage. Les cadences, les ports-de-voix se sont multipliés dans le nôtre ; il est devenu encore plus languissant, et l'on n'y trouve presque plus rien qui le distingue de ce qu'il nous plaît d'appeler *air*.

Puisqu'il est question d'airs et de récitatifs, vous voulez bien, monsieur, que je termine cette lettre par quelques observations sur l'un et sur l'autre, qui deviendront peut-être des éclaircissements utiles à la solution du problème dont il s'agit.

On peut juger de l'idée de nos musiciens sur la constitution d'un opéra, par la singularité de leur nomenclature. Ces grands morceaux de musique italienne qui ravissent, ces chefs-d'œuvre de génie qui arrachent des larmes, qui offrent les tableaux les plus frappants, qui peignent les situations les plus vives, et portent dans l'âme toutes les passions qu'ils expriment, les Français les appellent des *ariettes*. Ils donnent le nom d'*airs* à ces insipides chansonnettes dont ils entremêlent les scènes de leurs opéras, et réservent celui de monologues par excellence à ces traînantes et ennuyeuses lamentations à qui il ne manque, pour assoupir tout le monde, que d'être chantées juste et sans cris.

Dans les opéras italiens tous les airs sont en situation et font partie des scènes. Tantôt c'est un père désespéré qui croit voir l'ombre d'un fils qu'il a fait mourir injustement lui reprocher sa cruauté ; tantôt c'est un prince débonnaire qui, forcé de donner un exemple de sévérité, demande aux dieux de lui ôter l'empire, ou de lui donner un cœur moins sensible. Ici c'est une mère tendre qui verse des larmes en retrouvant son fils qu'elle croyait mort ; là c'est le langage de l'amour, non rempli de ce fade et puéril galimatias de *flammes* et de *chaînes*, mais tragique, vif, bouillant, entrecoupé, et tel qu'il convient aux passions impétueuses. C'est sur de telles paroles qu'il sied bien de déployer toutes les richesses d'une musique pleine de force et d'expression, et de renchérir sur l'énergie de la poésie par celle de l'harmonie et du chant. Au contraire, les paroles de nos ariettes, toujours détachées du sujet, ne sont qu'un misérable jargon emmiellé, qu'on est trop heureux de ne pas entendre ; c'est une collection faite au hasard du très petit nombre de mots sonores que notre langue peut fournir, tournés et retournés de toutes les manières, excepté de celle qui pourrait leur donner du sens. C'est sur ces impertinents amphigouris que nos musiciens épuisent leur goût et leur savoir, et nos acteurs leurs gestes et leurs poumons : c'est à ces morceaux extravagants que nos femmes se pâment d'admiration. Et la preuve la plus marquée que la musique française ne sait ni peindre ni parler, c'est qu'elle ne peut développer le peu de beautés dont elle est susceptible que sur des paroles qui ne signifient rien. Cependant, à entendre les Français parler de musique, on croirait que c'est dans leurs opéras qu'elle peint de grands tableaux et de grandes passions, et qu'on ne trouve que des ariettes dans les opéras italiens, où le nom même d'ariette et la ridicule chose qu'il exprime sont également inconnus. Il ne faut pas être surpris de la grossièreté de ces préjugés : la musique italienne n'a d'ennemis, même parmi nous, que ceux qui n'y connaissent rien; et tous les Français qui ont tenté de l'étudier dans le seul dessein de la critiquer en connaissance de cause ont bientôt été ses plus zélés admirateurs.

Après les ariettes, qui font à Paris le triomphe du goût moderne, viennent les fameux monologues qu'on admire dans nos anciens opéras : sur quoi l'on doit remarquer que nos plus beaux airs sont toujours dans les monologues et jamais dans les scènes, parce que nos acteurs n'ayant aucun jeu muet, et la musique n'indiquant aucun geste et ne peignant aucune situation, celui qui garde le silence ne sait que faire de sa personne pendant que l'autre chante.

Le caractère traînant de la langue, le peu de flexibilité de nos voix, et le ton lamentable qui règne perpétuellement dans notre opéra, mettent presque tous les monologues français sur un mouvement lent; et comme la mesure ne s'y fait sentir ni dans le chant, ni dans la basse, ni dans l'accompagnement, rien n'est si traînant, si lâche, si languissant, que ces beaux monologues que tout le monde admire en bâillant : ils voudraient être tristes, et ne sont qu'ennuyeux; ils voudraient toucher le cœur, et ne font qu'affliger les oreilles.

Les Italiens sont plus adroits dans leurs adagio : car, lorsque le chant est si lent qu'il serait à craindre qu'il ne laissât affaiblir l'idée de la mesure, ils font marcher la basse par notes égales qui marquent le mouvement, et l'accompagnement le marque aussi par des subdivisions de notes, qui, soutenant la voix et l'oreille en mesure, ne rendent le chant que plus agréable et surtout plus énergique par cette précision. Mais la nature du chant français interdit cette ressource à nos compositeurs : car, dès que l'acteur serait forcé d'aller en mesure, il ne pourrait plus développer sa voix ni son jeu, traîner son chant, renfler, prolonger ses sons, ni crier à pleine tête, et par conséquent il ne serait plus applaudi.

Mais ce qui prévient encore plus efficacement la monotonie et l'ennui dans les tragédies italiennes, c'est l'avantage de pouvoir exprimer tous les sentiments et peindre tous les caractères avec telle mesure et tel mouvement qu'il plaît au compositeur. Notre mélodie, qui ne dit rien par elle-même, tire toute son expression du mouvement qu'on lui donne; elle est forcément triste sur une mesure lente, furieuse ou gaie sur un mouvement vif, grave sur un mouvement modéré : le chant n'y fait presque rien; la mesure seule, ou, pour parler plus juste, le seul degré de vitesse, détermine le caractère. Mais la mélodie italienne trouve dans chaque mouvement des expressions pour tous les caractères, des tableaux pour tous les objets. Elle est, quand elle plaît au musicien, triste sur un mouvement vif, gaie sur un mouvement lent, et, comme je l'ai déjà dit, elle change sur le même mouvement de caractère au gré du compositeur; ce qui lui donne la facilité des contrastes, sans dépendre en cela du poète, et sans s'exposer à des contre-sens.

Voilà la source de cette prodigieuse variété que les grands maîtres d'Italie savent répandre dans leurs opéras, sans jamais sortir de la nature : variété qui prévient la monotonie, la langueur et l'ennui, et que les musiciens français ne peuvent imiter, parce que leurs mouvements sont donnés par le sens des paroles, et qu'ils sont forcés de s'y tenir, s'ils ne veulent tomber dans des contre-sens ridicules.

A l'égard du récitatif, dont il me reste à parler, il semble que, pour en bien juger, il faudrait une fois savoir précisément ce que c'est; car jusqu'ici je ne sache pas que, de tous ceux qui en ont disputé, personne se soit avisé de le définir. Je ne sais, monsieur, quelle idée vous pouvez avoir de ce mot; quant à moi, j'appelle récitatif une déclamation harmonieuse, c'est-à-dire une déclamation dont toutes les inflexions se font par intervalles harmoniques : d'où il suit que, comme chaque langue a une déclamation qui lui est propre, chaque langue doit aussi avoir son récitatif particulier; ce qui n'empêche pas qu'on puisse très bien comparer un récitatif à un autre, pour savoir lequel des deux est le meilleur, ou celui qui se rapporte le mieux à son objet.

Le récitatif est nécessaire dans les drames lyriques, 1° pour lier l'action et rendre le spectacle un; 2° pour faire valoir les airs, dont la continuité deviendrait insupportable; 3° pour exprimer une multitude de choses qui ne peuvent ou ne doivent point être exprimées par la musique chantante et cadencée. La simple déclamation ne pouvait convenir à tout cela dans un ouvrage lyrique, parce que la transition de la parole au chant, et surtout du chant à la parole, a une dureté à laquelle l'oreille se prête difficilement, et forme un contraste choquant qui détruit toute l'illusion, et par conséquent l'intérêt : car il y a une sorte de vraisemblance qu'il faut conserver, même à l'Opéra, en rendant le discours tellement uniforme, que le tout puisse être pris au moins pour une langue hypothétique. Joignez à cela que le secours des accords augmente l'énergie de la déclamation harmonieuse, et dédommage avantageusement de ce qu'elle a de moins naturel dans les intonations.

Il est évident, d'après ces idées, que le meilleur récitatif, dans quelque langue que ce soit, si elle a d'ailleurs les conditions nécessaires, est celui qui approche le plus de la parole; s'il y en avait un qui approchât tellement, en conservant l'harmonie qui lui convient, que l'oreille ou l'esprit pût s'y tromper, on devrait prononcer hardiment que celui-là aurait atteint toute la perfection dont aucun récitatif puisse être susceptible.

Examinons maintenant sur cette règle ce qu'on appelle en France récitatif; et dites-moi, je vous prie, quel rapport vous pouvez trouver entre ce récitatif et notre déclamation. Comment concevrez-vous jamais que la langue française, dont l'accent est si uni, si simple, si modeste, si peu chantant, soit bien rendu par les bruyantes et criardes intonations de ce récitatif, et qu'il y ait quelque rapport entre les douces inflexions de la parole et ces sons soutenus et renflés, ou plutôt ces cris éternels qui font le tissu de cette partie de notre musique encore plus même que des airs? Faites, par exemple, réciter à quelqu'un qui sache lire les quatre premiers vers de la fameuse reconnaissance d'Iphigénie; à peine reconnaîtrez-vous quelques légères inégalités, quelques faibles inflexions de voix, dans un récit tranquille qui n'a rien de vif ni de passionné, rien qui doive engager celle qui le fait à élever ou abaisser la voix. Faites ensuite réciter par une de nos actrices ces mêmes vers sur la note du musicien, et tâchez, si vous le pouvez, de supporter cette extravagante criaillerie qui passe à chaque instant de bas en haut et de haut en bas, parcourt sans sujet toute l'étendue de la voix, et suspend le récit hors de propos pour *filer de beaux sons* sur des syllabes qui ne signifient rien, et qui ne forment aucun repos dans le sens.

Qu'on joigne à cela les fredons, les cadences, les ports-de-voix qui reviennent à chaque instant, et qu'on me dise quelle analogie il peut y avoir entre la parole et toute cette maussade pretintaille, entre la déclamation et ce prétendu récitatif. Qu'on me montre au moins quelque côté par lequel on puisse raisonnablement vanter ce merveilleux récitatif français dont l'invention fait la gloire de Lulli.

C'est une chose assez plaisante que d'entendre les partisans de la musique française se retrancher dans le caractère de la langue, et rejeter sur elle des défauts dont ils n'osent accuser leur idole, tandis qu'il est de toute évidence que le meilleur récitatif qui peut convenir à la langue française doit être opposé presque en tout à celui qui y est en usage; qu'il doit rouler entre de forts petits intervalles, n'élever ni n'abaisser beaucoup la voix; peu de sons soutenus, jamais d'éclats; encore moins de cris; rien surtout qui ressemble au chant; peu d'inégalité dans la durée ou valeur des notes, ainsi que dans leurs degrés. En un mot, le vrai récitatif français, s'il peut y en avoir un, ne se trouvera que dans une route directement contraire à celle de Lulli et de ses successeurs; dans quelque route nouvelle qu'assurément les compositeurs français si fiers de leur faux savoir, et par conséquent si éloignés de sentir et d'aimer le véritable, ne s'aviseront pas de chercher si tôt, et que probablement ils ne trouveront jamais.

Ce serait ici le lieu de vous montrer, par l'exemple du récitatif italien, que toutes les conditions que j'ai supposées dans un bon récitatif peuvent en effet s'y trouver; qu'il peut avoir à la fois toute la vivacité de la déclamation et toute l'énergie de l'harmonie; qu'il peut marcher aussi rapidement que la parole, et être aussi mélodieux qu'un véritable chant; qu'il peut marquer toutes les inflexions dont les passions les plus véhémentes animent le discours, sans forcer la voix du chanteur, ni étourdir les oreilles de ceux qui écoutent.

Je pourrais vous montrer comment, à l'aide d'une marche fondamentale particulière, on peut multiplier les modulations du récitatif d'une manière qui lui soit propre, et qui contribue à les distinguer des airs où, pour conserver les grâces de la mélodie, il faut changer de ton moins fréquemment; comment surtout, quand on veut donner à la passion le temps de déployer tous ses mouvements, on peut, à l'aide d'une symphonie habilement ménagée, faire exprimer à l'orchestre, par des chants pathétiques et variés, ce que l'acteur ne doit que réciter : chef-d'œuvre de l'art du musicien, par lequel il sait, dans un récitatif obligé, joindre la mélodie la plus touchante à toute la véhémence de la déclamation, sans jamais confondre l'une avec l'autre : je pourrais vous déployer les beautés sans nombre de cet admirable récitatif, dont on fait en France tant de contes aussi absurdes que les jugements qu'on s'y mêle d'en porter; comme si quelqu'un pouvait prononcer sur un récitatif sans connaître à fond la langue à laquelle il est propre. Mais, pour entrer dans ces détails, il faudrait, pour ainsi dire, créer un nouveau dictionnaire, inventer à chaque instant des termes pour offrir aux lecteurs français des idées inconnues parmi eux, et leur tenir des discours qui leur paraîtraient du galimatias. En un mot, pour en être compris, il faudrait leur parler un langage qu'ils entendissent, et par conséquent de sciences et d'arts de tout genre, excepté la seule musique. Je n'entrerai donc point sur cette matière dans un détail affecté qui ne servirait de rien pour l'instruction des lecteurs, et sur lequel ils pourraient présumer que je ne dois qu'à leur ignorance en cette partie la force apparente de mes preuves.

Par la même raison, je ne tenterai pas non plus le parallèle qui a été proposé cet hiver, dans un écrit adressé au petit Prophète et à ses adversaires, de deux morceaux de musique, l'un italien et l'autre français, qui y sont indiqués. La scène italienne, confondue en Italie avec mille autres chefs-d'œuvre égaux ou supérieurs, étant peu connue à Paris, peu de gens pourraient suivre la comparaison, et il se trouverait que je n'aurais parlé que pour le petit nombre de ceux qui savaient déjà ce que j'avais à leur dire. Mais, quant à la scène française, j'en crayonnerai volontiers l'analyse, avec d'autant plus de plaisir, qu'étant le morceau consacré dans la nation par les plus unanimes suffrages, je n'aurai pas à craindre qu'on m'accuse d'avoir mis de la partialité dans le choix, ni d'avoir voulu soustraire mon jugement à celui des lecteurs par un sujet peu connu.

Au reste, comme je ne puis examiner ce morceau sans en adopter le genre, au moins par hypothèse, c'est rendre à la musique française tout l'avantage que la raison m'a forcé de lui ôter dans le cours de cette lettre ; c'est la juger sur ses propres règles : de sorte que, quand cette scène serait aussi parfaite qu'on le prétend, on n'en pourrait conclure autre chose, sinon que c'est de la musique française bien faite ; ce qui n'empêcherait pas que, le genre étant démontré mauvais, ce ne fût absolument de mauvaise musique. Il ne s'agit donc ici que de voir si l'on peut l'admettre pour bonne, au moins dans son genre.

Je vais pour cela tâcher d'analyser en peu de mots ce célèbre monologue d'Armide, « Enfin il est en ma puissance, » qui passe pour un chef-d'œuvre de déclamation, et que les maîtres donnent eux-mêmes pour le modèle le plus parfait du récitatif français.

Je remarque d'abord que M. Rameau l'a cité, avec raison, en exemple d'une modulation exacte et très bien liée ; mais cet éloge, appliqué au morceau dont il s'agit, devient une véritable satire, et M. Rameau lui-même se serait bien gardé de mériter une semblable louange en pareil cas : car que peut-on penser de plus mal conçu que cette régularité scolastique dans une scène où l'emportement, la tendresse, et le contraste des passions opposées, mettent l'actrice et les spectateurs dans la plus vive agitation ? Armide furieuse vient poignarder son ennemi. A son aspect, elle hésite, elle se laisse attendrir, le poignard lui tombe des mains ; elle oublie tous ses projets de vengeance, et n'oublie pas un seul instant sa modulation. Les réticences, les interruptions, les transitions intellectuelles que le poète offrait au musicien, n'ont pas été une fois saisies par celui-ci. L'héroïne finit par adorer celui qu'elle voulait égorger au commencement ; le musicien finit en *E si mi*, comme il avait commencé, sans avoir jamais quitté les cordes les plus analogues au ton principal, sans avoir mis une seule fois dans la déclamation de l'actrice la moindre inflexion extraordinaire qui fît foi de l'agitation de son âme, sans avoir donné la moindre expression à l'harmonie : et je défie qui que ce soit d'assigner par la musique seule, soit dans le ton, soit dans la mélodie, soit dans la déclamation, soit dans l'accompagnement, aucune différence sensible entre le commencement et la fin de cette scène, par où le spectateur puisse juger du changement qui s'est fait dans le cœur d'Armide.

Observez cette basse continue : que de croches ! que de petites notes passagères pour courir après la succession harmonique ! Est-ce ainsi que marche la basse d'un bon récitatif, où l'on ne doit entendre que de grosses notes, de loin en loin, le plus rarement qu'il est possible, et seulement pour empêcher la voix du récitant et l'oreille du spectateur de s'égarer ?

Mais voyons comment sont rendus les beaux vers de ce monologue, qui peut passer en effet pour un chef-d'œuvre de poésie :

Enfin il est en ma puissance...

Voilà un *trille*, et, qui pis est, un repos absolu dès le premier vers, tandis que le sens n'est achevé qu'au second. J'avoue que le poète eût peut-être mieux fait d'omettre ce second vers, et de laisser aux spectateurs le plaisir d'en lire le sens dans l'âme de l'actrice ; mais puisqu'il l'a employé, c'était au musicien de le rendre.

Ce fatal ennemi, ce superbe vainqueur.

Je pardonnerais peut-être au musicien d'avoir mis ce second vers dans un autre ton que le premier, s'il se permettait un peu plus d'en changer dans les occasions nécessaires.

Le charme du sommeil le livre à ma vengeance.

Les mots de *charme* et de *sommeil* ont été pour le musicien un piège inévitable ; il a oublié la fureur d'Armide, pour faire ici un petit somme, dont il se réveillera au mot *percer*. Si vous croyez que c'est par hasard qu'il a employé des sons doux sur le premier hémistiche, vous n'avez qu'à écouter la basse : Lulli n'était pas homme à employer de ces dièses pour rien.

> Je vais percer son invincible cœur.

Que cette cadence finale est ridicule dans un mouvement aussi impétueux! Que ce trille est froid et de mauvaise grâce! Qu'il est mal placé sur une syllabe brève, dans un récitatif qui devrait voler, et au milieu d'un transport violent!

> Par lui tous mes captifs sont sortis d'esclavage :
> Qu'il éprouve toute ma rage!

On voit qu'il y a ici une adroite réticence du poète. Armide, après avoir dit qu'elle va percer l'invincible cœur de Renaud, sent dans le sien les premiers mouvements de la pitié, ou plutôt de l'amour ; elle cherche des raisons pour se raffermir, et cette transition intellectuelle amène fort bien ces deux vers, qui, sans cela, se lieraient mal avec les précédents, et deviendraient une répétition tout-à-fait superflue de ce qui n'est ignoré ni de l'actrice ni des spectateurs.

Voyons maintenant comment le musicien a exprimé cette marche secrète du cœur d'Armide. Il a bien vu qu'il fallait mettre un intervalle entre ces deux vers et les précédents, et il a fait un silence qu'il n'a rempli de rien, dans un moment où Armide avait tant de choses à sentir, et, par conséquent, l'orchestre à exprimer. Après cette pause, il recommence exactement dans le même ton, sur le même accord, sur la même note par où il vient de finir, passe successivement par tous les sons de l'accord durant une mesure entière, et quitte enfin avec peine, dans un moment où cela n'est plus nécessaire, le ton autour duquel il vient de tourner si mal à propos.

> Quel trouble me saisit? Qui me fait hésiter?

Autre silence, et puis c'est tout. Ce vers est dans le même ton, presque dans le même accord que le précédent. Pas une altération qui puisse indiquer le changement prodigieux qui se fait dans l'âme et dans les discours d'Armide. La tonique, il est vrai, devient dominante par un mouvement de basse. Eh dieux! il est bien question de tonique et de dominante dans un instant où toute liaison harmonique doit être interrompue, où tout doit peindre le désordre et l'agitation! D'ailleurs, une légère altération qui n'est que dans la basse peut donner plus d'énergie aux inflexions de la voix, mais jamais y suppléer. Dans ce vers, le cœur, les yeux, le visage, le geste d'Armide, tout est changé, hormis sa voix : elle parle plus bas, mais elle garde le même ton.

> Qu'est-ce qu'en sa faveur la pitié me veut dire?
> Frappons.

Comme ce vers peut être pris en deux sens différents, je ne veux pas chicaner Lulli pour n'avoir pas préféré celui que j'aurais choisi. Cependant il est incomparablement plus vif, plus animé, et fait mieux valoir ce qui suit. Armide, comme Lulli la fait parler, continue à s'attendrir en s'en demandant la cause à elle-même :

> Qu'est-ce qu'en sa faveur la pitié me veut dire?

Puis tout d'un coup elle revient à sa fureur par ce seul mot :

> Frappons.

Armide, indignée, comme je la conçois, après avoir hésité, rejette avec précipitation sa vaine pitié, et prononce vivement et tout d'une haleine, en levant le poignard :

> Qu'est-ce qu'en sa faveur la pitié me veut dire?
> Frappons.

Peut-être Lulli lui-même a-t-il entendu ainsi ce vers, quoiqu'il l'ait rendu autrement : car sa note décide si peu la déclamation, qu'on lui peut donner sans risque le sens que l'on aime mieux.

> ..... Ciel! qui peut m'arrêter?
> Achevons... Je frémis. Vengeons-nous... Je soupire.

Voilà certainement le moment le plus violent de la scène; c'est ici que se fait le plus grand combat dans le cœur d'Armide. Qui croirait que le musicien a laissé toute cette agitation dans le même ton, sans la moindre transition intellectuelle, sans le moindre écart harmonique, d'une manière si insipide, avec une mélodie si peu caractérisée et une si inconcevable maladresse, qu'au lieu du dernier vers que dit le poète,

  Achevons. Je frémis... Vengeons-nous..... Je soupire,

le musicien dit exactement celui-ci,

  Achevons, achevons. Vengeons-nous, vengeons-nous.

Les trilles font surtout un bel effet sur de telles paroles, et c'est une chose bien trouvée que la cadence parfaite sur le mot *soupire!*

  Est-ce ainsi que je dois me venger aujourd'hui?
  Ma colère s'éteint quand j'approche de lui.

Ces deux vers seraient bien déclamés s'il y avait plus d'intervalle entre eux, et que le second ne finît pas par une cadence parfaite. Ces cadences parfaites sont toujours la mort de l'expression, surtout dans le récitatif français, où elles tombent si lourdement.

  Plus je le vois, plus ma vengeance est vaine.

Toute personne qui sentira la véritable déclamation de ce vers jugera que le second hémistiche est à contre-sens; la voix doit s'élever sur *ma vengeance*, et retomber doucement sur *vaine*.

  Mon bras tremblant se refuse à ma haine.

Mauvaise cadence parfaite, d'autant plus qu'elle est accompagnée d'un trille.

  Ah! quelle cruauté de lui ravir le jour!

Faites déclamer ce vers à mademoiselle Dumesnil, et vous trouverez que le mot *cruauté* sera le plus élevé, et que la voix ira toujours en baissant jusqu'à la fin du vers. Mais le moyen de ne pas faire poindre *le jour!* je reconnais là le musicien.

Je passe, pour abréger, le reste de cette scène, qui n'a plus rien d'intéressant ni de remarquable que les contre-sens ordinaires et des trilles continuels, et je finis par le vers qui la termine.

  Que, s'il se peut, je le haïsse.

Cette parenthèse, *s'il se peut*, me semble une épreuve suffisante du talent du musicien : quand on la trouve sur le même ton, sur les mêmes notes que *je le haïsse*, il est bien difficile de ne pas sentir combien Lulli était peu capable de mettre de la musique sur les paroles du grand homme qu'il tenait à ses gages.

A l'égard du petit air de guinguette qui est à la fin de ce monologue, je veux bien consentir à n'en rien dire; et s'il y a quelques amateurs de la musique française qui connaissent la scène italienne qu'on a mise en parallèle avec celle-ci, et surtout l'air impétueux, pathétique et tragique qui la termine, ils me sauront gré sans doute de ce silence.

Pour résumer en peu de mots mon sentiment sur le célèbre monologue, je dis que si on l'envisage comme du chant, on n'y trouve ni mesure, ni caractère, ni mélodie; si l'on veut que ce soit du récitatif, on n'y trouve ni naturel, ni expression : quelque nom qu'on veuille lui donner, on le trouve rempli de sons filés, de trilles et autres ornements du chant, bien plus ridicules encore dans une pareille situation qu'ils ne le sont communément dans la musique française. La modulation en est régulière, mais puérile par cela même, scolastique, sans énergie, sans affection sensible. L'accompagnement s'y borne à la basse-continue, dans une situation où toutes les puissances de la musique doivent être déployées; et cette basse est plutôt celle qu'on ferait mettre à un écolier sous sa leçon de musique, que l'accompagnement d'une vive scène d'opéra, dont l'harmonie doit être choisie et appliquée avec un discernement exquis pour rendre la déclamation plus sensible et l'expression plus vive. En un mot, si l'on s'avisait d'exécuter la musique de cette scène sans y joindre les paroles, sans crier, ni gesticuler, il ne serait pas possible d'y rien démêler d'analogue à la situation qu'elle veut peindre et au sentiment qu'elle veut exprimer, et tout cela ne paraîtrait qu'une ennuyeuse suite de sons, modulée au hasard et seulement pour la faire durer.

Cependant ce monologue a toujours fait, et je ne doute pas qu'il ne fît encore un grand effet au théâtre, parce que les vers en sont admirables et la situation vive et intéressante. Mais, sans les bras et le jeu de l'actrice, je suis persuadé que personne n'en pourrait souffrir le récitatif, et qu'une pareille musique a grand besoin du secours des yeux pour être supportable aux oreilles.

Je crois avoir fait voir qu'il n'y a ni mesure, ni mélodie dans la musique française, parce que la langue n'en est pas susceptible ; que le chant français n'est qu'un aboiement continuel, insupportable à toute oreille non prévenue ; que l'harmonie en est brute, sans expression, et sentant uniquement son remplissage d'écolier ; que les airs français ne sont point des airs ; que le récitatif français n'est point du récitatif. D'où je conclus que les Français n'ont point de musique et n'en peuvent avoir (1), ou que, si jamais ils en ont une, ce sera tant pis pour eux.

Je suis, etc.

(1) Je n'appelle pas avoir une musique, que d'emprunter celle d'une autre langue pour tâcher de l'appliquer à la sienne ; et j'aimerais mieux que nous gardassions notre maussade et ridicule chant, que d'associer encore plus ridiculement la mélodie italienne à la langue française. Ce dégoûtant assemblage, qui peut-être fera désormais l'étude de nos musiciens, est trop monstrueux pour être admis, et le caractère de notre langue ne s'y prêtera jamais. Tout au plus quelques pièces comiques pourront-elles passer en faveur de la symphonie ; mais je prédis hardiment que le genre tragique ne sera pas même tenté. On a applaudi, cet été, à l'Opéra-Comique, l'ouvrage d'un homme de talent, qui paraît avoir écouté la bonne musique avec de bonnes oreilles, et qui en a traduit le genre en français d'aussi près qu'il était possible : ses accompagnements sont bien imités sans être copiés ; et s'il n'a point fait de chant, c'est qu'il n'est pas possible d'en faire. Jeunes musiciens qui vous sentez du talent, continuez de mépriser en public la musique italienne, je sens bien que votre intérêt présent l'exige ; mais hâtez-vous d'étudier en particulier cette langue et cette musique, si vous voulez pouvoir tourner un jour contre vos camarades le dédain que vous affectez aujourd'hui contre vos maîtres.

FIN DU NEUVIÈME VOLUME.

COLLECTION J. BRY AINÉ

— 1 FRANC LE VOLUME ILLUSTRÉ —

VOLTAIRE

Le Siècle de Louis XIV.	1 vol.
Précis du Siècle de Louis XV. — Histoire du Parlement de Paris.	1 vol.
La Henriade. — Essai sur la Poésie épique.	1 vol.
Dictionnaire philosophique.	5 vol.
Histoire de Charles XII.	1 vol.
Romans et Contes.	2 vol.

J.-J. ROUSSEAU

ŒUVRES COMPLÈTES, 12 VOL.

Les Confessions. — Les Rêveries. — Lettres à M. Vernes. — Dictionnaire de Botanique. — Pièces inédites.	2 vol.
La Nouvelle Héloïse. — Les Amours de Mylord Edouard. — Lettres à Sara. — Contes et Poésies diverses.	2 vol.
Emile — Lettre à M. de Beaumont. — Pièces diverses.	2 vol.
Politique.	1 vol.
Théâtre. — Ecrits sur la musique.	1 vol.
Dialogues.	1 vol.
Correspondance.	3 vol.

LA FONTAINE

Fables. — Poèmes divers.	1 vol.

RABELAIS

Précédé d'une Notice par Pierre Dupont.	2 vol.

Paris. — Imp. de BRY aîné, boulevart Montparnasse, 81.

www.ingramcontent.com/pod-product-compliance
Lightning Source LLC
Chambersburg PA
CBHW050633170426
43200CB00008B/991